번역의 기초에서부터
전문가에 이르는 체계적 훈련 12과!

번역의 공격과 수비

안정효 지음

번역의 공격과 수비

초 판 1쇄 | 2002년 7월 35일 발행
제2판 1쇄 | 2006년 6월 5일 발행
제3판 1쇄 | 2016년 3월 30일 발행
제3판 2쇄 | 2020년 9월 18일 발행
지은이 | 안 정 효
펴낸이 | 이 은 경
펴낸곳 | (주)세경북스
주 소 | 서울특별시 서초구 신반포로3길 8 반포프라자 606호
전 화 | 02-596-3596
팩 스 | 02-596-3597

정가 : 15,000원

Printed in Korea
ISBN : 979-11-5973-004-7 03740

이 도서의 국립중앙도서관 출판예정도서목록(CIP)은 서지정보유통지원시스템 홈페이지 (http://seoji.nl.go.kr)와 국가자료공동목록시스템(http://www.nl.go.kr/kolisnet)에서 이용하실 수 있습니다.(CIP제어번호 : CIP2016006442)

번역의
공격과 수비

안정효 지음

들어가는 글

공격과 수비의 개념

　공격과 수비는 반대개념이다. 한 쪽이 공격을 하면 다른 한 쪽은 수비를 해야한다. 그러므로 한 쪽에서 공격과 수비를 함께 한다는 상황은 불가능하다. 그럼에도 불구하고, 예를 들어 축구 경기를 보면, 선수들은 공격과 수비를 함께 한다.
　공격과 수비는 모순의 논리이다.
　따라서 그것은 지켜야 하는 모순이다.
　번역에서는 더욱 잘 지켜야 하는 모순이다.
　모순을 구사하는 능력은 순발력을 요구한다. 순발력은 탄력성이다.
　순발력과 탄력성은, 앞으로 설명이 나오겠지만, 반복된 훈련을 통해서 키워야 한다.
　그렇다면 번역의 공격과 수비는 어떤 모순의 개념인지 설명해 보겠다. 필자는 학교에서 학생들에게 문학의 번역 방법을 가르칠 때, 원문에 나오는 쉼표 하나도 빼놓지 말고 모두 철저하게 번역하라고 요구한다. 그런가 하면 눈에 보이는 단어에만 매달려 융통성이 없는 딱딱한 문장을 쓰지 말고, 한 발자국 물러나서 숨은 의미를 파악한 다음 유연한 문장을 구사하라고도 요구한다.
　물론 두 가지 요구는 상반된다. 하지만 상반되는 듯한 두 가지 요구는 칼의 양날과 같다. 둘 다 옳고, 그래서 둘 다 지켜야 한다.

쉼표 하나도 소홀히 하지 않는 충실함은 수비적인 개념이다. 원문에 담긴 내용을 훼손하거나 상실하지 않고 그대로 옮겨 간직한다는 의미에서 그것은 수비이다.

융통성은 공격적인 개념이다. 주어진 어휘와 구조에 지나치게 속박을 당하지 않는 창조적인 번역은 공격 행위이기 때문이다.

다만, 언제 공격하고 또 수비는 언제 하느냐가 문제이다.

그리고 이 책은 그런 공격과 수비의 방법을 얘기한다.

번역에서의 공격과 수비는 나무 키우기와 비슷하다. 나무 한 그루를 키우려면 잎사귀 하나도 소중히 아끼고 가꿔야 한다. 그러나 때로는, 나무를 건강하게 키우기 위해서는, 과감하게 가지치기를 해야 한다.

그것은, 본문에서 '제초작업'이라고 표현한 김매기 작업에 해당된다.

번역에서는 이렇게 아껴야 하는 잎사귀가 소홀히 할 수 없는 쉼표요, 가지치기는 상상력의 활용이다.

잎사귀 간직하기와 가지치기의 시기와 요령, 그 구체적인 예는 개별적인 상황이 닥칠 때마다 각개전투식으로 대응 방법을 제시하겠다.

*

이 책에 실린 내용은 지난 2년 동안 필자가 인터넷에 올렸던 "1대 1 강좌"를 정리한 것이다. 여기에서의 '1대 1'이라는 개념은 선생 한 사람이 다수의 학생에게 어떤 분야의 이론이나 요령을 가르치는 일방적인 학습 과정이 아니었다. 그런 가르침은 공부한 내용이 실제 번역 과정에서 크게 반영이 되거나 효과가 나타나지 않는다는 사실을 필자가 이미 오래 전에 깨달았기 때문이다.

학교에서 가르치는 어느 반 학생들에게 언젠가 물어봤더니 한 학생도 빼놓지 않고 모두 번역에 관한 필자의 책을 읽었노라고 했다. 그럼에도 불구하고 매주일 그들이 해오던 숙제를 보면 책에서 자세히 설명한 갖가지 요령과 법칙이 전혀 효과적으로 반영되지를 않은 듯싶었다. 말하자면 책을 앞에 놓고 눈으로 읽으면 글로 적어놓은 내용이 절반 정도만 머리까지 전해지고, 실제로 번역을 해야 할 '손끝'에는 거의 아무것도 전해지지 않는 셈이었다. 그래서 필자가 번역 학습을 위해서 취한 방법은 일단 학생들에게 어떤 글을 직접 번역하도록 시켜놓고는 그들이 제출한 번역문을 가지고 함께 검토하면서 다듬어 나가는 훈련이었다. 그랬더니 학생들의 번역문이 눈에 띄게 달라지기 시작했고, 그런 까닭으로 해서 여기에서도 같은 방식을 취하기로 했다.

이제부터 여기에서는 새로운 과가 시작될 때마다 영어로 된 예문을 먼저 제시할 것이며, 실제로 번역에 관심을 가진 독자는 우선 그 부분을 직접 우리말로 번역을 마치기 전에는 뒤에 나오는 내용을 읽지 않도록 해야 한다.

이것은 가장 중요한 원칙이기 때문에 거듭 강조하겠다.

스스로 번역을 먼저 해보기 전에는 뒤에 설명한 내용을 읽지 않기 바란다. 그렇게 하지 않으면 별로 효과가 없기 때문이다.

남들이 해놓은 번역을 가지고 필자가 검토하는 내용을 다른 학생(제3자)이 눈으로 읽기만 해서는 앞에서 얘기한 필자의 책을 읽었던 학생들의 경우나 마찬가지로 전혀 발전이 없을 테니, 직접 번역을 해 보도록 권한다. 예문의 번역을 끝낸 다음에 읽게 될 내용은 인터넷 강좌 당시 학생들이 제출한 답안지 가운데 몇 명의 번역문을 발췌하여, 그것을 교재로 삼아서 필자가 어떤 부분의 번역이 어째서 잘 되었고, 어떤 부분은 왜 바람직하지 않은지를 구체적으로 분석하여 설명하고, 그런 다음에 마지막으로 필자 나름대로의 모범 답안을 제시하였다.

본보기로 발췌한 학생의 예문이 그 주일에 가장 뛰어난 번역이거나 항상 모범적인 답안은 아니었다는 사실을 염두에 두기 바란다. 물론 잘 한다고 학생을 격려하고 용기를 주는 방법이 효과적인 교육의 지름길이라는 주장이 없는 바가 아니지만, 여기에서는 격려보다 잘못을 고쳐주는 목적이 우선하기 때문에, 대부분 일반적인 수준의 번역문을 대상으로 삼았다.

때에 따라서는 어느 한 단어의 번역만을 다루느라고 많은 지면을 할애하는 경우도 생겨난다. 이론적인 배경 설명이나 체계적인 정리가 필요할 때가 바로 그런 경우이다. 말하자면 '보충 교육'의 시간이다.

'보충교육'은 실전에 임해서 적절한 시기에 필요한 정보를 집중적으로 제공하려는 것이 목적이다. 전쟁에 비유해서 얘기하자면, 모든 이론적인 훈련을 끝낸 다음에 전면 공격을 위한 실전 배치를 하지 않고, 우선 전투지로 내보낸 다음 실제로 전투를 해가면서 그때그때 필요하다고 여겨지는 실탄과 장비를 제공하는 식이라고 이해하면 되겠다.

학교에서는 한 반에 열 명 미만의 학생을 대상으로 그들의 과제물을 가지고 가르치기 때문에 필자가 일일이 학생들 저마다의 특징과 문제까지 파악하여 개인적인 지도를 계속하는 일이 가능하지만, 여기에서는 그럴 수가 없기 때문에 학생은 새로운 과가 시작될 때마다 과제로 내놓은 예문을 스스로 번역해 놓고는 필자가 지적하게 될 내용 가운데 자신에게는 어떤 사항이 해당되는지를 확인하고, 그때그때 그런 잘못을 하나씩 고쳐 나간다면 공부에 크게 도움이 되리라고 믿는다.

여기에서는 나름대로 번역을 공부하는 과정을 단계적으로 높여 나가기 위해서 처음에는 짧은 문장의 번역부터 시작하겠으며, 조금씩 문장의 수준을 높여나감으로써 점진적인 강화 훈련을 도모할 생각이다.

안 정 효

차 례

들어가는 글 ·· 4

제 1과 / **고유명사**

   1. 고유명사를 번역한다 ·· 16
   2. 마무리 못질을 한다 ·· 17
   3. 〈어린 왕자〉를 쓴 작가는 성 엑수퍼리가 아니다 ·········· 19
   4. 모터스 장군 ·· 21
   5. 인명도 사전에서 찾아본다 ·· 22
   6. "피터 대제가 맞습니다" ·· 24
   7. 블레이크에게 브레이크를 걸지 말라 ···························· 26
   8. 내 실수는 창피하고 남의 실수는 재미있다 ················ 28

제 2과 / **우리말의 중요성**

   1. 번역은 우리말로 해야 한다 ·· 33
   2. 헤어 스타일리스트 스타일의 한국어 ···························· 34
   3. 그물처럼 얽힌 관계 ·· 37
   4. 'a'의 번역 ·· 38
   5. 'of'는 '다운' ·· 40
   6. 관계와 인연은 같고도 다르다 ······································ 42
   7. 제 1과의 예문 번역 ·· 44

8. 마침표도 번역한다 ·· 48
9. 빈 칸도 번역한다 ·· 52
10. 제초작업 ·· 53
11. "살인하지 말 것"과 "왔음, 봤음, 정복했음" ········ 56
12. 것이라는 것 ··· 57
13. 것的 변사체의 글 ·· 61
14. '변사체' 치우기 ··· 62
15. 있는 것으로부터의 탈출 ································ 62
16. 있을 수가 없는 것 ······································· 65
17. 수를 없앨 수는 없을까? ································ 67
18. 번역의 첫 번째 원칙 ···································· 69
19. 제 2과의 예문 번역 ····································· 70

제 3과 / **산문체**

1. 번역의 둘째 원칙, 문체를 번역한다 ···················· 79
2. 학포 장터의 거지와 내일의 태양 ······················· 80
3. 번역체라는 문체 ·· 83
4. 문체의 이해 ··· 86
5. 어휘들의 행진 ··· 91
6. 어휘의 줄맞추기와 발맞추기 ···························· 94
7. 궁합이 안 맞는 단어 ····································· 96
8. 단어의 짝짓기 ··· 99
9. 펄펄 뛰는 단어의 수명 ··································· 101
10. 'Peeping Tom'은 누구인가? ·························· 105
11. Lonesome Harry는 외로운 나그네 ··················· 108
12. 받아쓰기와 번역의 차이 ································ 112
13. 정말로 '폼'이 안 나는 번역 ···························· 115
14. 제 3과의 예문 번역 ····································· 117

제 4과/ **문화적 정서와 시차**

   1. 벌레 공장과 클린턴 인형 …………………………………… 122
   2. 소유격의 형용사적 용법 …………………………………… 127
   3. 시차를 고려해야 하는 어휘의 선택 ……………………… 130
   4. 우는 모자 …………………………………………………… 138
   5. 패러그래프와 줄바꾸기 …………………………………… 143
   6. 세 번째 원칙, 번역은 귀로 한다 ………………………… 149
   7. 다시 귀로 번역하기 ……………………………………… 158
   8. '너'와 '우리'와 '하나'와 '그들' ………………………… 159
   9. 같은 말을 달리 하기 ……………………………………… 162
   10. 남의 번역 듣기 …………………………………………… 164

제 5과/ **대화체**

   1. 대화체의 설정 ……………………………………………… 173
   2. 한 칸의 의미 ……………………………………………… 176
   3. 한 단어의 의미 …………………………………………… 178
   3. 일관된 자신만의 원칙을 만든다 ………………………… 181
   4. '가짜 영어'의 후유증 …………………………………… 185
   5. '필'이 오지 않는 '필' …………………………………… 190
   6. 정신나간 '쇼핑객' ………………………………………… 196
   7. 정신나간 '귀부인' ………………………………………… 201
   8. 귀로 번역하는 연습 ……………………………………… 203
   9. 제 5과의 예문 번역 ……………………………………… 205

제 6과/ **번역이 아닌 '창작'** ………………………………… 210

제 7과 / 언론 보도문

1. '보도체'에 대한 이해 …………………………………… 266
2. 짧아야 좋은 이유 ………………………………………… 269
3. 간결하고 짧은 번역문 …………………………………… 271
4. 어니 파일 문체의 이해 ………………………………… 274
5. 90점 독해력에 30점 짜리 번역 ………………………… 276
6. 원문을 덮어놓고 다듬기를 한다 ……………………… 279
7. 되는 말과 안 되는 말 …………………………………… 284

제 8과 / 간결한 문장, 음악적인 번역

1. 기본이 우선이다 ………………………………………… 312
2. 이해를 못하면 번역도 못한다 ………………………… 315
3. 꽃밭과 잡초밭 …………………………………………… 320
4. 잘못 번역한 고유명사 …………………………………… 321
5. 음악적인 번역 …………………………………………… 325

제 9과 / 정밀작업을 위한 분해

1. 사전을 찾아보자 ………………………………………… 357
2. 받아쓰기도 못하는 번역 ………………………………… 361
3. 전문가와 초보의 차이 …………………………………… 363
4. 항아리에서 탈출하는 방법 ……………………………… 366
5. 부러진 대화 다듬기 ……………………………………… 369
6. 1+1이 2가 아닌 영어 …………………………………… 374
7. 일등 하사관이라는 계급 ………………………………… 379
8. 단짝끼리 짝짓기 ………………………………………… 381
9. 편리한 '그리고' 지렛대 ………………………………… 384
10. 변화 만들기 ……………………………………………… 389
11. 번역도 살을 빼야 건강하다 …………………………… 394

12. 행간읽기 ………………………………………… 404
13. 사람을 죽이는 직업과 범죄 ………………… 415
14. 예문 번역 ……………………………………… 420

제 10과 / **복잡한 장문의 번역**

1. 복합적인 장문의 분해 ………………………… 426
2. 문장과 단어의 역류 현상 …………………… 433
3. 재조립이라는 모험의 당위성 ………………… 440
4. 거꾸로 가도 서울만 가면 된다 ……………… 445
5. 물길 터주기 …………………………………… 448
6. 탄력 만들기 …………………………………… 452

제 11과 / **모호함을 번역하는 모호함**

1. 어지러운 장문의 분해 ………………………… 462
2. 연결되면서도 안 되는 연결 ………………… 468

제 12과 / **번역의 열 가지 원칙**

열. 번역도 살을 빼야 건강하다 ………………… 482
아홉. 번역은 시각적인 음악이다 ……………… 483
여덟. 이해를 못하면 번역도 못한다 …………… 485
일곱. 원문을 덮어두고 우리말을 다듬는다 …… 487
여섯. 번역은 창작이 아니다 …………………… 489
다섯. 영어 문장은 한글로 써도 영어이다 …… 491
넷. 일관된 원칙을 만든다 ……………………… 497
셋. 번역은 귀로 수비한다 ……………………… 504
둘. 문체를 번역한다 …………………………… 508
하나. 있을 수 있는 것은 모조리 없앤다 ……… 508

고유명사

다음에 제시된 예문을 우선 번역하기 바란다.
다시 한 번 강조하겠는데, 번역을 모두 끝내기 전에는 본문에서 설명한 내용을 읽지 않도록 한다.

We have been poisoned by fairy tales.

— Anais Nin

Man is but a network of relationships and these alone matter to him.

— St. Exupery

These things I command you, that ye love one another.

— John 15:17

And Pilate said, "What is truth?" (He cunningly didn't wait for an answer.)

There is no such thing as an absolute truth – that is absolutely true.

— Anonymous

No man is happy unless he believes he is.

— Publibius Syrus, 50 BC

Never give advice. The ignorant won't heed it and the wise don't need it.

— The Washington Post

Jealousy is delightful during courtship, practically essential to the first year of marriage, but after that, Chinese torture.

— Secudes 1957

Everything that lives
Lives not alone
Nor for itself.

— William Blake

There comes a time in some relationships when no matter how sincere the attempt to reconcile the differences or how strong the wishes to recreate a part of the past once shared, the struggle becomes so painful that nothing else is felt and the world and all its beauty only add to the discomfort by providing cruel contrast.

— David Viscott

| **고유명사를
번역한다** | 번역이란 영어 공부가 아니다.
번역이란 고등학교에서 가르치는, 이른바 '해석'도 아니다. |

그렇다고 해서 번역은 영문학도 아니다.

따라서 번역 공부에서는 어려운 영어 단어의 해석이나 문법의 이해를 중요한 목적으로 삼지를 않는다. 물론 번역을 해나가다 보면 단어와 숙어, 특이한 표현이나 변칙적인 문법 따위의 보충 설명이 필요한 경우가 생기기는 한다. 그러나 영어 공부는 번역 공부하고는 분야가 크게 다르다.

우리는 주변에서 "나는 영어를 잘 하니까 번역을 직업으로 삼겠다"고 말하거나 생각하는 사람을 자주 만난다. 그것은 우리말을 잘 하니까 모든 한국인이 소설을 써서 인기작가가 되겠다고 나서는 격이다.

번역도 분명히 문학의 한 분야이고 보면, '생활 언어'를 구사하는 일반적인 능력말고도 문학적인 '소양'이 따로 필요하다는 뜻이다. 영어로 된 글을 우리말로 번역하려는 사람이라면 이미 두 언어를 어느 정도 마음대로 구사할 능력을 갖추었다는 전제가 필요하다. "이제부터 영어를 열심히 배워서 내가 잘 아는 한국말로 번역하겠다"는 욕심은 역시 욕심이다.

번역을 해야 할 학생은 영어로 제시된 문장을 모두 이해할 뿐 아니라, 평생 사용하며 살아온 우리말도 남들보다 뛰어나게 구사하는 능력이 필요하다. 번역은 한 언어에서 다른 언어로 바꿔가면서 가공하는 과정이기 때문이다.

그렇다면 앞에 제시한 영문 내용을 가지고 과연 '번역'이란 어떻게 하는 작업인지를 살펴보기로 하자. 이번에는 번역 학습을 구체적으로 어떻게 하게 될지를 보여주는 하나의 본보기로 삼기 위해서 일부러 어느 정도 '수준'에 올랐다고 생각하는 학생들, 그러니까 서울에서 실제로 번역과 관련된 직업에 종사하는 네 학생이 번역한 답안지만 가지고, 비록 초급 수준이기는 하더라도 '기성 번역가'의 활동이 과연 얼마나 완벽한 수준인지를 알아보기로 하자.

마무리 못질을 한다

한국인은 무슨 일에서나 빨리빨리 서두르면서 마무리에 약하기로 유명하다.

무역이나 수출에서도 한국 제품은 끝손질이 신통치 않아서 반품을 당하는 경우가 많다.

집을 짓거나 수리를 해보면 우리는 한국인들의 '솜씨'에서 무엇이 가장 심각한 결점인지를 쉽게 발견한다. 사람들은 중요한 부분만, 특히 눈에 잘 띄는 부분만 보기 좋게 해놓고는 자질구레한 부분은 대충 넘어가려고 한다. 집을 다 지어놓은 다음 못질이 잘못되었거나, 장판이 제대로 붙지 않았거나, 문짝이 잘 안 맞는다고 따지기라도 하면 제대로 고쳐주기는커녕 단작스럽고 쫀쫀하게 무얼 그런 데까지 신경을 쓰며 따지느냐고 오히려 못마땅하게 생각하는 습성이 요즈음의 '장인 정신'이다.

에누리와 바가지와 새치기와 요령을 인간적인 미덕으로 삼아온 이러한 한국인의 생활 방식은 국제 무대에서는 경쟁력 미달의 첫 번째 이유가 된다.

번역에서도 마찬가지이다.

중요한 내용, 그러니까 골격을 이루는 기본적인 개념만 제대로 전달하면 된다는 식의 번역이 우리나라에서는 상식처럼 되어 버렸다.

그래서 대충 번역이 범람하고, 무성의한 '번역체' 문장이 버젓하게 나돌고는 한다.

우선, 고유명사의 번역을 보자.

제1과에서는 Anais Nin, St. Exupery, John, Publibius Syrus, The Washington Post, Secudes, William Blake, David Viscott 등 유명한 문필가가 남긴 명언이나 성경 구절 따위를 예문으로 내놓고는 번역을 하라고 했다. 그런데 이번에 발췌한 네 사람의 답안지 가운데 두 학생은 저마다의 명언이 어디에서 나왔는지 그 출처를 이렇게 번역해 놓았다.

	하상수	이미나
Anais Nin	어나이스 닌	Anais Nin
St. Exupery	St. Exupery	생떽쥐뻬리
John 15 : 17	요한복음 15 : 17	요한복음 15 : 17
Publibius Syrus, 50 BC	Publibius Syrus, 50 BC	Publibius Syrus, 기원전 50년
The Washington Post	워싱턴 포스트	워싱턴 포스트
Secudes 1957	Secudes 1957	Secudes 1957
William Blake	윌리엄 브레이크	윌리엄 블레이크
David Viscott	데이비드 비스컷	David Viscott

한눈에 보더라도 얼마나 지저분한가. 절반 가량은 영어를 그냥 영어로 옮겨 놓았으니 말이다.

여러분은 이것이 올바른 번역의 자세라고 생각하는가?

위에 '번역' 해 놓은 이름 가운데 'Anais Nin', 'St. Exupery', 'Publibius Syrus', 'Secudes', 'David Viscott'라고 한 번역은 전혀 번역이 아니다. 그것이 번역이라고 할 수가 없는 까닭은 "We have been poisoned by fairy tales"를 "We have been poisoned by fairy tales"라고 영어를 영어로 그대로 베껴놓은 문장을 번역문이라고 주장할 수가 없는 이유와 같다.

 문장을 영어에서 그냥 영어로 베껴놓으면 번역이 아니라고 하면서도 이름은 영어로 옮겨도 된다는 생각, 이것이 바로 불완전한 번역의 대표적인 사례이다.

〈어린 왕자〉를 쓴 작가는 성 엑수퍼리가 아니다

알맹이가 중요하니까 알맹이만 제대로 번역하면 되지 그까짓 이름까지 왜 꼭 우리말로 옮겨야 하느냐고 따지려는 사람은 마무리가 약한 사람이요, 무역이나 수출에서 끝손질이 신통치 않아서 반품을 당하는 사람이요, 집을 짓거나 수리를 하면서 눈에 잘 띄는 부분만 보기 좋게 해놓고는 자질구레한 부분은 대충 넘어가려는 사람과 같다.

 왜 그런지 차례대로 이름을 하나씩 짚어가며 따져보자.

 'Anais Nin'은 이번에 표본 노릇을 한 네 학생이 각각 '어나이스 닌', '아나이스 닌', '어네스 닌', 그리고 'Anais Nin'이라고 했다. 그렇다면 "We have been poisoned by fairy tales"라는 멋진 문장을 읽고 감명을 받은 어떤 사람이 여러 사람과 함께 한 자리에서 그 말을 인용하고 싶다면, 그 말을 한 사람이 누구라고 말해야 할까?

 번역을 할 때는 제대로 되었는지 아닌지를 판단하고 싶은 경우에는, 역으로 우리말에서 비슷한 경우를 찾아 대비시켜 생각해 보면 크게 도움이 된다. 이름의 번역도 마찬가지이다. 우리는 "하루에 책을 한 권 읽지 아니하면 입에 가시가 돋는다"고 안중근 의사가 독서에 관해서 한 말을 자주 입에 올린다. 그런데 만일 누가 '안중근'을 '안정근' 또는 '안중군'이 한 말이라고 했다면 어쩌겠는가? 우리는 당장 그를 무식하다고 할 것이다.

그렇다면 위에서 저마다 다르게 이름을 표기한 네 학생 가운데 세 명은 대단히 미안하게도 '무식'하다는 소리를 들어야 할 판이다.

그까짓 고유명사쯤 영어로 표기하면 어떻고 자음이나 모음 하나쯤 틀리면 어떠냐고 생각하는 사람은 두 번째 인용문을 남긴 'St. Exupery'를 참고하기 바란다.

아마도 웬만큼 책을 읽은 사람이라면 〈어린 왕자〉로 유명한 '쌩떽쥐뻬리'라는 프랑스 작가를 모를 리가 없는데, 이 'St. Exupery'가 바로 그 '쌩떽쥐뻬리'이다. 그런데 네 학생은 그 이름을 각각 'St. Exupery 3', '성 엑수퍼리', '셍떽쥐뻬리', '생떽쥐뻬리'라고 적었다.

첫 번째 이름 'St. Exupery 3'이라면 '쌩떽쥐뻬리 3세'라는 뜻이 되었는데, '3'은 필자가 인터넷 강좌 원고에 매긴 쪽수(page number)를 이름의 한 부분으로 잘못 보고 그냥 넣은 모양이다. 그리고 '성 엑수퍼리'는 물론 'St. Exupery'의 '번역'으로서, 보나마나 'St. Exupery'와 '쌩떽쥐뻬리'가 동일인임을 알지 못했기 때문에 생겨난 실수이다.

그렇다면 훨씬 외국어 실력이 모자라서 번역본을 읽어야만 하는 독자들은 어쩌란 말인가? 예를 들어 '쌩떽쥐뻬리'라는 이름을 정확히 번역하지 못해서 '성 엑수페리'라고 하는 경우라던가, 에라 모르겠다 하면서 그냥 영어 또는 불어로 'St. Exuepry'라고 적어놓는다면, 번역하는 사람도 'St. Exupery'가 누구인지를 모르는데, 우리말로 책을 읽어야 하는 독자가 어떻게 'St. Exupery'가 '쌩떽쥐뻬리' 인지를 알겠느냐 하는 점이다.

그리고, 믿어지지 않겠지만, 우리나라에는 이런 식으로 작가의 이름조차 제대로 번역이 되지 않은 책이 여럿 나와 있으며, 제 2과에서는 그런 예를 하나 제시하기로 하겠다.

필자가 이름 한 자를 가지고 이렇게 따지는 까닭은, 만일 무슨 책을 번역하여 출판하겠다는 꿈을 가진 사람이라면 그에 상응하는 대가를 치를 각오를 해야 하기 때문이다. 적어도 무슨 책을 번역하여 출판을 한다면, 번역자는 그 책을 읽게 될 모든 독자보다 모든 면에서 아는 것이 많아야 한다. 저자 또는 역자라면, 학교의 선생님이나 마찬가지인데, 책을 펴낸 역자가 독자보다 뒤진다면 문제가 아닐 수 없다.

모터스 장군

거듭 강조하지만, 고유명사도 확실하게 '번역'을 해야 한다.

이름이나 제목은 껍데기나 마찬가지이다. 그래서 사람들은 알맹이만 제대로 번역하면 그만이지, 그까짓 껍데기쯤은 좀 소홀하면 어떻겠느냐고 쉽게 생각한다.

그렇다면 사람들은 왜 과자를 팔 때 알맹이보다 포장을 훨씬 더 열심히 만드는지를 생각해 보라. 그리고 출판계에서 책이 잘 팔리는지 안 팔리는지는 표지가 30 퍼센트를 좌우한다는 통설이 왜 나왔겠는지를 생각해 보라. 그리고 "옷이 날개"라는 속담은 왜 생겨났으며, 왜 대부분의 사람들이 심성보다는 얼굴과 몸매를 가꾸는데 더 열심인지를 생각해 보라.

모든 고유명사와 사람의 이름은 분명히 번역을 해야 하며, 해도 제대로 해야 한다. 그리고 번역에서 가장 어려운 부분의 하나가 바로 고유명사의 번역이라는 사실을 잊어서는 안 된다.

고유명사의 번역이 얼마나 중요한지를 한 가지 예를 들어 설명하겠다. EBS-TV에서는 언젠가 "일요 시네마"를 통해서 캐더린 헵번과 캐리 그랜트가 주연한 『홀리데이(Holiday)』라는 할리우드 영화를 방영하면서 '제너럴 모터스(General Motors)'라는 말이 나오니까 '모터스 장군'이라고 자막에 옮겼다. '제너럴 모터스'라면 전 세계적으로 유명한 자동차 회사이고, 대우자동차를 인수받으려고 애쓰는 과정에서 우리나라 신문과 텔레비전 뉴스에 늘 이름이 거론되기도 했는데, 어쩌다 대한민국에 와서 '모터스 장군'이 되고 말았을까?

그 날 이 실수를 눈치채고 웃음을 터뜨린 사람은 필자 한 사람뿐이 아니었으리라고 생각한다. 하지만 영화는 누군가 녹화를 해 두기 전에는 잠깐 한 순간에 지나가 사라진다. 그러나 종이에 인쇄를 해놓은 책의 번역에서라면 이런 실수는 훨씬 문제가 심각해진다.

번역가는 모름지기 "누군가 항상 나를 감시하고 있다"는 각오와 의식을 가지고 작업에 임해야 한다. 무심코 지금 저지르는 사소한 실수를 누가 언제 어디에서 지적할지 모르기 때문이다. '모터스 장군'을 방금 앞에서 필자가 지적했듯이 말이다.

인명도 사전에서 찾아본다

다시 제 1과에 등장한 인용문으로 돌아가자.

"These things I command you, that ye love one another"를 발췌한 근거인 'John 15 : 17'을 세 학생은 '요한복음 15 : 17'이라고 옮겼으며, 한 학생만이 '요한복음 15장 17

절'이라고 제대로 옮겼다. '15 : 17'을 옳지 않다고 지적하는 까닭은 우리말 표기법에서는 원칙적으로 콜론(:)을 사용하지 않으며, '15 : 17' 역시 영어를 그대로 베껴놓은 형태이기 때문이다. 숫자는 '영어'가 아니라고 해서 '15 : 17'을 '15 : 17'이라고 해놓고는 'Publibius Syrus, 50 BC'를 'Publibius Syrus, 50 BC'라고 번역한 경우하고는 다르지 않느냐고 주장해서는 안 된다.

'Publibius Syrus, 50 BC'를 'Publibius Syrus, 기원전 50년'이라고 절반만 번역해 놓은 경우도 마찬가지이다. 도대체 '기원전 50년'은 무슨 뜻일까? 대부분의 경우 옛 서양인의 이름 뒤에 이렇게 연대가 따라 붙으면 태어나서 죽을 때까지 그가 생존했던 기간을 나타낸다. 그렇다면 'Publibius Syrus'는 기원전 50년에 태어나서 같은 해에 죽었다는 말일까?

그렇다면 한 살 배기 아기가 "No man is happy unless he believes he is"라는 명언을 남겼을 리가 없다는 사실에 대해서 번역자는 고민을 해야 한다. 그렇게 고민을 하면 해답이 나온다. '기원전 50년'은 생존연대가 아니라 필시 그가 명언을 남긴 해였으리라고 말이다.

그리고는 또다시 번역자는 고민을 해야 한다. 영어로 된 글을 보고 자신이 혼동을 일으킨 내용을 독자에게는 어떻게 오해를 일으키지 않도록 우리말로 전해야 하는지를 말이다. 그러면 아마도 괄호를 넣어서 'Publibius Syrus(기원전 50년)'이라고 한다던가 연대부터 앞에 내놓아 '기원전 50년, Publibius Syrus' 또는 어떤 다른 해답을 찾아내게 될 것이다.

그러나 'Publibius Syrus'를 우리글로 표기하는 문제가 아직도 남았다. 서울의 전은경 학생은 이것을 '퓨블리비어스 사이러스'라고 했으며, 김현지 학생은 '퍼블리비우스 사이러스'라고 했다. 로마자를 그대로 베끼지 않은 만큼은 가상하지만, 이 두 학생의 '번역' 또한 문제가 아닐 수 없다.

우리는 우선 Publibius Syrus가 누구인지부터 알아야 한다. 번역자는 어떤 글을 번역할 때, 저자가 누구인지조차 알지 못하면서 일을 시작하는 무모함은 피해야 한다. 예를 들어 'social'이라는 한 단어를 번역함에 있어서도 그것이 에밀리 포스트가 쓴 글이냐 아니면 롤로 메이가 쓴 글이냐에 따라서 '사교적'과 '사회적'이라고 의미가 달라질 확률이 크기 때문이다.

아무리 박식한 사람이라고 해도 제1과에 나열한 수많은 사람을 어떻게 다 알고 있겠느냐고 반론을 내세워도 안 된다. 지금까지 알지 못했던 사람이라면 이제부터라도 그들이 누구인지를 알아내야 하기 때문이다. 인명사전을 찾아보는 일조차 게을리 한다면 그런 번역자는 역시 마무리가 시원치 않은 목수나 마찬가지이다. 만일 'St. Exupery'가 누구인지를 어느 인명사전에서라도 찾아봤더라면 '성 엑수페리'라고 번역을 하지는 않았으리라. 그리고 EBS-TV에서도 하다 못해 민중서관의 '엣센스 영한사전'을 찾아보는 성의만 가졌었더라도 '모터스 장군'이 자동차 회사라는 사실을 깨달았으리라.

|"피터 대제가 맞습니다"   제1과에서처럼 학생들에게 발췌문을 번역시키면 달랑 본문만 옮겨놓고 책이나 저자의 이름은 아예 무시해서 몽땅 빼버리는 경우가 종종 나타난다. 지금까지 표본으로 삼은 네 학생의 경우에는 다행히도 그렇지를 않아서, 비록 여기저기 잘못을 저지르기는 했더라도 전문을

충실히 번역했지만, 물론 답안을 제출한 사람들 가운데에는 '본문'만 적어 보낸 경우도 없지 않았다.

출처를 제대로 밝히지 않는 인용문이라면 수능시험이나 대학입시에서 정성껏 답안지를 작성한 다음 수험생의 이름을 안 쓰고 제출하는 경우와 마찬가지이다. 그것은 안으로 들어가는 문을 만들어 놓지 않은 집이나, 대문은 만들었어도 문패를 달지 않은 집과 마찬가지이다.

그리고 고유명사를 잘못 표기한 경우는 아예 문패를 달지 않은 집만도 못하다. 문패를 달지 않으면 집의 주인이 누구인지를 모르지만, 잘못된 문패를 달면 집을 잘못 찾았다고 사람들이 발길을 돌릴 테니까 말이다.

우리는 구태여 인명사전을 찾아보지 않더라도 '기원전 50년'에 살았던 'Publibius Syrus'라면 로마나 그리스인의 이름이라는 사실을 쉽게 짐작한다. 그렇다면 당연히 발음은 '푸블리비우스 시루스'이다. 그런데 왜 서울의 두 학생은 그것을 '퓨블리비어스 사이러스'와 '퍼블리비우스 사이러스'라면서, '시루스'를 '사이러스'라고 영어식으로 표기했을까?

그것은 '율리우스 카이사르'를 영어식으로 '줄리어스 씨저'라고 적는 셈이다. '율리우스 카이사르'라는 표기법을 따라야 한다고 말하면 틀림없이 누군가 나서서, 너도나도 다 '줄리어스 씨저'라고 하는데 새삼스럽게 '율리우스 카이사르'라고 해야 할 이유가 뭐냐고 따질지도 모른다. 그러나 그것은 러시아의 '뾰트르 대제'나 '에까떼리나 여제'라고 하면 알아듣지 못해도 영어식으로 '피터 대제'나 '캐더린 여제'라고 하면 쉽게 알아듣는 사람들이 할만한 주장이다.

EBS-TV의 「장학퀴즈」에서는 러시아의 황제에 대한 문제가 출제

고유명사 | 25

되었고, 어느 학생이 "표트르 대제입니다"라는 정답을 댔다. 그랬더니 진행자가 "맞습니다. 피터 대제입니다"라고 보충 설명을 붙였다. 필자는 이 장면을 보고 교과서에서 제대로 배운 학생에게 텔레비전이 잘못된 길로 들어가는 방법을 안내하는 듯한 인상을 받았다. 그리고 이런 잘못을 저지르는 번역을 우리는 주변에서 쉽게 발견한다.

고대 로마인이나 희랍인의 이름을 현대식 영어로 번역해서는 안 된다. 그렇게 하려면 '플라톤'도 '플레이토'라 해야 하고, '소크라테스'도 '싸크라티스'라고 해야 형평성이 맞기 때문이다. 만일 일본이나 중국을 방문했을 때 그곳 사람들이 학생의 이름에서 한자를 그들 식으로 발음하여 '사까닥지 다나까'라거나 '왕룽쩌'라고 불러 준다면 기분이 어떻겠는가?

블레이크에게 브레이크를 걸지 말라

나머지 '고유명사'의 번역도 마저 짚어보고 넘어가자.

"Never give advice. The ignorant won't heed it and the wise don't need it"이라는 절묘한 충고의 출처는 'The Washington Post'인데, 네 학생이 모두 『워싱턴 포스트』라는 답을 냈다. 유일하게 네 명이 모두 우리글로 옮겨놓은 고유명사였다. 아마도 귀에 익은 이름이어서 쉽지 않았나 싶다. 그렇지만 여기에서도 정관사를 살려 『더 워싱톤 포스트』라고 해야 한다는 것이 필자의 소신인데, 이 문제는 나중에 다시 언급하겠다.

'질투'에 관한 발췌문을 남긴 'Secudes 1957'도 두 학생은 그냥 영어로 'Secudes 1957'이라고 했으며, 나머지 두 명은 영어식으로

'1957년 시큐데스'와 '시큐데스(Secudes) 1957'이라고 옮겼다. 이미 'Publibius Syrus, 50 BC'의 경우에 살펴보았듯이 그의 이름은 국적에 따라 '시큐디스'와 '세쿠데스'로 달라진다.

'William Blake'는 공평하게 '윌리엄 브레이크'가 두 명이요 '윌리엄 블레이크'라고 한 학생도 두 명이었다. 'William Blake (1757~1827)'는 영국의 시인이요 화가이며 신비주의자였는데, 한국으로 와서는 그만 자동차에 달린 '제동기(brake)'가 되었다. 시인의 이름 '블레이크'가 자동차의 '브레이크'로 급정차한 까닭은 우리나라에서 영어의 'l'과 'r'에 대한 차별적인 표기법이 정립되지 않았기 때문이다. 'l'과 'r'에 관해서는 필자가 〈가짜영어사전〉에 매우 장황하게 설명을 해 놓았기 때문에 여기에서는 중복을 피하겠지만, 웬만한 사전에는 모두 '블레이크'의 정확한 표기법을 밝혀놓았음에도 불구하고 아무렇게나 '브레이크'라고 한 학생은 역시 번역에 대한 성의가 모자란다고 밖에는 말할 수가 없다. 우리나라에서도 '곤돌라(gondola)'를 '곤도라(gondora)'라고 하지는 않는다. '힐러리'를 '히러리'라고 하면 얼마나 이상하게 들리는가?

마지막 발췌문을 남긴 'David Viscott'은 '데이비드 비스컷', '데이빗 비스코트', '데이비드 비스콧', 'David Viscott'이라고 옮겼는데, 한글로 적은 세 학생의 표기가 저마다 다르다. 우리나라의 표기법이 얼마나 무질서한지 그 심각성을 한눈에 보여주는 현장이다. 'Viscott'가 혹시 '바이코트'라고 발음될지도 모른다는 고민을 한 흔적은 어디에서도 발견되지 않는다.

그리고 "There is no such thing as an absolute truth—that is absolutely true"라는 궤변적인 진리를 얘기한 'Anonymous'를 보면 세 사람이 '무명씨'라고 했으며, 한 사람은 '익명'이라고 했다.

'무명씨'라니까 문익점의 '목화씨'가 연상되지만 필시 한자로 '無名氏'라는 말이리라.

그렇다면 '無名氏'란 누구인가?

우리말로 옮기면 '이름(名)이 없는(無) 분(氏)'이다.

이름이 없는 사람이라면 세상에 태어나기는 했는데 아직 부모가 이름을 붙여주지 않은 아기일 것이다. 그러나 'anonymous'는 이름이 없는 사람이 아니라, 있기는 하지만 우리들이 그 이름을 알지 못하는 경우 또는 신분을 감추기 위해 본인이 의도적으로 이름을 숨긴 경우를 뜻한다. 전에는 이런 경우에 '작자미상(作者未詳)'이라고 했다. 이렇게 '무명씨'처럼 사람들이 흔히 사용하는 단어라고 하더라도 다시 한 번 따지고 짚어보는 것이 글을 쓰거나 번역을 하는 사람에게는 꼭 필요한 습성이다.

내 실수는 창피하고 남의 실수는 재미있다

이런 식으로 따지자면 이번에 선발한 네 학생의 답안을 채점하는 경우, 적어도 고유명사의 번역에 있어서는 30점도 되지 않는다.

하지만 아직 걱정할 필요가 없다. 처음에 이런 식으로 인용문을 번역시키면 거의 모든 학생이 비슷한 답안을 내기 때문이다.

사람들은 실수를 저지르고, 그것이 실수임을 깨닫고, 그리고는 올바른 지식과 지혜를 찾아내며 살아간다.

다른 모든 일에서도 그렇지만 번역에서는 자신의 잘못을 스스로 찾아내기가 어렵다. 잘못이 잘못인 줄을 모르기 때문이다. 따라서 이 강좌에서는 잘 된 번역을 칭찬하기 보다는 무엇이 잘못인지를 지적하는 과정을 목적으로 삼는다. 사람들은 자신이 직접 망신을 당하면 같은 실수를 저지르지 않는다. 그러나 다른 사람이 망신을 당하면 재미있다고 웃어버리고는 나중에 같은 잘못을 자기도 모르는 사이에 저지른다.

*

  직접 예문을 번역한 다음에 이 글을 읽은 학생이라면, 아직 본문 번역은 한 문장도 다루지 않았지만 벌써 "아차, 실수했구나"라고 느낀 경우가 많았으리라고 생각한다.
  거듭거듭 강조하지만, 그렇기 때문에 예문을 직접 번역하고 설명을 읽어야 한다. 아직 직접 번역을 하지 않았다면, 지금이라도 되돌아가서 예문을 우리말로 옮기기 바란다.
  그리고 일단 번역한 답안지는 버리지 말고 모아두기 바란다. 앞으로 강좌가 계속되는 동안 이미 나왔던 예문이나 학생의 번역을 언급하는 경우가 자주 있기 때문이다.
  예를 들면 나중에 나올 "있을 수 있는 것은 모두 없애라"는 제목의 강좌에서는 여러분이 제1과에서 번역해 놓은 모든 글을 한 단어씩 살펴봐야 하는데, 실제로 자신이 번역한 문장을 검토하지 않고서는 필자의 얘기가 별로 실감이 나지 않으리라고 생각된다.
  아직은 워낙 기본적인 내용, 그러니까 고유명사의 번역만을 다룬 관계로, 제1과의 예문에 대한 번역문은 좀 더 설명을 들은 다음, 제2과에 싣기로 하겠다.

우리말의 중요성

앞으로는 예문을 번역하라는 말을 상기시키지 않겠지만, 모든 과를 시작할 때는 우선 제시된 영문을 모두 번역해 놓은 다음에 강의 내용을 확인하기를 바란다.

Leo Buscaglia
Loving Each Other

Don't think in terms of forever. Think of now, and forever will take care of itself.

Never idealize others. They will never live up to your expectations.

Don't be afraid of giving. You can never give too much, if you're giving willingly.

Realize that you always have choices. It's up to you.

Don't hold on to anger, hurt or pain. They steal your energy and keep you from love.

Expect what is reasonable, not what is perfect.

Be polite. Love does not give license for rudeness.

번역은 우리말로 해야 한다

우리말로 번역을 하라는 말을 들으면 처음에는 "그럼 영어를 우리말로 번역하지 무슨 언어로 번역한다는 말이냐?"고 대뜸 반박을 할만한 사람이 많겠지만, 우리는 지금까지 '아나이스 닌'을 'Anais Nin'이라 번역하고, '쌩떽쥐뻬리'를 'St. Exupery 3'라 하고, '푸블리비우스 시루스'를 'Publibius Syrus'라고 번역해 놓은 사례를 살펴보았다.

이렇듯 영어를 영어로 번역하는 경우를 우리는 주변에서 너무나 흔하게 만난다. 제1과를 번역한 학생들의 답안을 보면, 본문의 번역에서도 역시 마찬가지였다.

두 번째 예문인

"Man is but a network of relationships and these alone matter to him"

을 어느 학생은 이렇게 번역해 놓았으니 말이다.

"인간은 단지 관계의 네트워크일 뿐이고, 이 네트워크는 인간에게 매우 중요한 것이다"

위 번역문에서 여러분은 "관계의 네트워크"가 어느나라 말이라고 생각하는가?

"네트워크"는 우리말로 정착한 외래어일까?

아니면 소리나는 대로 그냥 "network"라는 영어를 우리글로 적어 놓은 것일까?

위 문장을 번역한 학생은 그렇다면 '우리말'과 '우리글'이 같다고 생각했을까, 아니면 다르다고 생각했을까, 그것도 아니면 '우리말'과

'우리글' 의 차이 따위는 아예 생각조차 해 본 일이 없었던 것일까?

우리말로 번역을 하거나 글을 쓰는 사람은 무엇이 '우리말' 인가 하는 기본적인 개념부터 일차적으로 정리해 둘 필요가 있다. '우리말' 을 모르는 한국인, '우리말' 이 무엇인지조차도 모르는 한국인이 상상외로 많기 때문이다.

위에 제시한 예문을 번역해 놓은 학생이라면 "네트워크"가 분명히 우리말이라고 생각했을 터이다. 외래어도 당당한 우리말이니까 "network"는 한국어라고 말이다.

그렇다면 "뮤지션이 라이브쇼를 퍼포먼스하고 백댄서가 스테이지에서 서포트를 했다"는 표현 역시 우리말일까?

그리고 "The platoon marched to the City Hall"이라는 영어 문장을 "플라툰이 씨티홀로 마치했다"라고 '우리말' 로 번역해 놓아도 된다는 말인가? 'platoon' 은 올리버 스톤 감독의 영화가 수입되었을 때의 제목에서도 '플라툰' 이라 버젓하게 번역해서 간판을 내걸었고, 'march' 와 'City Hall' 은 '네트워크(network)' 보다도 훨씬 더 우리나라에서 보편화한 단어이니까 말이다.

헤어 스타일리스트 스타일의 한국어

어느 날 SBS-TV의 「한선교 정은아의 좋은 아침」에 "특집 새봄 메이크업 제 2탄"이라는 제목을 내걸고 여성 미용사 한 사람이 출연했는데, 필자가 〈가짜영어사전〉에 소개했듯이, 10여 분 동안 대충 이런 내용의 얘기를 했다.

"화이트 펜슬을 써서, 화이트를 칠해 주면 좋아요. 눈이 치켜 올라간 분은 엷은 브라운으로 일직선으로 하고요. 볼 터치는 각이 지면 안 되요. 이런 건 터치를 크게, 핑크색으로 볼 연출을 해요. 입술 라이너를 사용하세요. 립 라이너와 립스틱은 비슷하게 핑크로 하세요. 도톰하게 볼륨감이 있어 보이죠? 신부 화장의 포인트는 청순하고 순수하게 메이컵을 해줘야 돼요. 살짝 포인트만 주면 돼요. 신부 화장에는 약간의 펄이 들어가야죠? 눈에 포인트를 주려고요. 펜슬로 라인 끝을 약간 올려 그릴께요. 속눈썹을 포인트로 반쪽만 붙이고요. 신부님들은 볼에다 포인트를 주면 좋아요. 입술을 너무 크게 오바 하는 거보단 약간 작게 해야 귀여워 보여요. 너무 흐리면 신부는 포인트가 없어져요. 청자켓에 잘 어울리게 블루 메이컵을 해야 하는데, 브러시로 이렇게 조금만. 화이트 펜슬로 시원한 눈매를 그리는 뷰티 레슨예요. 피부 톤에다 조금만 볼 터치로 생기를 주세요. 아이 부분에 너무 진하게 칠했어요. 자연스럽게 그라데이숀을 시켜서 셰도우를 살짝 칠하고 라이너만 해주면 될 것 같아요. 라인을 반만 하고 짙은 셰도우로 위에다 두껍게 그리면 눈이 커 보여요. 핫 타올을 5분 정도, 스팀 타올을 해주면 생기가 나요. 냉 타올을 비니루에 싸서 얼굴에 대면 부기가 빠지고요. 아니면 스킨을 냉동실에 집어 넣었다 하고요. 찬 캔 정도로 하는 것도 좋겠어요. 아이 팩과 에센스로 충분한 보습을 하면 좋아요. 철저한 클렌징도 중요하고, 소금 팩 같은 것도 하고요"

우리말로 '미용사'라고 하면 신분격하가 되어 어딘가 천박하다는 생각이 들어서인지 자신의 직업을 영어로 '헤어 드레서'나 '헤어 아티스트'나 '헤어 디자이너' 또는 '헤어 스타일리스트'라고 '화쇼나블한 잉글리시'로 표현하는 많은 사람이 사용하는 우리말은 대부분 이런 식이다.

한국 사람끼리 얘기를 하면서도 뻔질나게 대화에 영어를 섞어서 쓰면 멋있어 보인다는 착각은 일제시대나 한국전쟁 당시의 얼치기 '인테리'들이 남긴 유물이다. 이제는 '화이팅'이니 '매니아'니 해가면서 엉터리 영어를 남용하는 사람들을 보면 대단하고 유식해 보이기는커녕 오히려 촌스럽고 지저분하게 보일 따름이다. 앞에 인용한 미용사의 언어가 얼마나 더럽고 추하게 들리는지 귀를 기울여 보라. 사람들의 머리를 예쁘게 가꾸는 직업에 종사하면서, 정작 머리 속에 담긴 관념과 지식을 겉으로 표현하는 우리 언어를 그토록 더럽게 망가뜨려도 괜찮다고 믿어서 그러는 것일까?

그렇다면 여기에 예문으로 인용한 '헤어스타일리스트의 코리안'과 "관계의 네트워크"라는 표현은 어떤 차이가 나는가?

미용사는 거의 모든 문장에 엉터리 영어를 마구 섞어서 사용하는 반면에 위 번역문에는 영어가 "네트워크" 단 한 단어만 들어갔으니 별 문제가 아니라고 그냥 넘어가도 좋을까?

뒤에서 소개할 "있을 수 있는 것은 모두 없애라"는 원칙도 마찬가지이지만, 필자는 이른바 '외래어'라는 가짜 우리말은 아예 한 단어도 사용하지 않는 습성에 익숙해지도록 모든 사람에게 권한다. "관계의 네트워크"에서처럼 "한 단어 정도만 사용한다면 괜찮겠지"라면서 자신을 용서하는 사람이라면 얼마 후에 두 단어, 세 단어의 외래어와 심지어는 가짜 영어 표현까지 남용하게 되고, 이렇게 야금야금 좀먹히다 보면 우리말은 종 노릇이나 하고 망가진 영어가 주인 노릇을 하는 '미용사 우리말'의 수준에 다다르기는 시간문제이기 때문이다.

그리고 혹시, "관계의 네트워크"라는 표현이 등장했던 까닭은 일반화된 외래어 사용은 무죄임을 표방하면서 사실은 "a network of relationships"을 제대로 번역할만한 능력이 없었거나, 'network'가 정확히 우리말로는 무슨 뜻인지를 찾아보려는 정성이 부족했던 때문은 아니었을까?

그물처럼 얽힌 관계

"a network of relationships"라는 간단한 표현은 사실 따지고 보면 대단히 번역하기 까다로운 표현이다. 이른바 '직역'을 해놓으면 "관계들의 망(網)"이라는 어색한 표현이 되기 때문이다.

실제로 한 여학생은 "사람은 복잡하게 얽힌 관계의 망에 불과하다. 그래서 사람에게 중요한 것은 이러한 관계뿐이다"라고 '생 엑수페리'의 말을 번역해 놓았다.

영어로 된 문장을 다시 살펴보면 "Man is but a network of relationships and these alone matter to him"이어서, 번역문과는 달리 "복잡하게 얽힌"이라는 표현이 눈에 띄지를 않는다. "복잡하게 얽힌"은 보아하니 "network"이라는 말을 '망'이라고만 해놓고 보니 아무래도 어딘가 허전하고 어색했기 때문에 집어넣은 보충 설명인 모양이다. 하지만 '망(網)'이라는 단어에는 이미 "복잡하게 얽힌"이라는 의미가 담겼다.

학생이 여기에서 '관계의 망'이라는 어색하기 짝이 없는 이른바 "번역체" 표현을 벗어나지 못하는 까닭은 사고 방식과 번역 방법이 지나치게 수비적이어서 너무 경직되었기 때문이다. 문제의 표현에 등장하는 중요한 세 개의 영어 단어 'network'과 'of'와 'relationship'을 그에 해당하는 세 개의 우리말 '망'과 '의'와 '관계'를 가지고만 뜻을 전해야 한다는 강박관념을 벗어나지 못한 결과이다.

그런데 다른 두 명의 여학생은 예문을 다음과 같이 번역했다.

"인간의 삶이란 다름 아닌 얽히고 설킨 관계이며, 인간에겐 오직 이것 중요하다" (김현지)

"인간이란 얽히고 설킨 관계 속에서 그 관계만을 바라보고 사는 존재이

다" (이미나)

　물론 위 번역문은 둘 다 아직도 미흡한 구석이 많지만, "얽히고 설킨 관계"라는 표현만큼은 "관계의 네트워크(망)"라는 답답한 표현에 비하면 대단히 비약적이다.
　그렇다면 "얽히고 설킨 관계"가 왜 그토록 빛나는가?
　그것은 눈앞에 제시된 세 개의 단어(망, 의, 관계)로부터 벗어나 정말로 우리말다운 정확한 표현을 찾아냈기 때문이다.
　말하자면 이것은 적극적이고도 공격적인 번역의 자세이다.
　어째서 공격적인지 보다 구체적으로 이유를 찾아본다면, 나중 두 학생은 'of'를 '의'로 번역하지를 않았다.
　"관계의 망"과 "얽히고 설킨 관계"라는 표현의 가장 두드러진 차이는 'of'를 다루는 두 가지 시각에서 연유한다.
　그렇다면 'of'라는 지극히 간단한 영어 단어를 이런 경우에는 어떻게 번역해야 하는가?

│ 'a'의 번역

　친한 사람과 돈 거래를 하면 돈도 잃고 친구도 잃는다고 한다. 그것은 이러한 까닭에서이다.
　사업을 하다가 부도를 내고 빚에 쫓기는 사람은 가까운 친구일수록 돈을 갚지 않는다. 모르는 사람이라면 고소를 하고 경찰이나 폭력배를 동원할 염려가 있기 때문에 어떻게 해서든지 돈을 갚지만, 가까운 친구에게서라면 그런 수모를 당할 염려가 없고, 그래서 가까운 사람일수록 뒤로 미루게 마련이다. 그래서 결국 돈은 받지 못하게 되고, 빚진 친구는 죄책감과 원망에 가로막혀 인연이 끊어지고 만다.

대부분의 인간 관계가 그런 식이다. 사람이란 가까운 사이일수록 상대방을 소홀히 한다. 세상에서 가장 가깝기 때문에 무촌(無寸)이라는 남편과 아내의 관계를 보면 그런 현상을 실감한다. 별로 사이가 가깝지 않은 타인들과의 만남을 위해 외출할 때는 몸과 얼굴을 열심히 가꾸지만, 부부가 함께 지내는 시간 동안은 두 사람 다 얼마나 지저분한 모습인가. 그리고 가장 가까운 부부가 서로 얼마나 말과 행동을 함부로 하고, 상대방을 우습게 보는지 생각해 보라.

번역에서도 마찬가지이다.

사람들은 어려운 단어나 표현일수록 공을 들여 열심히 번역한다. 하지만 어려운 내용은, 역설적인 사실이지만, 오히려 번역이 쉽고 간단하다. 뜻만 파악하면 되기 때문이다.

단어의 경우, '염세주의자'나 '성도착증'이나 '실존주의' 따위의 단어가 나오는 문장을 만났을 때, 정확한 단어를 찾아 그냥 우리말로 옮겨놓으면 그만이다. 그런 어려운 단어는 의미의 폭이 좁고, 선택의 여지가 없고, 그래서 선택을 해야 한다는 필요성이나 부담도 없다. 예를 들어 'constipation'이라는 단어를 '변비' 말고 또 무슨 말로 번역하겠는가?

그렇기 때문에 전문 서적이나 공문서나 서류의 번역은 흔히 생각하는 것만큼 어렵지가 않다. 모르는 단어를 사전에서 찾아보면 늘 준비된 해답이 나타나기 때문이다.

의미상으로 융통성이 없다는 사실은 선택의 자유 때문에 고민을 하지 않아도 된다는 뜻이다. 어휘의 선택과 구사 방법에서도 미적인 감각이나 음악적인 율동을 시각적으로 표현할 필요도 없어진다. 이런 번역은 수비만 열심히 하면 그만이다.

하지만 지극히 간단한 관사나 전치사의 번역은 어떠한가?

부정관사 'a'는 어떤 경우에 어떻게 번역해야 하는가?

대부분의 경우에 사람들은 'a'를 거들떠보지도 않고 그냥 지나간다. 그래서 『A View to a Kill』이라는 007 영화의 제목을 앞의 'a' 하나는 빼먹고 뒤에 나오는 'a' 만 살려 놓은채로 '번역' 해서 『뷰투어킬』이라는 해괴한 '우리말'을 만들어 놓는다.

그러나, 나중에 자세히 설명하겠지만, 때에 따라서는 부정관사도 꼭 번역해야 하고, 번역하는 방법도 상황에 따라 달라진다.

'of'는 '다운'

"a network of relationships"에서 전치사 'of'의 번역 또한 만만치가 않다.

가는 곳마다 발길에 채일 정도로 흔한 전치사 'of'를 우리말로 가공하는 한 가지 편리한 요령을 설명하기 위해서는 좀 험악하지만 "son of a bitch"라는 영어 욕설의 도움이 필요하겠다.

참으로 흔하디 흔한 욕설인 "son of a bitch"를 우리말로 번역하라고 하면 사람들은 전혀 주저하지 않고 "개자식"이나 "개새끼"라고 옮긴다. 하지만 '직역'을 한다면 "son of a bitch"는 "암캐의 아들"이다. 그런데도 "개자식"이라고 번역하는 까닭은 우리말 표현에 "개자식"이나 "개새끼"는 있어도 "암캐의 자식"은 없기 때문이다.

이렇듯 번역에서는 똑같은 단어를 찾아 차례대로 그냥 꽂아 넣는 대신 때때로 이미 존재하는 어떤 개념이나 표현 전체를 바꿔 넣어야 한다. 그러다 보니 "개자식"이라고 '번역'하는 경우, 'of'가 완전히 사라져 버린다.

하지만 정말로 'of'가 사라졌을까?

그렇지 않다.

우리말에서 "개자식"이라는 욕은 "개의 자손"이라는 뜻보다 "개 같은 자식"이라고 이해해야 한다. 실제로 "개 같은 자식"이라는 욕도 사용되기 때문이다. 따라서 "개자식"은 "개 같은 자식"에서 '같은'이 생략된 꼴이라고 우길 만도 하다.

그렇다면 'of'는 '의'가 아니라 '같은'에 해당된다. 그리고 '같은'은 'of'의 대단히 정확한 번역 가운데 하나이다.

예를 들어 "man of iron"이라는 표현은 흔히 "철의 남자" 또는 "강철의 사나이"라는 식으로 번역할 때가 많지만, 그러나 보다 정확한 우리말 표현은 "철과 같은 사내"에 가깝다.

이렇듯 'of'가 "같은" 또는 "~다운"이나 "~스러운" 그리고 "~라는"이라고 번역되는 까닭은 흔히 'of'의 양쪽에 오는 두 단어가 동격이거나 속성이 같기 때문이다.

그러니까 "a network of relationships"로 되돌아가서 새로운 방법으로 'of'를 번역하면, "network 같은 relationship"이라는 말이 된다. 'network'은 "그물(net)처럼 짜놓은 것(work)"이고, 여기에서 "그물처럼 짜놓은 관계들"로 발전한다. 그래서 얻어진 절묘한 번역이 "(그물코처럼) 얽히고 설킨 관계"인 것이다.

이렇듯 "사람의 자식(son of a man)"에서처럼 'of'를 '의'로 쉽게 옮겨서는 의미가 어색해지는 경우를 만나면, 'of'는 '='라는 뜻임을 상기하여, 동격을 나타내는 다른 표현을 모색하면 뜻밖의 좋은 번역이 나온다.

필자는 번역을 할 때 쉼표 하나도 빼먹어서는 안 된다고 수비를 자주 강조하는데, 그렇다면 여기에서 'of(의)'를 빼버리는 요령과 모순되지 않느냐고 생각할 사람이 있을지도 모른다. 하지만 "얽히고 설킨(=network 같은)"이라는 표현 속에는 'of(같은)'가 이미 내포되었음을 잊어서는 안 된다.

그러니까 이런 식의 번역은 우리말로 옮기기가 나쁘다고 본문에서 한 두 단어를 아무렇지도 않게 빼먹는 사람의 경우와는 달라서, 기존의 품사에 얽매이지 않고 새로운 방법의 번역을 탐색하는 창의력으로 봐야 한다.

따라서 공격은 곧 수비가 된다.

관계와 인연은 같고도 다르다

그렇다면 "얽히고 설킨 관계"는 "a network of relationships"의 완벽한 번역일까?

결론적으로 말하자면, 인생이나 마찬가지로 문장이나 번역에는 '완벽'이 존재하지 않는다.

'관계'라는 단어를 다시 한 번 보기로 하자. 인간의 인생살이를 엮어나가는 "얽히고 설킨 관계"란 그러면 무엇일까? 그 가운데에서도 인간의 '관계'는 과연 무엇일까?

'관계'는 통속 잡지나 신문 기사 또는 영화 제목에 지나칠 정도로 자주 얼굴을 내미는 사이에 '간통'이라는 나쁜 의미를 지니게 된 단어, 그러니까 후천성으로 더러워진 단어이다.

이렇게 단어나 표현은 사람들의 입에 오르내리는 사이에 낡고 더러워지고 진부해지는 경우가 많다. 텔레비전에서 방송인들이 자주 사용하는 "신선한 충격"이 그렇게 함부로 남용해서 낡아버린 대표적인 경우이다. 누구인가 "신선한 충격"이라는 표현을 처음으로 썼을 때는 그야말로 신선하기 짝이 없는 표현이었지만, 이제는 "신선한 충격"이라는 표현이 나오면 너무 식상하고 케케묵은 말이어서 역겨워질 지경이다.

무미건조하게 닳아버린 이런 식상한 단어를 그야말로 "신선한 충격"이 될 만큼 새롭고 생동하는 표현으로 순환시키려면 어떻게 해야 할까? 그럴 때마다 새로운 단어를 만들어낼 수도 없는 노릇인데, 기존 어휘에서 헌 단어를 찾아 새로운 맛을 담게 하려면 어떻게 해야 하나?

대부분의 경우, 어떤 어휘나 표현이 식상하게 느껴지는 까닭은 그 말이 너무 '튀기' 때문이다. 튀는 표현은 지나치게 눈에 잘 띄고, 그래서 몇 번만 사용해도 어느새 눈에 거슬려 벌써 낡은 표현처럼 느껴진다. 따라서 가능하면 주위 환경과 잘 어울리는 보호색과 같은 어휘를 구사하는 것이 좋다.

그렇다면 주위 환경과 잘 어울리는 단어란 무엇일까?

그것은 번역해 놓은 문장에 가장 잘 어울리는 단어, 즉 가장 정확한 단어이다.

그러면 "a network of relationships"에 가장 정확하게 어울리는 우리말다운 우리말은 무엇일까?

'얽히고 설킨'이라는 표현과 가장 잘 어울리는 보호색을 지녔으며 '관계'라는 의미를 지닌 단어는 무엇일까?

이럴 때는 얼른 생각이 안 나면 사전을 찾아봐도 큰 도움이 된다. 그리고 곰곰이 생각해 보자. 우리의 인생살이에 얽히고 설킨 '관계'가 무엇인지를.

아마도 그것은 "얽히고 설킨 인연"일지도 모른다.

번역을 하는 사람은 이렇게 하나하나의 단어와 표현에 가장 알맞고 자연스러운 우리말이 무엇인지를 끊임없이 찾아다녀야 한다.

제1과의 예문 번역

그러면 제 1과로 출제된 예문은 어떻게 번역하면 좋을까? 다음에 제시된 번역문과 본인이 스스로 번역한 내용을 비교해 보기 바란다.

별표(*)는 뒤에 보충 설명이 나온다는 뜻이다.

우리는 동화에 중독되었다.
— 아나이스 닌*

인간이란 얽히고 설킨 인연일 뿐이어서 인간에게는 인연만이 중요하다.
— 쌩떽쥐뻬리

내가 너희들에게 이르노니, 서로 사랑할지어다.
— 요한복음 15장 17절

그리고 빌라도가 말했다. "무엇이 진실인가?" (교활하게도 그는 대답을 들으려고 기다리지를 않았다.)

절대적인 진리 따위는 존재하지 않는다는 것, 그 말은 절대적으로 진리이다.
— 작자 미상

스스로 행복하다고 믿기 전에는 어느 누구도 행복하지 않다.
— 푸블리비우스 시루스(기원전 50년)

절대로 충고를 하지 말라. 무식한 자는 귀를 기울여 듣지 않고 현명한 자는 충고를 필요로 하지 않는다.
— 「더 워싱턴 포스트」

질투란 연애를 하는 동안은 기쁨이요, 신혼 첫 해에는 사실상 필수적이지만, 그 다음에는 중국식 고문*과 같다.
— 세쿠데스(1957년)

생명을 지닌 모든 존재는
혼자 살지 아니하고
자신을 위해서만 살지도 않는다.*
— 윌리엄 블레이크

아무리 화해를 하려고 진지한 노력을 기울이거나 한때 함께 나누었던 과거의 한 부분을 되살리려는 소망이 아무리 강하더라도, 싸움이 워낙 고통스러워 다른 감정은 전혀 느끼지를 못하고 세상의 모든 아름다움은 오히려 잔인한 대조를 이룸으로 해서 괴로움만 가중시키게 되는 그러한 시기가 어떤 인간 관계에서는 찾아오기 마련이다.

— 데이빗 바이스캇

보충설명

▶ 'Anais Nin'은 정확히 표기하면 'Anaïs Nin'이다. 이름의 모양만 특이한 것이 아니고 'Anais Nin'이라는 여류작가의 정체 또한 대단히 흥미롭다. 우선 에스파냐의 피아니스트인 아버지와 쿠바의 가수인 어머니 사이에서 태어났는데, 출생지가 빠리임에도 불구하고 국적은 미국인이다.

그녀는 소설가로 알려지기는 했지만 가장 유명한 대표작은 1931년부터 1966년 사이에 '발표'한 일곱 권의 일기로서, 헨리 밀러 등 당시에 빠리에서 활동하던 문인들과 그들의 전위적(avant-garde) 생활상을 생생하게 묘사해서 유명하다.

아예 '에로티카(erotica)'라는 부제를 단 소설 〈비너스의 델타(The Delta of Venus)〉는 "여성의 삼각지대(삼각형으로 음모가 난 사타구니)"라는 제목에서 잘 나타나듯이 여성의 성을 감각적으로 묘사했는데, 한국에서는 1981년 출판이 되자마자 정부로부터 판매금지 조치를 당했다. 훗날 『델타 비너스』라고 엉터리로 번역한 제목을 달고 수입된 영화의 원작이 바로 닌의 문학적 대표작인 그 소설이다.

우리나라에서는 'Anais Nin'의 공식 표기가 '아나이스 닌'이다.

▶ 'Chinese torture'라면 중국과 동양의 모든 고문 중에서도 사람을 묶어 앉혀놓고 콧등에 물을 한 방울씩 한없이 떨어뜨려 기진맥진하게 만드는 희한하고도 잔인한 방법의 고문을 의미한다. 한국에서도 전두환과 박정희의 군사 독재 시대에는 얼굴에 수건을 덮고 주전자로 그 위에 물을 부어 숨을 못 쉬게 만드는 잔인한 고문을 자주 사용했었는데, 중국의 물 고문은 역시 중국인들답게 인내심을 주제로 삼은 방법처럼 여겨진다.

서양인들의 눈에는 위에서 설명한 고문 방법이 퍽 재미있다고 여겨진 모양이어서, 영화나 문학에서 자주 '중국식 고문'이라는 표현이 등장한다.

▶ 'Publibius Syrus'처럼 로마인이나 중세 유럽인의 이름을 인명사전에서 찾아 볼 때는 한 가지 주의해야 할 점이 있다. 무심코 달랑 'Syrus'만 찾아봐서 항목이 안 나오는 경우가 많은데, 그럴 때는 'Publibius Syrus'라고 두 이름을 묶어놓은 항을 찾아봐야 한다. 미국의 남부 여자들이 'Mary Sue'처럼 두 개의 이름을 이어서 지어 가지기를 좋아했듯, 중세나 고대 유럽인들의 이름도 비슷한 형태를 취한 경우가 많기 때문이다.

예를 들어 〈명상록〉으로 유명한 로마의 황제 '마르쿠스 아우렐리우스'라는 이름을 보면 사람들은 반사적으로 "서양인이니까 아우렐리우스가 성이고 마르쿠스는 이름이겠구나"라고 간단히 생각하기가 쉽지만, 인명사전에서는 'Aurelius'가 아니라 'Marcus Aurelius' 항에서 찾아야 하고, 그러면 'Marcus Aurelius Antonius'가 성까지 갖춰 제대로 된 이름이라는 사실을, 그리고 마르쿠스 아우렐리우스 황제의 본명은 'Marcus Annius Verus'

라는 사실도 알게 된다.

'Publibius Syrus'는 'Publius Syrus'라고도 알려졌지만, 정확한 이름은 '시리아 사람'이라는 뜻의 'Publilius Syrus'이다. 기원전 1세기의 무언극 작가로서, 자신의 작품을 연기한 무언극(mime) 배우로 유명하다. 그러나 현존하는 그의 작품은 거의 없다.

▶조금이라도 문학을 좋아하고, 더구나 문학의 번역에 뜻을 둔 사람이라면 윌리엄 블레이크(William Blake, 1757~1827)가 영국의 신비주의 시인이며 판화가로도 유명했다는 사실 정도는 안다. 그리고 그가 시인이라는 사실을 모른다고 해도 번역을 위해서 제시한 내용이 한 편의 시라는 사실은 편집된 모양과 행의 배열만 보고도 쉽게 알았으리라고 생각한다.

시는 산문과 달리 시각적인 면도 퍽 중요하다. 그런데 블레이크의 시를 두 사람은 이런 식으로 옮겨놓았다.

1. "존재하는 모든 것 중에서 홀로 존재하는 것은 없다. 윌리엄 블레이크"
2. "모든 것은 생명을 가지고 생명은 외롭지도 혼자 힘으로 살아가지도 못한다. 윌리엄 블레이크"

아무리 종이와 지면을 아끼는 것도 좋지만, 시인이 일부러 3행으로 한가운데 모아서 다듬어 놓은 글을 이렇게 함부로 망쳐놓아도 되는 일인지 모르겠다.

그리고 필자가 처음 과제를 낼 때도 한 사람의 글이 끝날 때마다 줄을 하나씩 비워 보기 좋으라고 여유 있는 편집을 했는데, 이것도 모두 붙여 놓았다면 얼마나 지저분하고 어지러워 보일까. 번역에서는 이렇듯 비워놓은 '공간'까지도 충실하게 번역해야 한다. 공간 번역은 철저한 수비가 필요하다.

윌리엄 블레이크의 시를 내놓은 다음 바로 뒤 이어서 아주 긴 문장 하나를 번역하도록 했던 이유 또한 나름대로의 계산에 따라서였다. 문장의 길이는 장단과 호흡을 살리는 역할을 맡는다. 작가가 필요에 따라서 길게 한 문장으로 써놓은 글을 번역하기에 불편하다고 해서 토막토막 잘라 번역하는 경우가 우리나라에서는 흔히 눈에 띄는데, 번역자로서는 가장 삼가야 할 '죄악' 가운데 하나이다.

출제를 할 때 필자가 이미 예상했던 대로, 전은경은 이 하나의 문장을 두 문장으로 잘라서 번역했고, 하상수는 무려 세 개나 되는 문장으로 토막을 냈다.

번역은 번역자가 편하게 마음대로 문장을 개조해도 되는 작업이 아니다. 문장의 길이와 구조 또한 수비형 번역이어야 한다.

마침표도 번역한다

제 1과에서 그토록 장황하게, 거듭거듭, 고유명사의 정확한 번역이 지니는 중요성을 필자가 강조했음에도 불구하고, 제 2과의 예문을 번역한 답안 가운데 표본으로 선발한 세 사람의 번역문을 보니 저자 'Leo Buscaglia'라는 이름을 제대로 번역해 놓은 학생이 한 명도 없었다.

제출된 답안지에는 저자의 이름이 "레오버스커글리아(김광석)", "레오 부스깔랴(김미현)", 그리고 "레오 버스칼리아(하진영)"라고 했다.

김광석은 성과 이름을 붙여서 썼다. 이것은 우리들의 눈과 귀에 익어버린 미국의 도시 가운데 '뉴욕(New York)'은 물론이요, '로스앤

젤레스(Los Angeles)'나 '샌프란시스코(San Francisco)'에서처럼, 그리고 심지어는 아르헨티나의 '부에노스아이레스(Buenos Aires)' 와 브라질의 '리우데자네이루(Rio de Janeiro)'에 이르기까지, 외국 지명을 일본식으로 모조리 붙여서 쓰는 우리나라의 잘못된 표기법에서 생겨난 폐단이라고 믿어진다.

하지만 두 개 이상의 이름이 모여서 이루어진 '베라 크루즈(Vera Cruz)' 같은 지명은 '마르쿠스 아우렐리우스' 황제의 이름이나 마찬가지로, 원칙적으로 떼어쓰기를 정확히 해야 한다. 모든 고유명사가 이 원칙에 따라야 옳다. 인명은 떼어 쓰면서 지명만 붙여 쓴다면 일관성이 결여될 터이니 말이다.

또한 번역에 응한 세 사람은 모두 'Leo'를 '레오'라고 표기했는데, 이것은 '리오'가 맞는 발음과 표기이다. 〈영어 길들이기〉의 "번역편"에서 이미 밝혔듯이, 'Leo'는 'Leonard'의 애칭이고, 'Leonard'는 '레너드'라고 발음하지만, 애칭은 '리오'로 변하기 때문이다.

'Buscaglia'도 그의 책이 우리나라에 처음 번역되던 당시 어느 역자가 이름을 '버스카글리아'라고 잘못 표기하는 바람에 지금까지 그렇게 알려져 왔지만, 사실은 '버스칼랴'가 맞는다. 프랑스, 독일, 이탈리아, 스페인에서 인명이 영어권으로 옮겨가면 강음이 사라지는 등 영어화 하기는 하지만, 많은 경우에 발음의 골격은 그대로 전해진다.

예를 들어 텔레비전에서 코미디 배우로 활약하는 흑인 연기자 'Robert Gillaume'의 경우, 그의 성은 영어식으로 '길라움'이나 '길롬'으로 변하지 않고 프랑스어식 그대로 '기욤'이라고 발음한다. 또다른 유명한 흑인 배우인 'Sidney Poitier'를 '시드니 푸아티에'

라고 발음하는 것과 같은 이치에서이다. 산문체 소설 〈갈매기의 꿈(Jonathan Livingston Seagull)〉으로 우리나라에서도 널리 알려진 'Richard Bach'도 'Bach'를 '베이츠'라는 식으로 바꾸지 않고 독일 이름 그대로 '바크'라고 표기한 까닭도 마찬가지 이유에서이다.

따라서 이탈리아로부터 건너온 성 'Buscaglia'는 이탈리아식과 영어식이 뒤섞여 '버스칼랴'가 된다. 이탈리아어에서 자음 'g'가 만들어내는 특이한 음가 때문이다. 유명한 영화배우 'Anna Magnani'를 EBS-TV에서처럼 '안나 마그나니'라 하지 않고 '마냐니'라고 표기해야 하는 이유도 그런 까닭에서이다.

이름 쯤이야 표기가 좀 틀리더라도 무슨 문제이겠느냐고 안이하게 생각하려는 사람은 다음과 같은 사실을 상기하기 바란다. 만일 누가 철학책을 번역하다가 프랑스의 수학자이며 철학자인 '데까르트(Descartes)'를 '데스카르테스'라고 번역했다고 가정하자. 그러면 그 글을 읽는 사람은 데까르트의 철학적인 사상을 기가 막힐 정도로 잘 번역해 놓았더라도 '데스카르테스'라는 '번역'을 보고는 '엉터리'라면서 책을 덮어버릴지도 모른다.

그리고 만일 케네디 대통령의 이름을 발음이 비슷한 '캐나다'라고 적어 놓았다면, 그런 번역 원고는 누구도 거들떠보려고도 하지 않을 것이다.

누가 소설을 번역하다가 혹시 글의 내용에서 어떤 추상적인 단어 하나를 오역했다면 차라리 사람들의 눈에 잘 띄지 않을지도 모른다. 흔한 경우이지만 "말이 빠르다"를 "발이 빠르다"라고 잘못 적어 놓더라도 무엇이 잘못되었는지를 알아차리고 지적할 사람은 거의 없으리라고 생각한다.

그러나 고유명사의 발음이나 표기가 틀리면 당장 눈에 가시처럼 와서 꽂히고 만다. 한국이 1988년 올림픽 개최지로 결정되었다는 발표를 하면서 IOC 위원이 '서울'을 '쎄울'이라고 발음했을 때 얼마나 많은 사람이 웃었는지, 그리고 얼마나 많은 사람들이 지금까지도 그 발음을 흉내내며 재미있어 하는지를 기억하기 바란다.

우리는 기초가 부실하기 때문에 한국의 건물과 다리 따위가 무너져 전 세계의 조롱거리가 되었던 대한민국의 참담한 모습을 기억한다. 동양에서 가장 높은 건물을 짓고, 세계에서 가장 빠른 공정 기일 안에 공사를 끝낸다는 식으로 '기록'에만 열심이었던 군사문화적인 국가 대한민국이 왜 '질'과 '수준'에서만큼은 세계 제일이 되지 못하는지를 생각해 보자.

번역에서 초보자들이 범하는 가장 큰 잘못은 이렇듯 부실함을 면치 못하는 기초적인 바탕에서 비롯하는데, 정말로 믿어지지 않는 일이지만 문장을 번역해 놓고는 마침표를 붙이지 않는 사람도 상상외로 많다.

영어에서도 마찬가지이지만 우리말과 글에서는 문장이 끝나면 마침표를 찍어야 한다는 것이 기초적인 문법에서도 제1과에 해당된다. 그러니까 문장을 끝내고 마침표를 찍지 않는 사람의 '번역' 실력은 초등학교 1학년 수준에 해당된다.

아무리 영어에 대한 이해력이 대단하고, 머리에 담긴 사상이 숭고하더라도, 그런 이해력과 사상을 남들에게 보여주기 위해 표현하는 언어를 구사하는 능력이 초등학교 1학년 수준이라면 그런 사람의 '실력'은 결국 초등학교 1학년 수준을 벗어나기가 불가능하다.

좀 심한 듯싶기는 하지만 이런 비유를 생각해 보자. 어떤 예쁜 여자가 회사로 출근하기 위해 목욕을 하고, 화장도 한 다음, 대변을 보고 나서 밑을 씻지 않고 그냥 나갔다고 하자. 문장의 끝에 마침표를 찍는 행위라면 출근 전에 화장실에서 일을 끝내고 밑을 닦는 예식에 해당된다.

그래도 "그까짓 마침표"일까?

빈 칸도 번역한다

제 1과의 마지막 부분에서 필자는 '공간'도 번역해야 한다는 얘기를 했다.

'공간(空間)'이란 '빈(空) 사이(間)', 그러니까 '빈 칸'을 의미한다.

빈 칸을 번역하라니까 선승(禪僧)들의 화두처럼 들리기도 하겠지만, 이것 역시 이름이나 마침표의 번역이나 마찬가지로 기초적인 공식에 관한 얘기이다.

빈 칸을 번역하라는 말은 영어로 된 문장에서 빈 칸이 보이면 번역문에서도 똑같이 빈 칸을 남기라는 뜻이다. 그것이 무슨 뜻인지는 이미 윌리엄 블레이크의 시를 옮기는 대목에서 일차적으로 설명한 바가 있다.

작가 김성동은 교육방송 텔레비전의「문학기행」에 나와서 그의 대표작인 〈만다라〉를 쓰던 당시를 회고하면서, 소설을 쓰고 싶기는 한데 원고 작성법을 몰라 잡지 한 권을 사다 놓고 '빈 칸' 공부를 했다고 한다. 잡지를 보니까 문장이 시작될 때는 한 칸을 비워놓고 글을 시작한다는 사실을 그때 처음 알았다는 얘기였다.

이렇듯 김성동은 비록 독학이기는 해도 원고 작성법부터 공부하면서 대단히 훌륭한 한 권의 문학작품을 만들어냈다.

하지만 처음 번역을 하겠다고 나서는 사람들을 보면 대부분 어서 일부터 맡아 하려고 마음만 급했지, 혼자서나마 김성동처럼 체계적인 '공부'는 하지를 않는다. 그래서 그들이 번역해 놓은 글을 보면 잡초밭을 연상시킨다. 영어 이름을 영어 그대로 옮기거나, 문장의 끝에다 마침표조차도 찍지 않는다거나 하는 지극히 초보적인 실수를 여기저기 저질러 놓고, 정말로 지저분하기 짝이 없는 밭 말이다.

| 제초작업　　 초보 번역문을 보면, 문장이 처음 시작될 때는 한 칸을 비워 놓는다는 기초적인 원고 작성법, 그러니까 〈만다라〉의 작가 김성동이 스스로 알아낸 기초적인 법칙 또한 지키지 않는 사람이 많다.

그런 잡초밭 하나를 둘러보기로 하겠다.
제 2과에서 번역을 하라고 제시한 예문 가운데 앞에서부터 순서대로 세 개만 소개한다면 다음과 같다.

　　　Don't think in terms of forever. Think of now, and forever will take care of itself.

　　　Never idealize others. They will never live up to your expectations.

　　　Don't be afraid of giving. You can never give too much, if you're giving willingly.

이것을 한 사람(김광석)은 다음과 같이 번역해 놓았다.

　　　훗날에 연연하지 말라. 현재에 충실하면, 미래는 자연스럽게 전개될 것이다.
　　　타인의 이상적인 모습을 기대하지 말라. 그들은 당신의 기대에 부합하기 위해 살아가는 존재가 아니다.

주는 것을 두려워 말라. 기꺼이 주려한다 해도 이미 많은 것을 줄 수는 없다.

필자는 위 번역에서 무엇이 잘못되었고, 또 어떤 대목의 번역이 훌륭한지는 아직 따지고 싶지 않다. 그럴만한 단계가 되지 않았다고 생각하기 때문이다.

그보다 먼저, 위에 제시한 영어와 우리말로 된 두 무더기의 글을 보고, 공간의 번역이 어떻게 이루어졌는지부터 살펴보자. 빈 칸을 어떻게 번역했는지를 말이다.

영어로 된 글은 한눈에 봐도 명상적인 분위기가 나타난다. 시원스럽게 편집한 공간이 시각적인 여유를 마련해 주기 때문이다. 인생을 살아가는 지혜를 곱씹으며 천천히 음미할만한 그런 내용답게, 동양화처럼 여백을 살린 글이다.

그런데 번역문은 어떠한가?

작가 김성동이 찾아낸 원칙, 그러니까 문단이 시작될 때는 한 칸을 비워놓는다는 지극히 기본적인 원칙이 여기에서는 어떻게 되었는가? 그리고 공간을 공간으로 번역하지 않음으로 해서, 번역해 놓은 글이 얼마나 답답하고 지저분해 보이는가?

여기에 인용한 번역문 말고도 제 2과의 답안을 낸 나머지 두 사람도 모두 원전에서 비워놓은 줄을 다 없애버리고 글자로 가득 채워놓았다. 답답한 신문기사처럼 말이다.

그러나 리오 버스칼랴의 글은 답답한 신문기사가 아니다.

빈 칸을 빈 칸 그대로 남겨놓고, 마침표가 찍힌 곳에는 똑같이 마침표를 그려 넣고, 도대체 무슨 '뜻'일까 전혀 걱정조차 할 필요가 없는 이름을 발음 나는 그대로 옮겨놓기만 하면 끝나는 지극히 쉽고도 간단한 기초적인 '번역' 조차도 제대로 못하는 사람이 우리 주변에 얼마나 많은가 하는 사실을 생각하면, 왜 우리나라의 번역 문학을 그토록 형편없는 수준이라고 독자들이 불만스러워 하는지 쉽게 이해가 가리라고 생각한다.

맞아 죽을 각오까지 하면서 어느 일본인이 썼다는 책에서 잘 드러나듯이, 한국인은 대충대충 빨리빨리 많이많이 모든 일을 아무렇게나 처리하는 부실한 국민이라고 세계적으로 알려졌다. 번역에서도 마찬가지이다. 뜻만 대충 빨리빨리 전하면 되지, 그까짓 띄어쓰기가 무슨 문제냐고 생각하거나, 모로 가도 서울만 가면 된다고 생각한다.

그러나 모로 가건 발가벗고 가건 서울만 가면 된다는 생각은 법을 만들기는 해도 스스로 지키지 않는 국회의원들을 위시하여, 목적 달성을 위해서는 수단과 방법을 가리지 않는 사람들의 사고방식이다. 그것은 합리적이고 객관적인 세계화의 시대에는 수십 년 쯤 뒤떨어진 생각이다. 그리고 이런 무책임한 사고방식 때문에 우리 주변에는 잡초밭 같은 번역이 난무한다.

번역은 정밀 작업이다. 하나하나의 단어에 담긴 뜻을 다른 언어로 정확하게 전달하는 가공업이다. 따라서 번역을 하려면 잡초밭에서 풀을 뽑아 버리는 작업부터 먼저 해야 한다. 잡초가 무성한 곳에다 아무리 열심히 꽃을 심어도 아름다운 꽃밭은 생겨나지 않는다. 꽃은 잡초 속에 파묻히고, 결국 잡초밭은 그냥 잡초밭으로 남는다. 그렇기 때문에 꽃을 심기 전에 사람들은 봄이면 밭에서 잡초부터 뽑아 버리고, 꽃이 자라는 동안에도 계속해서 김을 맨다.

이러한 기초 작업은 반복되는 훈련과 연습을 거쳐 몸에 배고, 그러면 나중에는 연습을 많이 한 운동선수처럼 본능적으로 우리 두뇌 속에서 작동한다.

제초 작업을 끝내서 말끔해진 땅에다 깨끗하고 정확한 문장을 하나씩 하나씩 옮겨 심는 모종 단계를 거쳐, 번역 농사는 시작된다. 그리고 '공간의 번역'은 아직도 풀을 뽑는 단계이다.

"살인하지 말 것"과 "왔음, 봤음, 정복했음"

앞에 나온 세 무더기의 영어 예문을 또 다른 번역자(김미현)는 이렇게 옮겨 놓았다.

영원을 기대하지 말 것. 현재를 충실히 대한다면 자연히 영원으로 이어질 것이다.
상대에 대한 환상을 갖지 말 것. 당신의 기준에 맞춰 살려고 하는 사람은 이 세상에 없다.
베푸는 것에 인색하지 말 것. 스스로 주고 싶어 주는 것이라면 지나칠 것이 있겠는가.

여기에서는 문장이 시작될 때마다 한 칸씩 제대로 비우기는 했지만 글 무더기 사이의 빈 줄은 무시하고 없애버렸기 때문에 역시 '공간의 번역'은 충실하게 이루어지지 않았다.

잡초(기초적인 잘못)는 거기에서 끝나지를 않는다.

영어 원문에 나오는 다음 세 문장이 어떻게 번역되었는지를 보라.

> Don't think in terms of forever.
> Never idealize others.
> Don't be afraid of giving.

이것이 해당 번역문이다.

영원을 기대하지 말 것.
상대에 대한 환상을 갖지 말 것.
베푸는 것에 인색하지 말 것.

영어 문장은 셋 다 분명히 제대로 골격을 갖춘 서술체 '문장'이다. 하지만 번역문은 어떠한가?

셋 다 서술체 문장이 아니다.

따라서 말을 전하는 분위기와 어법이 완전히 달라졌다. 이것은 예를 들어 성경에 나오는 십계명에서 "살인하지 말라"를 "살인하지 말 것"이라고 번역한 격이다. 약간 과장해서 보다 심한 비유를 들자면 "왔노라, 보았노라, 정복했노라"를 "왔음, 봤음, 정복했음"이라고 번역한 셈이다.

어떤 사람이 글을 쓸 때는 무슨 형식의 문장을 어떤 어조로 어떻게 쓰느냐를 결정할 때 저마다 목적과 상황을 고려한다. 따라서 번역을 하는 사람이라면 작가가 고려했을 그러한 배경을 염두에 둬야 한다.

김미현의 번역은 수필을 게시판 공고문처럼 옮겨놓은 인상을 준다. 말하자면 아예 글의 '고유분야(genre)'를 바꿔놓은 셈이다.

시는 시답게 번역해야 하고, 산문은 산문처럼 번역해야 하는데, 어니스트 헤밍웨이의 소설을 수능시험 답안지처럼 바꿔놓아서는 안 될 일이다.

그러니까 문체의 번역은 어디까지나 수비적이어야 한다.

| 것이라는 것   김미현의 번역문에서 살펴보았듯이 사람들은 원문의 문장을 절이나 구로 바꿔놓기도 하고, 반

대로 절이나 구를 완전한 문장으로 만들어 번역하기도 한다. 대부분 그런 경우는 독자가 이해하기 쉽도록 "원작보다도 훌륭하게 가꾸어 번역하기 위해서"라는 핑계를 대는데, 핑계는 아무리 좋은 핑계라고 해도 핑계에 지나지 않는다.

어쨌든 마침표는 마침표로, 빈 칸은 빈 칸으로, 문장은 문장으로 번역해야 한다는 정도로 지금은 일단 결론을 지어놓고, 앞에서 살펴보았던 김미현의 번역문을 다시 한 번 보기로 하자.

비록 몇 줄 안 되지만, 김미현 학생의 짧은 글에 "것"이라는 단어가 몇 번이나 들어갔는지 세어보기 바란다.

> 영원을 기대하지 말 것(1). 현재를 충실히 대한다면 자연히 영원으로 이어질 것(2)이다.
> 상대에 대한 환상을 갖지 말 것(3). 당신의 기준에 맞춰 살려고 하는 사람은 이 세상에 없다.
> 베푸는 것(4)에 인색하지 말 것(5). 스스로 주고 싶어 주는 것(6)이라면 지나칠 것(7)이 있겠는가.

번역한 문장이 겨우 여섯 줄인데, "것"이라는 단어가 무려 일곱 개나 된다.

한 줄에 하나씩 들어가고도 한 개가 남는다.

그러면 이제는 이 강좌를 그만 읽고, 지금까지 학생 자신이 번역해 놓은 제 1과와 제 2과의 우리말 내용 가운데 "것"이 몇 개나 들어갔는지 직접 세어보기 바란다.

*

아마도 자신의 번역문을 살펴보고는 무의식중에 '것'이라는 단어를 얼마나 많이 반복해서 사용했는지 확인한 다음 놀란 사람이 적지 않으리라고 생각한다. 이렇듯 우리나라 사람들은 대부분 글을 쓸 때 거의 누구나 다, 자신도 모르는 사이에, '것'이라는 단어를 어떤 다른 단어보다도 가장 빈번하게 사용한다.

그렇다면 왜 대부분의 사람들이 쓰는 문장에 '것'이라는 '것'이 그토록 많이 들어가는 '것'일까?

그 '것'은 '것'이라는 '것'이 만병통치약처럼 쓸모가 많은 '것'이요 사용하기에 편한 '것'이기 때문이다.

그리고 번역문에서도 '것'이 많이 나오는 '것'은 번역자가 게으르다는 '것'이 그 첫 번째 이유인 '것'이다.

그렇다면 것이라는 것은 도대체 어떤 것일까?

이희승의 〈국어대사전〉을 찾아보면 '것'이라는 것이 "항상 다른 말 아래 붙어서, 그 말이 나타내는 사람·물건·이름 대신으로 두루 쓰이는 말"이라고 했다.

그렇다면 '것'은 저 혼자서는 아무 책임도 지지 않고, 다른 말의 뒤에 숨어서, 제 모습은 보이지 않은 채로 빌붙어 사는 기생충과 비슷한 어휘이다. 그러니까 옛날 얘기에 나오는 몰락한 선비와 마찬가지 존재이다. 먹고살기 위해 생선을 팔러 나서기는 했지만 양반 체면에 "생선 사려!" 소리가 목구멍에서 나오지를 않아 진짜 생선장수를 뒤에서 쫓아가다가 앞 사람이 "생선 사려!"를 외칠 때마다 "나두"라고 했다는 선비 말이다.

더구나 '것'은 "~ 대신으로 <u>두루</u> 쓰이는 말"이라고 했다. '두루' 쓰인다면 헤프기 짝이 없는 단어이다.

창작에서나 마찬가지로 번역에서도 모든 문장을 구성하는 하나하나의 단어가 소중하다. 그렇기 때문에 가장 정확하고, 가장 아름답고, 가장 힘찬 단어를 골라서 사용해야 한다. 그럼에도 불구하고 "대신으로 두루 쓰이는 말"을, 그것도 한 줄에 한 번씩 마구 집어넣어서는, 절대로 좋은 문장이 나오지가 않는다.

칭찬도 자꾸 들으면 듣기 싫은 소리가 된다지만, 아무리 아름다운 표현이라도 너무 자주 쓰면 식상하기 마련이다. 우리는 방송인들이 즐겨 사용하는 표현 가운데 "담백하다"느니, "황금알을 낳는 거위"니, "신선한 충격"이니 하는 진부한 말을 귀에 거슬릴 정도로 빈번하게 듣는다. 그래서 "신선한 충격"이라는 말은, 이미 앞에서 지적한 바와 같이, 신선하기는커녕 고리타분한 비유처럼 들리기만 한다. "여론을 수렴하여"라는 말도 너무 자주 듣다 보니 이제는 정치가들의 입에 발린 거짓말처럼만 들리지 않던가.

우리는 연예인들이 텔레비전에 나와서 신변잡기를 늘어 놓는 동안에 '딱'이라는 표현을 한 줄에 한 번씩 끼워넣는 경우를 자주 접한다. 이런 식으로 말이다.

"미팅에 딱 나갔더니 아가씨가 딱 있는데 필이 딱 와서 딱 애프터를 신청했죠. 그랬더니 딱 하는 말이 어쩌고 딱 저쩌고 딱 그래서 딱 저래서 딱해서 딱이죠"

만일 위에 나온 말에서 '딱'이라는 말이 귀에 거슬린다면, 우리가 번역한 문장에 넘쳐나는 '것'도 독자들에게 마찬가지 인상을 주리라는 사실을 알아야 한다.

여성들 그리고 일부 남성 방송인들이 빈번하게, 그것도 문법에조차 맞지 않게 사용하는 '너무'도 마찬가지이다.

것 的 변사체의 글

필자의 생각으로는 '것'이라는 단어의 남용이 편리함뿐 아니라, '것'을 어떤 극적인 효과와 멋이 담긴 어휘라고 많은 사람이 잘못 알았기 때문에 생겨난 현상이 아닌가 싶다.

한자로 '的'이라는 말이 고상하고 철학적으로 들려 아무데나 '적'을 갖다 붙이더니 나중에는 '마음적으로' 어쨌다는 표현이 생겨났던 '것'처럼 말이다.

그리고 무성영화 시대에 극장의 변사가 극적인 효과를 노리기 위해 가성으로 멋을 내 "그리하여 그랬던 것이었던 것이다"라는 표현을 즐겨 썼다는 것(사실)도 상기하기 바란다.

'것이었던 것'이라는 변사체(辯士體), 이것은 우리말 문장에서 가장 눈에 거슬리는 잡초이다.

그리고 것이 넘쳐나는 문장은 "딱 보면 너무나 무성의해 보이는 것"이다.

만일 존 키츠(John Keats)의 시에 나오는 "A thing of beauty is a joy for ever"를 "아름다운 것은 영원히 기쁜 것이다"라고 번역해 놓는다면 얼마나 밋밋하고 평범한 표현이 되겠는가?

따라서 일단 자신이 번역해 놓은 문장을 다시 다듬을 때는 변사체 '것'을 모조리 없애라고 필자는 어느 누구에게나 권하고 싶다. 그리고 실제로 번역을 가르칠 때 필자가 가장 먼저 학생들에게 요구하는 사항이 문장에서 '것'이라는 '것'을 모조리 없애라는 '것'이다.

그러나 것이라는 것을 없애는 것은 생각처럼 쉬운 것이 아니다.

'변사체' 치우기

변사체는 방치해 두면 썩어서 냄새가 난다. '변사체(變死體)'도 '변사체'는 '변사체(辯士體)'이다. 그러니까 이미 번역해 놓은 글에서 '것'이라는 '것'을 모두 없애는 '것'이 눈앞에 닥친 과제인 '것'이다.

그리고 '것'이라고 해서 모두가 '것' 뿐인 '것'은 아니어서, 구어체로 약간의 형태만 바꾸었을 뿐인 '거'와 '건'과 '걸'도 알고 보면 '것'과 '것은'과 '것을'이니, 역시 없애야 할 '것'이다. 그러니까 억지로 나쁜 문장을 만들어가면서까지 예를 들자면, "그런 건 없는 거나 마찬가지라는 걸 아는 것이 중요하다"라는 문장에서는 네 개의 '것'을 없애야 하는 '것'이다.

그렇다면 그 모든 '것'이라는 '것'을 어떻게 없앨 '것'인가?

번역을 가르치다가 '것'이라는 '것'을 모두 없앨 '것'을 권하면 어떤 학생은 "'것'을 모두 없애는 '것'은 불가능한 '것'"이라는 주장을 내세우면서 난감해 하기도 한다.

하지만 '것'이라는 '것'은 "없앨 수 있는 것"이라는 '것'을 알아둬야 할 '것'이다.

'것'을 어떻게 없애는지 그 요령을 알고 싶으면 김미현 학생의 번역문을 필자가 어떻게 다시 번역하는지를 제 2과의 끝에서 참조하고 확인하기를 바란다.

있는 것으로부터의 탈출

'것'이라는 '변사체'를 말끔히 치워 버린다고 해도 지금까지 필자가 받아놓은 제 1과와 제 2과의 번역문에는 아직도 잡초가 무성하다.

지금까지 번역해 놓은 자신의 문장 속에 "것"이 얼마나 많이 들어 있는지를 확인했다면, 이번에는 "얼마나 많이 들어 있는지"에서처럼 지속되고 '있는' 상태를 나타내는 진행형 꼴의 존재사, 그러니까 "있는지"나 "있었다"나 "있었는데"나 "있었고" 같은 표현은 또 몇 개나 들어 '있는지' 다시 밑줄을 그어가며 헤아려 본 다음 계속해서 설명을 들어보기 바란다.

*

객관적인 참고 자료로 삼기 위해 지금까지 필자가 접한 일곱 학생의 번역문 가운데 '있다'가 '있는' 우리글 문장은 얼마나 '있는지' 한 번 열거해 보겠다. 지면을 절약하기 위해 영어 원문은 싣지 않을 테니까, 우리글 문장만 살펴보기 바란다.

그리고 각 문장에 들어 '있는' '것'은 또 몇 개나 되는지 덤으로 확인할 수 '있는' 기회를 주겠다.

사람들은 꾸며낸 이야기에 중독되어 <u>있다</u> (이미나)

자신이 행복하다고 믿는 자만이 진정 행복할 수 <u>있다</u> (김현지)

자신이 살아<u>있다는</u> 것을 믿는 한 인간은 행복하다 (하상수)

연애할 때 질투란 재미<u>있는</u> 것이고, 특히 결혼한 뒤 첫 해에는
필수요소라고 할 수 <u>있지만,</u> 중국인들에게 그 이후에 생기는 질투는
고문과 같다. (전은경)

생명이 <u>있는</u> 모든 것은
홀로 살지 않으며
홀로 살아갈 수도 없다.(이미나)

살아 있는 모든 것은
혼자가 아니며
혼자 살 수 없다.(김현지)

    여기에 내놓은 예문 말고도 하상수 학생은 마침표를 찍지 않은 문장이 여럿 '있었으며', 제 1과에서는 문장이 시작될 때 한 칸을 띄어 놓은 사람이 아무도 없었다.
    제 2과에서 '있는' 번역문으로는 다음과 같은 것이 '있다.'

베푸는 것에 인색하지 말 것. 스스로 주고 싶어 주는 것이라면
지나칠 것이 있겠는가. (김미현)

선택은 당신의 것임을 명심하라. 모든 것은 당신에게 달려
있다. (김광석)

당신도 늘 선택할 수 있다. 이는 어디까지나 당신 자신에게 달린
것이다. (김미현)

언제든지 선택할 수 있다는 사실을 기억한다. 선택은 당신의 의지에
달려있다. (하진영)

예의를 지켜라. 사랑이란 무례를 행할 수 있는 특권을 부여하는 것이
아니다. (김광석)

    존재사는 원칙적으로 띄어 써야 하고, 진행형을 취할 때는 더욱 그러하다. 따라서 '살아있다'(하승우)는 '살아 있다'로, '재미있는'(전은지)은 '재미(가) 있는'으로, '달려있다'(정진영)는 '달려 있다'로 보아야 하고, 이렇게 따지자면 대부분 사람들의 문장에 들어 '있는' '있다'는 잡초처럼 무성하고도 남는다.
    이렇듯 존재사 '있다'는 만병통치 '것' 못지 않게, 아니, 어쩌면

'있다'가 '것'보다도 더 빈번히 등장하는 단어일지도 모르겠다. 그리고 '있다' 역시 변사체 '것'처럼 남김 없이 솎아내야 한다.

있을 수가 없는 것

'있는'과 '것' 다음으로 보통 한국인이 문장에서 아무 생각없이 지저분할 정도로 많이 사용하는 단어가 "수"이다.

보라.

"투쟁은 아무것도 느낄 수 없을만큼 너무나 고통스러웠다" (하상수)
☞ 이것은 본디 하나로 엮어진 긴 문장을 편리하게 네 문장으로 잘라 번역하면서 "the struggle becomes so painful that nothing else is felt"라는 부분을 옮긴 글인데, 원문의 내용은 "싸움이 너무 고통스럽기 때문에 (고통 말고는) 다른 감정을 전혀 느끼지 못한다"는 뜻이었다.

"자신이 행복하다고 믿는 자만이 진정 행복할 수 있다" (김현지)
☞ 뒤에서 설명할 'can'의 번역체이지만, 원문 "No man is happy unless he believes he is"에는 'can'이라는 단어가 아예 없다. 전은경 학생 역시 "자신이 행복하다고 믿지 않는 자는 행복할 수 없다"고 'can'형 번역을 해놓았고, 이미나 학생도 "스스로 행복하다고 믿지 않으면 행복할 수 없다"고 했다.

"연애할 때 질투란 재미있는 것이고, 특히 결혼 뒤 첫 해에는 필수요소라고 할 수 있지만, 중국인들에게 그 이후에 생기는 질투는 고문과 같다" (전은지)
☞ 이 번역문은 '있다'와 '것' 뿐 아니라 '수'에 이르기까지, 눈에 거슬리는 세 단어를 골고루 갖추었다. 그리고 '중국식 고문'에 대해서는 전혀 의미를 파악하지 못한 듯싶다.

"살아 있는 모든 것은/혼자가 아니며/혼자 살 수 없다"(김현지)
☞ 윌리엄 블레이크의 시를 번역한 내용인데, 존재사 '있다'와 형식명사 '것'에 역시 '수'까지 곁들여 전혀 시적인 분위기가 나타나지 않는 잡초밭의 인상을 준다.
이미나 학생의 번역도 비슷한 모양이다. "생명이 있는 모든 것은/홀로 살지 않으며/홀로 살아갈 수도 없다"

"기꺼이 주려한다 해도 이미 많은 것을 줄 수는 없다"(김광석)
☞ 원문이 "You can never give too much, if you're giving willingly"이니까 'can'이라는 단어 때문에 '수'를 안 넣을 '수'가 없을 듯싶지만, 그래도 '수'를 쓰면 '수'를 안 넣는 '수'가 '있다.'

"당신도 늘 선택할 수 있다"(김미현)
☞ 이 번역문에서도 'can'이 없는 데 '수'가 등장한다.
하진영 학생의 번역도 마찬가지이다. "언제든지 선택할 수 있다는 사실을 기억한다"

"사랑이란 무례를 행할 수 있는 특권을 부여하는 것이 아니다"(김광석)
☞ 역시 '수'와 '있는'과 '것'을 골고루 갖추었다. 여기에서도 'can'이 없는 '수'가 등장한다.
하진영 학생의 번역은 이러했다. "사랑이 무례함의 면죄부가 될 수는 없다"
이에 비하면 미운 단어 삼총사(=있다, 것, 수)가 하나도 들어가지 않은 김미현 학생의 번역이 훨씬 좋아 보인다. "사랑한다고 해서 무례해도 괜찮다는 뜻은 아니다"
마지막 번역이 다른 두 사람에 비하여 어째서 빛나 보이는지를 이해할 정도가 된 사람이면 이제 겨우 제초작업의 요령을 터득한 수준이라고 하겠다.
아직 뽑아야 할 풀은 훨씬 더 많지만 말이다.

수를 없앨 수는 없을까?

'것'이나 마찬가지로 형식 명사인 '수'가 우리말 문장에서 그토록 범람하는 까닭은 그렇다면 무엇일까?

참으로 알 '수'가 없는 노릇이다.

아마도 그것은 '수'가 가능성을 함축한 의미를 지녔기 때문이리라고 믿어진다. 가능성이란 해결의 차선책이고, 그래서 해결을 하기가 힘드니까 좀 비겁하기는 하지만 차선책에 의지하려는 무의식적인 심리 현상에서 그럴는지도 모른다.

그리고 요즈음에 와서 방송인들이 갑자기 적극적으로 활용하기 시작한 '수'의 'can'적인 용법 또한 만만치 않게 '수'의 폭발적인 확산에 기여한 듯싶다.

이 강좌를 위해 '수'에 관한 글을 써야 했던 날 아침에만 해도, 잠시 쉬면서 텔레비전을 보는 동안 'can的인 수'가 두 차례나 등장했다.

좀 더 구체적으로 설명하겠다.

우선 KBS-TV의 아침 뉴스는 우리나라에서 구제역이라는 질병이 여기저기 발생하는 이유가 병균이 중국에서 황사에 실려 날아왔기 때문인지도 모르겠다는 추측 보도를 하면서 "만일 황사 현상에 의한 것이라면 구제역의 확산은 전국적으로 <u>퍼져나갈 수 있습니다</u>"라는 불길한 소식을 전했다.

그리고 10분쯤 후에는 EBS-TV의 「특선 다큐멘터리」"지구 대참사 제1편 대홍수"의 월요일 재방송에서 "몸집이 작은 곤충은 일기의 변화에도 쉽게 <u>다칠 수가 있다</u>"라고 사뭇 걱정스러운 내용의 해설이 나왔다.

위에서는 두 경우 모두 '수'가 부정적인 어떤 사건의 가능성을 의미했다. 그런데 문제는 '수'가 본디 긍정적인 해결 능력의 의미를 지닌 단어였다는 사실이다. 궁지를 벗어나는 '묘수'의 경우에처럼 말이다.

이희승의 〈국어 대사전〉에서 확인해 보도록 하자.

"수²¹— ① 일을 해 치우는 좋은 도리나 방법.
　　★ 약을 쓸 — 밖에 없다.
② 일을 할 만한 힘. ★ 큰 일을 할 — 있나"

이런 유능한 단어이기 때문에 필자는 영어의 "I have an idea"가 우리말의 "좋은 수가 있어"라는 표현과 잘 맞아떨어진다고 늘 가르치고는 해왔다. 이렇듯 '수'에는 부정적인 의미가 어울리지 않는 데도 방송에서는 자주 '부정적인 가능성'으로 사용한다.

왜 그럴까?

그것은 아마도 우리말보다 외국어에 더 익숙한 세대의 머리 속에는 'can'이 '할 수 있다'와 같은 의미라는 일방적인 인식이 너무 깊이 박혔기 때문이리라.

그러나 영어의 'can'은 부정적인 가능성도 함께 지니기 때문에 우리말의 '수'와는 뜻이 크게 다르다. "Man can be killed by the virus(인간은 바이러스에 의해서 <u>죽을 수도 있다</u>)"라는 표현에서처럼 말이다. 물론 '죽을 수도 있다'는 말은 정확한 우리말이 아니지만, 방송에서는 이런 영어식 표현을 아무렇지도 않게 사용한다.

"Man can be killed by the virus"를 정확한 우리말로 번역한다면 "인간은 바이러스에 의해서 죽을 수도 있다"가 아니라 "인간은 바이러스 때문에 죽기도 한다"가 되어야 한다.

이렇듯 'can'은 '하기도 한다'나 '될지도 모른다'라고 번역해야 정확한 우리말이 되는데, 늘 달랑 'can=할 수 있다'라는 표현 하나만 가지고 꾸려나가다 보니 그 이상은 머리가 융통성을 보일 줄 모르고, 그래서 이상한 'can형 수'가 유행하기 시작했고, 이런 잘못된 '수'가 방송을 통해 급속히 전파되는 중이다.

긍정적인 '수'가 부정적인 의미로 뒤집힌 현상과는 반대로 우리 방송에서는 '지나치다'는 부정적인 뜻의 '너무'가 과장된 긍정의 의미로 둔갑하여, 대부분의 여성 연예인과 일부 남성 방송인 사이에서는 역시 "너무 사랑해서"나 "너무 존경해서", "너무 잘 해요", "너무 시원해요", "너무 멋져요" 같은 이상한 표현이 범람한다. 하기야 '너무'와 '너무나'의 감각적인 차이에까지 신경을 써가면서 말을 하는 사람이 몇이나 될까?

어쨌든 긍정적인 개념 '수'가 어떻게 부정적인 '수'로 태연히 둔갑을 하는지, 정말로 그럴 '수'가 '있는' '것'일까 '너무' 놀랍다.

그렇다면 '수'의 홍수에서 벗어날 '수'는 없는 '것'일까?

좋은 번역문을 만들기 위해서는 무슨 '수'를 써서라도 '수'로부터 벗어나야 하니까 말이다.

번역의 첫 번째 원칙

1999년 스승의 날에 어느 반 학생들이 "그동안 좋은 번역을 위한 방법을 가르쳐 주었다"고 고맙다는 뜻에서였겠지만, 카드 한 장을 필자에게 선물했다. 그런데 여러 학생이 전하는 말 가운데 한 학생이 이렇게 썼다.

"언제나 저는 선생님처럼 번역을 잘 할 수 있을까요? (중략) 그래도 희망을 볼 수 있답니다"

그리고 이 글 가운데 '수'와 '있다'는 눈에 잘 띄도록 일부러 모두 굵은 글자로 써넣었다. 말하자면 필자가 가르친 "번역의 십계명(열 가지 원칙)" 가운데 첫 번째인 "있을 수 있는 것은 모두 없애라"는 요구에 대한 뒤늦은 항명(?)인 셈이었다.

필자가 '너무' 집요하게 "있을 수 있는 것은 모조리 없애라"는 요구를 거듭하는 바람에 학생들은 크게 애를 먹는다. 그까짓 겨우 세 단어를 없애기가 무엇이 그렇게 어렵겠느냐고 쉽게 생각할지 모르지만, 절반 가량의 학생들은 1학년 두 학기가 다 가도록 결국 번역 십계명의 첫 번째 조건조차도 충족시키지를 못한다. 심지어는 "있을 수 있는 것이 없으면 번역을 할 수가 없다"고 진지하게 불평을 하기도 한다.

그러나 있을 수 있는 것을 모두 없애고도 문장은 이루어진다.

제 2과의 예문 번역

그러면 이제는 제 2과의 예문을 어떻게 번역하면 좋을지 살펴보기로 하자.

앞에서 여러 차례 강조했듯이 고유명사나 책의 제목 또는 작가의 이름을 제대로 번역한다는 사실은 어쩌면 본문의 번역보다 훨씬 더 중요한지도 모른다. 그리고 제 2과의 예문에는 이렇게 제목을 달았다.

Leo Buscaglia
Loving Each Other

분명히 작가의 이름이 먼저 나오고, 두 줄 모두 보기 좋게 글자를 가운데로 모아서 편집했다. 역시 빈 칸의 수비적인 번역이 필요한 경우이다. 하지만 두 학생은 이렇게 번역했다.

> 레오 부스깔랴의 '서로 사랑한다는 것'(김미현)
> 서로 사랑하기 - 레오 버스칼리아(하진영)

하지만 이왕이면 원문대로 이렇게 했으면 훨씬 좋았겠다.

> 리오 버스칼랴
> 서로 사랑하기

이제는 본문을 옮겨보기로 하자.

> Don't think in terms of forever. Think of now, and forever will take care of itself.
>
> ☞ 영원을 염두에 두지 말라. 지금을 생각하면 영원은 저절로 풀려나 간다.

'now'라는 지극히 단순한 말을 역시 지극히 단순한 우리말 '지금'으로 옮겼음을 유의하기 바란다. 원문이 쉬우면 번역된 글도 수비의 원칙에 따라 역시 쉽게 풀어야 한다.

김광석 학생은 이 예문을 이렇게 번역했다. "훗날에 연연하지 말라. 현재에 충실하면 미래는 자연스럽게 전개될 것이다" 얼핏 보기에는 제대로 뜻이 전달된 듯싶기도 하지만, 구석구석 뜯어보면 흠집이 보인다.

우선 '훗날'을 보자. 'forever'가 어떻게 '훗날(tomorrow)'로 번역이 되는가? 그리고 다음 문장에서는 똑같은 'forever'가 다시 '미래(future)'로 변했다.

'think'를 '연연하다'라고 어려운 말로 번역한 부분도 어딘가 부정확한 인상을 준다. 'now'를 '현재'라고 한 한자 표현도 과장된 기분이 들게 한다.

같은 내용을 하진영 학생은 이렇게 옮겼다. "영원이란 시간으로 사랑을 바라보지 않는다. 이 순간에 충실하면 저절로 영원해진다"

원문에는 '사랑'이라는 말이 나오지도 않는데 번역자가 마음대로 넣었다. "번역은 제 2의 창작"이라는 잘못된 인식 때문에 마음대로 창작을 한 경우이다. 이렇게 원문에도 없는 내용을 마음대로 집어넣는 행위는 '오역'에 해당된다.

Never idealize others. They will never live up to your expectations.

☞ 절대로 다른 사람들을 이상화하지 말라. 그들은 결코 우리의 기대를 충족시키지 못할 터이다.

이런 내용을 하진영 학생은 이렇게 번역했다. "타인을 전범(典範)으로 삼지 않는다. 당신의 기대에 부응하는 이는 결코 타인이 아니다"

두 번째 문장은 원문의 뜻을 전혀 파악하지 못한 오역이고, 한자까지 괄호 안에 넣은 '전범'이라는 말 또한 어휘의 선택이 적절하지 못하다. 웬만한 독자라면 무슨 뜻인지 알아듣지도 못할 듯싶다.

같은 글을 김미현 학생은 이렇게 번역했다. "상대에 대한 환상을 갖지 말 것. 당신의 기준에 맞춰 살려고 하는 사람은 이 세상에 없다"

여기에서는 'idealize'를 '환상'이라고 표현했다. 그러나 '환상'과 '이상'은 엄연히 다르다. 번역에서 수비 자세를 취해야 하는 경우임에도 불구하고 역시 잘못된 어휘의 선택이다.

Don't be afraid of giving. You can never give too much, if

you're giving willingly.

☞ 주기를 두려워하지 말라. 마음이 내켜서 준다면 아무리 줘도 아깝지 않다.

김미현 학생은 두 번째 문장을 "스스로 주고 싶어 주는 것이라면 지나칠 것이 있겠는가"라고 번역했다. "지나칠 것이 있겠는가"는 이른바 'too ~ to ~'가 들어간 문장을 번역할 때 자주 등장하는 아주 어색한 표현이다. "우리말 같지 않은 번역체"란 바로 이런 어색한 표현이 자주 등장하는 글을 두고 하는 말이다.

'can never give too much' 따위의 문장을 보면 사람들은 반사적으로 "너무 ~하더라도 결코 ~할 수가 없다"는 구문을 머릿속에서 끄집어내어 지면에 그대로 옮겨 놓는다. 중학교나 고등학교에서 영어 선생님이 그렇게 가르쳐 주던 목소리가 귓전에 생생하게 울리기 때문이다.

그러나 참된 번역은 고등학교 영어 시간의 '해석'과는 차원이 다르다는 사실을 잊지 말기 바란다. 번역은 문학의 한 장르이고, 문학은 '작문'이 아니다.

Realize that you always have choices. It's up to you.

☞ 항상 자신이 선택한다는 사실을 깨달아야 한다. 결정은 내가 내린다.

'you'를 '당신은'이라 하지 않고 어째서 '내가'로 바꿨는지에 관해서는 제3과에서 설명하겠다.

Don't hold on to anger, hurt or pain. They steal your energy and keep you from love.

☞ 분노나 아픔이나 고통에 매달리지 말라. 그런 감정은 인간의 기력을 빼앗아가고 사랑을 못하게 방해한다.

'your'를 앞에서처럼 '내' 또는 '내가' 라 하지 않고 일부러 '인간의' 라는 새로운 번역을 한 까닭 역시 제 3과에서 설명하겠다.

Expect what is reasonable, not what is perfect.
☞ 완벽함이 아니라 합리성에 기대를 걸도록 하라.

하진영 학생은 이 문장을 "이상적이기 보다는 합리적으로 기대한다"라고 번역했다. 이 번역문에 담긴 의미를 새겨보면 '합리적인 대상', 그러니까 대상이 합리적이기를 기대하라는 말이 아니고 '합리적인 태도' 로 무엇인가를 기대하라는 뜻이 되어 버렸다. 완전히 잘못된 번역이다.

Be polite. Love does not give license for rudeness.
☞ 예의를 지켜라. 사랑은 무례함의 허가증이 아니다.

이것도 하진영 학생은 "항상 예의를 갖춘다. 사랑이 무례함의 면죄부가 될 수는 없다"라고 번역했는데, 'license' 는 면허증이나 허가증이지, 전혀 '면죄부' 가 아니다. '면죄부(indulgence)' 는 종교가 타락했을 무렵에 돈을 받고 죄를 면해 준다면서 팔아먹던 악명 높은 물건이었다.

번역에서는 '허가증' 을 '면죄부' 라는 식으로 단어를 함부로 바꿔쓰는 일을 삼가야 한다. '허가증' 은 행위를 하기 전에 받고, '면죄부' 는 행위가 끝난 다음에 받는다는 차이점도 염두에 두기 바란다. 원문의 뜻을 정확히 파악하고 그대로 전달하는 번역 또한 수비에 해당된다.

때로는 '멋' 을 부리기 위해 일부러 어려운 단어를 골라 쓰느라고 자칫 잘못된 어휘나 표현을 동원하기도 하지만, 과장도 오역이라는 사실을 잊어서는 안 된다. 더구나 공식 문서나 계약서 따위를 번역할 때 그런 실수를 저질렀다가는 심각한 문제를 초래하기도 한다. 따라서 눈에 보이는 대로, 보태지도 말고 빼지도 말고 그대로 번역하도록 노력하는 태도가 바람직하다.

그까짓 사소한 단어 하나쯤 실수를 저질러도 괜찮지 않겠느냐고 생각하는 사람은 역시 무성의하고 무책임한 번역자이다. 작은 흠집이라면 사람들 눈에 잘 띄지도 않으리라는 착각도 버려야 한다. 아무리 사소하더라도 단어 하나가 틀린 번역은 당장 눈에 거슬려 쉽게 발견이 되기 때문이다.

그리고 우리가 가장 숨기고 싶어하는 흠집은 남의 눈에 가장 먼저 띄게 마련이다.

사소한 잘못의 중요성, 그것은 눈곱에 비유하면 되겠다. 눈곱은 정말로 하찮은 무엇인지를 의미한다. 그러나 우리는 어떤 사람이 더럽다고 할 때, 그 사람이 머리끝부터 발끝까지 구석구석 모두 더러워서 머리에서는 비듬이 날리고, 지저분한 얼굴에, 온몸에는 때가 끼고 발에서 냄새까지 풍기는 경우만을 말하지는 않는다. 물론 그렇게 더러운 사람도 발견되기는 하지만, 온통 더러운 사람이라면 오히려 그러려니 하고 거들떠보지도 않는다.

하지만 말끔한 양복 차림에 구두는 열심히 닦아놓아 반짝이고 머리도 단정하게 다듬은 신사가 한 쪽 눈에 눈곱이 끼었다고 상상하자. 그러면 사람들은 당장 그의 눈곱을 보고 더럽다는 생각을 한다. 온몸이 다 깨끗해도 눈곱 하나 때문에 멀쩡한 신사가 더러운 사람으로 손가락질을 당한다.

번역에서는 하나하나의 단어가 모두 중요하다. 어느 하나도 소홀히 했다가는 눈곱이 되고 만다. 그러면 나머지 모든 부분을 열심히 제대로 번역했다고 해도 전체적으로 더러운 글이라는 인상을 주기가 쉽다. 따라서 "사전을 찾아서 확인하기가 귀찮으니 한 단어쯤 그냥 넘어가자"는 식으로 번역을 했다가는 낭패를 보게 된다.

　지저분한 잡초밭에 꽃을 심어도 별로 소용이 없겠지만, 잘 가꾼 꽃밭에 잡초 한 그루만 끼어 들어도 보기에 흉하기는 마찬가지이다.

산문체

제 3과에서 공부할 예문의 번역에 도움이 되도록 배경 설명을 조금 하자면, 작가 존 스타인벡이 미국 전역을 여행하다가 어느 시골 여관에 들게 된다. 그런데 주인이 미처 방을 치우지 않았고, 지친 몸으로 스타인벡은 방안을 둘러보다가 어젯밤 그 방에서 머물고 간 사람이 누구였을까 상상하기 시작한다.

The room had not been touched since its former occupant had left. I sank into a comfortable chair to pull off my boots and even got one of them off before I began to notice things and then more things and more. In a surprisingly short time I forgot the bath and the sleep and found myself deeply involved with Lonesome Harry.

An animal resting or passing by leaves crushed grass, footprints, and perhaps droppings, but a human occupying a room for one night prints his character, his biography, his recent history, and sometimes his future plans and hopes. I further believe that personality seeps into walls and is slowly released. This might well be an explanation of ghosts and such manifestations. Although my conclusions may be wrong, I seem to be sensitive to the spoor of the human. Also, I am not shy about admitting that I am an incorrigible Peeping Tom. I have never passed an unshaded window without looking in, have never closed my ears to a conversation that was none of my business. I can justify or even dignify this by protesting that in my trade I must know about people, but I suspect that I am simply curious.

As I sat in this unmade room, Lonesome Harry began to take shape and dimension. I could feel that recently departed guest in the bits and pieces of himself he had left behind.

— *Travels with Charley*, John Steinbeck

번역의 둘째 원칙, 문체를 번역한다

번역이면 번역이지, 문체를 번역하라니 무슨 소리인가 난감해하는 사람이 많으리라고 생각한다. 그리고 그들이 난감해 하는 까닭은 도대체 문체가 무엇인지를 생각조차 해 본 적이 없기 때문이기가 쉽다.

그리고 소설을 쓴다거나 번역을 하겠다고 작정했으면서도 문체가 무엇인지를 생각해보지도 않은 사람이, 필자의 경험에 의하면, 놀랍게도 열 명 가운데 아홉 명에 이른다.

그렇다면 문체란 무엇인가?

그것은 어떤 작품에서 일관적으로 드러나는 성격이다. 그리고 많은 작가의 경우, 문체는 그의 모든 작품에서 드러나는 성격이요 특징이요 체취이다.

우리는 추리소설이나 공상과학소설이나 역사소설을 볼 때는 줄거리와, 내용과, 정보와, 재미 따위를 찾기 위해 읽는 경우가 많다. 하지만 문학을 공부하는 사람들이 이른바 '원서'를 읽으려고 하는 경우, 그들은 대부분 고급 문화의 '맛'을 찾으려고 한다. 이런 문학적인 맛의 바탕이 바로 '문체'이다.

문체는 어떤 작품의 '말투'이다.

KBS-TV의 연속극 『대추나무 사랑걸렸네』에서는 김인문이 걸핏하면 "그게 아니구"라고 입버릇처럼 하는 말을 듣게 된다.

그것은 작중 인물의 말투이다.

그것은 등장인물의 성격을 참으로 잘 드러내는 말투이다.

한때 고두심이 유행시켰던 "잘났어 정말"도 등장인물의 냉소적인 성격을 단적으로 잘 드러내는 말투이다. 그리고 어느 방송극에서는 걸핏하면 "거시기" 소리를 하는 인물도 선보였다.

이렇게 일부러 반복해서 사용하는 표현과 말투는 등장인물의 성격뿐 아니라 작품의 배경을 이루기도 한다.

이러한 이유로 해서 필자는 마거릿 밋첼의 〈바람과 함께 사라지다(Gone With the Wind)〉에서 마지막 문장을 "내일은 내일의 태양이 떠오르고" 운운하며 요란하게 번역해 놓은 대목을 듣기에는 참으로 좋을지 모르지만 대표적인 오역으로 꼽아야 하는 경우라고 자주 얘기한다.

그 이유는 이러하다.

학포 장터의 거지와 내일의 태양

작가가 등장인물을 묘사할 때는 머리 모양과, 발가락의 크기와, 손가락의 굵기와, 이목구비의 생김새와, 목의 길이와, 가슴의 넓이와, 뱃살의 두께와, 모자에서부터 옷과 양말을 거쳐 구두에 이르기까지 모든 차림새와, 생년월일과, 초·중·고등학교에서 대학을 거쳐 해외 유학에 이르기까지의 거쳐온 교육 과정과, 고조부에 이르기까지의 가족 사항과, 어린 시절 고향 친구에서부터 학교 동창과 군복무 시절의 전우와 직장의 동료에 이르기까지 모든 교우 관계를 시시콜콜 나열하지는 않는다. 그럴 지면도 아까우려니와, 너무 자세히 설명을 하다 보면 독자가 자칫 혼란을 일으키고 작품 자체에 대한 흥미를 잃게 되기 때문이다.

대신 간단한 한 마디의 표현으로, 가령 "궁둥이가 큰 아줌마"라던가, "상큼한 냄새가 나는 긴 머리의 아가씨", 또는 "말이 많은 아저씨"나 "새치기를 잘 하는 여자"처럼 간단한 표현 한 가지 만으로도 인물 묘사는 효과적으로 이루어진다. 백 마디의 묘사보다는 기억에 잘 남는 한 마디의 문장이 훨씬 인상적이기 때문이다.

　작중 인물의 개성을 가장 효과적으로 표현하는 요소를 하나 더 꼽는다면 앞에서 인용한 "잘났어 정말"이나 "그게 아니구"와 같은 말버릇이다.

　필자는 경상북도 경주에서 가까운 감포에 실재로 살았던 어느 거지 얘기를 〈학포장터의 두 거지〉라는 중편소설로 만들면서 이런 식으로 주인공의 특징을 규정짓는 한 가지 말버릇을 동원했었다. 그것은, 좀 듣기에 거북한 말이겠지만, "좆도시발"이었다.

　주인공이 일자무식 거지인 데다가 줄거리의 전개는 당연히 거지의 의식이 흐르는 대로 따라가는 얼개였는데, 예를 들어 어느 거지가 나한테 무슨 얘기를 할 때 그야말로 고상한 문자를 써가면서 살아온 과거를 서술할 리야 없겠다는 생각에, 필자는 완전히 거지의 말투로 소설을 써가면서 말끝마다 "좆도시발"을 넣었다. 원고를 받아본 『문학사상』의 담당자가 나중에 집으로 전화를 걸어와 "의도는 잘 알겠지만 그래도 말끝마다 너무 심한 듯싶으니 좀 솎아내면 안 되겠느냐"는 제안을 하길래 약간의 '언어 순화' 과정을 거친 다음 발표하기는 했지만, 이렇듯 작가는 개성에 따라 어떤 범주와 종류의 단어에 대한 기호를 나타내기도 하는 반면에, 어떤 효과나 목적을 달성하기 위해 의도적으로 특정한 단어와 표현을 사용하는 경우가 많다.

　그렇다면 번역도 그런 의도를 살리지 않으면 안 된다.

　그런데, 〈영어 길들이기〉에서도 잠깐 언급했던, 〈바람과 함께 사라지다〉에서 떠오르는 "내일의 태양"은 어떠한가?

　소설의 주인공은 이름이 스칼렛 오하라(Scarlett O'Hara)이다. '스칼렛'은 물론 성경의 "요한 계시록(The Book of Revelations)" 제 17장 1절부터 6절에 실린 내용에서 연유하는 '음녀(Scarlet

Woman 또는 Scarlet Whore)'를 연상시킨다. '간음'을 뜻하는 나타니엘 호돈의 〈주홍글씨〉 역시 "The Scarlet Letter"이다.

스칼렛 오하라는 이름에 't'가 하나 더 들어가고, 물론 창녀는 아니지만, '주홍'이라는 그녀의 빛깔(성품)은 부박하기 짝이 없고, 온 세상이 전쟁 때문에 뒤숭숭한데도 춤추며 놀기나 좋아하는 데다가, 우여곡절 끝에 결혼한 멋쟁이 남편 레트 버틀러는 거들떠보지도 않고 다른 여자와 결혼한 애슐리한테 한눈을 파느라고 정신이 나간 한심한 여자이다. 더구나 성이 O'Hara이니 다혈질에 기분파인 에이레 혈통이다.

작품 전체를 통해서 온갖 난관을 헤쳐나가고 꿋꿋하게 살아남는 강인한 인물로 묘사되기는 하지만, 그녀는 자세히 살펴보면 어려운 문제에 봉착할 때마다 딴청을 부리기가 일쑤이고, 그러면서 입버릇처럼 "Tomorrow is another day"라는 말을 한다.

우유부단한 그녀의 성격을 대변하는 이 말버릇은 "내일도 (어떤 다른 날이나 마찬가지로 역시 또 하나의) 하루이다"라는 뜻이다. 이것을 좀 더 발전시켜 번역하면 "오늘만 날인가, 내일도 날인데"가 되겠다. 그러니까 "오늘 할 수 있는 일을 내일로 미루지 말라"던 좌우명하고는 정반대로, "내일 해도 되는 일을 미쳤다고 오늘 해?"라는 뜻으로 귀착된다.

그리고 "Tomorrow is another day"라는 지극히 간단하고 꾸밈없는 말을 영화에서는 "내일은 내일의 태양이 떠오르고" 어쩐다는 말로 지극히 화려하게 번역해 놓았으며, 영어는 알아듣지 못했더라도 마지막 번역문에 감동한 많은 사람들이 참 멋진 번역이라며 텔레비전에 출연했을 때나 술좌석 등등 남들 앞에서 줄줄 외우기도 한다.

스칼렛의 말버릇은 위기를 만날 때마다 반복되는데, 그렇다면 내일의 태양은 마지막에서 뿐만이 아니라 중간에서도 계속 여러번 떠올랐어야 한다. 가와바따 야스나리가 일부러 똑같은 단어를 사용한 의도를 이해하지 못하고 사이덴스티커 교수가 멋을 부려 모조리 다른 단어를 동원하여 다양하게 표현했다던 경우가 바로 '내일의 태양' 이라고 하겠다.

물론 어느 정도 '의역' 이라는 가공 작업이 번역에서 필요한 것은 사실이지만, 주인공의 성격과 인생관을 대변하는 대표적인 한 마디 말에서 난데없이 내일의 태양이 떠오르는 돌발사태가 과연 바람직한 번역이겠느냐 하는 데 대해서는 의구심이 생긴다.

번역체라는 문체

사람들은 이른바 '번역체' 라는 문체에 관한 얘기를 자주 한다. 알고 보면 이것은 어딘가 어색하고, 우리말 표현이 한국말 같지가 않고, 아무리 봐도 뭔가 모자라는 '대표적인' 번역문을 지칭하는 이름이다.

하지만 『바람과 함께 사라지다』의 "내일은 내일의 태양이 떠오르고" 역시 엄연한 하나의 번역 문체이기는 하겠다. 정확한 평가인지는 모르겠지만 어쨌든 "성공한 번역"으로서 말이다. 하기야 무슨 말인지 알아듣지도 못하게 옮겨놓은 진짜 '번역체' 에 비하면 성공은 성공이겠다.

그러나 진짜 잘 된 번역체라면 번역한 사람이 "보여서는 안 된다"는 것이 필자의 생각이다. 그러니까 좋은 번역에서는 번역가의 '솜씨' 가 내일의 태양처럼 남의 눈에 띄어서는 안 된다는 뜻이다.

보이지 말라는 원칙은 언론의 글쓰기에서 비롯한다. 우리나라의 기자들이 쓰는 글을 보면 이런 면에서 세계적으로 대단히 뒤떨어지는 실정이지만, 선진 언론에서는 항상 '기자'가 눈에 보이지 않는 그런 글을 쓴다. 그러니까 기자는 6하 원칙에 따라 어떤 내용을 정확하게 전달만 해야지, 절대로 개인적인 견해(editorialization)을 붙여서는 안 된다. 기사의 내용과 독자 사이에 기자가 끼어들어 개인적인 견해까지 곁들여가면서 설명을 하면 안 된다는 원칙이다.

외국에서 오랜 언론 생활을 한 안재훈 기자를 만났을 때 이런 얘기를 들었다. 『더 워싱턴 포스트』에서 근무할 때 미국에서 한참 베트남 반전운동이 벌어졌는데, 그에 호응하는 뜻으로 안재훈 기자는 반전 배지를 달고 출근했다가 모두들 놀라는 표정을 지어서 당황했다고 한다. 한국 언론이야 노골적으로 여기저기 편을 들고, 기자들도 비판을 사명으로까지 생각하는 실정이지만, 미국에서는 언론인이라면 공정해야 하기 때문에 좀처럼 옹호하거나 비판하는 입장을 밝히지 않는다.

신문이나 텔레비전 보도를 보면 우리나라에서는 기자가 거침없이 "이런 나쁜 관행이 지금도 남아 있습니다"라거나 "그런 악습은 타파해야 한다"는 비판과 편파적인 의사 표시를 아무렇지도 않게 한다. 그나마 조금 조심을 하는 기자들은 "나쁘다는 여론이 일고 있습니다"라는 식으로 막연하게 '인용'의 형식을 취하지만, 사실은 기자 개인의 견해임이 너무나 빤한 경우가 대부분이다.

언론에서의 비판은 사설(editorial)이나 기자가 책임을 진다는 뜻으로 이름을 내건 기사(by-line) 또는 기획기사(feature stories)를 통해서만 가능하지, 이른바 보도(straight news)에서는 기자의 견해 표현이 금기로 되어 있다.

기자가 자신의 모습은 보이지 않고 이렇게 기사를 쓰듯, 현대 문학에서는 작가의 모습이 보이지 않는 글쓰기가 지배적이다. 우리나라

신소설이나 서양의 19세기 소설에서처럼 작가가 앞에 나서서 설명을 하는 기법이 대부분 오래 전에 사라졌기 때문이다. 작품에서 벌어지는 상황이나 사건의 전개, 등장인물들이 느끼는 감정은 "아아, 슬프게도 춘향이가 억울해서 펑펑 울어댑니다"라는 식으로 작가가 앞에 나서 북치고 장구치며 떠들어대는 것이 아니라, "춘향이의 눈에 눈물이 고였다"는 식으로 작가는 묘사만 할 따름이지, 해석이나 견해는 가급적 드러내지 않는다는 얘기이다.

따라서 번역에서도 창작의 경우나 마찬가지로 번역가는 독자의 눈에 띄어서는 안 된다. 예를 들어 "Tomorrow is another day"라는 문장을 "여기에서 작가가 말하고자 하는 뜻은 내일이 되면 내일의 태양이 떠오른다 이런 소리올시다"라면서 원전의 작가는 뒤로 물리치고 번역가의 목소리가 너무 크게 들려서는 옳지 않다는 말이다. 이런 식으로 자유분방한 번역은 차라리 '번안'이라고 해야 옳지 않을까 하는 생각이다.

그렇기 때문에 필자는 "원작보다 훌륭한 번역"은 자랑이 아니라 오역이라고 생각하며, 번역가 자신의 문체가 따로 정립되어 전 세계 모든 작가의 작품을 한 번역가의 일관된 문체로 번역을 해서도 안 된다고 믿는다.

무척 어려운 말처럼 들리지만, 같은 사람이 번역을 하더라도 번역체는 원작의 작가에 따라서 문체가 달라져야 한다.

이것이 바로 문체의 번역이다.

그렇다면 도대체 문체를 어떻게 번역한다는 말인가?

필자가 이 강좌에서 꾀하는 바가 바로 남들이 모두 '번역체'라고 생각하는 그런 문체의 번역을 벗어나 작품에 따라 그때 그때 적응해 가면서 번역하는 방법을 모색해 보자는 것이다.

하기야 우리나라에는 창작을 하는 작가들 가운데에서도 문체에까지 신경을 쓰는 경우가 별로 많지 않은 듯싶기는 하지만, 작가나 마찬가지로 번역가도 국민의 언어를 이끌어가는 사명을 짊어져야 하기 때문에 이런 과정을 꼭 지켜야 하지 않나 생각된다.

문체의 이해

그렇다면 번역해야 하는 글의 문체는 어떻게 이해하는가?

이 강좌에서는 편의상 한 과에서 한 쪽이 넘지 않는 발췌 예문을 가지고 번역을 하지만, 실제로는 번역이란 한 권의 책을 단위로 삼는다. 따라서 여기(제 3과)에서는 John Steinbeck의 〈Travels with Charley〉라는 한 권의 책을 몽땅 번역한다고 가정하면서 작업에 임해야 한다.

지금까지도 그랬고 앞으로도 계속 그러겠지만, 발췌문을 낼 때마다 필자가 작품과 작가의 이름을 밝힌 까닭은 다 그래야 할만한 이유가 있기 때문이다. 그것은 번역해야 할 글의 문체를 파악하기 위해서는

첫째, 번역할 작가의 문학 세계를 알아야 하고
둘째, 번역할 작품의 성격을 이해해야 하고
셋째, 번역할 문장의 특성을 공부해야 하기 때문이다.

책을 번역하고 나면 해설을 붙여야 하는 경우가 많기 때문에, 번역할 내용물 말고 작가에 관한 조사는 필히 따로 해야 한다. 존 스타인벡이라면 노벨 문학상을 수상한 미국 작가여서 따로 설명이 필요가 없겠지만, 광주광역시 광산구 월계동에서 번역문을 보낸 어느 학생

(41세)의 경우에는 작가의 이름을 '존 슈타인벡'이라고 했다. 문학의 번역에서는 이른바 어느 정도의 '소양'이 필수적인데, 작가를 잘 알지 못하더라도 이름만큼은 백과사전을 뒤져서라도 확인할 만큼의 성의는 보였어야 옳다.

존 스타인벡(1902~1968)에 관한 소개는 각자 참고 자료를 찾아보기 바라며, 여기에서는 그의 문체를 이해하는데 필요한 사항만 간단히 추려서 소개하겠다.

스타인벡의 대표작인 〈분노의 포도(The Grapes of Wrath)〉는 1930년대 세계 프롤레타리아 문학의 최고봉으로 꼽힌다. 스타인벡은 젊었던 시절 한때 사회주의에 관심이 많았고, 그래서 노벨상을 받고 난 다음에도 미국에서 심한 푸대접을 받았다. 따라서 그는 서민층의 애환을 다룬 작품을 많이 남겼으며, 그런 경향은 중편소설 〈진주(The Pearl)〉를 보면 쉽게 이해가 간다.

또 한 가지 흥미 있는 사실은 그의 처녀작 〈황금의 잔(Cup of Gold : A Life of Henry Morgan, Buccaneer, with Occasional References to History, 1929)〉가 비록 카리브해를 주름잡았던 해적 헨리 모건을 주인공으로 삼았으면서도 아더왕과 원탁의 기사 얘기를 배경에 깔았다는 점, 그리고 그가 세상을 떠날 당시에도 원탁의 기사에 관한 책(Thomas Malory의 〈The Acts of King Arthur and His Noble Knights〉)을 번역 중이었다는 점이다. 따라서 스타인벡의 작품 세계는 아더왕의 얘기처럼 전설적이고 낭만적인 분위기가 많이 풍긴다.

이렇게 작가를 이해하게 되면 그의 작품이 민초를 다루는 낭만적인 내용과 사회적인 고발을 많이 다룬다는 사실을 알게 된다.

그렇다면 〈Travels with Charley〉라는 작품의 성격은 어떠한가?

 본 강좌가 현재 가장 초보적인 수준의 산문(수필류)을 다루기 때문에 제 3과의 교재로서는 스타인벡의 여행기(기행문)인 〈Travels with Charley〉를 선택했다. '찰리'는 스타인벡의 애완견인 푸들의 이름이다. 그는 자동차를 집처럼 특수 제작해서 집필실과 욕실까지 갖추고는 찰리만 데리고 미국 전역을 여행한 다음 〈Travels with Charley〉를 써서 1962년에 발표했는데, 우리나라에서는 〈아메리카의 초상〉이라는 제목으로 번역되었다.

 어떤 책을 새로 번역할 때는 이미 알려진 제목을 그냥 쓰기도 하고 본디 제목에 맞춰 다시 붙이기도 하지만, 〈아메리카의 초상〉은 내용을 보면 참 잘 붙인 제목이라고 여겨진다.

 그러면 번역할 문장의 특성이 무엇인지, 그리고 어떻게 번역하면 좋을지 생각해 보기로 하겠다.

 어떤 작가의 문장이 지닌 특성, 즉 문체의 성격을 파악하기 위해서는 그의 작품을 여럿 읽어야 한다. 당장 눈앞에 닥친 번역도 힘든데, 무슨 작품을 언제 많이 읽으라는 얘기냐고 따져서는 안 된다. 잠시 부업 삼아 번역을 하지 않고 정식 직업으로서 일을 계속하려면,

> 첫째, 영어 '실력'은 기본이고
> 둘째, 우리말을 구사하는 능력이 월등히 뛰어나야 하며
> 셋째, 출판사를 위해 작품 선정에 관한 자문을 해 줄 정도로 방대한 정보를 갖추어야 한다.

 번역 출판에 관한 정보라면 독서량이 기초를 이룬다. 믿어지지 않겠지만, 지금도 많은 출판사가 외국의 출판에 관한 정보에서 답보 상태를 계속한다. 그리고 대부분의 출판사가 출판 대리인(agent)에게

정보를 의존하는데, 그들 대리인이 제공하는 정보가 제한되고 지나치게 일률적이어서, 출판사로서는 독자적인 기획을 세우는데 많은 애를 먹는다. 이럴 때 가장 막강한 힘을 발휘하는 인물이 "책을 많이 읽은 사람"이다.

참으로 원시적인 방법이지만, 요즈음에도 많은 경우, 번역을 하고 싶은 사람이 책을 들고 출판사 사장을 직접 찾아가 협상을 벌인다. 정식으로 '데뷔'를 하는 과정이 따로 마련되지 않은 번역 출판계의 현실 때문이다. 그러니까 번역 지망생은 책을 많이 읽고 정보를 많이 수집한 다음 출판사를 찾아가는 방법을 택하는 경우가 많다.

독서는 대부분 사람들이 최근 베스트셀러만 골라서 읽는 성향이 강하지만, 그런 책은 모든 사람이 접근하고 읽기가 쉽기 때문에 그만큼 경쟁력에 도움이 되지를 않는다. 따라서 필자는 학생들에게 남들이 알지 못하는 과거의 작품을 찾아 읽으라고 권하고는 한다.

필자는 대학 시절에 무척 많은 책을 집중적으로 읽었으며, 현재까지 번역한 소설 가운데 거의 절반은 그때 읽은 작품들이다. 요즈음은 나 자신의 작품을 쓰느라고 손을 대지 못하지만, 대학 4년 동안 읽은 소설 가운데 아직도 번역할만한 작품을 꽤 여럿 가지고 있으며, 번역가에게는 이런 정보가 큰 재산이다.

쌩떽쥐뻬리의 〈어린 왕자〉 같은 작품이 우리나라에 얼마나 늦게 소개되었는지를 생각해 보면, 아직 한국 사람들이 알지 못하는 세계 각국의 훌륭한 소설은 한 사람이 평생 다 번역하지 못할 정도로 많으리라고 생각된다.

이런 옛날 작품이 아니고 요즈음 한참 전 세계에서 요란하게 팔려 나가는 "해리 포터" 같은 작품에 관한 정보는 AFN-TV의 「추적 60분(60 Minutes)」이나 갖가지 토크쇼, 그리고 UPI 같은 통신을 통해 우연히 접하기도 하고, 『더 뉴욕 타임스』나 『더 워싱턴 포스트』의 출판 전문 부록과 『더 인터내셔널 헤럴드 트리뷴』, 그리고 미국이나 영국 또는 프랑스 문화원에서 출판 관계 잡지를 열심히 찾아보면 최근 해외 출판 동향을 파악하기가 쉽다.

골치 아프게 무슨 그런 조사까지 해야 하느냐고 생각하는 사람은 번역도 하나의 직업이고, 어떤 직업에서나 성공하기 위해서는 남다른 노력을 기울여야 한다는 사실을 잊으면 안 된다. 하다 못해 족발집 하나를 경영하려고 해도 족발을 만들어 파는 데서 그치지 않고 전단을 만들어 뿌리거나, 자금을 조달해야 하는 등 얼마나 많은 일을 해야 하는지를 생각해야 한다. 그런데도 사람들은 번역이라면 그냥 옛날 배워둔 영어 실력만 가지고 방에 들어앉아 남이 갖다 주는 일만 하면 되지 않겠느냐고 안이하게 생각한다.

번역도 문학의 한 분야이고, 출판도 사업이다. 문학을 하는 사람, 창작을 하는 소설가라면 문학성이 뛰어나고 잘 팔리는 소설을 써야 살아남고, 출판사는 그런 책을 많이 팔아야 문을 닫지 않는다. 그렇다면 번역가는 출판사에서 많이 팔만한 책을 찾아내어 잘 번역해서 갖다줘야 공생관계가 이루어진다는 엄연한 사실을 잊지 말아야 한다.

그러나 이런 모든 정보의 근원은 역시 남보다 많은 독서량이고, 존 스타인벡의 작품을 많이 읽은 사람이라면 그의 문체를 쉽게 가려낸다. 필자는 스타인벡의 산문과 소설을 30 권 가량 읽었는데, 그의 글에서 가장 두드러진 특성이나 양상이라면 '서정성'이라고 서슴지 않고 말하겠다. 이런 특성은 〈미국과 미국인〉이라는 선전용 책에서부터 〈에덴의 동쪽〉에 이르기까지 모든 글에서 나타난다.

필자는 〈영어 길들이기〉 "번역편"에서 앵글로색슨계 단어는 토속어로, 라틴어 계통은 한자식 표현으로 번역하는 것이 바람직하다는 얘기를 했는데, 스타인벡은 대부분 쉬운 단어를 쓰며 문장의 흐름이 부드럽기 때문에 우리말로도 시적인 문체, 그것도 예를 들어 소월의 시처럼 순수한 우리말 단어를 주로 구사하는 시어체가 어울리리라고 생각된다.

이렇게 우리말로 어떤 문체가 좋겠는지를 설정하고 나면 실제로 번역할 부분의 내용을 검토해서 '말높이'를 결정해야 한다.

어휘들의 행진

창작을 하려면 천부적인 재능이 필요하고 문학 수업도 제대로 받아야 한다고 사람들은 말한다. 통속적으로 얘기하면, 문학이란 아무나 하는 것이 아니다.

번역은 문학의 한 분야이고, 구성(plot)이나 작중인물의 성격묘사(personification)를 제외하고는 창작이나 번역이나 원칙과 이론에서 서로 다를 바가 별로 없다. 그래서 외국에서는 보리스 빠스떼르나끄나 니코스 카잔차키 같은 유명한 작가들이 평생 번역 작업에 많은 공을 들이고는 했다.

토목 공사를 위한 계획서나 정치가의 연설문을 번역하는 경우가 아니고 문학 작품을 번역하기 위해서라면 따라서 기본적인 표기법과 맞춤법은 물론이요, 단어 공부나 문장 작법, 그리고 표현력에 관한 공부와 연구를 게을리 해서는 안 된다.

문학은 문학다워야 하기 때문이다.

문학을 문학답게 번역하기 위해 문체도 파악하는 능력을 키워야 되겠는데, 그렇다면 문체를 가늠하는 요소란 무엇일까?

가장 먼저 고려해야 할 점은 단어의 선택이다.

둘째는 문장의 장단이다.

셋째는 구두점의 용법이다. 영어에서도 여러 문장을 단어 'and'로 묶는 경우와 쉼표(,)로 엮어놓는 경우에 박자(=장단)와 감각이 달라지기 때문이다.

장단과 구두점의 용법은 〈영어 길들이기〉에서 이미 상세하게 다루었으니까 여기에서는 어휘만 우선 생각하기로 하자. 결국 단어가 문장을 만들고 문장이 모여 작품을 이루고 작품에서 문체가 드러나기 때문이다.

뒤에서 대화체의 번역을 공부할 때 훨씬 세부적으로 설명하겠지만, 사용하는 단어의 종류에 따라 문체와 분위기가 결정된다. 따라서 번역에 사용할 어휘의 수준을 고정시켜야 하고, 일단 그렇게 테두리가 정해지면 한 작품의 번역이 계속되는 동안 모든 어휘가 균형을 맞춰 질서정연하게 조화를 이루어야 한다.

하나의 단원 속에서는 다른 어휘들과 어울리지 않을 만큼 튀는 단어가 눈에 띄어서는 안 된다. 시각적으로 거슬리기도 하려니와 분위기가 흐트러지기 때문이다.

같은 작품에서는 어휘들이 사열하는 병사들처럼 일사분란하고 질서정연해야 한다.

그렇다면 스타인벡의 경우는 어떠한가?

발췌한 예문은 스타인벡이 차에서만 지내기가 불편해 어느 날 편한 호텔에서 묵기 위해 방을 하나 얻고는, 그 방에 들어가 전에 묵고 간 손님이 어떤 인물이었을지 호기심을 느껴 재떨이 등 이것저것 살펴보면서 상상을 하는 장면이다.

마치 형사 콜럼보가 추리를 하는 듯한 과정이 펼쳐지는데, 작가가 구사한 문장을 보면 지극히 쉬운 단어만 사용했다. 앞 손님에 대해서 인간적인 친근감까지 느낀 스타인벡은 그에게 'Lonesome Harry' 라는 이름까지 지어 주었다.

그리고 전반적인 문장의 흐름을 보면 "아하, 이 친구 도대체 어떤 사람일까?" 이런 식의 '말투'이다. 뭐랄까, 혼잣말을 하거나, 속삭이는 듯한 어조이다.

다시 말하면, 분명히 '웅변조'의 문장이 아니다.

그런데 학생들은 예문을 어떤 수준의 단어를 동원해서 번역했는지, 잠시 이 강좌를 중단하고 자신의 답안지를 확인하기 바란다.

*

문체의 번역이란 워낙 기술적인 문제여서 이렇듯 서론이 길어지기는 했지만, 이제부터는 학생들의 답안지를 가지고 과연 어휘의 구사가 어떻게 이루어졌는지를 검토해 보겠다.

내용이 내용이니 만큼 가장 수준이 높은 답안지부터 대상으로 삼겠는데, 그 중에서도 가장 나이가 많은(54세) 경기도 안산시 고잔 2동의 이진형 학생의 글을 소개하겠다. 직업을 밝히지 않아서 알 길이 없기는 하지만, 번역의 경험도 많은 듯싶고, 표현력도 대단히 우수하다.

그러나 어휘들의 행진을 살펴보면 어딘가 줄이 맞지 않는 듯한 인상이다. 왜 그럴까?

어휘의 줄맞추기와 발맞추기

무려 십여 쪽에 걸쳐 우리는 존 스타인벡의 발췌문을 번역할 때

첫째, 서정적이고
둘째, 평이하고,
셋째, 웅변이 아니라 속삭임 같은 문장을 구사해야 한다

는 결론을 얻었다. 그리고 학생들은 자신이 번역해 놓은 답안의 문장이 위에 열거한 '어휘들의 행진'과 발도 잘 맞고 줄도 잘 맞는지 확인해 봐야 한다.

하지만 어떻게 확인을 하라는 얘기인지 잘 알아듣지 못하겠다는 학생들을 위해, 이진형 학생이 제출한 답안지를 가지고 직접 설명을 해 보겠다.

우선 이진형 학생이 번역한 답안 전문을 소개할 테니까, 연필을 들고 어떤 단어가 위에 설명한 범주에 어울리지 않는지를 표시해 보고, 필자의 구체적인 설명을 참고하기 바란다.

그 방은 앞서 자고 간 사람이 떠난 뒤로는 아무도 손을 댄 흔 (1)
적이 없었다. 나는 장화를 벗으려고 안락 의자에 털썩 주저 앉 (2)
았는데 미처 한 쪽도 벗기 전에 이것저것 훑어보기 시작했다. (3)
나는 몸을 씻고 자는 것도 깜박 잊은 채 깊은 상념에 사로잡혔 (4)
다. 짐승은 풀섶에서 쉬거나 지나가면서 풀을 짓뭉개놓고 발자 (5)
국이나 아니면 똥을 싸 놓고 가기도 하지만 하루 밤 유숙하기 (6)
위해 방에 든 인간은 자신의 인격과 삶의 궤적, 최근의 행적과 (7)
가끔씩은 자신의 장래계획과 희망도 흔적으로 남긴다. 심지어는 (8)
그 사람의 개성까지도 벽에 스며 들었다가 서서히 풍겨 나온다 (9)
고 나는 생각한다. 이러한 나의 생각이 과대망상이라고 해석될 (10)
수도 있을 지 모르겠다. 비록 내 판단들이 틀린다 해도 내가 사 (11)
람이 남긴 흔적에 예민한 것만은 사실이다. 그리고, 내가 아무도 (12)

못 말리는 엿보기 꾼이라는 것을 부인할 생각도 없다. 나는 (13)
가려지지 않은 창문은 반드시 안을 들여다 봐야 직성이 풀렸고 (14)
나와 상관이 없는 대화도 빠짐없이 엿듣곤 했다. 사람들과 (15)
어울리기 위해서는 그들에 대해 잘 알고 있어야 한다는 구실로 (16)
이와 같은 나의 행위를 정당화하거나 심지어 체면을 지킬 수는 (17)
있지만 한편으로는 내 자신이 그저 유별나다는 의구심이 들기 (18)
도 한다. 내가 흐트러져 엉망인 이 방에 자리를 잡자마자 (19)
특유의 엿보기 기질이 표출되기 시작했다. 나는 마지막으로 이 (20)
방에 유숙했던 사람이 남겨놓은 편린들에서 그 사람이 어떤 (21)
사람인지 알아 낼 수가 있는 것이다. (22)
— 찰리와의 여행, 존 스타인백.

　한 특정 학생의 번역문을 이렇게 통째로 내놓은 이유는 모범 답안으로 제시하기 위해서가 아니라, 어디가 잘못 되었는지 흠을 잡고는 가능하면 그런 흠을 고쳐주기 위해서이다. 하지만 여기에서는 "있을 수 있는 것은 모조리 없애라"는 번역의 첫 번째 원칙을 어긴 부분들은 탓하지 않겠다. 짐작컨대 번역이 이루어진 시기가 필자의 '없애라 원칙'을 인터넷 강좌에서 소개하기 전이었으리라는 사실을 고려해서이다.

　그리고 예문은 분명히 세 개의 문단(paragraph)으로 이루어졌는데 왜 번역한 글은 하나로 주욱 연결해 놓았는지도 탓하지 않겠다.

　오역을 한 부분(3행의 "미처 한 쪽도 벗기 전에")도 아직은 문제로 삼지 않겠다.

　영어식의 부자연스러운 피동형 표현(10~11행의 "해석될 수도 있을 지 모르겠다"와 14행의 "가려지지 않은 창문")도 나중에 자세히 공부할 기회를 마련할 테니까 여기서는 따지지 말기로 하자.

　여기에서는 다만, 행진을 벌이는 모든 어휘가 발이 잘 맞는지, 그리고 줄도 잘 맞는지, 그것만 살펴보자.

어떤 글을 번역하고 나면, 수비 형태로 진행시켜온 작업을 공격적으로 전환하기 위해 영어로 된 원문은 덮어두고 우리말만 가지고 문장이 제대로 되었는지, 영어로 된 글을 보지 않고도 독자가 무슨 뜻인지를 잘 알아듣겠는지, 그리고 훌륭한 우리말 문장인지를 검토하는 과정을 꼭 거쳐야 하는데, 발맞추기 과정이 바로 이런 공격 단계에 해당된다.

궁합이 안 맞는 단어

존 스타인벡의 "서정적이고, 평이하고, 웅변이 아니라 속삭임 같은 문장"을 번역해 놓은 위 답안지를 살펴보면 '상념(4행)', '유숙(6행과 21행)', 7행의 '궤적'과 '행적', '표출(20행)' 그리고 '편린(21행)'이라는 단어가 눈에 띈다.

이들 모두가 너무 '큰 단어(big word)'이다. 우리나라의 법조문이 지나치게 길고 어렵기 때문에 쉽게 풀어 써야 한다는 비판의 소리가 높은데, 말하자면 '큰 단어'가 그런 폐단의 주범이다.

스타인벡의 발췌문을 다시 한 번 읽어보면 느끼겠지만, '상념', '유숙', '궤적', '행적', '표출', '편린'은 분명히 "서정적이고, 평이하고, 웅변이 아니라 속삭임 같은" 분위기와는 거리가 먼 단어이다. 피천득 선생의 수필에 느닷없이 난해한 법률 용어가 튀어나오는 격이다. 어딘가 어울리지 않고, 어딘가 발이 맞지 않고, 줄도 맞지 않는다. 영어 원문에서 우리가 느끼는 부드러움하고는 어쩐지 어울리지를 않는다.

그런 식으로 얘기하자면 7행의 '인간(=human)'도 너무 커서 '튀는 단어'이다. 우리는 번역을 하는 경우에 'man'을 '인간'이라고 하느냐 아니면 '사람'이라고 하느냐 갈등을 일으키는 경우가 많다. 하지만 여기에서는 문장의 흐름(행진)으로 미루어보면 '사람'이 훨씬 잘 어울린다. 원문에서 'man'이 아니라 'human'이라는 표현을 썼기 때문에 그렇게 번역했다는 설명도 설득력이 모자란다. 독자는 영어 원문이 무엇이었는지를 따지지 않고 그냥 우리말로 된 내용과 흐름을 보이는 그대로 받아들이기 때문이다.

'인간' 정도는 그래도 받아들인다손 치더라도, 같은 문장 속에서 나란히 등장하는 두 주인공 가운데 '인간'과 대칭으로 사용된 5행의 표현 '짐승(=animal)'은 또 어떠한가?

'짐승'은 동물을 비하시킨 말이다. "이 짐승 같은 놈아!"라는 욕설에 알맞은 어휘이다. '짐승'이 아니라 "이 동물 같은 놈아!"라고 욕을 한다면 듣는 사람이 재미있다고 오히려 웃음을 터뜨리지나 않을지 모르겠다. '동물'은 욕설하고는 궁합이 맞지 않기 때문이다. 그리고 '짐승'과 격이 맞는 우리말 단어는 'animal'이 아니라 'beast'이다. 영어에서 'animal'과 'beast'가 크게 다르듯이 우리말로도 '동물'과 '짐승'은 족보가 다르다.

그리고 두꺼비와 거북과 잠자리와 참새는 'animal'이 아닌가? 만일 'animal'이라면, 그들 역시 '짐승'일까?

말 못하는 짐승이라고 해서 이런 식으로 인간이 함부로 비하시키는 대표적인 표현이 동물의 세계를 다룬 텔레비전 기록영화를 번역한 내용에 쉴새없이 등장하는 단어 '녀석'이다. "녀석들(눈신발토끼)은 넓은 발 때문에 눈에 빠지지를 않는다"는 식의 표현 말이다.

'녀석'은 물론 비하시키는 명칭인데, 도대체 살인과 협잡과 전쟁과 폭력 정치를 일삼는 인간이 어디가 잘 났다고 동물을 '녀석'이라고 비하시킬 자격을 누리는지 알 길이 없다. 『물총새 부부의 여름나기』라는 기록영화를 보면 어미가 먹이를 가져다 줄 때마다 둥지에서 줄지어 기다리다가 먼저 받아먹은 새끼가 맨 뒤로 가서 다시 줄을 서는 장면이 나오던데, 우리나라 사람들의 새치기와 끼어들기 솜씨를 보면 정말 물총새에게 부끄러울 지경이다. 온갖 동물을 멸종시키고 지구를 오염시키면서도 머리 하나 좋다고 잘난 체하는 인간은 정말이지 동물을 '녀석'이라고 부를 자격이 없는지도 모른다. 그런데도 텔레비전 번역자들은 열심히 '녀석' 타령만 한다.

아마도 처음에는 말장난의 재치를 부리려고 그런 표현을 쓰기 시작했던 모양이지만, EBS-TV의 "특선 다큐멘터리"「지구 대 참사」같은 프로그램에서도 가위개미를 소개하면서 "녀석들은 나뭇잎을 잘라다 균류 농사를 짓는 똑똑한 개미"라거나, "녀석들은 나무로 뗏목을 만들지 않는다"는 등 계속 욕설을 퍼부어대고, 이제는 국내에서 제작한 기록영화에서까지도 '녀석'들이 판친다.

동물을 지칭하는 대명사를 우리말로 옮길만한 표현을 찾기가 힘들어서 그러는 모양이지만, 이러한 '녀석'의 용법은 물론 오역에 해당된다.

그런데 우리들이 지금 살펴보는 번역문을 살펴봐도 역시 '녀석'에 해당되는 어휘, 그러니까 '큰 단어'와는 정반대로 지나치게 장난스럽거나 가벼운 단어들이 눈에 띈다. 2행의 '털썩', 4행의 '깜박', 5행의 '짓뭉개놓고', 6행의 '똥을 싸 놓고', 13-4행의 '아무도 못 말리는 엿보기 꾼', 그리고 20행의 '흐트러져 엉망인'이 여기에 속한다.

이런 말은 '큰 단어'가 스타인벡에 어울리지 않는 것과는 정반대의 이유로 역시, 노벨문학상을 수상한 소설가 스타인벡에게는 어울리지 않는 '가벼운 단어'이다. 너무 경박하기 때문이다.

'짓뭉개놓고'와 '똥을 싸 놓고'에서 같은 '놓고'를 왜 하나는 붙여 쓰고 다른 하나는 떼어 썼는지 알 길이 없기는 하지만 그것 역시 여기에서 따질 일은 아니겠고, 어쨌든 지금까지 뽑아낸 '큰 단어'와 '가벼운 단어' 두 계열의 어휘를 늘어놓고 한 번 비교해 보면, 행진하는 어휘의 발맞추기가 무슨 뜻인지 이해가 가리라고 생각한다.

단어의 짝짓기

　이진형 학생이 번역한 예문에서 우리들이 추려낸 두 계열의 어휘와 표현, 그러니까 '큰 단어'와 '가벼운 단어'를 두 줄로 정렬시키면 이렇게 된다.

　(가) 상념 ― 유숙 ― 궤적 ― 행적 ― 표출 ― 편린
　(나) 털썩 ― 깜박 ― 짓뭉개 ― 똥싸고 ― 엉망인 ― 아무도 못 말리는 ― 엿보기 꾼

(가) 열과 (나) 열은 저마다 줄이 잘 맞는다.
발도 잘 맞는다.
자기들끼리는 궁합이 잘 맞기 때문이다.
그리고 이렇게 같은 계열의 단어들을 모아놓기만 해도 우리는 '문체'라는 것이 어렴풋하게 보인다는 인상을 받는다.
그러나 (가) 열의 단어와 (나) 열의 단어를 하나씩 뽑아 짝짓기를 하면 문제가 달라진다.
모두가 정신 없이 흐트러지기 때문이다.
이렇게 말이다.

"상념이 털썩", "짓뭉개는 유숙", "똥싼 궤적",
　　"깜박거리는 행적", "아무도 못 말리는 편린",
　　"흐트러져 엉망인 표출"

　억지로 짝짓기를 시키니까 가히 신분이 맞지 않는 결혼처럼 보이지 않는가?
　어울리지 않는 부부와 같은 단어들, 이런 섞임은 한 사람의 독백이 아니라 생판 다른 두 사람의 엇갈리는 대화 같기도 하고, 좀 혹독하게 표현하자면 말이 통하지 않는 두 사람의 잡담 같은 인상을 준다. 한 작가가 쓴 글을 한 사람이 번역해 놓았다고 믿기가 힘들어질 지경이다. 그리고 바로 이것이 번역을 통해서 '문체'가 사라지는 과정이다.
　어울리지 않는 단어들의 억지 짝짓기가 어째서 눈과 귀에 거슬리는지 보다 쉬운 예를 들어 설명하겠다.
　우리들은 학교에서 삼일 독립 선언서의 내용을 교과서에서 배울 때 참으로 어려운 단어가 많이 나온다는 인상을 받았다. 첫 단어부터가 그러했다. "오등(吾等)은"이라면서 말이다. 그런데 만일 '오등' 대신에 '너랑나랑은'이라는 말로 독립 선언서를 시작했다면 1919년 3월 1일 탑골공원에 모였던 사람들이 어떤 반응을 보였을까?
　반대로 쉬운 말을 써야 할 경우에 너무 큰 단어를 사용해도 결과는 마찬가지이다. "낮에 나온 반달은 하얀 반달은"이라는 동요를 "낮에 나온 半月은 白色 半月은"이라고 한다면 얼마나 이상한가? "엄마하고 나하고 가는 꽃밭에"를 "모친하고 나하고 거하는 화단에"라고 해도 또한 얼마나 이상한가?
　그런 문장은 이상하다고 생각하면서 사람들은 번역하는 문장에서 그와 비슷한 잘못을 저지르면서도 이것은 '번역체'이니까 괜찮다고 시치미를 떼려고 한다. 아니, 그것이야말로 '번역 문체'라고 너도나도 당연시한다.

흔히 "문자를 쓴다"는 말을 한다. 무엇인가 과시하기 위해서 분에 넘칠 정도로 어려운 단어를 즐겨 구사하는 사람을 두고 한 말이다. 요즈음에는 한자가 아니라 영어가 '문자' 노릇을 하는데, '팀장'이니 '휴대폰'이니 하는 국적불명의 지저분한 언어, 망가진 언어를 보면 '번역체 문장'과 어딘가 일맥상통하는 기분이 들기도 한다. 궁합이 안 맞는다는 면에서 말이다.

필자가 얼마 전에 펴낸 〈가짜영어사전〉에서 상세히 설명했듯이 우리나라 텔레비전에서 양산하는 이런 더러운 언어는 적어도 종이책 문화에서라면 용납해서는 안 된다는 생각이다. 아마도 그런 언어를 써먹을 만한 문장은 꼭 한 군데, '미용사 언어'를 묘사하는 글에서가 아닐까 하는 생각이다. "헤어가 스트레이트해서 아이라인과 볼에 볼륨과 포인트를 주고" 어쩌고 하는 튀기 쭉정이 언어 말이다.

펄펄 뛰는 단어의 수명

단어의 가벼움을 따지자면 의성어 또한 미용사 언어 못지 않게 톡톡 튄다. 특히 '살랑살랑'이나 '달랑달랑'처럼 반복되는 소리에 이르면 가히 방정맞기까지 하다.

본보기로 삼은 학생의 번역문에서는 2행의 '털썩'과 6행의 '똥'을 가지고 생각해 보자.

워낙 걸쭉한 얘기를 재미있게 잘 하는 어느 작가가 20여 년 전 우이동에서 살던 시절 우리집에 놀러와서 술을 마시다가 이런 얘기를 했다. 일본 사람은 본디 가벼운 식사를 하기 때문에 화장실에 가서

변을 봐도 떨어질 때 가볍게 '시동' 소리가 나고, 서양 사람은 육식을 하기 때문에 묵직하게 '덩(dung)' 소리가 나는 반면에, 중간쯤인 한국 사람은 '똥' 하고 떨어진다는 내용이었다.

우스갯소리이니까 어원을 논리적으로 따져볼 필요는 없겠지만, 어쨌든 '똥'이라는 단어가 어떤 격을 지니는지를 우리는 '감'으로 안다. 아무리 친척간이라고 해도 '변'과 '배설물'과 '똥'이라는 세 단어는 분명히 계급이 다르다.

우리말을 영어로 번역할 때는 그런 계급차가 훨씬 뚜렷하게 드러난다. 사람이 배설하면 고상하게 'feces'나 'excrements'라 하거나 지저분하게 'crap' 또는 'shit'이라 하고, 동물이나 새의 배설물은 'dung'이나 'droppings'이다. 더구나 어미가 물어다 버리기 좋도록 하얀 껍질로 포장까지 된 새끼 새의 배설물은 'pellet'이라고 아예 따로 이름을 붙였다. 그리고 이 모든 똥은 궁합이 맞는 자리에 차별화해서 쓴다.

번역문 6행에서는 "(짐승은~) 똥을 싸놓고 가기도 하지만"이라고 했는데, 여기에서 '똥'이라는 단어가 어딘지 이상해 보인다.

왜 그럴까?

'쇠똥', '말똥', '개똥'은 자연스럽기 짝이 없는데, 소와 말과 개를 모두 합친 '동물'에게는 왜 '똥'이라는 단어가 어색해 보이는가?

그것은 흔히 '동물의 배설물'이 마치 한 단어이기라도 한 것처럼 늘 짝을 지어 붙어 다니기 때문인지도 모른다. 궁합이 잘 맞는 부부처럼 말이다.

그리고 '털썩'도 여기서는 발이 맞지를 않는다.

왜 그럴까?

우선 '털썩' 소리가 나는 장면을 영어로 된 본문으로 살펴보자.

I sank into a comfortable chair to pull off my boots and even got one of them off before I began to notice things and then more things and more.

위 문장을 읽으면 무엇이 눈에 보이는가?

여기에는 한 문장 속에 세 가지 개념이 함께 담겼다. 첫 번째는 '털썩' 소리가 나는 "I sank into a comfortable chair"로서, 존 스타인벡이 의자에 앉는 동작을 보여준다. 'armchair'나 'easy chair'라고 구체적으로 밝히는 대신 부정관사까지 붙여 그냥 'a comfortable chair'라고 했으니 번역문에서처럼 '안락 의자'는 아니겠고, '편안한 의자', 그러니까 '푹신한 의자'에 앉는 상황이겠다.

그런데 의자에 앉는 이유가 'to pull off my boots'이며 'and even got one of them off'라고 했다. 목이 긴 구두를 잡아당겨 벗으려니 우선 편안한 의자에 앉아야 하고, 그리고 'and even got one of them off'는 신발 한 짝을 이미 벗었다는 뜻이다. 그러니까 스타인벡은 푹신한 의자에 앉아 신발을 벗으려고 하다가, 한 짝은 벗었고 아직 한 짝은 그대로 신은 상태여서, 절대로 꼿꼿하게 앉은 자세는 아니겠고, 참으로 엉거주춤한 모습으로 세 번째 상황을 접하게 된다.

하지만 필자에게 넘어온 거의 모든 답안지에서는 스타인벡이 "한 쪽을 미처 벗기도 전에"라거나 "나머지 한 쪽을 벗기도 전에" 또는 "두 짝을 다 벗기도 전에" 심지어는 "(피로에 지친 탓에) 신발을 신은 채로"라고 참으로 다양한 번역을 해 놓았다. 신발을 벗다 말고 한 짝은 손에 들고 한 짝은 그대로 신은 채로 '상념'에 빠지는 우스운 장면이 역시 번역 과정에서 손상되는 현장이다.

세 번째 상황은 물론 "before I began to notice things and then more things and more"이다.

그러면 다시 첫 상황의 '털썩'으로 돌아가자. "털썩 주저앉았는데"의 영어 원문은 "(I) sank"이다. 그렇다면 'sink'에서 '털썩' 소리가 났다는 뜻이다.

'sink'는 깊숙이 파묻혀 앉는 행위를 뜻한다. 지극히 편안하게, 등은 길게 뒤로 기대고 앉는 자세이다. 아마도 발을 꼬고 앉는 경우가 많으리라. 그리고 신발을 벗기 위해서는 이렇게 편안한 자세로 앉아야만 한다.

그러나 '털썩'은 앉는 순간에 나는 소리이다. 싱싱한 생선처럼 살아서 펄펄 뛰는 의성어 '털썩'은 그러니까 신발을 벗는 행위와 아무 관계가 없다. 털썩 앉고 나서 잠시 시간이 지난 다음 다리를 꼬고는 신발을 벗겠기 때문이다.

거듭 얘기하지만 의성어는 순간이다.

소리가 나는 순간이다.

따라서 의성어란 지속적인 상황을 설명하기에는 궁합이 맞지 않는 어휘이다. 더구나 신발을 벗다가 중단하고 다른 행위로 옮겨가는 과정을 묘사하는 문장이라면 전혀 발이 맞지 않는다. "털썩 앉으며 생각했다"고 하는 상황이 과연 가능하다고 생각하는가? "털썩 앉은 다음 마음을 가다듬고 나서 생각했다"면 몰라도 말이다.

생선처럼 살아서 펄펄 뛰는 의성어라면 수명이 짧을 수밖에 없다.

그러면 사람들은 왜 이렇게 궁합이 맞지 않는 단어들을 자꾸만 엮어나가는 것일까?

그것은 번역을 할 때 대부분의 사람이 (영어) 단어를 (우리말) 단어로 바꿔 넣기만 할 따름이지, 머리 속에다 그림을 그려 보지 않기 때문이다. 사람들은 사전을 찾고 눈 앞에 보이는 영어를 우리말 어휘로 바꾸기에만 열심이다. 그러나 어떤 문장을 번역하려면, 앞에서 한 문장에 담긴 세 개의 상황을 머리 속에 그려보며 정리를 했듯이, 단어와 단어를 그냥 줄줄이 꿰는 대신 문장 속에서 진행되는 상황과 등장인물의 모습을 그림처럼 그려봐야 한다. 그런 다음에는 단어와 단어를 바꿔 넣는 수준이 아니라, 머리 속에 그려 놓은 그림을 우리말로 묘사하는 '창작' 과정으로 들어가야 한다. 이러한 상상과 창작의 과정이 번역에서는 본격적인 공격 단계이다.

아마도 그런 의미에서라면 번역을 '제 2의 창작'이라고 해도 될지 모르겠다.

그러면 여러 쪽에 걸쳐 시달림(?)을 당한 이진형 학생의 번역문에 대한 검토는 여기에서 끝내기로 하고, 이제부터는 다른 학생들의 글을 살펴보겠다.

| 'Peeping Tom'은 누구인가?

이 강좌를 시작하면서 필자는 다짜고짜 고유명사(이름)의 번역에 관한 얘기부터 시작했다. 그런데 스타인벡의 발췌문에는 두 개의 이름이 나온다. 하나는 전설 속의 인물인 'Peeping Tom'이고 다른 하나는 상상 속의 인물인 'Lonesome Harry'이다.

그렇다면 이 두 이름을 어떻게 번역하면 좋을까?

우선 학생들도 여기저기서 자주 보았기 때문에 눈에 꽤 익었음직한 이름 'Peeping Tom'부터 처리하기로 하자.

우리나라에서도 "신창원 같은 솜씨"라거나 "변강쇠 같은 놈" 또는 "홍길동처럼 신출귀몰"이라는 식으로 실존 인물이나 상상의 산물인 고유명사를 형용사처럼 쓰는 경우가 많다. 이미 이름 자체가 어떤 특별하거나 특수한 개념을 상징하거나 의미하기 때문이다.

이런 이름은 어느 정도 시간이 흐르면 사람들의 귀에 익게 마련이고, 그러면 이름 자체는 별로 의미가 없어지고 이름이 상징하던 내용만 남게 된다. 싱클레어 루이스(Sinclair Lewis) 소설의 주인공이었던 바비트(George Babbitt)가 그런 대표적인 예이다. 우리가 '줄리엣 같은 여자'라면 당장 쉽게 알아듣는 경우와 마찬가지로, 바비트라는 소설 주인공은 독자들에게 너무나 강렬한 인상을 남겼기 때문에 이제는 그의 이름이 사전에 "독선적이고 속물 기질이 강한 중산층 사업가"라는 뜻의 보통명사로 오르게 되었다. 심지어 어떤 사전에는 'babbitt'라고 첫 글자가 소문자로 오르기도 했다.

'Peeping Tom'도 그런 식으로 따지자면 벌써 오래 전에 'peeping tom'이라고 소문자로 만들었어야 마땅한 이름이다. 하지만 지금은 '관음증자'라는 뜻으로 앞에서만 소문자로 만들어 'peeping Tom'이라고 쓰기는 하지만, 몰래 엿보기를 좋아하는 사람을 뜻하는 대부분의 경우 아직까지는 대문자로 'Peeping Tom'이라고 표기한다.

그러면 '엿보는 톰'이 누구인지부터 확인해 보자.

『베네트의 문예사전(Benét's Reader's Encyclopedia)』에서 "고다이바 부인(Godiva, Lady)" 항을 찾아보면 11세기 영국 코벤트리(Coventry)에 리오프릭 백작(Earl Leofric of Mercia)이 살았는데, 그의 아내 고다이바가 백성을 무척 아꼈었다고 한다. 그래서 고다이바 부인이 남편에게 백성의 과중한 세금을 덜어달라고 부탁했는데, 백작은 그녀에게 한낮에 발가벗고 말을 탄 채로 장터를 한바퀴 돌면 청을 들어주겠노라고 했다. 차마 부끄러워서 그러지 못할 줄 알았지만 고다이바 부인은 치렁치렁한 머리로 몸의 일부만 가리고는 발가벗은 채로 말을 타고 장터를 돌았으며, 감동한 남편은 물론 백성의 세금 부담을 덜어 주었는데, 이때 고다이바 부인을 사랑했던 코벤트리 사람들은 그녀가 부끄러워하지 않아도 되도록 모두 문을 닫아걸고 밖을 내다보지 않았다고 한다. 양복장이 톰만 빼놓고 말이다. 물론 괘씸한 양복장이 톰은 기적의 힘으로 장님이 되었다고 한다.

이런 내용은 알프레드 테니슨의 시("Godiva, A Tale of Coventry") 같은 여러 문학 작품이나 그림의 소재가 되었지만, 스타인벡의 글에서는 물론 양복장이 얘기는 전혀 문제가 되지 않는다. 따라서 '톰'이라는 이름은 무시하고 그냥 '엿보기를 좋아하는 사람'이라는 뜻으로 옮기면 되겠다.

경우에 따라서는 본문의 이름을 그냥 사용하면서 그것의 출처가 어디인지를 밝히는 번역자의 주석을 붙여도 되겠지만, 괄호 속에 잡아넣은 주석이란 독서의 흐름을 방해하는 독소적인 요소이기 때문에 가급적이면 피하는 편이 좋겠다.

어쨌든 고유명사에서 이름이 의미를 잃고 보통명사로 뜻이 바뀐 경우라면 우리말로 번역할 때도 굳이 고유명사를 살리려고 애 쓸 일이 아니라, 독자가 쉽게 알아들을 만한 보통명사로 번역해서 안 될 이유가 없고, 오히려 그러는 쪽이 당연한 지도 모를 노릇이다. 그러니까 "He is a Shylock"이라는 문장이라면 "그 친구 샤일록 같은 사람이야"라고 수비를 해도 되겠지만, "그 친구 대단한 노랭이야"라고 공격적으로 번역해서 나쁠 이유가 없다는 뜻이다.

하지만 만사가 그렇듯이 그것도 정도의 문제이다. 'Shylock'은 '구두쇠'나 '짠돌이'까지도 납득이 가기는 하겠지만, 너무나 한국적인 이름이어서 서양인이나 서양의 상황에 어울리지 않는 경우라면 삼가야 하기 때문이다. 예를 들어 '양반의 기품'이라고 비유하던가 '용팔이 같은 녀석'이라고 한다면, '양반'과 '용팔이'는 아무래도 서양 소설의 번역문에서 만나기는 쑥스러운 일이다.

예를 들어 누가 '카사노바'나 '동 후앙'을 '변강쇠'라고 번역했다면 사람들은 눈살을 찌푸릴 것이다. 아무리 이름까지도 공격적으로 '번역'해야 한다지만, 이것은 국산화치고도 너무 지나쳐 차라리 장난스럽게 여겨질 지경이기 때문이다.

때에 따라서는 공격적인 기교가 필요하다. 하지만 지나친 기교는 주변의 다른 어휘나 문장과 궁합이 맞지를 않고, 그래서 어휘의 행진에서는 줄도 안 맞고 발도 안 맞는 결과만 초래하기가 쉽다.

Lonesome Harry는 외로운 나그네

흔하디 흔한 표현이 되어 버린 'Peeping Tom'과는 달리 존 스타인벡이 한 번도 만난 적이 없는 사람을 위해 지어낸 이름인 'Lonesome Harry'는 번역할 때 별로 멋부릴 여유가 없고, 표현 방법도 까다로워서 훨씬 난처한 이름이다.

그렇다면 번역하기가 왜 어려운지, 학생들이 '지어낸 이름'을 훑어보며 그들이 고민한 흔적을 확인하기 바란다.

고독한 해리	☞ 서울 광진구 자양동 박동철 (44)
'고독한 해리'	☞ 광주 광산구 월계동 이선주 (41)
'고독한 헨리'	☞ 대전 동구 용운동 여선자 (29)
'외로운 해리'	☞ 경남 창원시 의동 최현수 (35)
외로운 해리	☞ 경기 고양시 일산구 윤경숙 (43)
처절한 고독	☞ 경기 의왕시 포일동 라중기 (35)
상념	☞ 경기 안산시 고잔동 이진형 (54)
한 외로운 남자	☞ 서울 마포구 창전동 김이현 (28)
론섬 해리	☞ 경기 양주 백석 복지 선동훈 (27)

로운썸 해리 ☞ 경남 거제 신현읍 임영민 (35)
Harry Lonesome(해리렌썸) ☞ 경남 진주시 하대동 조명화 (34)

  10인 10색이라더니, 어쩌면 11명의 학생이 이렇게 11가지 다른 답을 내놓았는지 신기하지만, 이렇게 다양한 표현 가운데 어떤 답이 가장 좋은지를 가려내기에 앞서서, 우선 본문에 등장하는 'Lonesome Harry'가 누구인지부터 밝혀 보기로 하자.
  서양 사람들은 정말로 이름 붙이기를 좋아한다. 특히 고향의 이름이 그렇다. 그래서 미국으로 이주한 유럽인들은 'York'나 'Orleans' 같은 고향 이름을 그냥 가지고 건너가 'New York'이나 'New Orleans', 심지어는 'Little Russia' 같은 지명을 만들어 낸다.
  베트남 전쟁 당시 나트랑이나 판랑 지역의 미군 부대를 가보면 모래밭에 천막을 줄지어 지어놓고는 'Dodge City' 따위의 실재하는 미국 지명을 적은 말뚝이 항상 인상적이기도 했다. 아마도 한국의 미군 부대를 뒤져봐도 'Dodge City'는 틀림없이 나올 것이다.
  하물며 사람의 이름은 말할 나위도 없다. 우리나라 여성은 결혼을 하면 '누구 엄마'라면서 이름을 숨기고 살아가기가 보통이지만, 미국인의 경우에는 자식이 아버지의 이름을 부르는가 하면, 길거리를 지나가다가 처음 만나 생판 모르는 사이더라도 "Hey, Mac!"이라거나 "Come on, Joe"라는 식으로 아무 이름이나 갖다 쓰기도 한다. 이름 대신 "여보세요"라거나 "아저씨"라고 부르는 우리들과는 퍽 대조적이다.
  'Lonesome Harry'도 그런 식으로 만든 즉흥적인 이름이다. 'Mac'이나 'Joe'처럼 달랑 이름만 부르지 않고 'Lonesome'이라는 형용사를 곁들인 까닭은 우리말로도 "뚱보 사장"이라거나 "배불뚝이 영감" 또는 "새침이 아가씨"의 경우에서처럼 형용사나 형용사적인 표현을 별명의 한 부분으로 활용하는 언어 습성 때문이다.

스타인벡은 호텔방에서 푹신한 의자에 앉아 신발을 벗다 말고는 먼저 묵고 간 손님이 남긴 흔적을 하나 둘 발견하게 되고, 어느새 그 사람이 '외로운(lonesome)' 남자라고 판단한다. 하기야 객지에서 호텔에 들어 하룻밤을 혼자 지내는 남자라면 당연히 외로운 사람이라고 생각해야 한다. '방랑자', '땅거미', '기차 여행'이라는 단어 자체가 이미 무엇인가 외로운 요소를 품었다는 인상을 주는 것과 같은 이치에서이다.

그래서 스타인벡은 본 적도 없는 앞 손님에게 '외로운 해리' 또는 '고독한 해리'라고 이름을 붙여 준다. 그리고는 호기심을 느낀 작가는 'Lonesome Harry'가 어떤 남자인지 계속해서 연구하고 상상하기 시작한다.

여기까지 설명을 했으니 이제 우리는 'Lonesome Harry'를 전혀 사람이 아닌 '상념'(이진형)이라고 옮긴 번역은 정답이 아니라는 사실을 알게 된다. 그리고, 어째서 그런 번역이 나왔는지 알 길이 없지만, '처절한 고독'(라중기)이라는 과장된 번역도 정답하고는 거리가 멀다.

'한 외로운 남자'(김이현) 또한 정답이 아니다. 그것은 고유명사가 아니라 일반적인 개념이기 때문이다. 그리고 'Harry'는 'Peeping Tom'이나 'Babbitt'처럼 보통명사화한 이름도 아니다.

결국 '고독한 해리'(박동철, 이선주)와 '외로운 해리'(최현수, 윤경숙)가 가장 수비적이고 고지식한 정답이 되겠다. 박동철과 윤경주는 홑따옴표를 쓰지 않은 반면에 다른 두 사람이 썼다는 정도의 차이가 나지만, 별로 큰 상관은 아니겠다.

'Lonesome Harry'가 고유명사이면서 대문자를 썼기 때문에 '별명'이나 '애칭'이라는 뜻을 시각적으로 강조하기 위해 물론 따옴표는 이왕이면 넣어주는 편이 좋겠다. 하지만 따옴표는 한 번만 넣어주더라도 의미 전달은 충분하고, "아하, 이것은 사람 이름인 모양이로구나!" 하고 독자가 깨닫고 난 다음에는 따옴표를 넣지 않더라도 별로 상관이 없다. 모조리 따옴표 안에 가둬 놓으면 오히려 지저분한 인상만 준다.

'고독한 헨리'(여선자)는 별로 바람직하지 못한 번역이다. 물론 'Harry'가 'Henry'의 애칭이기는 하지만, 스타인벡의 책에서는 처음부터 끝까지 'Harry'라는 이름만 등장하기 때문에 그대로 둬야 한다. 더구나 여기에서는 상상 속의 인물에 대한 애칭이기 때문에 딱딱한 본명 'Henry'보다는 'Harry'가 훨씬 더 잘 어울린다. 이런 식의 지나치게 공격적인 번역은 자칫하면 쓸데없는 '실력의 과시' 같은 인상을 주기까지 한다.

소설에서는 등장인물들의 본명과 애칭과 별칭이 마구 뒤섞여 나오는 경우도 많다. 서술체에서는 'James'라는 본명이다가 대화 속에서는 'Jimmy'나 'Jimmie'라는 애칭이 튀어나오고, 그러다가는 다시 줄임꼴 'Jim'이 얼굴을 내밀기도 한다. 그럴 때는 세 가지 이름을 다 쓰면서 역주를 붙여주는 방법도 있고, 세 이름 가운데 가장 적절한 하나를 골라 통일을 시켜주는 방법도 가능하다. 하지만 이런 방법의 선택은 책의 내용, 길이, 독자의 수준 등등을 고려하여 그때그때 공격과 수비를 결정하는 수밖에 다른 도리가 없다.

받아쓰기와 번역의 차이

『다이너소어』, 『식스티 세컨즈』, 『룰스 오브 인게이지먼트』— 요즈음 자주 신문에 광고가 실리는 외국 영화의 제목들이다.

마치 고등학교 영어 시간에 받아쓰기(dictation)를 하는데 실력이 없어서 어느 학생이 한글로 적어놓은 듯한 제목이다.

정말로 비겁하고 무책임한 영화 제목이 아닐 수 없다.

'Lonesome Harry'를 '론섬 해리'(선동훈) 또는 '로운썸 해리'(임영민)라고 번역해 놓은 경우도 비슷하지 않나 생각된다.

솜씨가 서투른 사람일수록 고민과 노력을 안 하고 번역해 놓는 경우가 많은데, 그러나 '론섬 해리'와 '로운썸 해리'라고 번역한 두 학생이 정말로 고민과 노력을 하지 않았느냐 하는 비판은 섣불리 하기가 어렵겠다. 'lonesome'이 무슨 뜻인지를 알면서도 일부러 그렇게 했을지도 모르겠기 때문이다.

이렇게 사람의 이름에 들어간 형용사를 발음대로 적느냐(수비) 아니면 번역을 해서 적느냐 하는 문제가 번역자에게는 항상 갈등의 대상이다.

'Lonesome Harry'와 비슷한 'Lone Ranger'라는 이름의 경우가 어떠한지를 보자. 'lone'은 '홀로'라는 뜻이고 'ranger'는 순찰대원, 특히 척 노리스가 주연을 맡은 텔레비전 시리즈에서 맹활약을 벌이는 'Texas Ranger'를 의미한다.

필자가 어린 나이였을 시절에 만화와 클레이튼 무어의 텔레비전 시리즈로 유명했던 『Lone Ranger』의 주인공은 Texas Ranger였는데, 어느 날 계곡에서 매복을 만나 대원들이 모두 죽고 한 사람만 남는다. 그래서 홀로(lone) 살아남은 순찰대원은 습격을 받아 죽은 형의 옷으로 눈가리개를 만들어 쓰고 암행어사 박문수처럼 혼자서 악당들을 처치하며 돌아다닌다. 은으로 만든 총알을 장전한 권총을 차고 인디언 친구 톤토(Tonto)와 함께 맹활약을 벌이는 그의 이름(고유명사) 역시 Lone Ranger이다.

그렇다면 그의 이름은 우리말로 공격적인 번역을 해서 '나홀로 결사대원'인가 아니면 수비적인 받아쓰기 식으로 '론 레인저'인가?

영화와 텔레비전과 만화를 통해 'Lone Ranger'는 우리나라에서 '론 레인저'로 호적에 올랐다.

그렇다면 론 레인저가 타고 다니는 백마 'Silver'는 이름이 '은마'인가 아니면 '실버'인가?

그것은 아직 분명히 결정이 나지 않았지만, 대부분의 경우 '실버'로 통한다.

이런 경우는 하나둘이 아니기 때문에 몇 가지 더 살펴보고 넘어가기로 하자.

서부영화에서 론 레인저 못지 않게 유명한 인물을 찾아보면 군복을 입고 채찍을 휘두르고 돌아다니며 틈틈이 와일드 빌 히콕을 열심히 좋아했던 'Calamity Jane'이라는 여자가 있다.

그렇다면 이 여자의 이름은 '재수없는 제인'(공격)인가 아니면 '컬라미티 제인'인가?

우리나라에서는 '컬라미티 제인'(수비)으로 통한다. 아마도 'calamity'라는 단어가 따로 있다는 사실을 모르는 사람도 많을 테니까 이런 이름은 별로 문제가 되지 않겠다.

그러나 시카고의 유명한 '조폭' 두목이었던 'Lucky Luciano'의 이름에 담긴 'lucky'라는 단어를 모르는 사람이야 별로 없겠다.

그렇다면 그의 이름은 '재수 좋은 루치아노'(공격)인가 아니면 '럭키 루치아노'(수비)인가?

일본식 발음으로 '뽀빠이'라고 알려진 이름 'Popeye'를 가만히 들여다보면 '퉁방울눈'이나 '딱부리'라는 뜻 같기도 한데, 왜 아무도 우리말로 공격적인 별명을 쓰지 않을까?

영화 『프렌치 코넥션』에서 진 해크먼이 역을 맡은 주인공의 이름은 'Popeye Doyle' 형사인데, 그는 '딱부리 도일'일까 아니면 '파파이스' 단골 고객 도일일까?

1941년 12월 7일 일본 비행기가 기습을 감행한 하와이의 지명 'Pearl Harbor'는 분명히 미국 땅인데, 왜 아무도 수비를 위해 '펄항'이나 '펄 하버'라고 하지 않고 너도나도 공격적으로 '진주만'이라고 번역해서만 얘기할까? 그것은 아마도 진주만을 공격했던 일본에서 쓰는 이름이었기 때문이리라.

그러면서도 진주만 공격과 더불어 영화가 끝나는 『지상에서 영원으로』에서 어니스트 보그나인이 맡은 주인공의 이름 'Fatso'는 왜 '뚱뗑이'(공격)라고 번역하지 않고 그냥 '팻조'(수비)라고만 불러댈까?

왜 극작가 아더 밀러의 이름은 '방앗간집 아더'라고 번역해서 부르지 않는가? 왜 영화배우 드미 무어(Demi Moore)는 '드미 늪'이라 번역해 부르지 않고, 폴 뉴먼(Paul Newman)도 왜 '새사람 폴'이라 하지 않고, 빅터 머튜어(Victor Mature)는 왜 또 '성숙한 승리자'라고 하지 않는가? 왜 '터미네이터'는 '끝내 주는 사람'이라고 번역해서 부르지 않을까?

이런 모든 경우에 수비와 공격의 갈등은 '경우에 따라' 해결된다.

'Lonesome Harry'의 경우는 아무래도 공격적으로 번역해서 써야 옳겠다.

그나마 '론섬 해리'나 '로운썸 해리'는 억지로나마 받아준다고 하더라도, 조명화 학생의 'Harry Lonesome(해리렌썸)' 수준에 이르면 좀 심하다는 생각이다. 그나마도 뒤에 가서는 'Harry Lanesome(해리렌썸)'이라고 영어 이름의 철자까지 바꿔 놓았다. 눈에 보이는 글자를 그대로 베끼는 데도 어려움을 느낀다면, 정식 번역을 하기 위해서는 아무래도 기초를 좀 더 쌓아야 하지 않을까 하는 생각이다.

보아하니 조명화 학생은 'Lonesome'이 형용사이리라는 사실은 전혀 짐작조차 못했던 모양이고, 그냥 대문자로 시작되었으니까 무작정 사람 이름이겠거니 판단을 내렸던 모양인데, 아무리 그렇더라도 왜 본문에 'Lonesome Harry'라고 된 이름을 순서와 철자까지 억지로 바꿔가며 'Harry Lanesome'을 만들어 놓았는지 정말로 알 길이 없다.

| 정말로 '폼'이 안 나는 번역

'Lonesome Harry'를 'Harry Lanesome'이라고 개명해 놓은 조명화 학생이 번역한 내용 중에는 이런 구절도 나온다.

"커탠도 없는 창문에 햇빛이 비치는 곳에서 주시하며 내 비지니스하고는 아무런 관계가 없는 결코 나로서는 이해할 수 없는 대화를 듣고 있고"

영어로 된 원문에서 이 대목을 찾아보면 이런 내용이다.

"I have never passed an unshaded window without looking in, have never closed my ears to a conversation that was none of my business"

여기에서는 번역의 내용과 수준은 따지지 않겠다. 다만 한 단어,

'비지니스'를 보기로 하자.

필자는 "번역은 우리말로 해야 한다" 항에서 "Man is but a network of relationships and these alone matter to him"을 "인간은 단지 관계의 네트워크일 뿐이고, 이 네트워크는 인간에게 매우 중요한 것이다"라고 번역해 놓은 글에 대해서 '네트워크'가 어느나라 말인지를 따졌었다.

'비지니스'도 마찬가지이다. 도대체 '비지니스'가 어느 나라 말인가? 영어 단어를 한글로 표기해 놓으면 그것은 과연 어느 나라 말이 되는가?

'business'를 '비지니스'라고 써놓고는 번역을 했다고 착각하는 일은 정말 없어야 하겠다. 무엇이 우리말인지도 모르면서 번역을 한다면 아무래도 무리가 갈 수 밖에 없겠다.

그런가 하면 이런 번역문도 나왔다.

"작가라는 직업상 사람들에 대해 잘 알아야 한다고 주장하며 이런 버릇을 정당화하거나 그럴 듯하게 폼을 잡을 수도 있지만"
(김소연 학생)

그럴 듯하게 '폼'을 잡는다고 했다.

하지만 '폼'은 어느나라 말인가?

우리말인가? 천만에다. 우리말 사전을 찾아보기 바란다. 과연 '폼'이라는 단어가 '폼나게' 올라 있는지 말이다.

이희승의 〈국어 대사전〉에는 실리지도 않은 단어 '폼'은 영어로 'form'이다. 이것이 속어로 우리나라에서 쓰이기 시작한 것은 한국 전쟁이 끝나고 얼마 후부터였다고 생각한다.

'해프닝'과 비슷한 계열의 가짜영어인 '폼'에 해당하는 진짜 영어 단어가 무엇인지를 본문에서 확인해 보자.

"I can justify or even dignify this by protesting that in my trade I must know about people…"

그렇다면 'dignify'가 'form'이라는 말인가?

필자가 제 3과에서 가장 중점적으로 다룬 내용은 글의 내용에 알맞은 '어휘의 선택'이었다. 그리고 존 스타인벡의 문체도 살펴보았다.

노벨문학상 수상 작가의 글을 번역하면서 중학생 수준의 속어요 가짜영어인 '폼' 따위의 단어를 구사하는 행위가 과연 '폼 나는' 일인지 다시 생각해 보기 바란다.

다시 얘기하지만, 번역은 문학의 한 분야요, 번역가는 언어의 지도자 노릇을 해야 한다.

정말로 '폼 나는' 번역을 하려면 우리말의 기초부터 튼튼하게 가꾸어야 한다. 우리말부터 배운다는 수비 행위야말로 가장 확실한 선제 공격이 되기 때문이다.

제 3과의 예문 번역

필자라면 앞에 발췌해 놓은 스타인벡의 글을 이렇게 번역하고 싶다.

먼저 묵었던 손님이 떠난 다음 방은 치워놓지를 않았다. 나는 신발을 벗으려고 푹신한 의자에 편안하게 앉았으며 한 짝은 벗기까지 했는데 무엇인가 내 눈길을 끌었고 그리고는 더 많은 것들이 자꾸만 눈에 띄었다. 대단히 짧은 시간 사이에 나는 목욕하고 잠을 자려던 생각을 잊었고 나도 모르는 사이에 '외로운 해리'에 깊이 빠져들었다.

동물이 잠시 쉬거나 지나가고 나면 밟힌 풀잎, 발자국, 그리고 어쩌면 배설물이 뒤에 남기도 하지만, 사람이 하룻밤 묵어간 방에는 그의 인격과,

살아온 과정과, 최근에 겪은 일, 그리고 때로는 앞으로의 계획과 희망까지도 자취가 남는다. 그뿐 아니라 나는 인간성이 벽으로 스며들었다가 나중에 천천히 흘러나온다고 믿는다. 유령이니 뭐니가 출몰하는 현상은 어쩌면 그런 식으로 설명이 가능한지도 모르겠다. 비록 내가 내린 결론이 틀렸다고 하더라도, 나는 인간의 자취에 대해서는 민감한 듯싶다. 또한 내가 천성이 몰래 남의 생활을 엿보기를 좋아한다는 사실을 서슴지 않고 인정한다. 나는 가려 놓지 않은 창문이라면 꼭 들여다보고서야 지나가고, 나하고는 아무 관계도 없는 대화에 귀가 솔깃해지고는 한다. 내 직업에서는 사람들에 관해서 많이 알아야 하기 때문이라고 나는 이런 버릇을 정당화하거나 심지어는 미화시켜도 되겠지만, 내가 그냥 호기심이 많기 때문에 그렇지 않은가 하는 생각이 들기도 한다.

정리를 하지 않은 그 방에 내가 앉아 있는 사이에 외로운 해리는 모습과 특성을 갖추기 시작했다. 나는 뒤에 남겨두고 간 그 사람의 작은 조각들로부터 얼마 전에 떠나간 손님의 존재가 눈에 선했다.

— 존 스타인벡의 〈찰리와 떠난 여행〉

4

문화적 정서와 시차

이번에 번역할 과제의 내용은 우리나라 전라북도 전주의 어느 병원에서 근무했던 미국인 의사 폴 크레인(Paul Shields Crane)의 산문집 〈Korean Patterns〉에서 발췌했다. 필자가 베트남 전쟁에서 돌아와 영자지(The Korea Times) 기자로 근무하던 당시에 서평을 쓰기 위해 읽기 시작했다가 어찌나 재미가 있었던지, 요즈음에도 외국인들에게 기회가 날 때마다 한 번 읽어보라고 권하고는 하던 책이다. 영국 황실 협회(Royal Asiatic Society, 763~9483)에서 출판했는데, 1967년에 초판이 나왔고 1999년에도 다시 찍었으며, 한때는 영관급 이상의 모든 주한 미군 장교가 한국을 이해하기 위해 의무적으로 읽어야 했던 필독서이기도 했다.

저자의 공식 허가를 받고 여기에 발췌하는 글의 내용은 한국인들이 처음 만나 인사 소개를 나누는 '풍습'을 묘사한 대목이다.

제 4과에서는 우리말에 대한 일반인들의 무디어진 감각을 보여주는 몇 가지 간단한 예를 지적한 다음, 올바른 우리말의 구사를 위한 훈련을 쌓기 위해서는 어떤 요령이 필요한지를 알려주기 위해 일부러 한국을 소재로 한 예문을 교재로 골랐다. 비록 외국인의 글이지만 우리나라에 관해서 쓴 내용인데, 그렇다면 우리나라에 관한 내용을 우리말로 다시 옮겨올 때 과연 사람들이 얼마나 한국어를 잘 다루는지를 생각해 보고 싶기 때문이다.

It is not the custom among Koreans to introduce one person to another. You ask your friends to introduce themselves. This is a formal little ceremony. One says, "I have never seen you before," or "I am seeing you for the first time." The other party repeats the same sentence. Then usually the elder of the two in age or rank says, "Let us introduce ourselves." Each one steps back a pace, bows from the waist, and states his own name. They are then formally introduced. It is also possible to perform this ceremony while sitting on the floor.

Often names are stated in a low, humble voice that cannot be heard accurately. To solve this difficulty, calling cards are then exchanged, and the new friend's name and position may be learned at leisure. One should avoid saying, "Sorry, I didn't get the name." Calling cards are very necessary and proper in Korea, and are needed in many social and business situations. Without a card, the chance of a Korean getting past the junior clerk in an office is slight.

벌레 공장과 클린턴 인형

　필자가 청탁을 받고 여러 곳에서 했던 여러 강연에서도 그랬으며, 이미 앞에서도 강조한 바가 있고, 앞으로도 기회가 날 때마다 귀에 못이 박히도록 반복하겠지만, 번역의 결과물은 우리말이라는 사실을 필자는 누구에게나 상기시키고 싶다.

　일반 독자가 접하는 내용은 번역된 우리말이지, 영어나 프랑스어나 러시아어로 된 '원문'이 아니다.

　독자는 원문이 어떻게 생겼는지 알지도 못하고, 알려고 하지도 않고, 알아낼 길도 없는 경우가 많다. 원문을 읽어내고 이해할 정도라면 도대체 왜 번역한 글을 읽겠는가?

　따라서 번역을 맡은 사람에게는 원문을 읽지 못하는 사람들을 위해서 대신 외국어로 된 작품이나 자료를 우리말로 옮기는 일이 직업이요 소명이며, 그리고 의무이기도 하다.

　그렇다면 번역가는 당연히 우리말로 된 번역문을 가지고 평가를 받게 되며, 아무리 영어를 잘 해도 결국은 우리말 '실력'이 곧 번역 실력이 된다.

　그렇기 때문에 번역가는 작업을 끝낸 다음 자신의 글을 앞에 놓고, 교정을 보듯이, 지금까지 자신이 번역한 원고에서 과연 '한국말'이 얼마나 제대로 되었는지를 검토하는 과정을 꼭 거쳐야 한다.

　이런 식으로 말이다.

　KBS-TV의 "환경 스페셜" 『시드니 올림픽 자연으로 돌아가다』에서는 어느 오스트렐리어 사람이 환경친화적인 농법을 영어로 설명했는데, 자막으로 내보내는 번역문을 보니 "벌레 공장"에 관한 내용이었다.

　도대체 '벌레 공장'이 무엇일까?

잠시 생각해 보기 바란다.

'벌레 공장'이 무엇일까?

우리말로는 '벌레'라면 '무당벌레(ladybug)'나 '딱정벌레(beetle)'의 경우처럼 대부분 곤충을 가리키는 단어이다.

하지만 화면에 나온 그림은 곤충을 키우거나 기계로 찍어내는 공장이 아니라, '지렁이(earthworm)'를 '키우는 곳(farm)'이었다. 그리고 오스트렐리어 남자가 쓴 영어 표현은 'worm factory(지렁이 공장)'였다.

지렁이에 관한 정보를 영어 쪽에서 역추적하기 위해 우리나라에서 나온 사전을 찾아보면, 동아출판사의 〈마스타 한영사전〉 1989년 판에서는 '지렁이'를 'earthworm'이라고만 했고, 시사영어사의 〈뉴 우월드 한영대사전〉의 경우에는 'an earthworm, an angleworm, a rainworm, (낚시의 미끼) a fishworm, a fishing (dew) worm'이라고 밝혔다.

그러나 대부분의 경우 서양 사람들은 '지렁이'라면 그냥 'worm'이라고 말한다. 낚시의 미끼도 마찬가지여서, 하다 못해 플라스틱으로 만든 인조 가짜 미끼의 경우에도 그냥 'worm'이라고 한다. 따라서 한영사전의 '지렁이' 항에는 'worm' 또는 '(earth)worm'이라는 단어가 사용의 빈도수를 존중해서 가장 먼저 올라야 한다는 것이 필자의 개인적인 견해이다. 우리나라에서 '생활 영어'가 아니라 '죽은 영어'를 가르친다는 지적을 이런 사전 편찬 방식에도 적용이 가능할지도 모르겠다는 생각이 들기도 한다.

우리말 용법도 마찬가지이다. 외국의 기록 영화에서도 그 단어는 거의 쓰지를 않고, 실생활에서 영어로 '지렁이'를 'earthworm'이라고 말하는 사람을 만난 경우가 없듯이, 우리말로 '지렁이'를 '벌레'라고 말하는 사람도 필자는 만난 적이 없다. 꾸물꾸물 비슷한 꼴로 기어다니는 동물들 가운데 '자벌레(inchworm)'나 징그러운 '송충이'나 '쐐기벌레(caterpillar)'는 '벌레'라고 하지만, 생물학의 분류법 때문인지 어쩐지 확실한 이유는 알 길이 없어도 웬일인지 사람들은 지렁이를 '벌레'라고 하지를 않는다.

그러나 많은 사람이 사전에 적힌 대로, 또는 중고등학교에서 배운 그대로, '지렁이'는 'earthworm'이고 'worm'은 '벌레'라고만 암기해 놓고는 두 단어가 눈에 띄기만 하면, 아무 생각도 없이 무조건 반사적으로, '지렁이'를 일부러 보여주며 이것이 영어로 'worm'인데, 'worm'의 우리말 단어가 무엇이냐고 물으면 서슴지 않고 '벌레'라고 번역해 놓기가 십상이다.

'동물의 세계'를 다루는 기록영화의 번역 해설에서 'geese'를 무조건 '거위'라고 번역하는 습성도 비슷한 현상이다. '거위'는 단수가 'goose'요 복수가 'geese'이며, 집에서 키우는 가금이어서 무리지어 이동을 하기는커녕 하늘로 날아오르지도 못한다. 하늘에서 날아다니는 철새 '기러기'는, 사전을 찾아보면, 'wild geese'이다. 하지만 'wild geese' 역시, 'worm'이라고 더 널리 통용되는 'earthworm'의 경우나 마찬가지로, 그냥 'geese'라고 말하기가 보통이다.

그런데도 KBS-TV의 『재미있는 동물의 세계』"북아메리카 초원의 코요테" 편에 '이동하는 거위'라는 자막이 나타났다.

많은 번역가들이 이런 식으로, 'geese'는 '거위'요 '기러기'는 'wild geese'라고 '암기'해 두고는, 'wild geese'가 아니라 'geese'라는 말이 나오면 문제의 조류가 집에서 키우는 가금인지 하늘을 날아 이동하는 철새인지를 따지거나 확인하지도 않고 무조건

'거위'라고 번역한다. 그러다 보니까 우리나라에서는 철새가 등장하는 영화나 '동물의 세계'에서 거위가 해마다 끼욱끼욱 울면서 떼지어 이동을 하고는 한다.

이것은 번역을 할 때 영어 단어만 들여다보고 그것에 해당되는 우리말 단어가 무엇인지를 기억해 내는 데서 사고활동을 중단하고, 우리말 단어가 맞기나 하는지, 그리고 문장의 논리가 당위성이 제대로 유지되는지는 아예 따지지도 않는 습성에서 나온 결과이다.

그렇기 때문에 '장구벌레(wriggler)'와 '구더기(maggot)'와 하다 못해 '굼벵이(grub)'까지도 '벌레'라고 부르지만 사람들이 '지렁이'만큼은 이상하게도 '벌레'라고 부르지 않는다는 한국적 현실을 무시한 번역이 자꾸만 나타난다.

이런 식의 무성의한 '오역'은 앞으로도 기회가 날 때마다 지적하겠지만, 비디오로 출시한 명작 영화『시민 케인(Citizen Kane, 1941)』에서도 비슷한 예를 발견하게 된다. 'cigar'를 '담배'라고 번역해 놓은 대목이 그렇다.

'cigar'와 'cigarette'는 달라도 크게 다르다. 'cigarette'는 우리들이 흔히 피우는 '담배'로서, 한때는 '권련(卷煙)'이라고도 했다. 한국전쟁 때는 "헬로, 헬로, 씨가레또 기브 미, 피던 것도 좋아요"라는 노래가 양공주들 사이에서 유행하기도 했는데, 일본식 발음인 '씨가레또' 역시 미군들에게 구걸하던 '담배'라는 뜻이었다.

'cigarette'가 '권련'이라는 말로 통하던 시절에는 'cigar'를 '여송연'이라고 차별화 했다. '여송연'은 범죄 집단의 두목 같은 사람들이 피우는 굵직한 물건으로서, 영화에서는 등장인물의 성격을 상징하는 좋은 소도구이다. 오슨 웰스는『시민 케인』이외에도 훗날『검은 함정(Touch of Evil, 1958)』에서 역시 대단히 상징적인 의미로

'시가(여송연)'를 물고 돌아다닌다.

그리고 영화 『바람과 함께 사라지다』를 봐도 레트 버틀러(Rhett Butler) 역을 맡은 클라크 게이블이 포커를 할 때 저고리를 벗어 어깨에 걸치고 앉아 '시가'를 피우는 인상적인 장면이 많은 사람들의 기억에 남았을 터이다. 오만한 스칼렛 오하라가 돈에 쪼들린 나머지, 아무리 둘러봐도 세상에 의지할 사람이 하나도 없어서 찾아간 사람이 바로 레트 버틀러였다. 그것도 입을 옷이 없어서 벽에 걸린 커튼을 찢어 만든 옷을 걸치고 찾아간 스칼렛이었다. 그리고 스칼렛이 찾아간 레트는 감옥에 갇힌 몸이면서도 간수들과 노름을 하면서 그토록 당당한 모습이었다. 그런데 만일 그때 그가 여송연이 아니라 담배를 피우고 있었다면, 영화에서 과연 어느 정도나 당당해 보였을까?

'cigarette'나 'cigar'나 영어로 보면 지소어미(-ette) 하나 차이여서 크기만 다를 뿐이라고 주장을 한다면, 그리고 '담배'는 'tobacco'가 어원이니까 'cigar'와 'cigartte'의 촌수는 따지지 말자고 하면 할 말이 없기는 하지만, 영화의 상징적인 소도구를 이렇게 소홀히 번역해서는 안 되겠다는 생각이다.

우리말 어휘의 선택이 문제가 되는 예가 KBS 2-TV의 아침 뉴스에서도 발견된다. 해외 소식 가운데 "클린턴 인형을 태우는 등 반미 시위가 격렬하게 벌어졌습니다"라는 번역 해설 내용이 나왔었다.

그러나 클린턴 대통령이 인도를 방문했을 때 반미 시위에서 불태운 것은 'doll'이 아니라 'effigy'였다.

물론 어떤 사전에서는 'effigy'를 '인형'이라고 밝혀 놓기는 했지만, 'effigy'는 증오의 대상을 형상 그대로 만들어 놓은 물건이기 때문에 전에는 한국 언론에서 '인형'보다 격을 낮춰 '허수아비'라는 표현을 썼었다. 서양의 '부두(voodoo)'라는 무속 신앙과 비슷한 관습의 소산이 아닌가 생각되는데, 우리나라에서도 미워하는 사람의 형상을 지푸라기로 엮어 바늘로 찔러대는 등의 장면이 가끔 사극에 나오기도 한다.

그러니까 지푸라기로 엮어 들판에 세워놓는 초라한 '허수아비'라면 'effigy'를 나쁜 쪽으로 연상하는 작용이 쉽게 이루어지겠지만, '인형'이라면 아무래도 어린 계집아이들이 가지고 노는 물건이어서 반미 시위에서 태우기에는 어울리지 않는 어휘이다. 하기야 이제는 헐리우드 영화에서 온갖 인형과 장난감이 귀신처럼 둔갑을 하며 끔찍하고도 못된 짓을 늘어놓으니, 인형 값도 떨어지기는 했겠다.

하지만 과거에는 너도나도 잘만 쓰던 멀쩡한 '허수아비' 같은 단어를 버리고 인도 사람들이 '인형'을 골라서 태운 이유는 아무래도 납득하기가 어렵다. 차라리 '꼭두각시'라고 했으면 어떨지 모르겠다.

소유격의 형용사적 용법

다시 한 번 강조해서 거듭하건데, 번역은 누가 뭐라고 해도 문학의 한 가지 분야이고, 그래서 창작에서나 마찬가지로 번역을 하려면 정확한 우리 언어의 구사력이 필수적이다. 그러나 번역을 하는 사람들은 아무래도 창작을 하는 사람들보다 어휘에 신경을 쓰지 않기가 보통이고, 또한 "소설을 쓰는 것도 아닌데 그까짓 번역 아무렇게나 하면 어떠냐"는 식으로 생각하면서, 소설가보다 번역가의 문장이 미흡하다는 사실을 마치 당연한 현실처럼 스스로 인정하기가 보통이다.

하지만 그것은 참으로 옳지 않은 자세이다. 다른 사람들이 번역해놓은 글을 읽고 문학을 '공부'하는 사람이 얼마나 많은지를, 그리고 현재 활동중인 한국의 작가들 가운데 번역된 해외 문학 작품에서 얼마나 많은 영향을 받았는지를 곰곰이 생각해 보면 그런 무책임한 시각은 바뀌어야 마땅하다.

그래서 우리말 어휘의 올바른 구사를 위한 구체적이고 간단한 얘기를 조금만 더 하겠다.

우선, 우리나라 사람들이 글을 쓰는 경우에 가장 흔히 범하는 잘못 가운데 눈에 잘 띄는 습성인 소유격의 형용사적 용법을 보자.

물론 영어에서도 속성이나 소유를 나타내는 전치사 따위의 다른 품사가 형용사적으로 쓰이는 용법이 없지는 않아서, 영국 대처 수상의 별칭을 'the Woman of Iron'이라고 했으며, 번역도 역시 '철의 여인'이라고 했던 예가 버젓하게 존재한다. 그러나 엄격히 따지면 'the Woman of Iron'은 '철의 여인'이 아니라 '철과 같은 여인' 또는 '철 같은 여인'이라고 번역해야 우리말로는 보다 정확한 뜻이 된다는 의견을 필자는 이미 피력했었다.

그리고 「베니스의 죽음」이라는 제목에 나오는 '의'를 보자. 이것도 역시 '베니스에서의 죽음'이라고 해야 훨씬 의미가 분명해진다. '베니스의 죽음'이라는 표현은 베니스에 가서 늙은 작가 아셴바하(Gustav von Aschenbach)가 모래톱에 서서 바다를 쳐다보던 폴란드 청년 탓지오(Tadzio)의 아름답고 연약한 젊음을 먼발치서 지켜보며 죽어간다는 뜻이 아니라, 엉뚱하게도 베니스라는 도시가 죽었다는 말이 되기 때문이다.

독일 작가 토마스 만(Thomas Mann)의 작품 〈베니스의 죽음(1912)〉은 제목이 영어로 「Death of Venice」가 아니라 「Death in Venice」이다. 독일어로도 『Der Tod in Venedig』이다. 그러니까 'of'가 아닌 'in'이고, 소유를 나타내는 전치사가 본디 제목에서는 아예 보이지도 않는다.

　나중에 집중적으로 다룰 기회가 오겠지만, 필자는 우리말로 번역해 놓은 문장에서 같은 어미를 별 생각없이, 정말로 전혀 생각조차 하지 않으면서, 자꾸만 반복하는 버릇도 직무 유기에 해당하는 아주 나쁜 습성이라고 생각한다. 하지만 그에 못지 않게 나쁜 습성이 문장에서 알맹이만 남겨놓고 별로 중요해 보이지 않는다는 착각에서 웬만한 단어라면 관사나 전치사는 물론이요 심할 때는 형용사와 부사까지도 번역을 생략해 버려서 독자로 하여금 혼란을 일으키게 만드는 경우이다.

　홀랑 알맹이만 남겨놓아 갈피를 잡기 힘들게 만드는 예를 소유격을 나타내는 '의'와 관련지어 찾아본다면, EBS-TV "다큐멘터리의 세계"를 통해 방영된『지구의 종말』에서 나타난 "미국 북부 애리조나"라는 표현이다.

　'미국 북부 애리조나'란 어디일까?

　'미국 북부의 애리조나'—그러니까 '미국의 북부에 위치한 애리조나' 일까?

　하지만 애리조나는 미국의 북부가 아니라 남부에 위치한 사막 지대이다. 캘리포니아에서 라스 베이거스와 그랜드 캐년을 구경하기 위해 네바다로 가려면 동쪽으로 차를 몰아 애리조나의 끝없는 사막 지대를 건넌 다음 북쪽으로 올라가야 한다. 그러니까 애리조나라면 미국에서 남쪽도 한참 남쪽이어서, 멕시코와 국경을 맞대고 소노라 사막과 연결된 지역이다.

　그렇다면 '미국의 북부 애리조나'일까? 일단 미국으로 건너가서 '북부 애리조나'를 찾아가면 된다는 뜻이겠다. 하지만 그런 경우에는 '미국의 북부 애리조나' 보다는 '미국 애리조나의 북부' 또는 '미국의 애리조나 북부'가 훨씬 알아듣기 쉽겠다.

'미국의 북 애리조나'는 아닐까? 그러나 미국에서는 다코타와 캐롤라이너만 남북으로 나뉘었지, 애리조나는 그렇지를 않다.

'Northern Arizona'와 'North Arizona'가 어떻게 다른지를, 그리고 비슷해 보이면서도 무척 다른 두 지명을 어떻게 번역해야 좋을지를 생각해 보기 바란다.

시차를 고려해야 하는 어휘의 선택

영화나 비디오 그리고 텔레비전 외화에서 이른바 '자연스러운 의역'이나 '제 2의 창작이라는 번역'을 표방하며 공격적으로 이루어지는 번역상의 묘기를 잠시 생각해 보겠다. 어린이를 대상으로 BBC-TV에서 제작하여 EBS-TV를 통해 방영된 『신기한 동물세계』의 번역이 그런 대표적인 본보기였다. 동영상화(animation)를 한 도마뱀의 모습은 보이지 않고 목소리만 나오는 '할아버지'가 진행하는 이 프로그램에서는 발음이 같아도 의미가 다른 곁말(pun) 등을 쉴새없이 우리말로 구사하며 재미를 이끌어 가는데, 도대체 어쩌면 저렇게 절묘한 표현이 나올까, 번역자가 기울인 노력과 순발력에 가끔 감탄을 금할 길이 없어지고는 했다.

그러나 그렇지 못한 경우를 우리는 종종 텔레비전에서 만난다.

MBC-TV에서 "주말의 명화"로 방영했던 영화 『영건 2』에서 사소한 문제 세 가지만 지적해서 생각해 보겠다.

우선 제목이다.

우리나라 영화업자들은 해방 이후 일본에서 붙여놓은 영화 제목을 그냥 들여다 쓰고는 했었다. 그러다가 언제부터인가 일본에서 외국 영화 제목을 구태여 자기 나라 말로 번역하지 않고 영어를 발음 나는 대로 그냥 표기(romanization)만 하는 것을 보고는 일본 문화의 노예처럼 의식이 바뀌어버린 사람들에게는 그것도 무척이나 좋아 보여서였는지 우리나라에서도 역시 따라하기 시작했다.

그래서『업그레이드 택시』니『빅히트』니 하는 식으로 한글 영어 제목을 붙여놓았다. 이제는 아예 우리나라 영화들까지도, 그러니까 '스크린 쿼터'제를 사수하여 우리 영화를 지키자면서 삭발까지 했던 한국의 영화인들이 만든 우리나라의 영화까지도, 미국의 영화 제목을 그대로 베낀 일본 영화 제목『쉘위댄스』처럼, 외국 영화 같은 인상을 주고 싶어서인지『텔미섬딩』식의 영어 제목을 붙이고는 한다. 그러나 이런 영어 중독증의 사회 현상에 대해서는 이미〈가짜영어사전〉에서 필자가 많은 얘기를 했으니 여기에서는 그만두기로 하자.

문제는, 제목을 번역할 능력이나 성의가 없어서 영어를 우리말로 그냥 표기하고 넘어가야 되겠다면, 정 그렇다면, '표기'만이라도 제대로 하자는 얘기이다.

제목에서 표기가 가장 소홀한 요소 가운데 하나는, 필자가 이미 많은 예를 들어가며 여러 곳에서 설명했듯이, 단수와 복수의 차이를 무시하는 버릇이다.

『영건 2』라는 한글 제목을 붙인 영화는 서부극『영건』의 속편이다. 그러나 "영건"의 진짜 영어 제목은 "영건(Young Gun)"이 아니라 "더 영건스(The Young Guns)"이다. 그까짓 정관사와 복수형임을 나타내는 's'쯤 없더라도 의사 소통에는 전혀 문제가 없다고 하는 주장에 대한 반박도〈가짜영어사전〉에서 많은 지면을 없애가며 했었기 때문에 여기에서는 생략하겠다.

다만, 여기에서 한 번 더 상기시키고 싶은 점은, "(the 또는 a)

young gun"이라고 하면, 영화의 으뜸 주인공인 빌리 더 키드 한 사람만을 뜻한다는 사실이다. 그러나 영화를 보면, 21 살의 짧은 생애에 21 명을 죽인 살인마 빌리 더 키드를 끝까지 추적하여 사살했던 유명한 보안관 팻 개럿(Pat Garett)까지도 빌리 더 키드와 한패였다는 말도 안 되는 역사적인 설정을 영화의 내용 그대로 받아들인다고 하면, 여섯 명의 "젊은 총잡이들(the young guns)"이 주인공이다.

우리말 문장에서는 단수와 복수의 구분을 명확히 짓지 않는 전통이 있기는 하지만, "the young guns"를 "young gun"이라고 한다면 그것은 김동인의 소설 제목 『젊은 그들』을 졸업 논문에서 『젊은 그』라고 하는 격이다. 아마도 그랬다가는 당장 지도교수의 지적을 받겠지만, 『The Young Guns』를 『영건』이라고 잘못 적었다는 사실을 지적하려는 사람은 눈에 띄지 않는다.

그리고 너도나도 영어에 정신이 팔린 이 나라에서 이런 식의 영어 제목 붙이기는 이미 출판계까지도 오염을 시키기 시작해서, 『위칼레인』이니 『블랙노바』니 하는 '컴어(컴퓨터 언어)' 식 제목이 광고에서 눈에 띄는가 하면, 『여자는 쿨하다』라는 대단히 첨단적인 혼혈 제목도 나타났고, 얼마 전에는 『텔 미 유어 드림s』라고 번역 제목을 단 시드니 셸던의 소설에 관한 광고가 신문에 실리기도 했다. 그나마 영화 제목에서처럼 함부로 복수형을 단수형으로 고치기가 마음에 걸려 거북해서인지, 's'라는 글자를 아주 자그마하게 끝에다 달아놓은 모양이 퍽 인상적이었다. 과연 그렇게까지 해가면서 꼭 한글 영어로 제목을 달아야 하는지는 모를 일이지만 말이다.

물론 그런 식의 제목을 보고 독자들이 이해를 하는데 문제가 없으면 되지 않겠느냐고 주장하는 사람들도 믿어지지 않을 정도로 많은데, 그런 의식을 지닌 사람들이 쓰는 창작 소설을 보면 본문에서도 걸핏하면 영어가 튀어나오고는 한다. 그리고 언젠가는, 창작이냐 번역이냐를 따질 필요도 없이, 이런 내용의 책이 나타날지도 모른다.

"아이가 스쿨에 고해서 티처한테 토크어바웃했더니 퀵하게 필이 왔는지 언더스탠드 하더라"

물론 여기에서 주어 '아이'는 우리말 '차일드'가 아니라 영어 'I'이다.

다시 영화『영건 2』로 돌아가자.

뿔뿔이 흩어진 '영건' 불량배들을 빌리 더 키드가 다시 규합하는 과정에서 팻 개럿에 관한 소식을 듣고 주인공이 이런 말을 한다.

"팻 개럿이 보안관이 되었어. 나처럼 스타가 되려고"

자막이 아니라 덧녹음한 음성으로 나왔기 때문에 빌리가 사용한 단어가 영어로 'star'였는지 아니면 우리말로 '스타'였는지는 확실하지 않지만, 하기야 상관없는 일이다. 어쨌든 그가 한 말의 뜻만큼은 분명하기 때문이다. '스타'를 우리글로 쓸 때는, '달면' 장군이고 '되면' 인기인이다. 물론 여기에서는 "스타가 되려고"라니까 '인기인'이라는 뜻이겠다.

그런데 문제는 '인기인'이라는 뜻으로의 '스타'라는 말이 언제 생겨났느냐이다. 연예인, 그것도 처음에는 영화배우에 국한해서 지칭하던 '스타'라는 명칭이 생겨난 이유는 홍보를 위한 영화인들의 어느 모임에서 유명한 배우들의 이름을 별처럼 만든 장식품에다 써서 주렁주렁 공중에 매달아 놓았던 까닭에서였다. 그러니까 아카데미상을 받은 여배우가 조각상을 보고는 "(내가 아는) 오스카를 닮았네요"라는 말을 했던 연유로 지금은 아카데미상을 오스카상이라고도 부르게 된 까닭과 비슷한 사연이겠다.

따라서, '인기 영화배우'라는 의미에서의 '스타'라는 표현이 생겨난 것은 '영건'의 주인공 빌리 더 키드가 죽고 나서도 한참이 지난 다음이었다. 영화가 발명된 때가 1백 년 전인데, 빌리 더 키드(Billy the Kid, William H. Bonney, 1859~1881)는 이미 120년 전에 죽었기 때문이다.

그런데 어떻게 빌리는 그가 죽은 지 50년 후에 생겨나게 될 미래의 표현을 미리 알고 영화에서 썼을까?

이것이 바로 언어의 구사에 있어서, 수비에 신경을 써야 하는 시차(時差)의 문제에 해당되는 경우이다.

비슷한 예로 필자가 자주 인용하는 말이 여자가 남편이나 연인을 부를 때 흔히 사용하는 명칭 '자기'이다. 이것은 필자가 기억하기로 1950년대나 60년대 초기에 생겨난 표현으로서, 요즈음에는 남자가 여자를 '자기'라고 부르기도 한다. 그런데 이것을 『로미오와 줄리엣』의 번역에서 동원하여 줄리엣으로 하여금 "로미오, 자기 나 좋아해? 안아줘~잉"이라는 식으로 번역을 해 놓았다고 치자. 그것은 텔레비전의 코미디에서나 나옴직한 장면이지, 셰익스피어의 번역에서는 불가능한 표현이다. 너무 방정맞고 어울리지 않기 때문이다.

서부영화는 미국의 사극(史劇)에 해당한다. 역사가 2백 년을 겨우 넘긴 나라이니 서부개척사가 곧 그들의 고대 역사요 건국신화에 해당되기 때문이다. 그리고 사극은 사극다워야 한다. 우리나라의 사극 『용의 눈물』에서 왕비로 하여금 왕에게 이런 대사를 하게 할 수는 없는 노릇이다.

"자기, 탕평책 잘 써서 스타 됐네"

『영건』이 비록 희극적인 요소가 강하기는 하더라도, 영어로 된 본문 대사에서는 빌리가 팻 개러트를 'star'라고 하지는 않았을 듯싶고, 그렇다면 이것은 현대적인 감각을 살려보겠다는 욕심으로 시도

해 본 지나친 '번역의 묘기'에 해당된다. 말하자면 지나친 공격이 되겠다.

『신기한 동물세계』에서였다면 '절묘한 번역'으로 여겨질 만한 이런 요소는, 경우에 따라, '장난이 심한 번역'이라는 인상을 주기가 십상이다. 그리고 지나친 과잉 묘기는 때때로, 좀 심한 표현을 쓰자면, '까부는 번역'이라고 불쾌감을 자극할 가능성도 보인다.

물론 "나는 셰익스피어를 번역할 사람은 아니니까 아무려면 어떠냐"는 식으로 생각하는 경우도 없지는 않겠지만, 이왕 번역을 하려면 최선을 다해서 아무리 사소한 부분이라고 해도 앞뒤를 가려 정확하게 해야 한다는 소신과 욕심을 가져야지, "난 엉터리 싸구려 번역이나 하겠다"는 태도라면 어서 근본적인 생각부터 고쳐야 옳겠다.

역시 시차에 걸리는 듯싶은 표현, 그러니까 '궁합이 맞지 않는 단어'의 예를 『영건 2』에서 하나 더 찾아보기로 하자. 팻 개럿과 추적대에게 쫓기는 몸이 된 빌리 일당은 이런 걱정을 한다.

"그건 테러단이 오지 않을 때 얘기지. 테러단이 온다고 했거든"

이 대사의 번역에서 그렇다면 왜 '테러단'이 시차에 걸리는 표현인지를 따져보자.

빌리 더 키드 일당이 '테러단'의 추적을 받는다는 설정은 아무래도 무리이다. 그것은 '테러단'이라는 단어가 너무나 근대적인 표현이기 때문이다.

'인기 영화배우'라는 뜻으로 통하던 '스타'라는 표현이나 마찬가지로, 빌리 더 키드의 시대에는 지금처럼 '정치적 테러 행위'가 일반화하지를 않았고, 따라서 'terrorism'이라는 단어도 제대로 개념이 정립되지 않은 상태였으리라고 믿어진다.

'테러단'이라는 영어+한자어 표현 'terror團'을 제대로 된 영어로 바꿔 놓으면 아마도 'terrorists' 쯤 되겠다.

빌리 일당을 쫓는 사람들은 절대로 'terrorist' 들이 아니다.

우리나라에서 나온 『엣센스 영한사전(민중서관 판)』에서 'terrorist' 를 찾아보면 "n. 테러리스트, terrorism의 신봉(실행)자, 폭력혁명주의자, 공연히 공포를 야기시키는 사람, 소란 피우는 자"라고 했다. 아무리 봐도 '설명'을 열거했을 따름이지, 'terrorist' 가 딱 부러지게 우리말로 무엇인지는 밝혀 놓지를 않았다.

그리고 가장 먼저 나온 말이 '테러리스트', 영어 단어를 한글로 표기해 놓은 것이 고작이다.

그렇다면 '테러리스트'에 대한 우리말 단어는 아예 존재하지도 않는다는 말인가?

아마도 'terrorist' 가 정확히 무언인지를 우리말 단어로 옮기라고 다그치면 생각이 나지 않아 얼른 대답을 못 할 사람이 대다수이리라는 생각이 든다. 그런데도 우리나라 사람들은 영어를 어느 만큼 배운 나이라면 '테러리스트'가 무엇인지 거의 누구나 다 안다. 최민수가 주연을 맡았던 '국산' 영화의 제목에도 나오는 단어이니까 말이다.

그런데 왜 사람들은 'terrorist' 에 맞아떨어지는 정확한 우리말 단어는 알지 못하는 것일까?

만일 그것을 우리말로 바꿔 '폭력주의자' 라는 표현을 쓴다면, 어색하고 촌스럽다며 비웃을 사람은 또 얼마나 많을까?

그러면서도 수많은 한국 사람들은 'terrorist' 라는 말을 안다고 생각한다.

이렇듯 개념은 알면서도 우리말은 모르는 단어가, 영어는 알겠는데 우리말은 모르겠는 개념이 과연 우리 주변에 얼마나 많을까?

그리고 우리 주변에서 널리 쓰이는 어느 영어 단어에 담긴 개념을 잘 안다고 착각은 하지만, '테러단'의 경우처럼 사실은 전혀 잘못 알고 사용하는 경우 또한 얼마나 많을까?

한 번 생각해 보기 바란다.

흔히 '테러'라고 아무렇게나 줄여서 사용하는 단어 'terrorist'나 'terrorism'은 주로 정치적인 목적으로 상대방에게 겁을 주기 위해 폭력을 사용하는 상황이나 행위를 연관지은 개념이다.

그렇다면 '테러단'에 쫓기는 빌리 더 키드는 정치적인 인물이라는 뜻일까?

아마도 '테러단'이란 본디 영어 대사에서는 'lynch mob'이나 'posse'였으리라고 짐작이 간다. 'lynch mob'은 법을 무시하고 '범인'을 잡아 교수형에 처하려고 몰려드는 사람들이고, 'posse'는 동네 사람들이 모여 누군가를 잡으러 쫓아가는 '추적대'이다. 그러니까『영건 2』에서 쫓아오는 '테러단'의 경우는 알아듣기 쉬운 우리말로 그냥 '추적대'라고만 했어도 무난하게 말썽 없이 넘어갔으리라고 본다.

『영건 2』에서 시차가 걸리는 단어, 그러니까 궁합이 맞지 않는 단어라고 지적한 두 가지 경우가 '스타'와 '테러단', 둘 다 공교롭게도 영어적 표현이라는 공통점을 지닌다.

〈가짜영어사전〉에서 필자가 무려 1천 가지의 예를 들어 자세히 설명했듯이, 이렇게 섣불리 영어 표현을 썼다가는 자기도 모르게 실수를 범하게 되기가 쉽다. 그것은 한국인이 아무리 영어를 잘 한다고 해도 영어를 모국어로 사용하는 외국인만큼 잘 하기는 어려운 일이고, 아무리 외국어를 외국인만큼 잘 한다고 해도 한국인은 역시 영어보다 우리말을 더 잘 하고, 이해 과정에서도 보다 정확하다.

아마도 영어를 쓰지 않고 우리말로 "유명해졌다"거나 "추적대가 쫓아온다"라고 번역을 했더라면, '스타가 된다' 거나 '테러리스트에게 쫓긴다' 는 식의 엉뚱한 실수는 저지르지 않았으리라는 생각이다. 번역을 할 때는 영어가 아니라 우리말로 해야 한다는 원칙의 중요성을 우리는 거기에서 찾게 된다.

우는 모자

한때는 한국인들끼리만 얘기를 나눌 때도 우리말 틈틈이 영어를 슬금슬금 섞어서 써야 '모단' 하고 '화쇼나불' 하고 '쿨' 해 보이고 '인테리' 취급을 받고는 했었다. 그래서 너도나도 '모단' 하고 '쿨' 한 인상을 주기 위해 아무데서나 영어를 남용하기 시작했고, 이제는 영어도 아닌 영어로 멋을 부리려고 한다.

그러다 보니 이런 지저분한 말투가 입에 붙고 귀에 익어 어느새 습관이 되어 버려서 "스타가 된다"거나 "테러단이 쫓아온다"는 식으로 논리가 어긋나고 말도 안 되는 영어를 구사하더라도 그것이 틀린 말이라는 사실을 듣는 사람들조차 의식하지 않는 것이 이제는 우리의 실정이다.

그리고 정작 정확한 영어를 구사한다고 하더라도, 한국 사람이 제 나라 말은 알지 못하면서, 우리말보다 영어를 더 잘 한다고 해서 그것이 어째 자랑거리가 되는 지도 곰곰이 생각해 봐야 할 일이다.

사람들이 주고받는 일반적인 대화에서 자주 보이는 이런 습성은 어느새 '우리말' 로 쓴 글에서도 여기저기 나타나기 시작했으며, 어떤 사람들은 영어를 한글로 표기해 놓고는 그것이 '번역' 이라고 착각하는 수가 많다.

필자가 학교에서 가르치던 어느 졸업반 학생이 번역해 온 로버트 바스웰(Robert Boswell)의 단편소설 〈소웅좌(小熊座, Little Bear)〉

는 한국에 주둔한 미군들이 주인공으로 등장한다. 도대체 미국인들은 한국 기지촌 사람들과 그들의 문화를 어떻게 생각하는지 궁금해서 관심을 가지고 열심히 읽어봤는데, 끝나갈 때 쯤에 갑자기 '울 모자' 라는 표현이 나타났다.

'울 모자' 라니, 잠시 후에 '울음을 터뜨릴 어머니와 아들' 일까?

그럴 리는 없었고, 본문을 확인하니 이런 내용의 문장이었다.

"Owens took off his green wool pullover cap, dusted with frost"

거의 2년이나 필자가 가르친 학생이어서 웬만해서는 영어 영어('star')를 한글 영어('스타')로 번역해 놓았다가는 당장 지적을 받으리라는 사실을 알면서도 학생은 'wool pullover cap' 을 'wool 모자' 라고 자신도 모르는 사이에 옮겨놓은 모양이었다. 그나마 '울 캡' 이나 아예 '울 풀오버 캡' 이라고 하지 않았다는 사실만으로도 어느 정도는 훈련이 된 모양이어서 다행이라는 생각이 들기도 했지만 말이다.

그렇다면 'wool pullover cap' 은 '우리말' 로 무엇일까?

'wool' 은 '울' 이 아니라 '털' 이라고 해야 우리말이 되겠다. 'cap' 의 우리말은 '캡' 이 아니라 '모자' 이듯이 말이다. 따라서 '울 모자' 라는 혼혈 단어의 올바른 우리말 표현은 '털모자' 이다. 정말로 쉽고 간단하고 정감이 가는 우리말이다.

하지만 가운데 틀어박힌 'pullover' 는 어찌해야 하는가? 'pullover' 는 글자의 생긴 모습을 보면 알겠지만 '끌어당겨서(pull) 위로(over) 입는 옷' 을 뜻한다. 미국의 공사장이나 자동차 정비공장 같은 곳에서 작업복을 보면 저고리와 바지가 따로 없이 하나로 붙은 경우가 많은데, 그런 옷이 바로 'pullover' 이다,

그렇다면 'pullover'가 우리말로 무엇인가?
잠시 생각해 보기 바란다.

*

아마도 대부분의 학생은 적절한 우리말이 잘 생각나지를 않았겠고, 그래서 사전을 찾아보기도 했으리라고 생각한다.

그렇다면 영한사전에는 어떻게 나와 있을까? 민중서관의 〈엣센스 영한사전〉을 일부러 찾아봤더니, 역시 생각했던 그대로이다.

"pull·over n., a 풀오버(식의)((머리로부터 입는 스웨터 따위))"

'pullover'가 어떤 물건인지를 장황하게 설명은 해 놓았지만, 정작 우리말로 무엇인지는 전혀 밝히지를 않았다.

정확한 단어를 가르쳐 줘야 하는 사전에서조차도 이런 식이다. '풀오버'는 '한글'이지 '우리말'은 아니라는 사실을 의식하지 못하는 듯한 처사이다. 이러다 보니 사람들은 '풀오버'가 우리말로 무엇인지는 따지지도 않고 생각조차도 하지 않으며, 그냥 한글 영어로 '풀오버'라고 쓴다.

우리 주변을 둘러보면 '아나운서'나 '부츠(boots)'처럼 아예 우리말은 존재하지도 않는 듯한 인식을 주는 한글 영어 단어가 부지기수이다. 우리말로는 무엇인지를 생각조차 하지 않고, 어떻게 번역해야 좋을지를 노력이나 고민은커녕 생각조차 해 보지 않고, 혹시 우리말로 정확한 단어가 있는지를 따지거나 찾아보려고 하지도 않으면서, 쉽고 편하게 소리나는대로 적어놓은 '풀오버'식의 무성의한 단어가 또한 우리 주변에 얼마나 많은가?

'pullover'는 필자가 작품을 번역하면서 적당한 우리말이 없어서 여러 번 고민했던 단어들 가운데 하나였고, 대부분의 경우 '통옷'이라는 말로 옮기고는 했었다.

번역을 하려면 이렇듯, 남들은 생각지도 않는 영어 단어들을 우리말로는 뭐라고 해야 좋을지를 고민하고 걱정해야 한다. 번역가는 수많은 사람들에게, 학교 선생이나 작가와 더불어, 올바른 언어를 가르치고 보급하는 일반 대중의 스승이 되어야 하기 때문이다.

영어 단어를 우리말로 찾아내거나 만들어낼 만큼 부지런하지 못한 사람들 가운데 많은 경우에, 서양의 문물과 문화와 과학이 너무나 빨리 들어오기 때문에 미처 우리말로 이름을 붙여줄 시간이 없었기 때문이라는 핑계를 댄다. 하지만 '라디오'와 '텔레비전'과 '아나운서'가 처음 도입되던 시절에도 과연 그렇게 시간이 없었을까? 초라한 우리말보다는 멋진 외국어가 '쿨' 하고 '화쇼나불' 해 보여서 그냥 영어를 쓰지는 않았을까?

그렇다면 'wool pullover cap'에 해당하는 정확한 우리말은 무엇일까?

번역을 하던 학생은 아마도, 'wool'은 '패션' 계통의 사람들이 늘 '울'이라고 하니까 그냥 '울'이라 써도 되겠고, 'cap'이야 '모자' 말고는 별다른 의미가 없으니 문제가 되지를 않고, 'pullover'라는 단어에 대한 별다른 대책이 서지를 않아서였는지 그 말은 그냥 빼놓고, 그래서 '울 모자'라고 했으리라는 생각이다.

하지만 'cap'이라고 해서 정말로 틀림없는 '모자'일까? 우리말로 '모자'라고 해도 모양과 쓰임새에 따라 '갓'도 되고 '관'도 되고 하는데 말이다. 그리고 'pullover cap'을 붙여놓아도 정말 '모자'일까?

대부분의 사람들은 'pullover cap'이 어떤 모자인지를 안다. 미군들이 겨울에 머리 위에 덮어 쓰는 털모자이다. 역시 영어 표현이지만 '스키 마스크'와 비슷한 물건이다. 눈만 남기고 머리와 얼굴을 몽땅 가리는 모자 말이다.

그것은 우리말로 '모자'가 아니다.

따라서 'wool pullover cap'의 정확한 우리말 번역은 '털벙거지'이다.

여기까지 설명을 한 다음에야 학생은 "아하!"라고 했다.

듣고 나니까 그렇다는 뜻이었다.

따지고 보면 학생도 '털벙거지'라는 그 말을 전부터 알고는 있었다. 다만, 우리말을 너무 사용하지 않다 보니까 입에 붙지를 않았고, 그래서 일시적으로 생각이 나지를 않았을 따름이었다.

이렇듯 한국인은 너무 영어에 중독이 되어서 살다 보니까 우리말을 잊어버리고 말았다.

알았던 단어를 잊어버린 경우가 아니라, 아무런 준비된 단어가 없는 상황에서 서양의 문물을 느닷없이 받아들여야 했기 때문에 영어 단어를 그냥 쓴 경우도 물론 많겠지만, 정말 그렇다면 폴 크레인의 발췌문을 번역할 때는 어땠을까? 우리들이 익히 잘 아는 내용의 얘기인데, 그런 문장을 번역하면서는 혹시 영어 단어를 한글로 그냥 적어 놓은 곳이 없는지 자신이 번역해 놓은 내용을 한 번 살펴보기 바란다.

예문을 번역한 원고를 보내준 학생들 가운데 네 사람의 글 중에는 다행히도 한글 영어 단어가 하나도 보이지를 않았다.

하지만 다른 기본적인 문제가 눈에 띄었다.

패러그래프와 줄바꾸기

우리나라 사람들이 영어로는 잘 알면서도 우리말로는 제대로 모르는 단어를 하나 더 꼽는다면—

'paragraph'이다.

영어를 조금이라도 공부한 사람은 영어로 '패러그래프'라고 하면 그것이 무엇인지 당장 알아듣지만, '패러그래프'가 우리말로 뭐냐고 물으면 대답을 못하는 경우가 많다.

그래서 영한사전을 찾아보면, 이렇게 대답한다.

"절(節), 항(項), 단락……"

그러나 '절'과 '항'과 '단락'은 저마다 크게 다른 의미를 지녔고, 쓰이는 상황도 저마다 크게 다르다. 그리고, 곰곰이 생각해 보면, 셋 가운데 어느 단어도 우리들이 영어 시간에 선생님한테서 자주 듣던 말인 '패러그패프'하고는 제대로 맞아 떨어지지를 않는 듯한 인상을 준다.

왜 그럴까?

*

위에다 필자가 폭을 좁혀 예문으로서 써놓은 내용을 보면, 한 쪽을 절반도 채우지 못하는 짤막한 내용임에도 불구하고, 무려 일곱 번이나 줄을 바꾸었다.

'단락'이 일곱인 셈이다.

그렇다면 필자는 왜 이렇게 짧은 단락을 계속 써가면서 아까운 지면을 낭비했을까?

그리고 그것이 정말로 단순한 낭비였을까?

그렇게 자꾸만 줄을 바꾼 까닭은 읽는 사람으로 하여금 계속해서 정신적으로 긴장한 상태를 유지하게 하여, 내용을 자세히 읽고 명심하거나, "아, 그렇구나. 이런 단어도 나는 역시 한국말로는 알지 못하고 살아온 셈이구나!"라는 사실을 깨닫고 조금이라도 충격을 받게 하기 위함이었다.

〈영어 길들이기〉 "번역편"에서 필자는 왜 쉼표 하나도 빼놓지 말고 번역을 해야 하는지를 강조하면서, 문장을 읽어 가다가 쉼표가 나오면 독자는 자신도 모르는 사이에 반 박자를 쉬고, 마침표가 나오면 아예 한 박자를 멈춘다는 설명을 했었다. 일시적인 휴지(休止)를 나타내는 쉼표(,)와 일시적인 종결을 뜻하는 시각적인 기호 마침표(.)에 대해서, 문자에 의한 계약에 따라 인간의 지각이 아마도 그렇게 반응을 하기 때문이리라.

중요하기 때문에 강조해야 마땅한 내용에 대한 반복 설명을 위한 쌍점 콜론(:)이나, 동격 사건과 상황의 비교를 위한 여유를 마련하는 세미콜론(;)의 경우도 마찬가지이다. 눈으로 두 가지 부호를 보는 순간, 인간의 두뇌가 나타내는 반응의 휴지 시간은 차이가 나게 마련이다. 그래서 우리나라에서는 별로 사용하지를 않는 두 부호는, 왜 그래야 하는지를 나중에 다시 설명할 기회가 나겠지만, 호흡의 길이가 다르게 각각 쉼표와 마침표를 대치해서 번역하는 방법이 필자가 지금까지 개인적으로 지켜온 원칙이다.

그렇다면 일시적인 종결을 나타내는 문장 끝의 마침표보다 훨씬 긴 단위의 종결을 뜻하는 '단락(paragraph)'의 경우는 어떠한가?

'단락'이란, 일단 줄을 바꾼 다음, 새로 시작된 하나의 단위적인 사건이나 상황이 어느 만큼의 마무리를 짓고 종결된 다음에야 끝이 난다. 그러니까 '단락'은 어떤 상황의 '전개'나 '개념' 따위가 뭉친 '한 덩어리'이다. 따라서 이제 한 사건이나 상황이나 개념의 전개를 일단 마무리를 지었으니 다음 얘기로 넘어간다는 뜻으로, 즉 "일단락을 지었다"는 뜻으로, 글을 쓰는 사람은 줄을 바꾸고 새로운 단락을 시작한다.

이렇게 말이다.

서술체가 아니고 대화가 나오는 부분에서도, '의식의 흐름' 따위 특별한 문학적 기법을 살리기 위한 예외적인 경우가 아니라면, 한 사람이 하는 말은 좀처럼 줄을 바꿔주지 않는다. 과거를 회상하거나 추리소설에서 마무리 설명을 할 때처럼 긴 얘기를 하는 중에 서술의 내용 속에서 상황이나 장면이 다시 바뀌는 경우가 아니고서는 말이다. 하지만 대화체의 번역에 관한 내용은 나중에 따로 독립해서 다루기로 할 테니까 여기에서는 그냥 넘어가기로 하자.

어쨌든 쉼표나 마침표보다는 단락이 바뀔 때 독자는 훨씬 더 오랜 휴지를 갖게 된다. 소설을 읽던 사람이 잠깐 멈추고 물을 마시러 가거나 화장실을 다녀와야 할 경우, 단락 한가운데 어디 아무데서나 쉼표 또는 마침표까지 읽고 중단하지는 않는다. 그것은 상황이나 내용이 '일단락'을 짓기 전에는 글을 읽던 행동에서 다른 행동으로 옮겨가기가 심리적으로 그리 쉽지가 않기 때문이다.

그러면 지금까지 산발적으로 살펴보았던 '장단(長短)의 번역'을 다시 한 번 정리해 보겠다.

우선 어휘란 무엇인지를 되새겨 보자.

원작을 쓸 때 작가는 어휘를 아무 생각 없이 아무렇게나 나열하지는 않았을 터이다. 무성의한 작가가 아니라면 말이다. 작가는 하나하나의 단어를 조심스럽게 골라서 사용한다. 농부가 씨를 뿌릴 때 땅을 골라서 뿌리듯, 가정주부가 장에 가서 생선을 살 때 이리저리 살펴보듯, 영화구경을 갈 때 갖가지 정보를 미리 알아보듯, 하다 못해 옷에 달 단추를 마련할 때도 이리저리 살펴가며 고르듯, 작가는 글을 쓸 때 어휘 선택에 많은 시간과 정성을 들인다.

예를 들면 문장의 속도를 내거나 긴박감을 돋우기 위해서는 짧고 쉬운 단어를 쓰기가 보통이다. 어렵고 긴 단어는 장중한 분위기를 마련하거나, 학술적이고 논리적인 목적을 거두고 싶은 경우에 동원하기가 보통이다. 텔레비전을 보면서, "폐하! 통촉하여 주시옵소서!"라는 식의 사극과 "얘, 너 걔 찜했니?"라는 식으로 상황희극(sitcom)에서 사용하는 어휘의 종류가 서로 얼마나 다른지를 생각해 보면 쉽게 이해가 가리라고 생각된다.

이렇듯 사용하는 어휘의 종류에 따라 주인공의 성격과 배경, 상황과 분위기가 달라지고, 그렇기 때문에 필자는 우리말로도 '궁합이 맞는 단어'를 찾아서 번역을 해야 된다고 생각한다.

그렇다면 낱낱의 단어를 모아서 만든 '문장'의 경우는 어떠한가?

마찬가지이다.

영국의 빅토리아 왕조 시대의 소설과 존 스타인벡, 그리고 스티븐 킹의 소설에 나타나는 문장의 유형은 서로 너무나 다르다. 빅토리아 왕조 시대의 길고 유려한 문장은 귀족적이고 사치하며 화려한 분위기를 반영한다. 당시에는 소설을 혼자 읽기도 했지만, 낭송회를 하듯이 집에 여럿이 모여 둘러앉은 가운데 한 사람이 읽어주는 형태를 취했었다. 따라서 당시의 문장은 '낭송체'가 많다. 하나하나 어휘의 맛을 음미하고, 지금까지 읽은 글에 대해서 감상에 젖어 서로 토론을 벌이기도 했으며, 작가들이 쓰는 문장 역시 그런 분위기에 맞도록 가꾸어 놓고는 했다.

반면에 스티븐 킹의 소설은 쉬운 단어로 엮어나가면서 문장도 하나같이 짧게 잘라 놓는다. 긴장감을 내기 위해 빠른 호흡으로 독자의 관심을 유도하기 위해서이다. 때로는 뒷맛을 남기기 위해 문장을 쓰다가 말기도 하고.

이런 식으로.

간결하게.

호기심을 유지하려고.

위 3행에서처럼 일부러 필자가 유난히 줄을 자주 바꾸는 까닭은 학생들로 하여금 문단이 바뀔 때마다 어떤 느낌이 오는지를 직접 체험해 볼 기회를 마련해 주기 위해서였는데, 과연 줄바꾸기의 감각이 어떤지를 실감했는지 궁금하다.

이렇듯 작품마다 다른 문장의 길이는 그 길이 자체가 의미를 지닌다. 그런데도 에밀리 브론테의 문장을 번역하면서 스티븐 킹이 쓴 글처럼 번역해 놓아서는 분명히 안 될 일이다.

문장뿐 아니라 문장으로 이루어진 단락, 즉 '문단(文段, paragraph)'의 경우에도 문장에서의 원칙이 그대로 적용된다. 단어가 길거나 짧은 장단도 있지만, 문장의 길이도 장단을 보여주고, 문단도 역시 장단을 맞춰 수비적으로 '번역' 해야 한다. 문단의 길이를 그대로 '번역' 하라는 뜻이다.

예를 들면 윌리엄 포크너의 〈음향과 분노〉에서는 쉬지 않고 흐르는 의식을 시각적으로 나타내기 위해 긴 문장과 긴 문단을 자주 사용한다. 제임스 조이스도 마찬가지이다. 고뇌하고 방황하는 심리 상태를 나타내려는 목적에 따라서 취한 선택이겠다. 말하자면 등장인물의 답답한 마음이나 풀리지 않는 고뇌를 압도적으로 표현하는 문학의 한 가지 기법이다.

그러다가 갑자기 한 문장이나 두 문장으로 이루어진 짧은 문단이 나타나면 독자는 정신이 퍼뜩 들어서 방금 무엇을 읽었는지 마음을 가다듬고 되돌아가 다시 읽는 경우도 생겨난다.

하지만 우리나라에서는 영어 문장이 너무 길고 답답하다면서 "잘 읽히게끔 간결하게" 그리고 "본문보다 훨씬 유려한 번역문"을 만든다면서 한 문장을 여러 토막으로 마구 잘라놓고, 차곡차곡 몇 쪽에 걸쳐 쌓인 문단도 시원스럽게 절단을 내놓고는 한다.

그런 식으로 하나의 긴 문장을 번역하기가 나쁘다고 짧은 여러 개의 문장으로 나누어 놓는 번역가는 게으른 사람이다. 빼곡하게 들어찬 기나긴 하나의 문단을 시원시원 두세 줄에 한 번씩 행갈이를 하는 편집자의 습성은 책의 두께를 늘려 가격을 올리는데 더 관심이 많은 싸구려 출판사에서나 하는 짓이다.

그리고 그것은 원고 매수를 올려 돈을 더 받아내려는 싸구려 번역가나 하는 짓이다. 그렇다면 이제 우리가 공부해야 할 폴 크레인의 발췌문이 몇 개의 문단으로 이루어졌는지, 줄이 몇 번이나 바뀌었는지, 직접 확인해 보기 바란다.

분명히 두 개의 문단뿐이다.

그런데 'shakelee' 학생은 이것을 다섯 개의 문단으로 나누어 번역해 놓았다.

그런가 하면 'eagle' 학생은 반대로 한 문단으로 묶어 놓았다.

'seomylee' 학생도 역시 하나로 붙여서 번역했다.

이번에 검토 대상으로 올라온 네 편의 번역(초급 2명, 중급 2명)에서는, 이미 밝혔듯이 다행히 한글 영어는 한 단어도 눈에 띄지 않았지만, 이렇듯 문단의 번역을 제대로 한 학생이 초급인 'mjmhmom' 한 사람 밖에 없었다.

그리고 문단을 제대로 옮기지 않는 것도 역시 '오역'이다.

세 번째 원칙, 번역은 귀로 한다

영어로 "How do you do?"라는 말이 나오면 거의 모든 사람이 전혀 주저하지 않고, 아무런 어려움도 없이, "안녕하세요"라고 번역해 놓는다. 그리고 그런 번역이 공격적인 '의역'이라고 생각하는 사람은 아무도 없다.

하지만 다시 한 번 영어 문장을 하나씩 단어를 짚어가면서 읽어 보라.

'안녕(安寧)'에 해당하는 영어 단어가 아무리 찾아봐도 눈에 띄지를 않는다.

그리고 영어는 분명히 의문문인데, 우리말로 번역해 놓은 문장에는 의문부호를 붙이지 않기가 보통이다. 인사말이기 때문이다. 워낙 배고프고 험한 과거를 살아왔던 민족이었기 때문에 1960년대까지만 해도 우리나라에서는 "(오늘은 굶지 않고) 진지 잡수셨습니까"라는 아침 인사를 했었고, "안녕하세요"는 본디 의미가 "(왜적이나 호군한테 밤새 무슨 큰 봉변은 당하지 않고) 무사히 잘 지냈느냐?"는 말이었지만, 이제는 그냥 아무 의미도 없이 습관에 따라 "안녕하세요"라고 인사를 하고, 그런 말을 듣는 사람도 별다른 설명을 하지 않고 "예"나 "덕택에"라고 대답한다. 그렇다고 해서 정말로 "예, 덕택에 밤새 봉변도 당하지 않았고 아침도 거르지 않고 먹었습니다"라는 뜻으로 그런 대답을 하지는 않는다. 길거리에서 만나 "어디 가십니까?"라는 질문을 받거나 "나중에 한 잔 합시다"처럼 전혀 질문도 아니고 약속도 아닌 인사를 받는 사람 쪽에서도, 마찬가지로 건성 대답을 하게 마찬가지이다.

그러나 "How do you do?"라는 인사말을 고지식하게 '직역'해 보면 "당신은 어찌합니까?"나 "당신은 어떻게 해나갑니까?" 정도의 의미가 되겠다. 그런데도 사람들은 "안녕하세요"라고 번역해 놓고는 전혀 오역을 했다고는 생각하지 않는다.

이렇듯 번역을 할 때는, 특히 대화체의 번역을 할 때는, 하나하나의 단어를 짚어가면서 그에 해당하는 의미만을 가지고 줄줄이 엮어 놓은 테두리 안에서 수비적으로 말을 옮기지는 않는다. 여러 단어가 뭉친 덩어리 전체의 개념을 받아들인 다음 그에 해당하는 우리말로 옮기는 공격적인 방법이 자연스러운 번역이 되기 때문이다.

그러나 막상 실제로 번역을 하려고 자리에 앉으면 사람들은 눈에 보이는 단어들로부터 헤어나는 데 큰 어려움을 겪는다. 번역해야 할 과제로서 앞에 버티고 선 단어들의 포로가 되기 때문이다. 어떤 경우에 그러한지는 앞으로 학생들이 번역해 놓은 자료를 기초로 삼아 구체적인 예를 가지고 설명하겠지만, 사람들은 놀랄만큼 많은 경우에 그런 식의 경직된 수비 번역을 한다.

하지만 영어나 다른 외국어로 된 문장을 번역할 때는 눈에 보이는 단어들을 하나하나 그대로 우리말 단어를 찾아 옮겨서 '번역체'나 '직역'을 만들지 말고, 영어로 된 문장에 담긴 상황이나 사건을 우리나라 사람들이 실제로 맞게 되었을 때, 그런 표현을 우리말로는 무엇이라고 하는지를 공격적으로 생각해 봐야 한다.

서양 사람이 "How do you do?"라고 말하는 상황에서는 우리나라 사람들이 "안녕하세요"라고 말한다는 사실을 연상하듯, 그렇게 눈에 보이는 단어 뒤에 숨겨진 '개념'을 보라는 뜻이다. 그러면 '안녕'이라는 말이 원문에 들어 있지 않더라도, 전혀 걱정하지 않고, 서슴지 않고, 시원스럽게, "안녕하세요"라는 식으로 공격 번역이 가능해진다.

이렇게 영어로 서술해 놓은 상황에 처했을 때, 우리나라 사람들이 똑같은 상황에서 무슨 말을 하는지에 따라 공격적으로 번역을 하는 훈련을 위해 제 4과에서는 한국에 관한 내용이 담긴 폴 크레인 박사의 예문을 발췌했던 것이다. 한국인들에 관한 내용이니까 상상을 하기가 쉽겠고, 따라서 주변 사람들이 하는 말을 상상해서 '귀로 듣기'가 그만큼 쉬우리라는 계산에서였다.

그렇다면 수비에 바쁜 보통 사람들이 눈에 보이는 단어들로부터 어떻게 헤어나지를 못하고, 그래서 왜 '해방된' 공격 번역을 생각처럼 쉽게 못 하는지를 실제로 짚어보기로 하자.

발췌문 가운데 다음의 예문을 네 사람의 학생은 이렇게 번역해 놓았다.

> One says, "I have never seen you before," or "I am seeing you for the first time." The other party repeats the same sentence.

1. shakelee
☞ 한 쪽이 "면식이 없습니다(뵌 적이 없습니다). 또는 초면입니다(처음 뵙겠습니다)." 라고 한다.
다른 쪽도 같은 말을 되풀이한다.

2. mjmhmom
☞ 한 사람이 "처음 뵙겠습니다." 하면, 상대방도 똑같이 말한다.

3. eagle
☞ 한 쪽에서 "초면이군요." 혹은 "처음 뵙겠습니다."라고 말하면 상대편도 똑같은 말을 되풀이한다.

4. jhkim
☞ 누군가 "처음 뵙겠습니다." 라거나 "초면에 실례하겠습니다."라고 말한다. 그러면 상대방도 똑같은 말을 되풀이한다.

우선 네 사람 가운데 두 사람(2번과 3번)은 두 개의 문장을 하나로 붙여 놓았다는 사실을 유의하기 바란다. 이것은 하나의 문장을 여러 개로 잘라놓는 행위와 비슷한 잘못('오역')이다. 길거나 짧은 문장은, 앞에서 장황하게 설명했듯이, 분명히 작가의 선택 사항이었는데, 번역하는 사람이 마음대로 장단을 바꿔놓은 셈이기 때문이다. 이것은 문단의 장단을 무시하고 마음대로 줄을 바꾸거나, 두 개의 문단을 하나로 묶어놓은 경우와 마찬가지이다. 좀 짓궂은 비유를 하자면, 노래방에 가서 본디 노래의 장단을 전혀 맞추지 않고 마음대로 "작사작곡을 하면서 노래를 부르는 음치"와 비슷한 경우이다.

그러면 위 번역문을 다시 잘라서 살펴보기로 하자.

1번 학생은

> One says, "I have never seen you before," or "I am seeing you for the first time."

을, 문단의 한가운데 담긴 하나의 문장임에도 불구하고 마치 새로운 문단이 시작되기라도 한 듯 줄부터 바꾼 다음, 이렇게 번역했다.

> 한 쪽이 "면식이 없습니다(뵌 적이 없습니다). 또는 초면입니다(처음 뵙겠습니다)." 라고 한다.

하지만 원문에서는 한국인들이 흔히 인사를 나누는 말의 내용이 무엇인지를 구체적으로 알려주기 위한 따옴표가 한 번이 아니라 두 번 열렸다가 닫혔다.

더구나 괄호 안에 담긴 '설명'은 아무리 뒤져봐도 원문에서는 찾을 수가 없다. 아마도 먼저 해 놓은 번역과 괄호 안에다 다시 해 놓은 두 가지 내용 가운데 적당한 쪽을 독자더러 선택하라는 의미인 모양인데, 이런 식의 군더더기 번역도 우리 주변에서는 많이 발견된다.

그러나 이런 식으로 원문을 훼손해 가면서 마음대로 '창작'을 하는 것은 "How do you do?"를 "안녕하세요"라고 공격적으로 번역할 때와는 경우가 사뭇 다르기 때문에 가능하면 피해야 한다.

2번 학생은

> One says, "I have never seen you before," or "I am seeing you for the first time."

이라는 같은 내용의 문장을 이렇게 번역했다.

> 한 사람이 "처음 뵙겠습니다."(하면, 상대방도 똑같이) 말한다.

아마도 번역을 하면서 간략하게 줄이기를 좋아하는 습성이 몸에 밴 듯한 인상을 주는데, 예문과 뒤따라 나오는 The other party repeats the same question까지 뒤에 갖다 붙여서 두 문장을 하나로 묶었을 뿐 아니라, "I have never seen you before"와 "I am seeing you for the first time"은 아예 한 문장으로 줄여 놓았다.

그런데 공교롭게도 이런 생략성 습관이 여기에서는 오히려 바람직한 경우가 되었다. 만일 습관적인 생략이 아니라 의도적인 행위였다면 훨씬 더 바람직한 일이었겠지만 말이다.

왜 바람직했느냐 하면 두 따옴 문장 사이에 들어간 등위접속사 'or'의 번역에 얽힌 어려움을 해소하는 방법 때문이다.

여기에서 뿐 아니라 'or'의 번역은 대단히 까다로운 경우가 많은데, 'A이거나 B 또는 A와 B가 함께'라거나 'A 아니면 B 또는 A와 B 둘 다'라는 식으로 풀어서 옮기는 도리 밖에 없는 'and/or'의 경우가 그렇다.

방금 설명한 문장에서 "'A이거나 B 또는 A와 B가 함께'라거나

문화적 정서와 시차 | 153

'A 아니면 B 또는 A와 B 둘 다'라는 식"이라는 우리말 표현을 살펴보자. 여기에서 '라거나'라는 표현이 바로 예문의 'or'에 해당된다. 그리고 여기에서 '라거나'는 "to kill or not"에서처럼 상반되는 선택 사항이 아니라, 같은 사항을 보다 알아듣기 쉽게 반복해서 설명하는 성격을 지닌다.

보다 앞에서 필자가 썼던 다음과 같은 표현에서도 마찬가지 용법이 나타났었다.

> 그러나 "How do you do?"는 "당신은 어찌합니까?"나 "당신은 어떻게 해나갑니까?" 정도의 의미가 되겠다.

위 인용문에서 "당신은 어찌합니까?"와 "당신은 어떻게 해나갑니까?"는 앞에 나온 두 문장에 대한 번역이 아니라 "How do you do?"라는 단 하나의 인사말을 보다 알아듣기 쉽게 반복해서 설명한 형태이다. 따라서 여기에서는 두 문장이 중복된 한 문장인 셈이다.

두 개의 단어나 문장이 사실상 하나임을 나타내는 예문을 보다 이해하기 쉽게 만들어 본다면 "They call the area Chongno, or Bell Street" 정도가 되겠다. 여기에서 'or'는 "그곳을 한국 사람들이 종로라고 부르는데, 종로라는 말은 한자로 풀어보면 '종의 거리'라는 뜻이다"라는 설명을 위해서 쓰였다. 그렇다면 위 영어 문장을 번역할 때 "사람들은 그곳을 '종로'나 '종의 거리'라고 부른다"라고 옮기면 얼마나 어색하겠는가. 사실상 종로를 '종의 거리'라고 부르는 한국인이 전혀 없으니 말이다.

이와 비슷한 'or'의 용법은 신문이나 잡지에서 자주 눈에 띈다. "They are known as Vietcong or Vietnamese Communist"라고 하면, "그들은 비엣콩(越共), 즉 '월남의 공산주의자'라고 알려졌다"라는 말이어서, 흔히 사람들이 '베트콩'이라고 말하는 단어가 무슨 말의 약자인지를 'or' 뒤에다 설명했다.

"The street folks fear cong-an, or police officers"도 비슷한 내용이다. 우리나라에서도 '공안 당국'이라는 표현을 쓰지만, 중국이나 베트남에서 길거리 행상들이 무서워하는 '꽁안(公安)'이라는 사람들이 영어로는 무슨 뜻인지를 설명하기 위해 'or'가 사용되었다.

우리나라에서 발간되는 영자신문에서도 "Piwon or the Secret Garden" 또는 "Insa-dong or Mary's Alley" 같은 표현을 자주 만나게 된다. '인사동'을 외국인에게 소개할 때 혹시 한국 이름을 외우기가 힘들거나 해서 서양 사람들 사이에 알려진 'Mary's Alley'라는 영어 이름을 덧붙여 알려주기 위해 "Insa-dong or Mary's Alley"라는 표현을 쓰게 된다.

그리고 "I want to go to Piwon or the Secret Garden"이라고 말하면 그것은 "나는 비원이나 '비밀의 정원' 두 곳 가운데 한 곳을 가 보고 싶다"는 말이 아니라, "나는 비원에 가 보고 싶은데, '비원'은 영어로 'the Secret Garden'이라는 뜻이다"라고 이해해야 한다.

폴 크레인의 발췌문도 비슷하거나 똑같은 경우이다. "How do you do?"나 마찬가지로 한국 사람들이 자기 소개를 하면서 흔히 나누는 첫 '인사말'인 "처음 뵙겠습니다"를 영어로 '번역'하면서 폴 크레인은 "I have never seen you before"라고 설명하고는 아무래도 잘 알아듣지 못할 듯싶어 안심이 되지 않았던지, 서양 사람들의 이해를 돕기 위해 "I am seeing you for the first time"이라는 직역적인 표현으로 한 번 더 부연해서 반복 설명했을 따름이다.

아마도 번역을 해 본 학생들 가운데 많은 사람이 이 부분을 옮기면서 너무나 비슷한 두 문장을 어떻게 다른 말로 번역해야 좋을지 고민을 했으리라고 생각된다. 그것은 같은 내용의 문장을 다르게 수비적으로 번역하려고 억지로 애를 썼기 때문에 겪은 헛된 고민이었다.

그러면 다시 '귀로 번역하기'로 돌아가자.

'and/or'의 용법을 써서 설명하자면, "I have never seen you before"나 "I am seeing you for the first time"이라는 두 문장을 따로따로, 또는 "I have never seen you before"와 "I am seeing you for the first time"을 한꺼번에 번역해야 할 경우, 우리는 "How do you do?"를 번역할 때나 마찬가지로, 한국 사람들이 처음 통성명을 할 때 무슨 말을 하는지를 생각해 봐야 한다.

그렇다면 여러분은 이제 그 전형적인 인사말을 어떻게 옮겼는가 자신의 번역문을 확인해 보고, 사람들이 정말 그런 식으로 말하는지를 따져보기 바란다. 3번 학생은

"초면이군요." 혹은 "처음 뵙겠습니다."

라고 번역했고, 4번 학생은

"처음 뵙겠습니다."라거나 "초면에 실례하겠습니다."

라고 옮겼다.

그런데 실생활에서 사람들은 뭐라고 말하는가? 1번의 번역문에서처럼 정말로 "면식이 없습니다 괄호 열고 뵌 적이 없습니다 괄호 닫고"라는 인사를 하는 사람은 없으리라는 생각이다. 또는 "초면입니다"라고 인사를 하는 사람도 없을 듯싶다. 3번 번역문에서처럼 "초면이군요"라고도 말하지 않는다. 더구나 4번에서처럼 생전 만난 적도 없어서 실례를 범할 기회가 없던 사람이 처음 만나 인사를 나누면서 다짜고짜 "초면에 실례하겠습니다"라고 말하는 경우도 상상하기

가 힘들다.

그러면 다시 한국인들이 첫 인사를 나누는 장면을 머리 속에 그려보고, 그들이 무슨 말을 하는지 귀를 기울여 들어보라. 눈으로 앞에 놓인 영어 단어를 보고 머리로 그대로 옮기는 수비적인 번역을 하지 말고, 실제 상황에서 그들이 무슨 말을 하는지 귀로 들어보라는 뜻이다.

사람들은 그냥 "처음 뵙겠습니다"라고 말한다.

그렇다면 번역도 당연히 그렇게 해야 한다. 굳이 'or'를 살려놓고 싶다면

"처음 뵙겠습니다"라거나 "첨 뵙겠습니다"

라고 해도 되겠지만, 그것은 어쩐지 억지요 낭비처럼 여겨진다.

그리고 이렇게 원문의 사건이나 상황을 머리 속에 그려보면서 외국어 단어들로부터 멀찍감치 떨어져 상상 속의 등장인물들이 한국에서 똑같은 상황에 처해 우리말로 주고받는 얘기, 또는 작가가 독자에게 하는 얘기가 우리말로 무엇인지 귀를 기울여 들어보는 습성, 그것이 '귀로 하는 공격적인 번역'이다.

작가도 마찬가지이지만 번역가는 그래서 평상시에도 사람들이 하는 얘기에 늘 귀를 기울여 들어야 한다. 직업이나 나이 또는 성격 등에 따라 사람들의 말투가 어떻게 달라지는지를 관심을 가지고 늘 귀를 기울여 들어보고, 번역에 임할 때는 그런 생생한 어휘를 활용하는 습관을 들이는 것이 바람직한 일이다. 실제로 사람들이 사용하는 어휘를 사용하고, 귀에 들려오는 그대로 말투를 살려 문장을 번역해 놓으면, 읽는 사람 또한 번역문의 상황과 사건이 눈에 보이는 듯, 그 장면에서 오고가는 대화가 생생하게 귀에 들린다고 느끼게 된다.

다시 귀로 번역하기

나온 지가 30년도 넘는 오래된 책이어서인지 묘사한 내용이 좀 만화스럽고 우스꽝스러운 면도 보이기는 하지만, 어쨌든 폴 크레인의 발췌문을 읽을 때는 처음 만나 정중하게 인사를 나누는 두 사람의 모습을 머리 속에 상상하면서 그들이 어떤 말을 주고받는지 귀를 기울여야 하는데, 한국인들의 일상적인 표현 "처음 뵙겠습니다"에 해당하는 두 개의 영어 문장을 왜 하나로 치워버려야 바람직한지는 이미 설명했지만 마무리를 짓기 위해 한 마디만 더 하겠다.

좀 더 부언해서 설명하자면 그것은 쓸데없는 '중역'을 하지 말자는 뜻이기도 하다. 예를 들어 우리말 단어인 '대학'을, 좀 억지 표현이기는 하지만, 외국인이 'a college, or a big school'이라는 말로 표현한 경우, '大學'이 무슨 뜻인지를 풀이해 놓은 'big(大) school(學)'까지도 우리말로 다시 번역하여 '대학 또는 큰 학교'라고 옮기면 아무래도 이상하지 않겠느냐는 생각이다.

그러면 인사를 나누는 두 사람의 대화에 계속해서 귀를 기울여 보자. "첨 뵙겠습니다"라는 말을 한 차례씩 주고받은 다음 연장자나 직위가 높은 사람이 "Let us introduce ourselves"라고 하는데, 이 말을 네 학생은 이렇게 번역했다.

1. shakelee   ☞ "우리 통성명을 합시다."
2. mjmhmom   ☞ "서로 소개합시다."
3. eagle   ☞ "우리 통성명이나 합시다."
4. jhkim   ☞ "통성명이나 하시죠"(라고 권한다).

4번의 경우에는 제 3자가 '권한다'고 번역했는데, 한국인들은 제 3자가 인사를 시키는 법(custom, 관습)이 없기 때문에 두 당사자가 스스로 인사를 나눈다는 내용을 지금까지 번역해 놓은 다음, 갑자기 왜 제 3자가 끼어 들었는지 이상하다고 조금만 생각을 해 봤더라면 이런 잘못은 범하지 않았으리라고 생각된다.

그리고 위에 소개한 네 가지 답 가운데, 어느 표현을 실제로 사람들이 사용하는지, 그리고 "서로 소개합시다"가 과연 자연스러운 우리말 표현인지는 스스로 판단하고 가늠해 보기 바란다.

이어서 "Sorry, I didn't get the name"이라는 대목을 보자. 'didn't get the name'이란 너무나 작은 목소리로 말했기 때문에 상대방 이름이 무엇인지 알아듣지를 못 했으니까 다시 한 번 알려 달라는 뜻이다. 이에 대한 네 학생의 번역문은 이러했다.

1. shakelee ☞ "죄송하지만, 성함을 알아듣지 못했습니다"
2. mjmhmom ☞ "미안하지만, 이름을 못 알아들었습니다."
3. eagle ☞ "미안합니다만 성함을 잘 듣지 못했습니다."
4. jhkim ☞ "죄송합니다. 명함을 못 챙겨 왔군요."

4번의 경우는 너무나 분명한 오역이기 때문에 아예 문제를 삼지 않겠지만, 이런 경우에도 여러분은 자신이 그런 상황에 처했다면 무슨 말을 했을 지를 머리 속에서 상상하며 귀를 기울여 보고, 그런 다음에 자신이 해 놓은 번역을 확인하기 바란다.

상상 속의 그런 상황에서 '내가' 하게 되는 말, 그것이 바로 한국인이 하는 한국말이다.

| '너'와 '우리'와 '하나'와 '그들' | 신경을 별로 쓰지 않고 대충 쉽게 번역을 하려는 사람들은 전혀 의식조차 하지 않고

무관심하게 넘어가 버리기가 보통이지만, 보다 세심한 번역자들이 동서양의 언어적 습성에서 나타나는 차이 때문에 곤혹스러워하는 경우 하나를 짚고 넘어 가겠다. 불특정한 사람(들)을 나타내는 주어로 자주 쓰이는 'you' 나 'we' 나 'one' 이나 'they' 따위의 대명사를 어떻게 번역하면 좋을까 하는 문제이다.

그런 대명사는 흔히 과거형의 문장 속에서도 동사를 현재형으로 써야 하는 경우, 그러니까 진리나 격언 또는 보편적인 사실 따위를 진술하는 문장에서 많이 나타난다. 폴 크레인의 발췌문도 한국인들의 관습(보편적인 사실)을 설명하는 내용이기 때문에 그와 같은 예가 두 군데서 눈에 띈다.

<u>You</u> ask your friends to introduce themselves.
<u>One</u> should avoid saying, "Sorry, I didn't get the name."

위에서 밑줄을 친 'you' 와 'one' 이 문제의 경우인데, 여기에서 '당신은' 이나 '(한) 사람은' 이라는 식의 영어 표현이 우리 어법에는 아무래도 맞지를 않는다. 그래서 궁색한 대로 영어식 표현을 그대로 쓰기가 보통이고, 자꾸만 영어 표현을 이런 때처럼 그대로 쓰다 보면 자신도 모르는 사이에 '번역체' 라고 널리 알려진 그런 식의 수비적인 '직역' 을 해놓고 만다. 그렇다면 우리 학생들은 위에 뽑아놓은 두 문장을 어떻게 번역했는지 살펴보기로 하자.

1. shakelee
   ☞ 자기 자신을 스스로 소개하도록 한다.
      "죄송하지만, 성함을 알아듣지 못했습니다" 라는 말은
      하지 말아야 한다.

2. mjmhmom

☞ 자기 친구에게 직접 자기 소개를 하도록 한다.
"미안하지만, 이름을 못 알아들었습니다."라는 말은 피해야 한다.

3. eagle
☞ 여러분은 상대방에게 직접 자신을 소개시켜 달라고 부탁해야 한다.
"미안합니다만 성함을 잘 듣지 못했습니다." 라는 말은 피해야 한다.

4. jhkim
☞ 사람들이 만났을 때 누군가 서로 처음 만나는 사이라면 주위에서 각자 자기 소개를 하라고 시킨다.
"죄송합니다. 명함을 못 챙겨 왔군요" 같은 말은 금물이다.

이번에도 4번은 본문에 나오지도 않는 "사람들이 만났을 때 누군가 서로 처음 만나는 사이라면 주위에서"라는 말을 마음대로 붙여놓았는데, 번역도 틀렸을 뿐 아니라 지나치게 공격적인 '덧붙이기 창작'은 정말로 피하라는 충고를 하고 싶다.

그리고 위에 소개한 여덟 문장 가운데 일곱은 주어가 없다.

결론부터 얘기하자면, 여기에서는 주어를 없애버리는 번역도 훌륭한 해결 방법 가운데 하나이다.

자세히 귀를 기울여 들어보면, 우리나라의 어법, 특히 격언이나 보편적인 진리를 얘기할 때는, 주어가 슬그머니 없어지는 일이 많다. 편지를 쓸 때도 사람들은 1인칭 주어를 걸핏하면 생략하고, 불특정 대명사 따위는 쓰지도 않는다. 따라서 필자도 많은 경우에 번역문에서는 아예 주어를 없애버리는 방법을 취한다.

3번 'eagle'의 번역에서는 "여러분은 상대방에게 직접 자신을 소개시켜 달라고 부탁해야 한다"라고 했는데, 다수를 대상으로 삼는 강연이나 웅변을 할 때라면 몰라도, 글로 표현하는 경우 우리 어법에서는 '여러분'이라는 말이 아무래도 어색하게 들린다. 동양과 서양의

문화적 정서와 시차 | 161

언어 감각이 다르기 때문이다.

많은 문장에서 이런 종류의 'you'는 '너'도 아니요 '당신들'도 아니고, 오히려 '우리는'이라거나 '인간은' 또는 '사람이란 (모름지기 ~해야 한다)'라는 표현이 잘 맞아떨어지기도 한다.

사건이나 상황을 머리 속에서 상상하며 귀를 기울여도 해답이 나오지를 않을 때는 남들이 같거나 비슷한 문장을 어떻게 번역하는지를 열심히 귀를 기울여 들어보기 바란다. 사람이란 사회적 동물이어서 역시 남들의 행동을 보고 흉내내는 학습 과정을 거친다는 사실을 잊어서는 안 된다.

같은 말을 달리 하기

그러면 이제는 발췌문의 번역을 필자가 직접 하겠는데, 다시 한 번 강조하지만, 학생 여러분은 그냥 눈으로 읽기만 해서는 거의 아무런 도움이 되지 않는다는 사실을 명심해야 한다. 스스로 노력해서 번역을 하다가 마음대로 안 되던 부분이나, 이해가 가지 않던 부분을 필자가 어떻게 처리해 놓았는지를 확인하는 순간, "아, 이렇게 하면 되는구나" 하는 요령을 터득하고, 그렇게 배운 내용은 웬만해서는 잊지 않게 된다. 번역은 눈으로 보고 머리로 하는 데서 그치지 않고 귀로 들으면서도 하지만, 분명히 손으로도 하는 작업이다.

*

한국인들 사이에서는 한 사람을 다른 사람에게 소개하는 관습이 없다. 친구들더러 스스로 자기 소개*를 하라고 부탁한다. 자기 소개는 정중하고 짤막한 하나의 행사이다. 한 사람이 "처음 뵙겠습니다"라고 말한다. 다른 쪽에서도 똑같은 말을 따라 한다. <u>그런 다음에</u> 나이나 직위가 위인 사람이 "우리 인사*나 나눕시다"라는 말을 하기가 보통이다. 두 사람은 저마다 한 발자국 씩 뒤로 물러나고, 허리를 굽혀 깎듯이 절을 하고, 통성명+을 한다. <u>그러면</u> 그들은 공식적으로 소개를 받은 <u>셈이다</u>. 방바닥에 앉아서 이런 행사를 치르기도 한다.

정확하게 알아듣지 못할 정도로 나지막하고 공손한 목소리로 이름을 알려주는+ 경우도 많다. 이런 어려움을 해결하기 위해 <u>뒤이어서</u> 명함을 주고받으니까, 새로 사귄 사람의 이름과 직위는 나중에 틈이 날 때 익히면 된다. "성함이 어떻게 된다고 하셨나요?"라는 말은 삼가야 한다. 한국에서는 명함이 아주 필요하고 예의바른 물건이어서, 사교적이거나 사업상의 여러 자리에서 활용해야 한다. 명함이 없다면, 한국인이 어느 사무실에 찾아갔을 때는 말단 직원을 통과하기조차 대단히 힘들어진다.

— 폴 크레인의 〈한국의 무늬〉

위 예문에서 'then'이라는 단어가 세 차례 나오는데, 그럴 때마다 문맥이나 상황에 따라서 필자가 어떻게 달리 번역했는지를 눈여겨보기 바란다. 밑줄을 그어 표시한 부분이 세 개의 'then'이 나오는 곳으로서, "<u>그런 다음에</u>"와 "<u>그러면</u> (~인) <u>셈이다</u>"와 "<u>뒤이어서</u>"라고, 일부러 모두 다른 표현을 써서 번역했다. 같은 단어는 항상 같은 말로 옮겨 주는 쪽이 바람직하다는 수비적인 원칙도 때로는 이렇게 일부러 공격적으로 어겨야 할 때도 생겨난다.

같은 의도에 따라, 학생들의 이해를 돕기 위해, 별표(*)를 한 곳에서는 'introduce'라는 동사도 '소개하다'와 '인사하다'라고 달리 번역했다. 우리말의 어법상 위 상황에서는 그렇게 의미가 달라진다고 생각했기 때문이다.

+라고 표시를 해놓은 부분에서는 'state'라는 단어의 번역도 역시

달리해 보았다. 처음 경우에는 위엄을 갖추고 정중하게 인사를 나누는 상황인지라 '통성명'이라는 어려운 단어를 썼고, 나중 경우에는 겁이라도 먹은 듯 사람들이 조심스럽게 자기 이름을 대는 모습을 나타내기 위해 훨씬 쉬운 말로 바꿔 보았다.

그리고 원문에서 폴 크레인이 '명함'을 'calling card'라고 했음을 유의하기 바란다. 우리나라 사람들은 '명함'이라면 그 단어를 직역해서 '名=name, 銜=card', 그러니까 'name card'라고 믿으며 대부분 그런 표현을 사용한다. 하지만 영어에서는 '방문할(calling) 때나 사업상(business)' 만나는 사람에게 내주는 '쪽지(card)'라는 뜻으로 'calling card' 또는 'business card'라고 하기가 보통이다. 이왕 영어를 쓰려면 한국에서 만들어낸 가짜 영어가 아니라 대다수의 외국인이 실제로 사용하는 영어를 사용하자는 것 또한 필자가 늘 주장하는 바이다.

남의 번역 듣기

번역이란 기술(technique)이다.

무릇 기술이 그러하듯 번역하는 기술도 기초가 단단해야 한다. 문학을 포함한 모든 예술은 기술(=재주)을 바탕으로 삼기 때문이다.

지식은 눈으로 보고 머리로 받아들이기가 보통이다. 책을 읽던가 해서 말이다. 그러나 기술은 손과 발을 움직여서 배운다. 운동선수들이 그렇듯이 말이다. 그리고 목수나 시계공이나 화공이나 수많은 사람들 역시 그렇듯이 말이다.

번역은 눈으로 보고, 머리로 분석하고, 손으로 쓰고, 그리고 귀로 듣기도 해서 배우는 기술이다.

그런데 많은 사람들이 번역을 책으로 읽기만 해서 배우려고 한다. 우리나라의 수많은 사람들이 "영어를 배운다"고 하면서 자세히 살펴보면 영어 공부는 하지 않고 '영어를 공부하는 방법'만 공부하며 시간을 보내는 현상과 비슷하다.

우리나라의 영어 교육에서 가장 큰 맹점 가운데 하나가, 정작 외국 아이들은 자기나라 말을 배울 때는 '말'을 배우지 '문법'에 열중하지를 않는데도, 어쩐 일인지, 어쩌면 이것 또한 일본 사람들을 흉내내기 때문이겠지만, 우리나라 사람들은 영어를 배우려면 단어나 말보다 우선 문법부터 가르치고 배운다는 사실이다.

우리말(국어)을 가르칠 때도 초등학교에서 그렇게 문법을 열심히 가르치는지 모르겠지만, 어쨌든 외국어를 사람들은 '말'로서 배우지를 않고 '문법'이나 '공식'이나 '요령'으로 배우려고 한다. 필자 또한 초등학교에 들어가 국어를 배울 때 처음에는 "영희, 바둑, 순이, 철수"라는 식으로 말과 글부터 배웠지만, 중학교에 들어가 영어를 배울 때는 문장의 5형식이 어떻고 "S+V+어쩌고" 하는 공부부터 시작했다고 기억하는 까닭은, '국문법'은 어렵지 않았는데 '영문법' 때문에 너무나 많은 고생을 한 기억이 생생해서인지도 모른다.

그래서, 한국에서는 '영문법'과 '회화'를 배우기가 너무 고생스러워서인지, 필자가 가장 자주 듣는 질문 가운데 하나가 이것이다.

"선생님은 영어 공부를 어떻게 하셨나요?"

참으로 답답하기 짝이 없는 질문이다.

물론 필자가 쓴 책들도 해당되는 얘기이겠지만, 영어는 책으로만 배우는 것이 아니다.

번역도 마찬가지이다.

학교에서 문학 번역을 가르치는 일을 하다 보니 필자는 아무래도 그쪽 책을 자주 접하고는 하는데, 언젠가 어느 외국인 교수가 '좋은 내용'이라면서 발터 벤야민(Walter Benjamin)이 쓴 책을 한 번 읽어보라고 필자에게 권하기도 했다. 그러나 아무리 읽어봐도 발터 벤야민의 번역 철학은 필자에게 전혀 도움이 되지 않는 내용 뿐이었다. 그리고 어떤 학생들은 필자가 그런 식의 '차원높은' 강의를 해 주지 않는다고 불만을 갖기도 한다.

물론 그런 전문적이고 학술적인 저서들의 존재 가치를 부정하려는 생각은 없다. 번역학을 공부하거나 강의하는 사람들에게라면 발터 벤야민의 책은 대단히 좋은 '저서'이다. 하지만 실제로 번역을 하려는 사람은, 만사가 그렇듯이, 역시 '차원이 낮은' 기초부터 튼튼해야 한다.

창작도 마찬가지이다. 글을 쓰는 '방법'이나 '기술'은 가르치기가 어렵지 않지만, "어떤 사상이 담긴 어떤 걸작"을 어떻게 쓰느냐 하는 '관념적 사상과 인식'은 작가 스스로 터득해야 할 몫이다.

그래서 필자는 요즈음에도 계속 기초적인 기술을 남들에게 가르치면서도 스스로 쉬지 않고 공부한다. 비록 번역에서는 거의 손을 떼고 살아가면서도, 필자는 항상 귀를 기울이며 누가 어떤 번역을 어떻게 잘 해 놓았는지를 찾아다니고, "언젠가는 써먹게 되리라"는 생각에 그런 '기술'을 머리 속에 담아둔다.

언젠가 EBS-TV의 "일요 시네마"에서는 조지 버나드 쇼의 희곡을 영화로 만든 『시저와 클레오파트라』를 방영했는데, 클레오파트라가 이집트로 쳐들어온 로마군에게 붙잡히지 않으려고 도망쳐 스핑크스 뒤에 숨어 있다가 마침 그곳으로 산책을 나온 카이사르를 만나 얘기를 나누다가 "보아하나 당신은 'sentimental'한 남자인 모양"이라고 말하는 장면이 나왔다. 필자는 'sentimental'이라는 단어를 번역할 때면 거의 언제나 미흡함을 느끼고는 했었다. '감상적'이라는 낡고 천편일률적인 단어가 너무나 가식적이고 맛도 없으며 별로 독특한 의미조차 전하지 못한다는 선입견 때문이었다.

그래서 "일요 시네마"에서는 어떻게 처리하려나 기다려 봤더니 문제의 'sentimental'을 이렇게 번역했다.

"정이 많은 남자이군요"

너무나 흉악한 인간이어서 사람을 잡아먹는 괴물이라고 소문이 났던 카이사르를 만나, 비록 상대방이 누구인지 아직은 정체를 알지 못하는 상태였어도, 한참 얘기를 나누고 났더니 '정이 많은 사람'이라는 인상을 받았다는 뜻이었다.

"You're sentimental"을 "당신은 정이 많은 사람이군요"라는 식으로 번역한 경우를 이때 처음 발견한 필자는 "바로 이것이구나!" 하는 생각이 들었다. 정말로 절묘하게 상황에 잘 맞아 떨어지는 표현이었기 때문이다. 그래서, 아직은 그럴 기회가 없었지만, 언젠가는 'sentimental'이라는 단어가 다시 나타나면 나도 '정이 많은'이라는 표현을 꼭 써 봐야 되겠다고 마음을 먹었다.

이렇듯 남이 쓰는 표현을 훔쳐다 쓰면 '표절'이라고 하지만, 번역의 경우 단어 하나만 빌어다 쓰면 아무도 그것이 범죄 행위라며 꾸짖거나 탓하지를 않는다. 그것은 '본받기'의 행위이기 때문이며, 그것은 표절이 아니라, 좋은 말과 표현을 보급하는 미덕의 행동이기 때문이다.

사람들이 실생활에서 자주 또는 즐겨 쓰는 표현을 번역에 빌어다 쓰는 행위도, 그런 베끼기도, 표절이라고 말릴 사람은 없다. 오히려 그것은 '사실적 번역'이라고 칭찬을 받아 마땅한 일이다.

그리고 이것이 바로 '귀로 하는 공격적인 번역'이다.

5

대화체

다음에 소개하는 내용은 미국의 유대계 작가로서 노벨 문학상을 수상한 Saul Bellow의 소설 〈Mr. Sammler's Planet〉에 나오는 전화 통화의 내용으로서, 대화체의 번역을 공부하기에 좋다고 판단하여 발췌한 대목이다. 요즈음 날이 갈수록 시장이 넓어지는 비디오 시장뿐 아니라 희곡의 번역 등을 위해서는 대화체를 다루는 훈련이 필수적이라는 생각에서이다.

그리고 물론 모든 문학 작품에는 극히 소수의 예외를 제외하고는 대화체가 나오게 마련이고, 그러니 번역을 직업으로 삼으려는 사람이라면 대화체 번역에 능해야 한다.

여기에서도 역시 예문을 먼저 스스로 번역한 다음에 설명을 읽기 바란다.

Mr. Sammler's Planet

by Saul Bellow

"I wish to report a pickpocket on the Riverside bus."

"O.K."

"Sir?"

"O.K. I said O.K., report."

"A Negro, about six feet tall, about two hundred pounds, about thirty-five years old, very good-looking, very well dressed."

"O.K."

"I thought I should call in."

"O.K."

"Are you going to do anything?"

"We're supposed to, aren't we? What's your name."

"Arthur Sammler."

"All right, Art. Where do you live?"

"Dear sir, I will tell you, but I am asking what you intend to do about this man."

"What do you think we should do?"

"Arrest him."

"We have to catch him first."

"You should put a man on the bus."

"We haven't got a man to put on the bus. There are lots of buses, Art, and not enough men. Lots of conventions, banquets, and so on we have to cover, Art. VIPs and Brass. There are lots of ladies shopping at Lord and Taylor, Bonwit's, and Sak's, leaving purses on chairs while they go to feel the goods."

"I understand. You don't have the personnel, and there are priorities, political pressures. But I could point out the man."

"Some other time."

"You don't want him pointed out?"

"Sure, but we have a waiting list."

"I have to get on *your* list?"

"That's right, Abe."

"Arthur."

"Arthur."

대화체의 설정

수필이나 산문에서는 사실 번역하는 사람들의 개인차가 별로 나타나지 않는다. 서술체(narrative)를 우리말로 옮기는 방법은 대화체에 비하면 상대적으로 단순하고 어조 또한 제한되기 때문이다. 필자와 한때 가까이 지냈던 어느 작가는 소설을 쓸 때 서술 부분은 힘들지 않지만 대화가 나오기만 하면 글을 쓰는 데 자주 어려움을 겪는다고 언젠가 사석에서 토로한 적이 있는데, 쓰기가 어려울 정도라면 번역 역시 쉽지 않으리라는 사실은 쉽게 짐작이 간다. 어니스트 헤밍웨이가 생동감이 넘치는 대화체를 손꼽는 재산으로 삼았던 까닭 역시 대화체의 중요성을 잘 설명해 준다.

제4과에서 설명했던 '귀로 하는 번역'의 원칙이 가장 중요하게 여겨지는 분야도 역시 대화체이다. 그것은 사람들이 어떤 상황에서 어떤 어휘를 사용해 가면서 어떤 식으로 말하는지를 제대로 표현하려면 실제로 그들이 주고받는 대화를 귀로 직접 듣고 식별해 두는 훈련과 습관(철저한 수비)이 필요하기 때문이다. 실감이 나는 대화를 구사하기 위해 필요한 이 과정은 물론 글을 쓰는 작가에게도 필수적으로 필요한 훈련이다.

대화체를 번역할 때 우리가 겪어야 하는 가장 큰 어려움은 영어에 없는 존칭어가 우리말에서는 다양하게 발달하고 세분화되었다는 문화적인 차이에서 비롯한다. 그러니까 예문에서처럼 두 사람이 말을 주고받을 때, 어느 쪽이 존댓말을 하고 누구는 반말을 하는지, 그리고 같은 존댓말이나 반말을 하더라도 그 격(格)이 어떠한지를 우선 알아야 한다. 그래야 번역을 시작하기 전에 두 사람이 어떤 말투를 쓰게 될지를 미리 설정하기가 가능하기 때문이다.

어조(語調)의 설정을 위해서는 대화를 진행하는 두 등장인물의 신분, 직업, 나이, 그리고 성격 따위를 파악해야 한다. 같은 내용의 말이더라도 예를 들어 뱃사공과 여고생과 교수와 군인의 말투는 같을 수가 없기 때문이다.

예문에서는 첫 줄만 읽어도 두 인물 가운데 한 사람이 경찰관이라는 사실이 곧 분명해진다. 전화로 소매치기에 관한 신고를 받는 사람이라면 어떤 직업의 소유자인지 쉽게 짐작이 가기 때문이다.

그렇다면 전화로 소매치기를 신고하는 등장인물은 어떤 사람일까?

글을 쓴 작가가 지적인 주인공의 복잡하고 답답하고 난해한 세계를 즐겨 주제로 다루는 소설가 솔 벨로우라는 사실로 미루어 보아 필시 두 번째 인물 또한 〈험볼트의 선물〉의 찰리 씨트린이나 벨로우의 다른 주인공들처럼 점잖고 교양 있는 사람이겠다. 더구나 주인공이 경찰관에게 전화로 밝힌 아더 새믈러(Arthur Sammler)라는 이름을 소설의 제목에서 "Mr. Sammler"라고 박아 놓았다는 사실을 유의해야 한다.

사람들은 흔히 "Mr."라는 명칭을 보면 아무런 생각도 해보지 않고 반사적으로 그냥 "씨"라고 옮겨 놓는다. 하지만 요즈음에는 우리말의 "씨"와 영어의 "Mr."가 크게 어감이 다르다. 한때는 그것이 존칭어였음에도 불구하고 이제 우리나라에서는 손윗사람을 "씨"라고 호칭하는 경우가 별로 없다. "씨"는 동격이거나 손아랫사람을 부르는 말로 격하되었고, 대신 "선생님"이라고 하기가 보통이기 때문이다. 그래서 필자는 사실상 『새믈러 씨의 혹성』이라고 알려진 제목도 『새믈러 선생의 혹성』이라고 고쳐야 하며, '혹성'은 인간이 살아가는 '지구'를 뜻하기 때문에 그것 역시 말을 바꿔 『새믈러 선생의 세상』이라고 고쳐줘야 옳다고 생각한다.

영어로 쓰는 'Mr.' 또한 다루기가 쉽지 않은 호칭이다. 이것을 우리나라 사람들이 사용하는 감각으로 바꿔 놓으면 역시 비하(卑下)시키는 뜻이 되기 때문이다. 전에도 지적한 바가 있지만, 서울시장이 언젠가 시청에서 근무하는 여직원들에게 '미스'라는 호칭으로 부르지 말라는 회람을 돌렸던 까닭은 "미스 리"라는 호칭이 어느새 "다방의 여종업원" 비슷한 뜻이 되어버렸고, 남자의 경우 "미스터 리"라고 하면, 말로는 직업의 귀천이 없다고들은 하면서도 "운전기사"를 비하시키는 명칭 정도로 잘못된 선입견을 갖게 되었기 때문이다. 그러나 진짜 영어 'Mr.'라면 미국에서는 대통령에 대한 호칭도 되어서 '각하'에 맞먹는다는 사실을 번역할 때는 상기해야 한다.

따라서 이제 우리는 '새믈러 선생'과 '경찰관'이라는 두 인물을 파악하기에 이르렀다. 이렇듯 아더 새믈러가 점잖고 교양 있는 인물이라는 추측도 가능했는데, 그렇다면 경찰관은 어떤 인물일까?

새믈러가 "리버사이드 버스에서 본 소매치기를 신고하고 싶은데요 (I wish to report a pickpocket on the Riverside bus)"라고 말하자 경찰관은 "O.K."라고 지극히 간단하게 한 마디만 툭 던지고 만다. 이 한 마디를 듣고도 새믈러는 경찰관이 성의가 없고 신고 따위를 귀찮아하는 인물임을 당장 눈치채고, 그래서 "Sir?"라고 반문을 한다. 독자 또한 새믈러 선생이 벌써 경찰관을 못마땅하게 생각한다는 사실을 눈치챈다. 그렇다면 번역자는 더 나아가서 경찰관이 나이가 꽤 많고, 오랜 격무에 시달리며 닳고 닳아서 소매치기쯤은 '사건'이라고 생각하지도 않는 노련한 고참이라는 정도의 추리는 할 줄 알아야 한다.

그리고 어떤 인물로 설정이 되었거나 간에 두 사람은 난생 처음으로 대화를 나누니까 보나마나 서로 존댓말을 하리라는 사실은 빤한 일이다. 여기까지 파악이 되었으면 실제로 대화의 번역을 시작해 보기로 하자.

| 한 칸의 의미   전화 통화의 내용을 그대로 적은 예문을 보면, 두 사람이 대화를 나누는 동안, 말을 하는 사람이 바뀔 때마다 줄이 바뀌면서 앞에 빈 칸을 하나씩 두었다. 필자는 앞에서 왜 이런 빈 칸을 '번역' 해야 하는지 그 필요성에 관해서 강조했었다. 문장이나 문단이 바뀔 때는 어떤 하나의 동작이나 상황 또는 서술의 단위가 끝났음을 뜻하고, 글을 쓰는 사람이 줄을 바꾸거나 빈 칸을 남겨 놓았을 때는 분명히 그럴만한 이유가 따로 있다. 그런 빈 칸은 하나의 기호이고 약속이기 때문이다. 그렇기 때문에 빈 칸은 다른 글씨로 채우지를 말고 반드시 빈 칸으로 번역해야 한다. 이 책의 앞 부분에서 일찍감치 지적한 내용이지만, 문장 끝에 마침표를 찍지 않는 소홀함 역시 그에 못지 않은 지극히 초보적인 잘못이다.

〈만다라〉의 작가 김성동이 처음 글을 쓰고 싶은 욕구를 견딜 수가 없어 작품 집필을 하기 시작하기 전에 문학 잡지를 사다 놓고 가장 먼저 배운 사항이 "새로운 문장이 시작될 때는 앞에 한 칸을 비우는 것이로구나"였다고 고백했다는 일화도 필자는 소개했었다. 그런데 이번 예문의 번역에서 필자가 접한 11 명의 답안지에서는 단 한 명의 학생(00-130005)만이 지극히 초보적인 이 원칙을 지켰고, 나머지는 모두 빈 칸을 남겨놓지 않았다. 그러니까 만일 빈 칸을 남기지 않은 잘못 한 번에 1점씩만 깎더라도, 예문에서 26 차례의 행갈이가 이루어졌으니까, 아무리 백점 짜리 번역을 했더라도 거기에서 26점을 깎으면 74점, 대학에서 점수를 준다면 이것만으로도 D 학점 밖에는 되지 않는다.

　필자가 빈 칸의 잘못된 번역에 대해서 크게 감점을 줘야 한다고 주장하는 이유란 이러하다.

　역시 여러 차례 앞에서 강조한 사항이지만, 사람들이 번역문을 평가할 때는 우리말로 된 결과물을 대상으로 삼는다. 아무리 20년 동안 외국 유학을 다녀왔고 영어 실력이 '날고 기는' 사람이라고 하더라도 그것은 어디까지나 영어 실력이지, '번역 실력'은 아니다. 아무리 영어 내용을 잘 파악하고 번역에 임했다고 하더라도 마침표 하나 제대로 찍을 줄 모르고, 칸 비워두기를 포함하여 띄어쓰기도 서투르고, 어휘력도 부족한 중학교 2학년 학생 수준의 우리말 문장으로 번역을 해 놓는다면, 그것은 중학교 2학년 수준의 번역 밖에는 되지 않는다.

　학생들을 가르치다 보면 종종 '내용 번역'을 잘 하면 되지 마침표와 쉼표를 어떻게 관리하고 줄바꾸기를 왜 꼭 지켜야 하는지 그런 초보적인 것은 별로 문제가 되지 않는다고 반론을 제기하는 경우를 만나고는 하는데, 그것은 현실을 모르고 하는 주장이다. 우선, 기초조차도 제대로 갖추지 못한 사람이 수준 높은 번역을 하거나 글을 쓴다는 주장 자체가 성립이 불가능하다. 채를 제대로 쥘 줄 모르면서 골프로 출세를 하겠다는 생각이나, 바닥 청소 하나 깨끗하게 못 하면서 음식만큼은 잘 만든다는 식당 주인의 주장을 우리가 믿지 못하는 것과 같은 이유에서이다. 모든 일에는 순서와 절차가 있는 법이니, 양말을 신지 않고 아무리 멋진 구두를 신어봤자 발뒤꿈치만 아플 따름이다.

　번역을 잘 하려면 띄어쓰기와 맞춤법도 영어만큼이나 열심히 공부해야 하고, 우리말로 글을 쓰는 솜씨가 웬만한 작가 못지 않은 수준에 이르러야 탐탁한 번역문이 나온다고 필자가 생각하는 이유 또한 그런 생각에서 연유한다.

실제로도 그렇다. 신춘문예나 다른 창작 작품 모집의 경우, 이른바 예심 과정에서는 맞춤법이나 띄어쓰기가 수준 미달인 경우에는 앞에서 몇 장만 읽어보고는 곧장 쓰레기통으로 들어간다. 요즈음에는 원고지에 손으로 글을 쓰는 경우가 적어졌지만, 눈으로 보기에 지저분한 원고도 같은 운명을 맞기가 보통이다. 아무리 내용이 훌륭하고 온 세상이 놀랄 새로운 철학을 담았다고 해도 기초가 허술하면 아무도 끝까지 원고를 읽어주지 않는 것이 현실임을 잊어서는 안 된다.

한 단어의 의미

빈 칸 하나의 값이 그런 정도라면 단어 한 낱의 중요성은 어떠한지를 한 번 알아보기로 하자.

새믈러 선생이 소매치기를 신고하겠다니까 경찰관은 단 한 마디 "O.K.(=okay)"라고 퉁명스럽게 대답한다. 어찌나 퉁명스러운지 권태롭고도 탁한 경찰관의 목소리가 귓전에 들려오는 듯하다.

모처럼 시민이 범죄를 신고하겠다는데 경찰관이 아랑곳하지도 않고 코웃음을 치니까 뜻밖의 반응에 새믈러 선생이 오히려 놀라서 "뭐라고 하셨나요(Sir)?"라고 반문한다. 그랬더니 경찰관은 다시 "좋다구요. 좋다고 했으니 신고하란 말입니다(O.K. I said O.K., report.)"라고 되받는다.

'O.K.'라는 말은 이렇게 해서 벌써 세 번이나 나왔다.

새믈러 선생은 비위가 상했음에도 불구하고 소매치기의 인적 사항에 대해서 차근차근 신고를 하는데, 물론 잘 정돈된 신고 내용을 보면 우리는 그가 어떤 성격의 인물인지 쉽게 짐작이 간다. 그런데도 경찰관의 반응은 변함 없이 "O.K." 한 마디이다.

그렇다면 네 차례나 되풀이 된 'O.K.'는 무엇을 의미할까?

같은 단어나 표현의 반복 사용은 문학에서 등장인물의 성격을 나타내는 경우가 많다. 그렇기 때문에, 말버릇도 인물 구성에서 중요한 한 부분이기 때문에, 반복되는 말과 표현은 번역된 글에서도 반복시켜야 한다는 원칙을 필자는 중요하게 생각한다. 그리고 이미 우리는 경찰관이 네 번이나 반복한 'O.K.'라는 말을 통해서, 그의 말버릇으로 미루어 경찰관이 어떤 성격인지를 추리해냈으며, 그런 성격은 경찰관이 새믈러의 이름을 부르는 버릇에서도 부연되어 나타난다.

경찰관은 아더(Arthur)를 다짜고짜 '아트(Art)'라는 '애칭'으로 부른다. 이런 말투는 많은 사람을 쉴새없이 접해야 하는 택시 운전기사 같은 사람이 방금 택시를 탔기 때문에 생면부지인 손님한테도 환심을 사기 위해 아는 체하려고, 본명이 'MacArthur'나 'MacMurray' 따위와는 전혀 관계가 없는 손님이더라도, 'Mac' 같은 아무 애칭이나 생각나는 대로 불러대는 습성과 비슷하다. 우리 주변에서도 국회의원이거나 또는 앞으로 출마라도 하려는 사람들이 공식석상이나 개인적인 자리에서는 물론이요 밥을 먹으러 간 식당의 주인 그리고 길거리에서 만난 아무에게나 명함을 쉴새없이 돌리는 생리와 같다. 그리고 그것은 조직폭력배나 건달이 아무한테나 "형씨"라고 하는 말버릇과도 일맥상통한다.

경찰관은 거기에서 그치지 않고 끝에 가면 새믈러 선생의 이름을 기억조차 못해서 'Art'도 아니요 'Abe'라고 부르기까지 한다. 참으로 무책임하고 괘씸한 사람이 아닐 수 없다.

그렇다면 이런 성격의 경찰관이 말버릇처럼 사용하는 'O.K.'를 우리는 어떻게 번역하면 좋을까?

이번 답안지를 보면 "알았소(102825, 101480)", "네(오진수, 103440, 102963)" 또는 "예(103042)", 그리고 "좋습니다(102102)"라는 식으로 옮겼다.

물론 대화 전체가 간결하고 흐름이 빠르기 때문에 "네" 또는 "예"라고 가장 짧고 무뚝뚝한 한 마디로 번역해도 전혀 흠이 되지는 않는다. 그러나 이해하기 쉬운 예를 들기 위해 'O.K.'를 "알았다"는 뜻으로 받아들이는 경우, 두 인물이 서로 존댓말을 한다는 결론(가정)을 앞에서 내렸으니까 다음과 같은 번역의 가능성이 생겨난다.

1. 알겠습니다.
2. 알겠어요.
3. 알았어요.
4. 알았습니다.
5. 알았소.
6. 알겠소.

그런데 경찰관의 말투를 들어보면 "O.K. I said O.K., report"의 경우에, "그러쇼. 신고하고 싶으면 하쇼"라고 번역해야 참으로 우리말 어감에 잘 맞는다는 생각이 들게 된다. '쇼'나 '소'로 끝나는 말이 퉁명스럽게 들린다는 착각 때문이다.

하지만 직접 경찰서에 찾아가서 한 번 경찰관들의 말투를 들어보라. 그들은 퉁명스럽게 "뭐야? 신고할테면 하라구"라며 차라리 반말은 할지언정, "알았소"나 "알겠소" 같은 말투는 쓰지 않는다. 경찰관뿐 아니라 사람들은 실생활에서 그런 말투를 거의 사용하지 않는다. 텔레비전 사극에서가 아니라면 말이다.

바로 이것이 '글로 쓴 말'과 '실제로 하는 말'의 차이다.

그리고 이런 차이를 극복하기 위해서도 역시 '귀로 하는 수비적인 번역'이 필요해진다. 소설도 마찬가지이지만, 번역에서는 사람들이 실제로 쓰지 않는 말이나 표현을 공격적으로 사용하면 그런 글은 생명을 담지 못한다.

따라서 필자라면 "알았어요"라는 표현을 반복해서 쓰고 싶다. 이것만으로도 귀찮아하면서 거부감을 드러내는 뒷맛을 충분히 나타낼 수가 있다는 생각에서이다.

일관된 자신만의 원칙을 만든다

필자는 경찰관의 퉁명스러운 말투 'O.K.'를 "알았어요"라고 번역하자는 '모범 답안'을 내놓았는데, 물론 학생들 가운데 많은 사람이 그것을 정답으로 받아들이고 싶지 않다는 생각을 했으리라는 짐작이다.

그것은 당연한 반응이다. 번역에는 하나의 확정된 정답이나 지름길로 이어진 왕도가 없기 때문이다. 필자는 무엇 하나 정답이나 왕도라고 주장하지는 않는다.

정답과 왕도가 없을지 모르지만, 그러나 공식과 원칙은 존재한다. 그리고 아마도 스스로 만들고 지켜나가는 원칙과 공식이 번역에서는 왕도일지도 모른다.

하나하나의 단어와 문장을 한국어로 차례차례 바꿔놓기만 한다면 그것은 단순 노동의 차원을 넘지 못한다. 번역을 하려면 작품 전체, 나아가서는 평생의 작업을 관통하는 원칙과 공식과 논리를 스스로 마련해 놓고 충실하게 그런 것들을 지켜 나가야 한다.

그리고 필자가 자신을 위해서 만든 여러 가지 공식과 원칙 가운데 하나를 적용시켜 번역해야 하는 예문을 들자면 새믈러 선생이 경찰관에게 신고하면서 소매치기에 관한 인적 사항을 밝히는 다음 문장이다.

"A Negro, about six feet tall, about two hundred pounds, about thirty-five years old, very good-looking, very well dressed."

학생들이 이 대목에서 키와 체중을 밝힌 부분을 번역한 내용은 다음과 같이 두 가지로 갈렸다.

1. "6피트 정도 되는 키에 200파운드 정도 나가보였고" (103042)
   "약 6피트의 키에 아마 200파운드 정도 나갈 걸로" (102102)
   "키 6피트에 체중이 200파운드 정도 되는" (101860)
   "6피트 정도의 키에, 몸무게는 200파운드 정도로 보였고" (101480)
   "약 6피트정도 키에 이백파운드정도 몸무게고" (00-13003)
   "키는 6피트쯤, 몸무게는 200파운드 정도" (00-130006)

2. "키는 180에, 80킬로쯤 나갈 거 같았고" (102825)
   "키는 약 180센티 정도, 약 90킬로그램의 몸무게에" (오진수)
   "키가 180Cm정도고 몸무게는 90Kg 정도에" (103440)
   "180cm에 75kg정도 나가는" (102963)
   "한 180cm 정도에 90kg쯤 되고 (00130005)

번역에는 하나의 정답이 있는 것은 아니라는 얘기를 위에서 했지만, 같은 문장을 번역해 놓은 11 명의 답안지에서 어쩌면 똑같은 답이 전혀 없는지부터가 참으로 재미있다.

그리고, 아전인수격인 말 같지만, 아마도 2항 식으로 번역한 학생들은 대부분 필자가 쓴 다른 책을 읽지 않았나 하는 짐작이 간다. 왜냐하면 전에는 'feet'나 'pound'나 'yard'나 'mile' 같은 수치를 미터법으로 환산해서 번역하는 사람이 거의 없었기 때문이다.

 영어에서 자주 등장하는 12진법의 단위를 미터법으로 고치자는 제안 또한 필자가 고집하는 원칙 가운데 하나이다. 권고 사항이라고 해야 할 그 이유를 다시 설명하자면, 번역을 할 때는 우리나라 독자가 영어를 전혀 알지 못한다는 가정 하에서, 우리말로 된 글만 가지고 최대한의 정보(내용)를 읽는 사람한테 정확하게 전해야 하기 때문이다.

 예를 들어 '2백 파운드'라는 체중을 생각해 보자. 체중을 얘기할 때는 어떤 사람의 몸집이 큰지 아니면 작은지, 비대한지 아니면 말랐는지 따위의 정보를 제공하려는 의도로 수치를 밝힌다. 그런데 '2백 파운드'의 체중이라면, 그것이 어느 정도의 몸집인지를 이해할만한 한국 독자가 얼마나 많겠는가?

 그리고, 솔직히 얘기해서, 위 1항에서처럼 번역한 학생들 가운데, 과연 소매치기 흑인이 어느 정도의 덩치인지를 이해한 사람이 몇이나 되었는지도 알 길이 없다. 이렇듯 번역을 하는 사람이 이해를 하지 못한 채 우리말로 옮겨 놓는다면, 독자가 그것을 이해하리라고 기대하기는 더욱 어려운 일이다.

 하지만, 비록 '75'와 '80'과 '90' 세 가지 다른 계산이 나오기는 했지만, 한국인이 늘 체중을 얘기하는 '킬로그램'으로 환산해 놓고 나니까, 그 가운데 가장 작은 수치인 75 킬로그램이라고 하더라도 우리는 문제의 흑인 소매치기가 대단히 몸집이 큰 남자라는 사실을 한 눈에 알게 된다.

 그렇기 때문에 필자는 도량형 따위 단위가 나오면 한국 독자에게 익숙한 쪽으로, 우리가 실생활에서 사용하는 단위로 바꿔줘야 한다고 믿는다. 말하자면 '단위'도 번역을 하자는 뜻이다. 더구나 이제는 올림픽에서도 그렇고 전 세계가 십진 미터법을 사용하는데, 아무리 세계 최강의 나라라고 해도 미국에서만 사용하는 단위를 한국 독자에게 강요해야 할 이유는 없다고 본다.

그렇다면 2백 파운드는 '한국식'으로 계산하면 얼마가 될까? 1 파운드가 453.6 그램이니까, 계산을 해 보면 9,072 그램, 즉 90.72 킬로그램이다. 사사오입을 하면 91 킬로그램이 된다.

그러나 새들러 선생이 얘기한 'two hundred pounds'는 얼핏 눈대중으로 보고 대충 전하는 어림짐작이다. 이렇게 숫자를 대충 아무려 '5'나 '0'으로 끝내는 경우를 '둥근 숫자(round numbers 또는 round figures)'라고 한다. 그래서 우리 식 미터법으로 계산해서 번역할 때도 만일 '74'나 '87'이나 '93' 같은 모난 숫자가 나오는 경우라면 둥그렇게 다듬어서 '75'나 '80'이나 '90'이라고 해 주는 것이 좋겠다.

이와 관련해서 번역할 때 조심해야 하는 경우가 'dozen'이라는 단어이다. 12진법을 사용하는 영어권에서라면 'dozen'도 '둥근 숫자'이다. 그래서 로버트 올드리치 감독의 영화 제목 『더티 다즌(The Dirty Dozen)』에서처럼 '12 인'을 뜻하는 경우 못지 않게 대충 '10여 명(dozen men)'을 뜻하는 경우도 많다. '11 명'이나 '13 명'이나 '14 명'도 영어로는 흔히 'a dozen'이라고 한다는 뜻이다.

그렇기 때문에 영어로 'a dozen'이라는 말이 나오면 그것이 정확히 '12 명'인지 아니면 '12여 명'인지를 알아내서 옮겨야 한다. 그리고 물론 10진법을 사용하는 우리나라에서 '12여 명'이라는 표현을 쓰기는 무리일 터이기 때문에 역시 십진법을 써서 '10여 명'이라고 해야 되겠다.

굳이 따지자면 물론 이런 환산 번역도 정답은 아니라고 주장할 수도 있겠다. 하지만 필자의 개인적인 견해로는 분명히 우리 실생활에 맞는 번역이 그렇지 못한 번역보다는 훨씬 바람직하다.

'가짜 영어'의 후유증

12진법 미국식 단위를 우리 감각에 익숙한 수치와 단위로 바꾸자는 필자의 주장은 물론 'six feet tall'이라는 영어 표현을 '6척 장신'이라는, 조금쯤은 지나쳐 보이는 우리말 표현으로 바꿔 보자는 욕심까지 포함한다.

그러니까 'five miles'라는 표현이 나타나면 일단 미터법으로 계산하여 5 곱하기 1.609를 해서 8.045 킬로미터라는 환산을 한 다음 영어에서의 '5' 역시 정확한 거리가 아니라 대충 말하는 '둥근 숫자'인 경우에는 소수점 이하의 수치를 잘라버리고 '8 킬로미터'를 만든 다음 다시 둥근 숫자 '10 킬로미터'라고 해도 되겠지만, 예를 들어 이솝 우화나 시골을 무대로 한 소설 같은 경우라면, 아예 '8 킬로미터'를 우리말로 '20 리'라고 번역해도 되겠다는 생각이다.

'리'라는 한국의 토속적인 단위가 눈에 거슬린다면, 왜 '마일'이라는 서양 토속적 단위는 눈에 거슬리지 않는지를 한 번 곰곰이 생각해 보기 바란다. 그렇다면 '1 yard'를 '한 걸음'으로 번역하는 시도까지도 가능해지고, '뼘' 같은 단위도 쉽게 동원하는 순발력이 생겨나리라고 생각한다.

생소한 외국의 단위나 '번역체' 문장이 아니라 한국인의 감각으로 얼른 이해가 가는 단위나 단어로 번역을 해야 하는 까닭은, 이미 앞에서 밝혔듯이, 영어를 영어로 번역하지 말고 우리말로 번역하는 습성을 키워야 하는 필요성과도 일맥상통한다. 대부분의 번역자들은 그런 훈련이 거의 되어 있지 않다는 증거를 필자는 접수된 답안지들 가운데 다음 문장에서 'feel'이라는 단어의 번역을 정확하게 한 번역이 단 한 명 밖에 없었다는 사실에서 확인하려고 한다. 꼬장꼬장한 성격의 새믈러 선생이 무감각하고 무책임해 보이는 경찰관 때문에 점점 약이 올라 자꾸만 따지고 덤비니까 대단히 현실적인 감각의 소유자인 경찰관은 자신의 입장을 이렇게 설명한다.

"…There are lots of ladies shopping at Lord and Taylor, Bonwit's, and Sak's, leaving purses on chairs while they go to feel the goods."

대부분의 응시자가 위에 밑줄을 쳐 놓은 부분을 대수롭지 않게 보고 대충 번역을 하고 넘어갔다. 이렇게 말이다.

1. "쇼핑하면서 물건 보다가" (102825)
2. "쇼핑하며 물건을 감상하는 동안" (오진수)
3. "물건들을 고르면서" (102102)
4. "쇼핑하면서 물건을 고르는 동안" (103440)
5. "쇼핑하다가 물건에 정신이 팔려" (101860)
6. "쇼핑을 하는 많은 여성들이 손가방을 의자에 놓고 구경할 때" (102963)
7. "쇼핑하면서, 물건 보러 갈 때" (101480)
8. "맘에 드는 물건을 보러갈때" (0013003)
9. "의자에다 지갑을 두고 상품을 보시는 여성 쇼핑객도" (00130006)
10. "쇼핑하고 물건을 고르면서" (00130005)

우선 논리적으로 생각을 해 보자. 백화점으로 무엇인가 사러 간 여자가 "물건 보다가(1)", "물건을 감상하는 동안(2)", "물건에 정신이 팔려(5)", "구경할 때(6)", "물건 보러 갈 때(7)", "맘에 드는 물건을 보러갈 때(8)", "상품을 보시는(9)" 동안 왜 손가방을 의자에 내려놓는다는 말인가? 실제로 우리나라 백화점에서는 '여성 쇼핑객'들이 물건을 보러 돌아다닐 때 돈을 넣은 가방을 의자에 놓고 구경하는가? 겨드랑이에 끼지 않고 말이다.

위 예문의 정답은 김지하 응시자(103042)의 번역처럼 "물건들을 만져보다가 의자 위에 지갑을 놓고 다니는 숙녀분들도 꽤 계시죠"라는 내용이 되겠다.

'feel'은 '만지다'라는 뜻의 동사이기 때문이다.

아마도 조금 양보를 한다면 (3), (4), (10)번처럼 '(물건을) 고르느라고' 한 번역까지는 받아들여도 될 듯싶다. 물건을 고르려면 흔히 손으로 만져봐야 하기 때문이다.

그렇다면 왜 'feel'이 그렇게 쉬운 단어임에도 불구하고 수많은 응시자가 제대로 번역을 하지 못했을까?

아마도 그것은 '가짜 영어'의 용법에 너무 익숙해진 나머지 대부분의 사람들이 수많은 영어 단어에 대한 올바른 감각을 상실했기 때문이리라고 믿어진다.

그렇다면 가짜 영어에 마비된 감각이란 무엇일까?

우리는 그것을 '감각'이라는 단어 자체를 본보기로 삼아 생각해 보기로 하자.

'감각'이 영어로 뭐냐고 물어보면 수많은 사람들이 전혀 서슴지 않고 '센스'라고 말할 것이다. 예를 들면『우먼 센스』라는 여성 잡지의 이름이 있는데, 그것이 '여성 감각'을 뜻하는 영어라고 대부분 생각한다.

하지만 그렇지가 않다.

필자가 구체적인 예를 제시해서 수많은 사람들의 비위를 상해 가면서까지 잘못된 영어 감각을 지적하기 위해 얼마 전에 펴낸 〈가짜영어사전〉에서도 자세히 설명했듯이, 'woman sense'는 '여성 감각'이라는 우리말 표현을 널리 알려진 두 개의 영어 단어로 그냥 바꿔 넣기만 한 한국식 표현이지, 진짜 영어는 아니기 때문이다. '여성 감각'이라면 'feminine touch,' 'femininity,' 'feminine percep-tion' 등등 수많은 표현이 가능하겠지만, 'woman sense'는 결코 아니다.

어느 단어가 지닌 수많은 의미 가운데 한 가지 뜻만 알고는 우리말로 유사한 단어가 사용되는 모든 경우에 함부로 사용하는 행위가 가짜 영어의 두드러진 특징이다. 그리고 이러한 특징 때문에 희생된 대표적인 영어 단어의 하나가 'sense'이며, '센스'가 잘못 쓰이는 경우를 찾아보면 잡지 이름이나 신문의 고정란 등에 자주 나타나는 '리빙 센스'도 포함된다. 물론 '생활 감각'이라는 우리말을 비슷한 영어 단어로 바꿔 넣기만 한 가짜 영어이다.

SBS-TV의 『머니 센스』시간에 "센스 리빙"이라는 고정 시간이 선보였지만, 물론 'money sense'와 'sense living' 또한 국산 영어이고, "롯데 퀸센스"의 '퀸센스' 역시 '여왕다운 감각'을 직역한 가짜 영어이다. KBS2-TV의 『무엇이든 물어보세요』에서 소개한 "요리반 센스방도 있어요"라는 내용에서 '센스방(sense room)'도 외국인에게는 전혀 뜻이 전달되지 않는 국산 영어이고, 텔레비전에 자주 나타나는 '센스 타임' 역시 전혀 의미가 전달되지 않는 '난센스'이다.

'센스' 류의 가짜 영어 가운데 가장 한심한 표현은 '오버센스'이겠는데, 이런 식으로 일반화하면서 남용되다 보니까 많은 한국인들은 잘못된 영어가 올바른 영어라는 착각 속에 빠져 살아가고, 그래서 멋을 부리느라고 영어 단어를 자주 사용하는 사람들의 말투를 보면 교양이 있고 유식해 보이기는커녕 싸구려 언어를 구사하는 무식한 인상을 주기만 할 따름이다.

그리고 가짜 영어의 남용이 가져오는 폐해가 어느 수준인가를 증명하는 하나의 본보기로서는 외국인 독자들에게 배포되는 우리나라의 영자 신문인 『더 코리아 헤럴드(The Korea Herald)』에 실리는 고정란 'Skin Sense'의 제목을 들겠다.

한국인이라면 물론 '스킨 센스'가 무엇인지 모르는 사람이 거의 없다. '피부를 잘 관리하는 감각'이라는 뜻이다. 하지만 과연 'skin sense'가 무슨 뜻인지를 외국인에게 물어보라. 아마도 머리를 갸우뚱할 터이다.

'스킨 센스'라는 뜻을 나타내는 정확한 영어라면 아마도 'tips for skin care' 정도가 되지 않을까 생각되는데, 어쨌든 영자 신문에서까지도 이런 식으로 가짜 영어 제목을 서슴지 않고 내놓을 정도로 심각한 우리의 언어 현실 때문에 번역을 하는 사람들도 언어 감각(가짜 영어로는 '토크 센스')이 마비되어 이제는 'feel'처럼 쉬운 단어의 번역을 하는 '센스'조차 상실해버린 현실을 맞았다. 가짜 영어에 빠져 중독된 나머지 올바른 용법의 언어 감각이 퇴화했기 때문이다.

번역이란, 좀 원시적인 비유를 하자면, '밥 먹고 살기'와 비슷하다. 살아가는 과정에서의 '밥'이란 번역에서 '영어 실력'에 해당된다. 그러나 실력만 가지고는 모자란다. 밥은 지어야 먹는데, 밥을 짓는 능력(기술)이 없으면 굶어야 한다. 그러나 밥을 짓는 기술만으로도 모자란다. 밥을 지어먹으려면 우선 쌀을 구해야 하는데, 번역할 작품을 찾아내고 정보를 입수하는 능력이 여기에 해당된다. 물론 출판사에 접근하는 방법도 마찬가지이다. 그리고 밥을 먹으려면 반찬도 장만해야 한다.

그런데 위 예문에 나온 'feel'이라는 단어의 번역에서는 대부분 쌀도 구하지 못한 차원이다. 단어의 뜻조차 제대로 파악을 하지 못했기 때문이다.

우리들이 안다고 생각하는 단어가 번역이 잘 안 될 때는 십중팔구 그 단어에 우리가 잘 또는 전혀 알지 못하는 뜻이 숨어 있기 때문이고, 그런 숨은 뜻이라면 사전을 찾아보면 곧 해답이 나온다. 하지만 대부분의 응시자는 아마도 'feel'이라는 지극히 초보적인 단어를 사전에서 찾아볼 생각은 하지도 않았을 것이다. 그까짓 단어쯤은 뜻을 충분히 안다고 착각했기 때문이리라.

'필'이 오지 않는 '필'

그렇다면 사람들은 문제의 'feel'이라는 단어의 뜻을 얼마나 잘 알고 있을까? 그리고 한국적 '필'의 의미가 번역에 어떤 영향을 끼쳤을지 추측해 보기 위해 우선 〈가짜영어사전〉에서 필자가 '필(feel)'에 대해서 지적한 내용을 여기 한 번 옮겨 보기로 하겠다.

필

「미스 & 미스터」라는 국적 불명의 제목을 붙인 SBS-TV의 시트콤에는 "필이 팍팍 와서" 좋다는 대사가 나온다.

'pill'은 '알약'이다. 그 중에서도 '피임약'이라는 뜻으로 널리 쓰인다. 그래서 "I'm on the pill"이라고 하면 "나 피임약을 먹고 있어"라는 뜻이다. 따라서 '필이 팍팍 와서 좋다'는 말은 '피임약 배달이 신속하게 잘 되어서 좋다'는 뜻이 될 듯싶다.

MBC-TV의 「칭찬합시다」에서는 진행자 한 사람이 "지금 필 좋은

데 왜 그래"라는 말을 한다.

'필'을 장모음으로 '피일'이라고 발음하면 과일 따위의 '껍질(peel)'이 된다. 그래서 '지금 필이 좋다'고 하면 사과 따위를 깎아서 껍질만 먹어도 좋기만 하다는 뜻이리라. 하지만 혹시 시청자가 '필(peel)'인지 '필(pill)'인지 '필'을 잡지 못했을까봐 걱정이 되어서 텔레비전 화면에는 "필(feel)"이라고 친절하게 자막까지 내보냈다.

MBC-TV의 「전파 견문록」에서도 "너무나 멋진 필(feel)이었어요"라고 괄호까지 치면서 자막을 내보냈다.

영화 「캣 피플(Cat People)」에서는 여주인공 나스타샤 킨스키가 동물원의 관리인(curator)에게 이마를 내밀면서 열이 있는지 만져 보라는 뜻으로 이렇게 한 마디만 한다. "Feel"

이 영화에서처럼 감기 기운은 손끝으로 '만져 보고 느끼는' 것이지, 마음이나 기분하고는 거리가 먼 동사(動詞)이다. 이렇게 'feel'은 동사로 쓰면 대부분의 경우 '손으로 만져서 감촉을 느끼다'라는 뜻이다.

그러나 위에 제시한 텔레비전의 경우에는 '필'이 명사로 사용되었다. 그리고 'feel'을 명사로 사용할 때는 우리 주변에서 수많은 사람들이 착각하고 있는 것처럼 마음에 오는 '느낌(feeling)'이 아니다. 'feel'은 손 끝에 느껴지는 '촉감'이다. 그러니까 '필이 좋다'고 하면 '기분이 좋다'가 아니고 어떤 물건의 '감촉이 좋다'는 말이다.

그나마 'f'의 발음과 표기가 불가능하기 때문에 사람들은 '필'과 '휠' 사이를 오락가락하는가 하면, 장모음을 사용하지 못하게 금지한 우리나라의 표기법 때문에 'ee' 또한 'i'로 바뀌어야 한다. 그래서 'pill'인지 'peel'인지 헷갈리게 되고, 'fill'인지 'wheel'인지조차도 분간하기가 어렵다.

　MBC-TV의 「오늘은 좋은날」에서 어느 여성 코미디언은 "슈퍼 갔더니 첫눈에 날 보고 휠이 왔대나 뭐라냐"라면서 혼자 좋아한다. 'fill'은 '채움'이나 '배부름'이다. 그러니까 여성 코미디언이 한 말은 '초(超=super)에 갔더니 첫눈에 배부름(fill)이 왔다'라는 해괴한 표현이다.

　MBC-TV의 「여자를 말한다」라는 방송극에서 남자 주인공은 낚시터에서 "휠이 오고 있어요"라고 말한다.

　'휠'은 장모음으로 발음하면 '바퀴(wheel)'다. 낚시에 구두가 걸려 나오는 장면이라면 만화나 코미디에서 낯익은 장면이지만, 자동차 바퀴가 낚이다니, '핸드필(손맛)' 한번 대단했겠다.

　KBS 2-TV에서는 「체험 삶의 현장」을 다녀온 전자 바이올린 연주자 유진 박에게 진행을 맡은 여성 코미디언이 한 마디 한다. "조영남 씨가 (바이올린 연주를) 했다고 해봐. 이 얼굴에 휠이 안 나온다구"

　그렇다면 바이올린을 연주하는 동안에 항공기가 착륙할 때처럼 얼굴에서 바퀴가 튀어나오는 사람도 있다는 얘기인가?

　MBC-TV의 「여자 대 여자」에서는 "이 감각 — 휠이 있다니까"라고 감탄하는 말이 튀어나온다.

　'감각'은 '휠'이 아니라 '센스'이다. 다른 곳에서는 잘못 쓰이는 경우가 그렇게도 흔하디 흔하던 '센스'가 모처럼 제대로 활용될 수가 있었던 여기에서는 막상 멍석을 깔아 놓으니까 '필'이 안 좋아서인지 어디론가 꼬리를 감추었다.

　"현대 아파트 필그린"을 분양한다는 광고를 보면 영어로 "Feel Green"이라고 적어 놓았다. 이미 '그린'에서 살펴보았듯이 'feel green'이라고 하면 '속이 메스꺼워 토할 것 같다'는 뜻이다. 아마도 매연이 무척 심한 곳에다 지은 아파트먼트인 모양이다.

"코오롱 하이필 정수기"에서는 '하이필' 이 '높은 감촉(high feel)' 인가 했더니 'high filter'를 줄인 말이라고 광고에서 설명했다. 같은 '필' 인데도 뜻이 영 다른 '필' 이 여기저기 나뒹굴다 보니 '필' 이라는 단어를 보면 어떤 '필' 인지 영 '필' 이 오지를 않는다.

심지어는 KBS 2-TV의 「TV 진품명품」에서 '쇼감정단(＝쇼를 감정하는 사람들의 판넬 집단)' 으로 출연한 어느 여성 코미디언도 "갑자기 휠이 와서 5백만 원이라고 적었습니다"라고 털어놓았다.

우리나라의 문화 유산이 진품이냐 명품이냐 아니면 가짜냐를 감정하는 시간이고 보니 이왕 내친 김에 출연자들이 쓰는 외국어도 진품인지 가짜인지 신경을 써서 감정했더라면 좋았겠다는 생각이다.

조선일보사에서 만드는 여성지의 이름(나중에 우리말로 바뀌었음)도 『필』이다. 아예 제호를 영어로 『feel』이라고 달았다. 아마도 손끝의 감각만을 추구한다는 뜻으로 그런 이름을 붙였는지도 모른다.

'껍질' 잡지 『필』의 광고를 보니까 "영화배우 김보애 드라마틱한 인생 본지에 3시간 풀고백"이라는 제목이 맨 꼭대기에 올랐다. '풀고백' 이란 무엇인가? 수영장(pool)에서 비키니 차림으로 한 고백일까? 아니면 '바보(fool) 같은' 고백일까? 그렇다면 'foolish confession' 이라고 해야 맞을 텐데. 혹시 흥미를 '끌어당기는(pull)' 고백인가?

따질 필요도 없이 이것은 물론 'full 고백', 그러니까 숨김없는 '몽땅 고백' 이라는 뜻이겠다.

"정성 푸짐 'ALL ONE' 의 샌드위치"라는 제목도 보이는데, 궁합이 안 맞는 'all' 과 'one' 이 만나서 이루어진 샌드위치란 무엇인지 도저히 '필' 이 오지를 않는다. 미국 만화 「블론디(Blondie)」에서 남편 대그우드(Dagwood)가 '이것저것 모두(all) 하나(one)에 넣어서 만드는 그런 대형 샌드위치'라는 소리일까?

"CF 모델로 떠오른 축구 스타 안정환 프라이버시 인터뷰" 역시 이상한 제목이다. 'CF'에 관해서는 이미 살펴보았고, 여기에서는 'privacy inter-view'만 따지기로 하자. 기자가 'privacy'를 찾아가서 'interview' 했다는 의미이겠는데, 잘 상상이 가지 않는 상황이다.

우리말로 '사생활 면접'이라고 번역해 놓더라도 이해가 안 가기는 마찬가지이다. 혹시 '단독 인터뷰'라는 뜻인 'private interview'를 잘못 쓴 것일까? 하지만 '단독 인터뷰'는 'private interview'가 아니라 'exclusive interview'이다. 그것도 아니면 '만나서 시시콜콜 사생활 얘기를 듣기'라는 뜻이었을까? 아마도 이것은 '필 잉글리시(감각 영어)'인 모양이다.

"개그우먼 조혜련이 경험한 나체 선탠"이라는 제목은 또 어떠한가? '개그우먼'은 그냥 넘어가기로 하고, '선탠'을 보자. 'suntan'은 햇볕에 그은 거무튀튀한 '상태' 또는 볕에 그을린 '빛깔'을 뜻한다. 우리는 '거무튀튀한 빛깔'을 나체로 경험할 수가 없다. 올바른 영어로 하려면 'tanning'이라고 적어야 한다.

같은 광고에는 다음과 같은 제목들도 실렸는데, 여기에 동원된 영어 단어는 모두 이 사전에 수록되었다.

"CF계 주름잡는 부부 5쌍"

"퍼포먼스 '난타'로 돈방석에 앉은 송승환"

"가수 박미경 백댄스 해주는 여교수 박명수는 누구인가"

"인기 연예인들 창업 성공 노하우"

"Herb 종류와 기르기 & 이용하기"

"깨끗한 피부 만드는 노하우"

"Q&A로 알아보는 비아그라의 모든 것"

언젠가는 동네에서 버스를 타고 가다 보니까 은평문화원에서 개최하는 행사에 관한 현수막이 눈에 띄었는데, "코리아 필 하모니 오케스트라 초청 공연"이라고 했다. '필 하모니 오케스트라'라면 '하모니'를 '필' 하는 '오케'인 모양이다.

KBS 2-TV의 시트콤『멋진 친구들』에서는 "우리 남희석 PD는 역시 안주에 휠이 있는 사람이야"라는 대사가 나온다. 아마도 남희석 'PD'는 안주를 일일이 손으로 주물러(feel) 본 다음에 먹는 모양이다.

같은 KBS 2-TV의『서세원 쇼』에 출연한 코미디언은 "나 이따가 feel이 up되면 간다"면서 'feel up'이라는 숙어까지 능숙하게 구사했다. 가관(＝가히 볼만한 경치)이다.

『조선일보』는 '가요·팝' 면에서 가수 이정현의 근황을 보도하며 "이번엔 '이집트 필'로 확 바꿨어요"라면서 한국의 '필'을 아프리카로까지 수출했지만, 'feel'이 어째서 '분위기'라는 의미를 갖게 되었는지는 통 '필'이 오지 않는다.

아마도 이번에 답안지를 낸 학생들 가운데 몇몇은 이러한 '필'의 용법에 익숙해서, 예문의 번역이 잘 되지 않는데도 불구하고 사전을 찾아볼 생각은 하지 않았을 것이다. 아는 단어를 왜 또 찾아보냐는 생각에서 말이다. 하지만 올바른 이해를 하려면 가짜 영어를 이겨내야 한다.

대충만 알고 쓰는 영어를 사용하는 사람이라면 필시 우리말도 그런 식으로 구사한다. 막연히 뜻만 전하면 된다고 말이다. 그래서 '구경'이나 '감상'을 하느라고 왜 '쇼핑객'이 손가방을 겨드랑이에 끼던지 한 손에 들지 않고 의자에 내려 놓아야 하는지조차도 따지지를 않는다. 'feel'이 '만져보다'라는 뜻임을 알게 되면 "아하, 이것저것 옷 따위를 두 손으로 만져 보려면 손가방을 의자에 내려놓아야 하고, 그런 다음에 정신나간 여자들이 지갑을 잊어버린 채 다른 점포로 그냥 가버린 모양이로구나"하는 '논리'가 저절로 풀려나갈 텐데도 말이다.

아는 단어, 안다고 착각한 단어를 사전에서 찾아보는 버릇 또한 번역 밥짓기에서는 필수적인 수비이다.

정신나간 '쇼핑객'

"물건 보다가" 또는 "물건을 감상하는 동안" 또는 "물건들을 고르면서" 또는 "물건에 정신이 팔려" 또는 "물건 보러 갈 때" 손가방을 의자에 놓고 그냥 가버리는 정신 나간 여자들(lots of ladies, leaving purses on chairs)을 어느 학생(00130006)은 '(여성) 쇼핑객'이라고 번역했다.

그렇다면 '쇼핑객'은 과연 어느 나라 말일까?

'shopping客'이라니?

필자는 '가짜 영어'뿐 아니라 요즈음 직장과 심지어는 정부의 부처에서까지도 유행하는 '팀장(team長)'이나 '파트장(part長)' 따위의 명칭, 그리고 '가라오케'처럼 국적불명인 어휘의 남용이 우리 언어에 끼치는 영향에 대해서도 이미 여러 차례 개인적인 소신을 밝혔다.

다시 '쇼핑객'이라는 단어를 보자.

영어도 아니요 중국어도 아니요 그렇다고 해서 우리말은 더더욱 아닌 단 세 글자 짜리 단어 '쇼핑객'이 『새믈러 선생의 세상』 같은 솔 벨로우의 고급 소설에 나타나고 보니 얼마나 불결해 보이는가? 문학 작품을 번역하는 사람이라면 국민의 언어 습성을 바로잡아야 하는 책임을 어느 정도는 져야 하는데, 그러면서도 '쇼핑객'이나 '팀장' 같은 반쪽 짜리 단어를 보고 불결감을 느끼지 않는다면 역시 '센스'나 '필'이 아닌 '감각'이 문제라고 여겨진다.

이런 문제성 감각이 가장 두드러진 예가 요즈음 영어 제목을 소리 나는대로, 그나마도 여기저기 틀려가면서, 『나인스 게이트(Nines Gate?)』라는 식으로 부정확한 표기법을 써가며 이두처럼 그냥 적어 놓는 영화 제목에서 나타난다.

그리고 영화에 관한 한 언어의 불결함은 제목에만 국한된 얘기가 아니다. 1999년부터 필자는 학교에서 가르치던 학생들 가운데 출중한 실력을 갖추었다고 여겨지는 두 사람과 함께 〈옥스포드 영화 연구(The Oxford Guide to Film Studies)〉라는 방대한 영화 서적의 공동 번역에 착수했다. 그런데 일을 시작하자마자 세 사람이 봉착한 가장 큰 어려움은 'postmodernism'이나 'text' 같은 용어를 처리하는 일이었다.

물론 대부분의 사람들은 '포스트 모더니즘'이 무엇인지, 그리고 '텍스트'가 무엇인지 잘 안다. 하지만 정말로 그럴까? 역시 두 단어를 잘 안다고 생각했던 두 학생에게 필자는, 대부분의 다른 사람들이 그러듯이 그냥 '텍스트'나 '포스트모더니즘'이라고 소리나는 대로 한글로 적어놓지 않으며, 영어를 영어로 번역하지 않는다는 원칙을 지켜 그것을 우리말로 번역해 오라고 요구했다.

그들은 번역을 해오지 못했다. 무슨 뜻인지는 알겠는데, 정확히 우리말로 무엇이라고 해야 할지 도무지 생각이 나지 않는다는 설명이었다.

그렇다면, 우리말로 정확히 무엇인지를 모른다면, 영어는 알면서도 우리말은 모른다면, 과연 그것이 아는 단어요 아는 개념일까?

필자는 남들에게 물어서라도 정확한 우리말 용어가 무엇인지 알아오라고 다시 요구했다. 그랬더니 여기저기 자문을 받은 다음 한 학생이 와서 설명하기를, 'modernism'을 '현대주의'라고도 하지만 '근대주의'라고 하는 사람도 많아서 어느 쪽이 정답인지 알 길이 없다고 했다. '현대'와 '근대'는 분명히 시차가 나는 개념인데, 우리나라에서는 두 가지 단어가 정리조차 제대로 되어 있지 않다는 뜻이었다.

'text'도 마찬가지였다. 영어로는 무슨 뜻인지 분명히 알겠는데, '영화의 텍스트'라면 '교본'인지 '대본'인지, 그것도 아니면 다른 무엇인지 판단이 서지 않는다는 고백이었다. 그리고 자문을 해 준 사람들 대부분이 그런 어휘는 이미 우리나라에 정착된 외래어이기 때문에 구태여 번역할 필요가 없겠다는 뜻도 전해 왔다.

결국 필자가 'postmodernism'은 '후기 현대파'라 하고 'text'는 '내용물'이라고 잠정적으로 정해 주고 말았지만, "우리나라에 정착된 외래어이기 때문에 구태여 번역할 필요가 없는" 단어가 그 이외에도 너무 많아서 고민이 계속되었다. 예를 들어 영화의 '장면'을 뜻하면서도 서로 조금씩은 의미가 다른 'shot'과 'sequence'와 'scene' 그리고 일본에서 의미가 달라진 단어를 그대로 수입해서 사용하는 'cut'을 우리말로는 어떻게 차별화해야 하는가? 남들처럼 구태여 번역하는 수고를 하지 않고 그냥 소리나는 대로 '숏'과 '시퀀스'와 '씬'과 '컷'이라고 해도 괜찮을까?

그뿐이 아니다. 영화 촬영 현장에 가면 '콘티'와 '레디-꼬'와 '줌'과 가짜 영어 'NG'와 '클로즈업'과 '액션'과 '블록버스터'와 'SFX'처럼 우리말이 제대로 없어 그냥 '원어'로 유통되는 전문 용어가 지나치게 많다. 그래서 사람들이 주고받는 얘기를 들으면 우리 말은 토씨 정도만 사용되기도 한다.

역시 〈가짜영어사전〉에 소개한 내용이지만, EBS-TV의 "대학가 중계"에서는 "시네마 키드의 아름다운 여름" 편을 통해 『얼음의 여왕』이라는 제목으로 단편영화를 만드는 어느 대학 학생들의 활동을 추적했는데, 학생들이 주고받던 대화에서는 물론이요 방송국에서 마련한 해설에서도 국적 불명의 말들이 쉴새없이 넘나들며 이렇게 난무했다.

(동국대학교 학생들이 주고받은) 말 중에서 외국으로부터 수입했거나 외국어를 국내에서 가공한 단어에는 밑줄을 그어 보겠다.

"어름산 <u>미니어처</u>가 <u>모니터</u>에 비친다"
"<u>콘티</u>엔 이렇게 그려져 있는데……"
"때마침 누군가 문을 여는 바람에 <u>NG</u>가 나 버렸다"
"필림의 <u>러시</u>를 찾아온 모양이다"
"<u>리허설</u> 한번 합시다"
"<u>카메라 레디</u>"
"<u>카메라 액션</u>"
"<u>컷트</u>!"
"유리 <u>튜브</u>랑 쓰는 거예요"
"여자들은 <u>스크립타</u>나 하는 줄 알고……"
"남자 <u>캐릭터</u>는 보편화되었고……"
"하나의 <u>컨셉</u>이 필요해요"
"<u>Good</u>!" 아예 영어로 감탄했다.
"물속에서 원하는 <u>포즈</u>를 낸다는 건……" 'pose'는 멈춘 동작을 의미하는 말이지만, 여기에서는 어느 여학생이 물 속에서 계속 허우적거렸다.
"학교에서 최고 가는 영화광 <u>매니아</u>였거든요"
"노출을 모두 <u>노말</u>로 만들어 놓아야지."

"제일 좋은 <u>타임</u>은 1, 2초로 끊는 거예요."
"<u>이미지 커트</u>를 모아 놓은 거거든요."
"옆에서는 <u>세트</u> 작업이 한창입니다."
"이른바 <u>메이킹 필름</u>을 만들고 있는 셈이다" 이 '해설'은 정말로 무엇을 만든다고 설명하는 내용인지 전혀 알 길이 없었다.
"<u>페인트</u> 통 따다가 베었어요" 'paint'는 오랫동안 우리나라에서 '뻥끼' 노릇을 했었다.
"<u>레디, 고</u>!"
"<u>쁘라스죠</u>"
"<u>아카스티코</u>" 'acoustics(＝음향)'라는 말인 모양인데, 마치 일본 사람의 이름을 부르는 소리처럼 들렸다.
그들은 일을 끝내고 회식을 하면서 소리쳤다. "<u>화이팅</u>!"
그리고 동국대학교 탐방을 끝낸 '대학가 중계'는 이어서 아예 영어로 「Who Am I?」라는 제목을 붙인 단편영화를 소개했다.

만일 제 5과에 출제한 글을 위에서 대화를 나누던 대학생들의 말투처럼 번역을 한다면 이런 내용이 되지 않을까 생각한다.

"리버사이드 버스의 픽포켓을 리포트하고 싶은데요."
"오케이."
"써?"
"오케이. 오케이라고 했으니까 리포트하세요."
"니그로인데, 어바우트 식스 피트에 어바우트 투 헌드레드 파운드이고, 에이지는 더티 파이브 쯤, 아주 굿 루킹하고, 아주 베스트 드레서예요"
"오케이."
"콜해야 할 것 같은 씽크가 들어서요."
"오케이."

'쇼핑객' 한 단어를 놓고 비유가 너무 심하다고 생각할지도 모르겠지만, 하나의 단어는 하나의 씨앗이고, 하나의 씨앗에서 자란 나무에는 무수한 잎이, 그리고는 수많은 열매가 열려 다시 엄청나게 많은 씨앗과 나무로 늘어난다는 사실을 잊어서는 안 된다.

정신나간 '귀부인'

어떤 사람들은 서양에서 유입되는 첨단 정보와 기술의 속도가 너무 빨라 새로운 개념과 용어를 정리하여 우리말로 번역해서 사용할 틈이 없다는 주장을 내세우고, 또 어떤 사람들은 세계화의 과정에서 영어를 사용하는 현상이 보편화된 마당이니 구태여 번거롭게 우리말로 번역할 필요가 무엇이겠느냐고 반문하지만, 그것은 알고 보면 책임을 회피하려는 핑계에 지나지 않는 경우가 많다.

〈옥스포드 영화 연구〉를 번역하는 과정에서도 필자는 그런 인식을 다시금 새롭게 느꼈다. '딥포커스(deep focus)', '롱테이크(long take)', '줌(zoom)', '클로즈업(close-up)', '디지털(digital)', '네레티브(narrative)', '애니메이션(animation)' 등등의 영어 표현에 맞는 우리말이 없다고 믿는 사람들을 만날 때마다, 왜 사람들은 영어는 알면서 우리말에는 그런 단어가 존재한다는 사실조차 모른다는 사실을 부끄러워하기는커녕 그것이 '유식함'의 훈장이라고 생각하는지 납득이 가지를 않았다.

물론 'close-up'을 '대사(大寫)'라고 번역하면 생경해서 알아들을 사람이 별로 없겠지만, 'long take'를 '길게 찍기'라고 하면 얼마나 빨리 그리고 쉽게 사람들이 개념을 이해하게 되는지 생각해 보기 바란다. 'digital'이 '숫자 방식'이라는 간단한 뜻임을 알지 못하면서 '디지털'이라는 어려운 영어 단어를 남발하는 사람들은 또 얼마나 될지도 생각해 보기 바란다. SBS-TV의 저녁 뉴스에서 표방하는

"Humanism thru digital"이 도대체 말이나 되는 영어라고 생각하는가?

영화뿐 아니라 전에는 '전자계산기'라고 불렸던 '컴퓨터' 산업, 그리고 인쇄나 방송 등 거의 모든 전문 분야에서 새로운 용어의 번역에 대해 사람들이 얼마나 의도적으로 소홀했는지는 쉽게 확인이 가능하고, '문자쓰기'를 좋아하는 습성에 젖어 우리말보다는 외래어나 외국어를 선호하는 그런 현상은 이번 답안지 가운데 'VIP'를 'VIP'라고 번역한 경우(102963)에서도 나타난다.

또한 '소홀한 번역'은 우리말의 어휘 선택에서도 나타난다. "쇼핑을 하면서 물건을 보다가 의자에 백 놓고 가는 귀부인들도 많고 말이요"라는 번역의 경우(102825)가 그러하다. 'shopping'과 'purse'를 '쇼핑'과 '백(bag)'이라고 번역한 부분은 지금까지 충분히 설명했으니 그냥 넘어가기로 하고, '귀부인'이라는 우리말 단어의 구사를 두고 좀 생각해 보자.

『새플러 선생의 세상』은 현대 미국이 배경이다. 그렇다면 요즈음 아메리카 합중국의 '귀부인'이란 어떤 계층을 뜻하는 것일까? '귀부인'이라는 호칭을 받는 여자들이 과연 미국에 존재하기나 하는가?

만일 현대 미국에 귀부인이 존재한다고 해도, 진짜 '귀부인'이라면 돈을 지갑에 넣고 손수 물건을 사러 백화점으로 찾아가지는 않으리라. 하녀와 집사와 시종을 거느리고 살아가는 귀부인이 장을 보러 나간다는 장면은 현실적으로 성립이 불가능한 상황이기 때문이다.

우리나라에서는 백화점이 과소비의 현장으로서 사치한 곳으로 인식되기가 보통이지만, 미국의 백화점이라면 상류층이 아니라 중산층을 상대하는 대형 매장이라는 문화적인 배경도 염두에 두어야 한다.

'귀부인'이라는 번역은 아마도, '가짜 영어'와 유사한 습성이지만,

'lady'라고 하면 달랑 '귀부인'이라는 뜻 하나만 있다고 단정해 버리는 속단에서 생겨나는 후유증이다. 하지만 'lady'는 '귀부인' 뿐 아니라, 처녀가 아닌 모든 여성을 지칭하는 말이고, 우리말에서 찾아본다면 '부인'이나 '아주머니'까지도 모두 'lady'로 통한다. 서부영화를 보면 창녀까지도 "Hey, lady!"라고 부르는 장면을 흔히 보게 되는데, 그런 경우도 "여보세요, 귀부인!"이라고 번역할 수야 없는 노릇이다. 더구나 새믈러 선생과 통화를 나누는 퉁명스러운 경찰관의 입에서 나온 'lady'라면 '아주머니'나, 좀 더 심한 경우라면 은근히 비하시키는 의미가 담긴 '아줌씨' 정도가 되겠다. 실내 수영장에서 널리 통용되는 '어머니들'이라는 표현 또한 'ladies'와 제대로 맞아떨어지는 표현이다.

'숙녀분(오진수, 103042, 101480)'이라는 번역도 그렇게 보면 별로 탐탁하게 여겨지지는 않는다.

귀로 번역하는 연습

번역이란 이렇듯 어휘를 자신의 뼈와 함께 깎아내는 세공술이고, 영어를 영어로 번역하는 사람들이 주장하는 모든 핑계와 원칙은 적어도 문학 번역에서만큼은 바람직한 요령이 아니다.

대화체에서 '귀로 번역하기'가 필요한 까닭 또한 거기에서 비롯한다.

앞에서도 지적했듯이 기성 작가들까지도 대화체를 쓸 때는 어려움을 느끼고, 그래서 아직 공부를 하는 사람에게서라면 실감나는 번역 대화체를 기대하기는 힘들겠다. 그러나 주변의 사람들이 주고받는 대화에 늘 귀를 기울이고, 어체에 신경을 써서 문장을 엮는다면 어색함을 많이 다듬어낼 수가 있으리라고 생각한다.

지금부터 이번 답안지에서 '귀로 번역하기'가 부족하다는 인상을 주는 문장들을 뽑아 보겠다. (띄어쓰기는 답안지에 나타난 그대로이기 때문에 틀린 곳이 많다.) 여러분은 발췌한 문장을 보고, 영어 원문과 비교해 가면서, 정말로 사람들이 그런 식으로 말을 하는지 곰곰이 생각해 보기 바란다. 눈을 감고 같은 상황에서 실제로 사람들이 무슨 어휘를 사용해서 어떤 식으로 얘기하는지 귀를 기울여 보고, 그렇게 해서 귀에 들려오는 대화체 문장을 하나씩 옆에다 적어보기 바란다.

00130005
"(잘 생겼구) 옷도 잘 입어요."
"전화해야 한다고 생각했어요."
"우리가 어떻게 해야 한다고 생각하세요?"
"난 그 사람을 말해 줄 수 있는데요."
"밀린 게 산더미예요."

00130006
"옷도 꽤 잘 차려 입고 있었습니다."

0013003
"당신의 성함은요?"
"제가 묻고 있는 겁니다."
"사람 하나를 풀으세요."('풀다'는 흔히 여러 사람의 경우임)
"우리가 하는 일이 얼마나 많다구요, 아더, 고관들도 그리고 장교들도."

오진수
"그를 체포해야죠."(주어의 문제)
"그러려면 그를 먼저 잡아야 합니다."
"나는 그 소매치기를 잡아낼 수 있습니다."

103042
"저희가 무엇을 해야 한다고 보십니까?"
"버스에 잡아 넣어야죠."

102102
"그 소매치기를 어떻게 처리하려 하시는지를 묻고 있습니다."
"우리는 버스에 사람들을 투입하지는 못할 것입니다. 수많은 버스들이 있지 않습니까."
"감당해야할 많은 회의장, 연회장등이 지금 손안에 있습니다."

103440
"경관님?"
"그 놈을 먼저 잡아야 하겠군요."
"그 놈을 버스에서 잡아야해요."
"그 놈을 버스에서 잡을 수는 없어요."*

* 나중 세 문장은 나란히 나온다. 마치 새뮤얼 베케트의 희곡 『고도를 기다리며』를 연상시키는 대화이다.

101860
"다만 일의 순서가 있을 뿐입니다."

102963
"우리가 경비서야 할 많은 집회와 연회도 있고요."

| 제 5과의
예문 번역

그렇다면 대화체 문장의 '귀로 번역하기'는 어떤 식으로 이루어지는지를 시도해 보겠는데, 정보원이나 수사관이나 경찰관을 우리나라에서 요즈음 '요원'이나 '기관원'이나 '경찰관'이라고 하지를 않고, 아마도 사람들에게 보다 좋은 인상을 주기 위해서, 또는 지나치게 눈에 드러나지 않게 하기 위해서, 회사에서처럼 '직원'이라고 부른다는 사실을 참고하기 바란다.

*

"리버사이드 버스에 탄 소매치기를 신고하고 싶은데요."
"알았어요."
"예?"
"알았다구요. 알았으니까, 신고하라구요."
"흑인인데, 키는 1미터 80에, 체중이 90 킬로그램쯤 나가겠고, 서른 다섯 가량 됐는데, 미남형이고, 옷차림은 아주 말쑥했어요."
"알았어요."
"신고를 해야 할 것 같아서요."
"알았다니까요."
"조처는 안 취하실 건가요?"
"취해야 되겠죠. 안 그래요? 신고자 성명은요?"
"아더 새물러인데요."
"좋아요, 아트. 주소는?"
"잠깐만요. 주소는 알려 드리겠지만, 이 남자를 어떻게 할 건지 제가 물어본 말에 대답부터 해 주시죠."
"우리가 어떻게 해 드렸으면 좋겠는데요?"
"체포를 해야죠."
"우선 붙잡아야 체포를 하잖아요."
"버스에 사람을 보내도록 해요."
"버스에 탑승시킬 직원이 없어요. 버스는 굉장히 많은데, 아트, 직원은 모자라니까요. 회의다, 연회다, 우리가 쫓아다녀야 할 일이 많다구요, 아트. 고위층 인사들도 많고요. 로드 앤 테일러나 본윗스나 삭스에서 물건을 고르느라고 만져 보다가 의자에 지갑을 두고 가는 아줌마들은 또 얼마나 많고요."

"알겠어요. 인원도 모자라고, 급한 일이나 정치적인 압력도 문제겠죠. 하지만 저 사람이 범인이라고 제가 찍어 주겠다니까요."

"나중에 그렇게 해요."

"찍어 줘도 싫은가요?"

"좋긴 하지만 대기자 명단이 있으니까요."

"그럼 내가 당신네 명단에 올라야 한단 말인가요?"

"맞아요, 에이브."

"아더라니까요."

"아더."

6

번역이 아닌 '창작'

이번에는 이솝 우화 두 편을 내놓았다. 첫 번째 우화도 대부분의 사람들이 잘 아는 내용이겠지만, 두 번째 얘기는 아마도 초등학교 시절 교과서에서 "꾀 많은 당나귀"라는 제목으로 이미 접했던 학생이 많으리라고 생각한다.

이솝 우화를 택한 까닭은, 지금까지 낱 단어에 관한 얘기를 주로 했으나, 이번 과에서부터는 단어를 벗어나 문장의 번역에 관한 쪽으로 한 단계 올라가기로 하는데, 그러려면 문장과 문단에 관한 인식을 새롭게 해야 하기 때문이고, 비록 짧은 글이기는 하지만 기승전결이 분명한 예문을 번역해 나가면서 작품 전체의 구성에 대해서는 어떤 준비를 해야 하는지도 익히도록 도와주기 위해서이다.

다시 거듭해서 지적하겠지만, 숙제를 직접 번역하지 않고 필자가 설명하는 내용을 눈으로 읽기만 해서는 별로 '실력 양성'에 도움이 되지 않으니까, 숙제를 낼 때마다 빠지지 않고 번역을 하고, 번역한 글은 버리지 말고 계속해서 차곡차곡 모아두기 바란다.

THE FROG & THE OX.

A great Ox, grazing in a swamp, put down his foot on a family of young Frogs, and crushed most of them to death. One escaped, and ran off to his mother with the terrible news. Mother, he said, you never saw such a big beast as the beast that did it! Big? said the foolish old Mother Frog. She puffed herself to twice her size, and said, Was it as big as this? Oh, much bigger, said the little Frog. She puffed herself some more, and said : As big as this? Oh, no, Mother, much, much bigger. So she puffed again, and puffed so very hard that suddenly with a great POP! she burst into little pieces.

☞ Small men can destroy themselves by striving to be bigger than they are.

THE DONKEY & THE SALT.

A merchant once loaded his Donkey with some bags of salt, and was driving her to town, when she slipped and fell into the water as they were crossing a plank over a small stream. The donkey swam to shore, but the salt was all dissolved and streamed out of the bags, so that the Donkey had a light burden the rest of the way. The next day, again carrying salt, the Donkey managed to slip at the same spot, with the same result. Then the merchant decided to cure the Donkey of her habit, and the next day loaded her down with a great pile of Sponges. The foolish Donkey slipped again, but this time she could hardly drag herself out of the water with the soaking Sponges, and staggered into town under a tremendous load.

☞ Fools always play the same trick once too often.

제 5과에서 우리는 대화체의 말투를 설정하는 방법을 잠시 생각해 보았는데, 바로 그 고민이 이제부터 번역의 과제로 삼아야 하는 『현대인 독자를 위한 이솝의 우화(Aesop's Fables For Modern Reader)』에도 해당된다.

예문으로 내놓은 글은 이솝 우화를 지금의 감각에 맞도록 다듬어 놓은 글로써, 이른바 "어른들을 위한 동화"의 계열이라고 이해하면 되겠다. 그리고 꼭 어린이만 읽어야 할 내용이 아니라는 뜻으로 아무리 어른을 위한 동화라고 설명적인 명칭을 붙이기는 했더라도, 동화는 역시 동화이고, 그래서 문체는 어린이에게 어른이 읽어주는 구연동화체, 그러니까 굳이 이름을 붙이자면, 서술적 대화체가 알맞으리라는 생각이다. 말하자면 어른이 어린이와 대화를 나누는 상황이라고 가정하면 되겠다.

하지만 아무리 어린 아이와 나누는 대화라고 하더라도, 다수의 제 3자가 지켜보는 공개적인 글이나 텔레비전 등에서는 언제나 어린이의 인격을 존중해 주는 의미에서 높임말을 사용하는 쪽이 바람직하다는 사실도 밝혀 두겠다. 텔레비전을 보면 이른바 '리포터'라는 젊은 여성들이 아이들에게 함부로 반말을 하는 장면이 나오고는 하는데, 이것은 텔레비전의 속성과 '약속'을 이해하지 못하는 그릇된 행동이다.

예를 들어 텔레비전에 나와서 대담을 나누는 두 사람이 있다면, 그들은 그들끼리만 얘기를 나누는 상황이 아니다. 그들 두 사람이 텔레비전에 나와서 얘기를 나누는 까닭은 제 3자인 시청자로 하여금 그들의 얘기를 듣게하기 위해서이다. 따라서 그들 두 사람은 시청자와 대화를 나누는 셈이다. 그렇기 때문에 텔레비전의 토크쇼에서는 진행자가 출연자에게 지나친 경어를 사용하지 못하도록 금하는 원칙이 있다. 출연자에 대한 지나친 높임은 시청자를 출연자보다 낮은 위치로 놓아 상대적으로 시청자를 비하시키는 결과를 가져오기 때문이다.

이해를 하기가 조금 어렵겠지만, 어린이에게 '리포터'나 진행자가 반말을 하면, 위 경우와는 반대로 이번에는 시청자가 자신을 출연자와 동일시하려는 경향 때문에 제 3자인 시청자가 진행자에게 비하를 당하는 꼴이 된다.

글에서도 마찬가지이다. 특히 앞에 내놓은 예문에서의 경우가 그렇다. 아이들에게 쓰는 반말로 번역한 글을 어른이 읽는 경우를 생각해 보기 바란다.

그러니까 "어른을 위한 동화" 차원의 글을 번역하려면 유치원의 선생님이 아이들에게 책을 읽어주는 식으로 "어린 티가 나는 높임말"을 사용하자는 약속이 독자와 번역자 사이에서 이루어져야 바람직하다.

그러나 안타깝게도, 이솝 우화를 번역한 글을 보내 준 세 학생 중에는 그런 문체로 옮긴 사람이 아무도 없었다. 두 편의 우화를 세 사람이 번역한 글에서 각각 첫 문장을 살펴보면 이러하다.

첫 번째 우화

"늪지대에서 풀을 뜯어먹던 큰 황소가 새끼 개구리 한 떼를 밟아서 그것들 대부분을 죽일 정도로 짜브라뜨렸다."

"황소 한 마리가 늪에서 풀을 뜯어먹고 있다가 어린 개구리 가족을 밟아 그들을 모두 압사시켜 버렸다."

"엄청나게 큰 황소가 조그마한 연못에서 조용히 풀을 뜯어먹고 있었다."

두 번째 우화

"옛날에 한 상인이 당나귀 등에 작은 소금 주머니들을 얹어서 읍으로 몰고 가다가, 작은 계곡에서 다리를 건너던 중 미끄러져서 물 속으로 떨어지고 말았다."

"옛날에 한 상인이 소금 몇 자루를 당나귀에 싣고 마을로 향하고 있었다."

"한 상인은 당나귀등에 소금 주머니를 싣고 도시로 가고 있었다."

물론 일반적인 서술체로 번역해도 크게 흠이 될 일은 아니겠지만, 적어도 단 한 사람만이나마 '우화'다운 문체를 사용해 주었더라면 좋았으리라는 아쉬움이 앞선다.

여기에서도 역시 우리는 (텔레비전의 어린이 시간에 자주 듣게 되는 말투에 주의를 기울이면서) 귀로 하는 번역이 필요함을 절실하게 느낀다. 예를 들어 위에 열거한 여섯 개의 번역된 문장을 어린 아들이나 딸을 앞에 앉혀놓고 큰 소리로 읽어주면 왜 그런 어투가 이상한지 쉽게 이해가 가리라고 생각한다. 직접 한 번 실험해 보기 바란다.

이번 과에서는 학생들의 글을 살펴보는 각도 또한 조금 바꾸기로 했다. 직접 번역을 해 본 학생들은 느꼈겠지만, 이런 글은 우리말로 옮기는 과정에서 단어나 문장의 뜻풀이가 어려운 경우를 만나는 일이 별로 없다. 그리고 기승전결이 분명한 하나의 독립된 콩트 같은 내용이어서, 말하자면 '완전한 하나의 작품'을 번역하는 체험이 되겠다. 따라서 이번 과에서는 국부적인 표현의 번역에 얽힌 문제를 중심으로 해서 검토하는 대신, 조금 방법을 바꿔서, 학생들이 보낸 글을 한 편씩 선정하여 보다 일반적인 각도에서 살펴보기로 하겠다. 그러니까 개별적인 문장이나 단어의 '해석'보다는 '작품 번역'의 시각에서 글을 살피며, 나쁜 문장이나 표현은 구체적으로 수정한 예문을 제시해 주기로 하겠다.

*

서울시 동대문구 휘경 1동 학생의 번역

개구리와 황소

늪지대에서 풀을 뜯어먹던 큰 황소가 새끼 개구리 한 떼를 밟아서 그것들 대부분을 죽일 정도로 짜부라뜨렸다. 개구리 중에 한 마리가 엄마한테 도망가서 그 끔찍한 소식을 전했다. 그가 말하길, "엄마, 그런 짓을 할 정도로 큰 괴물은 없을 거예요" "크다고?", 늙고 멍청한 어미 개구리가 말했다. 그녀는 자신의 몸을 원래보다 두 배정도 부풀린 후, "이 만큼 커?"라고 말했다. 이에 새끼 개구리가 "아니, 훨씬 커요"라고 대답했다. 그녀는 자신의 몸을 좀 더 부풀린 후, "이 만큼?"하고 물었다. "아니, 엄마. 훨씬, 훨씬 더 커요" 그래서 그녀가 다시 몸을 부풀렸는데, 너무 심하게 부풀린 나머지 갑자기 '펑' 하고 터져 버렸다. 아주 산산조각이 나고 만 것이다.

☞ 뱁새가 황새 쫓아 가다 다리 찢어진다.
　(소인배가 현재의 자신보다 더 커지기 위해 기를 쓰면 자기 자신을 망치게 된다.)

위 번역에서 무엇이 미흡한지를 이제부터 하나씩 지적해 보겠다.

1. 제목을 보면 원문은 분명히 가운데 들어가도록 편집해 놓았는데, 번역에서는 왼쪽 끝에다 붙여 놓았다.

2. 첫 문장은 단락이 나뉘어 새로운 문단이 시작된다는 뜻으로 앞에 한 칸을 비워 놓았는데, 번역문은 빈 칸이 없다. 1번과 2번으로 지적된 내용은 "빈 칸도 번역한다"고 필자가 설명한 부분을 참조하기

바란다. 그리고 줄바꾸기의 중요성에 관한 내용도 상기하기 바란다.

3. "in a swamp"를 "늪지대에서"라고 번역했는데, 이것은 'swamp'라는 단어를 보기만 하면 별로 따지지 않고 '늪'이라는 단어 하나만 반사적으로 생각하는 식의 번역이다. 하지만 '늪'이라면, 적어도 한국인들의 머리에는, 모기떼가 들끓고 숲이 무성하게 자란 열대의 밀림을 연상한다. 그런 곳이 개구리와 소가 만날만한 장소일까? 논리적인 가능성의 문제이다. 여기에서의 'swamp'는 질퍽한 곳, 그러니까 "물가에서" 정도로 했더라면 좋았겠다.

4. "A great Ox" 역시 별로 생각도 해 보지 않은 듯 그냥 "큰 황소가"라고 했다. 개구리 한 가족을 한꺼번에 몽땅 밟아 죽일 정도로 "굉장히 큰(great) 소"와 한두 마리 정도 밟아 죽일 정도의 "큰(big) 소"는 굉장히 큰 차이가 난다. 우화나 동화는 특히 "아주 아주 커다랗고 커다란 소가 살았답니다"라는 식으로 과장법을 많이 사용하기가 보통인데, 적당히 얼버무리고 넘어가는 식으로 번역이 소홀하지 않았나 하는 인상을 준다.

5. "crushed most of them to death"의 뜻은 "그것들 대부분을 죽일 <u>정도로</u> (짓밟았다)"가 아니라 "짓밟아서 (진짜로) 죽였어요"라는 뜻이다. 죽일 정도로 밟는 것과 밟아서 죽이는 행위라면 사느냐 죽느냐의 '굉장히 큰' 차이가 난다.

6. '짜부라뜨렸다'라는 어휘가 과연 어울리는지, 그리고 정확한 단어인지 생각해 보기 바란다.

7. '짜부라뜨렸다'라는 단어가 정확하게 선택한 단어라고 하더라

도, 이 동사의 어미는 구연 동화체 하고 거리가 멀다. 이왕 '짜브라뜨렸다' 라는 단어를 쓰고 싶었더라도, '짜브라뜨렸어요' 라거나 '짜브라뜨렸답니다' 라고 구어체이면서 존칭어인 표현을 썼더라면 훨씬 좋았겠다.

이렇게 단 하나의 문장에서 일곱 가지의 지적 사항이 나왔다.

8. "개구리 중에 한 마리가 엄마한테 도망가서"라는 번역은 어린 개구리들이 소에게 밟히기는 했지만 모두 살아 남았다는(5항 참조) 가정 하에, "살아 있는 모든 새끼들 가운데 한 마리(One)가 엄마한테 도망가서(escaped)"라는 뜻으로 오역이 되었지만, "One escaped"는 "한 마리(One)가 겨우 죽음을 면(escape)해서"라는 의미이다. '도망가서' 는 그 다음에 나오는 'ran off(달려가서)' 라는 표현이 밝혀준다.

9. [그가 말하길, "엄마, 그런 짓을 할 정도로 큰 괴물은 없을 거예요"]는 제대로 마무리를 짓지 않은 불완전한 문장이어서, 특히 구연 동화라면 듣는 사람으로 하여금 무엇인가 말을 듣다가 만 듯한 기분을 느끼게 한다.

10. 9항의 문장뿐 아니라, 다음에 나오는 모든 대화체 문장에는 따옴표를 썼는데, 간접 화법을 직접 화법으로 번역하는 것은 잘못이다. 원작의 작가는 나름대로의 목적에 따라 대화체를 직접 화법이냐 아니면 간접 화법이냐를 가려서 글을 쓰는데, 번역하는 사람이 함부로 화법을 바꿔서는 안 될 일이다.

11. ["크다고?", 늙고 멍청한 어미 개구리가 말했다.]에서는, 만일

직접 화법으로의 전환 번역을 용납하더라도, 구두점의 용법이 틀렸다. 구두점조차 제대로 정리가 안 된 문장은 기초가 부실하다는 인상을 주기 때문에 곤란하다.

영어에서는 ["Big," he said.]라는 식으로, 겹따옴표를 열어놓은 다음 말하는 내용을 끝내고 아직 전체 문장이 끝나지 않았다는 뜻으로 마침표가 아니라 쉼표를 찍고 나서 겹따옴표를 닫고, 그런 다음에 소문자(he)로 말한 사람이 누구인지 주체를 밝히고 마지막에 마침표를 찍는다. 그러나 우리나라에서는 ["크지" 그가 말했다.]라는 식으로 말한 내용의 끝에 쉼표가 아니라 마침표를 찍은 다음 겹따옴표로 마무리를 짓고, [그가 말했다.]는 새로운 문장으로 독립시킨다.

의문문의 경우에도 영어로 ["Big?" he said.]라는 내용이라면 ["크다고?"]라는 식으로 질문의 내용은 따옴표 안에서 정리를 끝내고, 뒤에서 새로 시작하여 [그가 말했다.] 또는 [그가 물었다.]라고 이어서 붙인다.

우리나라의 표기법에서는 대화체의 경우에 (따옴표 안에 가둬 놓은) 말한 내용과 행위(말)를 한 자(者)를 서술하는 내용을 행까지 바꿔가며 적기가 보통이다.

예를 들어 한 줄 위에 나오는 간접 화법의 문장 [Mother, he said, you never saw such a big beast as the beast that did it!]을 직접 화법으로 고치면 영어로는 ["Mother," he said, "you never saw such a big beast as the beast that did it!"]라는 식으로 중간에 두 개의 쉼표를 넣어 문장이 계속해서 연결되지만, 우리말에서는

"엄마"
아기 개구리가 말했어요.

"그 짓을 한 놈처럼 그렇게 큰 짐승은 못 보셨을 거예요!"

라고 대화 내용은 모두 행갈이를 한다.
　그러나, 필자가 다른 곳에서 이미 밝힌 견해이지만, 우리나라 소설체의 지나친 행갈이는 혼란을 가져오는 데다가, 하나의 동작이나 대화나 상황이 끝나기 전에는 줄을 바꾸지 않는다는 영어의 '글덩어리' 개념을 존중하는 의미에서, 중간에 들어가는 두 개의 쉼표는 비록 마침표로 바꿔 주더라도, ["엄마" 아기 개구리가 말했어요. "그 짓을 한 놈처럼 그렇게 큰 짐승은 못 보셨을 거예요!"]라고 한 행으로 이어줘야 마땅하다는 생각이다. 필자는 우리말로 소설을 쓰는 경우에도 대화체의 행갈이는 영어의 글덩어리(文段) 개념을 지킨다.
　어쨌든 ["크다고?", 늙고 멍청한 어미 개구리가 말했다.]를 보면, 따옴표 안에서 말의 내용이 의문부호로 마무리를 지었는데도, 따옴표 밖에다 쓸데없는 쉼표를 다시 찍어 놓았다. 이것은 영어에도 없고 우리말에도 없는 구두점이다.
　번역 원고를 접하다 보면 이런 사소하고 기본적인 규칙마저도 지키지 못하는 경우가 믿어지지 않을 정도로 많이 눈에 띄고는 하는데, 정말로 기초의 중요성을 절감하게 되고는 한다.

　12. [그녀는 자신의 몸을]이라는 다음 문장에서 주어로 사용한 '그녀'는 본디 일본식 표현이어서 늘 눈에 거슬리지만, 별로 탐탁한 대안이 없어서 필자도 번역이나 창작 양쪽에서 모두 자주 쓰고는 한다. 때로는 [남자가 들어왔고, 여자가 일어섰다. 여자는 얼굴을 찡그렸다.]라는 식으로 '그'와 '그녀'를 '남자'와 '여자'로 바꿔서 쓰는 경우도 많지만, 늘 그렇게 하기도 무리가 간다.
　어떤 사람들은 남성과 여성을 구별하지 않고 '그이'로 통일하여 쓰기도 하지만, 역시 생소하고 어색하기는 마찬가지이다.

지금 살펴보는 번역에서도 "그녀는 자신의 몸을 좀 더 부풀려"와 "그래서 그녀가 다시 몸을 좀 더 부풀렸는데"라는 표현이 반복해서 등장한다. 이것은 분명히 구연 동화체에는 어울리지 않는 용법이다.

이럴 때 좋은 방법이 '그녀'라는 대명사 대신 이름을 사용하는 것이다. "그녀가 들어와서" 같은 문장을 주인공의 이름을 써서 "소피아가 들어와서"라는 식으로 가끔 한 번씩 변화를 주면 훨씬 생기가 돌아난다. 하지만 이것 역시 지나친 사용은 무리가 간다.

지금과 같은 경우에는 '그녀' 대신 '엄마 개구리' 또는 '엄마'라는 표현으로 바꿔주면 효과가 두드러진다.

13. [이에 새끼 개구리가 "아니, 훨씬 커요"라고 대답했다.]에서는 문장을 이끄는 '이에'라는 표현이 눈에 거슬린다. 부드러운 동화체하고는 거리가 멀고, 마치 무슨 관공서의 공문 같은 분위기가 느껴지기 때문이다. 대상 번역문에서 눈에 띄는 비슷한 표현으로는 "개구리 중에 한 마리가"의 '중'이나 "몸을 좀 더 부풀린 후"의 '후'에서처럼, 그리고 많은 사람들이 아무 생각도 없이 자주 사용하는 '즉(=그러니까)'과 같은 한 개의 외톨이 한자로 된 표현도 마찬가지이다.

위 번역의 원문을 살펴보면 '이에'에 해당되는 말이 나오지를 않는다. 번역을 하는 사람들은 많은 경우에 앞 문장과 뒷 문장이 어쩐지 연결이 안 되는 듯한 감을 느껴 불안한 나머지 이렇게 쓸데없는 접속사를 넣어 주기도 하고, 거의 모든 명사 앞에 '그 (질문을 받고)'나 '이 (슬픔을 잊으려고)'처럼 공연히 강조하는 버릇이 있는데, '질문을 받고'나 '슬픔을 잊으려고'만으로도 충분히 의미가 전달되니까 불필요한 단어는 솎아내기 바란다. 불필요한 단어가 자꾸 들어가면 문장이 필연적으로 지저분하고 더러워진다.

14. [So she puffed again, and puffed so very hard that suddenly with a great POP! she burst into little pieces.]는 분명히 마침표가 하나뿐인 하나의 문장이다. 이것을 학생은 [그래서 그녀가 다시 몸을 부풀렸는데, 너무 심하게 부풀린 나머지 갑자기 '펑' 하고 터져 버렸다. 아주 산산조각이 나고 만 것이다.]라고 두 개의 문장으로 잘라서 옮겼다.

문장의 길이는 장단을 만들고, 분위기를 조성하는 중요한 요소이기 때문에 함부로 잘라서는 안 된다는 설명도 이미 장황할 정도로 했었는데, 이 기본적인 법칙 또한 지키지 않는 사람이 너무 많다.

15. [☞ Small men can destroy themselves by striving to be bigger than they are.]의 경우는 또 어떻게 번역해 놓았는지 보자.

> ☞ 뱁새가 황새 쫓아 가다 다리 찢어진다.
> (소인배가 현재의 자신보다 더 커지기 위해 기를 쓰면 자기 자신을 망치게 된다.)

마치 두 가지 답 가운데 좋은 쪽으로 골라서 점수를 많이 달라는 식으로 이중 번역을 해 놓았다.

더구나 두 번째 번역문은 새로 문장이 시작된다는 표시로 앞에 한 칸을 비워 놓아야 하는 기본적인 문법도 지키지를 않았다.

그뿐만 아니라 첫 행에 나오는 '쫓아' 라는 표현도 문제이다. 우리말에는 '뒤따르다' 와 '멀리 보내다' 라는 의미를 가진 '좇다' 와 '쫓다' 는 있을지언정, (일부러 한글사전을 확인한 다음에야 필자도 알게 된 사실이지만, '쫒다' 는 전혀 다른 뜻으로, "상투나 낭자를 틀어서 죄어 매다"라는 말이다. 아무리 봐도 이솝 우화 하고는 거리가 멀다.

*

대전광역시 유성구 신봉동 학생의 번역

책에서는 표지가 판매에 대단히 큰 영향을 미치고, 모든 글에서는 제목이 내용의 3분의 1을 대변한다고 하는데, 신봉동 학생은 제목을 아예 번역조차 하지 않고 본문만 다음과 같이 옮겨 놓았다.

> 황소 한 마리가 늪에서 풀을 뜯어먹고 있다가 어린 개구리 가족을 밟아 그들을 모두 압사시켜버렸다. 개구리 하나가 빠져 나와 엄마 개구리에게 도망쳐 와서는 이 끔찍한 소식을 전했다. 그는 말했다. 엄마는 방금 내가 말한 짐승처럼 그렇게 큰 짐승 본 적 없지?
> 크다고? 멍청하고 늙은 엄마 개구리가 말했다.
> 그녀는 그녀의 몸을 두 배로 부풀렸다. 그리고는 말했다
> 이만큼 커?
> 그보다 더 커 라고 어린 개구리가 말했다.
> 그녀는 몸을 좀더 크게 부풀리고는 말했다.
> 그럼, 이만큼?
> 아니야 엄마, 더 크단 말이야. 그래서 그녀는 다시 몸을 부풀렸다. 그리고 힘껏 부풀려 갑자기 펑하는 소리와 함께 그녀는 산산조각이 나버렸다.
>
> ☞ 뱁새가 황새를 따라가면 다리가 찢어진다.
>   (힘에 겨운 일을 억지로 하면 도리어 해만 입는다)

1. 이미 지적했듯이, 제목을 번역하지 않았다.

나이가 20세 밖에 되지 않은 학생이라니까 그만하면 상당히 좋은 번역 솜씨라고 하겠지만, 역시 나이 탓으로 기본이 모자라는 듯하니,

처음 시작할 때부터 차근차근 기본을 쌓아 올라가라는 충고를 해 주고 싶다. 묘기와 개성살리기는 튼튼한 기초를 바탕으로 해야 생기게 마련이니까, 아직은 운동에서 말하는 '기본기(基本技)'를 쌓아야 할 단계라고 믿어진다.

기본적인 규칙을 모두 습득하고 나면, 그때는 나름대로의 원칙을 만들어도 좋겠지만, 기본을 모르면 아무리 빨리 출발하더라도 멀리 가지를 못한다. 조급한 마음에 서둘러 지름길을 찾으려고 애쓰다가는 시간만 낭비하게 된다.

2. 위 번역을 보면 역시 기본적인 줄바꾸기 규칙이 제멋대로이다. 마치 시를 쓰기라도 하는 것처럼 기분이 내킬 때마다 행갈이를 한 인상이다. 이것 또한 필수적으로 피해야 하는 수비적인 기본이다.

3. 끝에 나오는 '교훈' 내용도 휘경동 학생이나 마찬가지로 두 가지로 번역해 놓고는 골라잡으라고 했는데, 책방에 가서 과연 이런 식으로 사지선다형 번역을 해놓은 책이 몇 가지나 나와서 돌아다니는지 한 번 확인해 보기 바란다.

나중에 검토할 예정인 세 번째 학생(서울시 중랑구 면목동)도 역시 '교훈'을

> \# 뱁새가 황새 쫓아 하다 다리가 찢어진다.
> 자기 자신보다 더 크게 하려다가 자신을 망칠수 있다.

라고 '골라잡기' 식으로 옮겼는데, 세 사람의 번역을 다음과 같이 나란히 늘어놓고 보면 참으로 흥미 있는 사실이 드러난다.

> ☞ 뱁새가 황새 쫓아 가다 다리 찢어진다.
> (소인배가 현재의 자신보다 더 커지기 위해 기를 쓰면 자기 자신을 망

치게 된다.)

☞ 뱁새가 황새를 따라가면 다리가 찢어진다.
(힘에 겨운 일을 억지로 하면 도리어 해만 입는다.)

\# 뱁새가 황새 쫒아 하다 다리가 찢어진다.
자기 자신보다 더 크게 하려다가 자신을 망칠수 있다.

그러니까 세 사람 모두 우리나라 속담을 정답으로 쓰고 싶은 생각을 하기는 했지만, 이솝의 우화에 우리 속담을 갖다 붙이기가 좀 부담스러웠던 모양이고, 그래서 새로운 번역을 차선책으로 내놓았던 것이다.

어쨌든 두 개의 번역을 해 놓는 것보다는 아무리 무리가 가더라도 하나만 답을 내는 편이 옳은 길이다. 하나의 문제에 두 가지 답을 내는 행위라면 결혼식장에 두 신부를 데리고 들어가려는 격이다. 직업으로서의 번역을 계속하려면 단어와 표현에서 무수한 선택을 즉석에서 해야 한다. 말하자면 번역은 빠르고도 정확하게, 그러니까 공격적인 순발력과 수비적인 정밀함을 동시에 요구하는 작업이다.

대전 유성구 학생의 번역에서는 '늪'이나 '그녀'라는 표현 등, 이미 앞(휘경동 학생)에서 지적한 바와 똑같은 내용의 잘못을 되풀이한 경우는 가급적 언급하지 않겠지만, 일반적인 잘못이나 개선해야 할 다른 요소는 계속 살펴보기로 하겠다.

4. [황소 한 마리가 늪에서 풀을 <u>뜯어먹고 있다가</u>]에서 밑줄을 친 부분은 번역을 하는 사람뿐 아니라 다른 직업 분야에서도 문장을 다루는 모든 사람이 가장 먼저 개선해야 할 부분, 즉 "있을 수 있는 것은 모두 없앤다"고 필자가 여러 차례 강조했던 가장 기본적인 원칙을

소홀히 했다.

학교에서 매주일 계속해서 숙제를 하는 학생들은 가르쳐 주는 기초를 차례차례 그들의 글에다 반영하기 때문에 몇 달만 지나도 눈에 띄게 수준이 달라진다. 1년이나 2년 동안 매주일 숙제로 번역해 온 글을 필자가 직접 대하기 때문에 이런 기초적인 부분이 조금씩 단계적으로 개선되는 과정을 확인하기가 쉬워서 점진적으로 조절해 가며 번역의 수준을 높여가기가 용이하기 때문이다.

하지만 인터넷 강좌에서는 그렇지를 못했다. 매주일 다른 학생이 보내오는 번역 글을 보면 전에 이미 몇 번씩이나 설명했던 똑같은 오류를 그대로 되풀이하고, 그래서 "있을 수 있는 것은 모두 없앤다"는 '첫 번째 원칙'의 요령조차도 반영되거나 개선된 예를 보기가 힘들다. 이것은 아마도 매주일 직접 번역을 해가면서 기초를 쌓아온 학생이 별로 없기 때문이리라는 짐작이다. 그러나 직접 번역을 하지 않으면서 필자가 얘기하는 내용을 눈으로 읽기만 해서는 번역의 '실력'이 별로 또는 전혀 늘어나지 않는다는 점을 다시 한 번 강조해 두고 싶다. 바둑을 직접 한 판조차도 두지 않고 책만 읽으면서 배우기가 불가능한 것과 같은 이치에서이다.

이 과에서는 총 복습을 한다는 의미에서 지금까지 거론한 모든 세부적인 사항을 일일이 다시 지적해 가면서 간략하게나마 종합적인 설명을 하려는 생각이고, 그런 의미에서 (좀 과장된 표현을 쓴 감이 없지는 않지만) '첫 번째 원칙'부터 잠깐 다시 생각해 보기로 하겠다.

학생들에게 "있을 수 있는 것은 모두 없애야 한다"는 요구를 하면 그까짓 세 단어가 전체적인 번역 기술에서 어디가 그렇게 중요하냐고 반문이나 반박을 하는 경우가 종종 생기기는 하지만, 필자가 "있을 수 있는 것은 모두 없애야 한다"고 고집하는 까닭, 특히 '진행형 문장'을 이미 번역해 놓은 글을 읽어가면서 모두 없애도록 노력하라는 까닭은 '있다'와 '수'와 '것'이라는 세 특정 단어의 사용 빈도수만을 고려한 원칙이 아니다.

전혀 아무런 생각도 없이 머리에 가장 먼저 떠오르는 단어를 늘어놓은 문장, 고민을 하지 않고 편하게 써내려 간 문장은 다듬고 가꾸지 않은 그만큼 지저분하고 거칠다. 그래서 식상할 정도로 같은 단어나 표현을 과다하게 반복해서 사용하는 무책임한 습성을 억제하는 훈련을 하기 위한 첫걸음으로 "있을 수 있는 것은 모두 없앤다"는 연습부터 하자는 얘기이다.

쉽게 떠오르는 흔한 단어를 극복하고 보다 좋은 단어, 보다 공격적으로 정확한 단어를 찾아내는 노력이 반영된 글을 보면 언어와 문장과 어휘 하나하나에 오묘한 맛이 담긴 인상을 주고, 지저분한 컴퓨터 언어처럼 함부로 번역한 글과는 첫눈에 벌써 크게 차이가 난다.

번역을 공부하려는 학생들을 가르쳐 보면, 2개월쯤 들어설 무렵 "있을 수 있는 것은 모두 없앤다"는 요령을 터득하느냐 못하느냐에 따라 실력 향상의 가능성이 뚜렷하게 두 가지로 갈라진다. 문제의 세 단어조차도 정리하는데 어려움을 느끼는 학생이라면 수많은 다른 어휘를 다스릴 능력은 끝까지 습득하지 못한다.

놀랍게도 거의 3분의 1에 해당하는 사람들이 문제의 세 단어를 극복하지 못한다. 이런 식으로 첫 걸음부터 제대로 떨어지지가 않으면 번역의 길을 계속해서 나아갈 희망이 없다. 기초가 닦아지지 않으니까 전체 문장은 좀처럼 개선이 되지를 않고, 그래서 낙오하는 사람들은 결국 휴학을 하고 마는데, 배울 능력이 없는 사람이라면 차라리 일찍 포기하도록 권하고 싶기도 하다. 번역 또한 재능인데, 무작정 붙잡고 늘어지기만 한다고 해서 될 일이 아니기 때문이다.

필자는 거의 20년 동안 아무 일도 하지 않고 번역으로만 '생계를 해결'했었다. 아마도 소설을 쓰기 시작하지 않았다면 지금도 계속 번역만 하면서 살았으리라. 그런 경험의 결과로부터 얻은 결론이지만, 아무리 요즈음 경제가 어렵다고 하더라도, 그래서 대학을 졸업하고도 취직조차 되지 않고 혹시 취직이 되더라도 언제 구조조정의 대상에 오를지 모른다고 사람들은 걱정이 많지만, 번역 시장만큼은 전혀 걱정할 필요가 없다는 생각이다. 컴퓨터와 통신과 비디오의 발달로 영어와 영어 번역의 시장은 점점 넓어지기만 할 따름이지, "일거리(직장)가 없어서" 걱정할 경우는 없다고 믿는다.

요즈음에도 출판사 사람들을 만나면 너도나도 "제대로 된 번역가"를 구할 길이 없어서 고민을 하는 실정이고, 번역가로서 제대로 기반을 굳히기만 하면 그야말로 정년 퇴직도 없다. 출퇴근 시간에 시달리며 날마다 직장을 나갈 필요도 없이 자유롭게, 원하는 시간에 원하는 장소에서 일을 하는 것이 번역이다. 컴퓨터로 일을 하는 요즈음에는 좀 어려운 일이 되었지만, 실제로 필자는 봄이면 일감을 싸들고 여기저기 여행을 다니면서 절의 암자나 바닷가 마을에서 지내며 번역을 하기도 했었다. 쉬는 시간이면 파도소리와 숲의 바람소리를 즐기면서 말이다. 그리고 훌륭한 번역문학가는 많은 사람들로부터 존경까지 받는다.

이토록 좋은 직업이 번역가인데, 사람들은 그만큼 좋은 직업을 확보하기 위해서 마땅히 들여야 할 노력은 들이지 않으려고 한다. 그래서 제대로 기초도 닦지 않아 비슷비슷한 실력뿐인 무수한 보통 번역가만 눈에 띌 따름이지, 출판사 사람들이 보기에는 "제대로 된 번역가"를 찾아내기가 보통 어려운 일이 아니다.

무슨 일에서나 마찬가지이지만, 번역에서도 필요한 노력은 하지 않고 결실만 바라서는 안 된다. 결과는 노력과 정비례하기 때문이다. 영어를 이해하는 능력이 남보다 약간 우월하다는 사실만 믿고 나는 번역이라는 '쉬운 일거리'를 찾겠다고, 번역을 너무 안이하게 생각해서는 용돈벌이 정도야 가능할지 모르지만 "제대로 된 번역가"는 되기가 어렵다. 남들만큼 노력하면 남들 정도 밖에 되지 못하는데, 그나마 남들만큼도 노력을 하지 않아서는 경쟁에서 뒤떨어지고 만다. 그리고 가장 튼튼한 경쟁력은 기초에서 나온다.

그러한 기초를 닦기 위한 첫 걸음이 "있을 수 있는 것은 모두 없애는" 훈련이라고 필자는 믿는다. 많은 사람들이 생각하는 만큼 그 작업은 힘들지도 않다. 요령을 알면 말이다.

예를 들어 [황소 한 마리가 늪에서 풀을 뜯어먹고 있다가]의 경우, "뜯어먹고 있다가"라는 진행형은 간단히 '뜯어먹다가'라는 한 단어로 바꿔 놓으면 해결된다. 이처럼 많은 경우에 쓸데없는 진행형은 그냥 '있었다'라는 단어를 지워 버리기만 하면 된다.

문장이 실제로 진행형인 경우에까지도 '있었다'를 그냥 없애 버리더라도 진행 상태를 그대로 유지하는 경우가 많다. 예를 들어 "저기 사람이 가고 있다"라는 현재 진행형의 문장을 보자. 이것을 "저기 사람이 간다"고 현재형으로 고쳐 놓더라도 의미상으로는 사람이 '가는 행위'를 계속해서 진행중이라는 의미가 유지된다.

이 과에서는 앞으로도 진행형을 없애는 방법을 몇 차례 더 예를 들어 보여 주겠다.

5. "a family of young Frogs"를 "어린 개구리 가족"이라고 번역한 대목은 조금 더 생각해 볼 곳이 아니었나 여겨진다. 'family'라

는 영어 단어가 눈에 띄니까 그에 해당하는 우리말 단어 '가족'을 무작정 바꿔 넣은 듯싶다.

하지만 우리말의 감각을 잠시 따져 보자. '가족'이라면 형제자매뿐 아니라 부모도 필요하다. 부모가 없는 '가족'을 우리는 '결손 가정'이라고 말한다. 무엇인가 '빠졌다(缺損)'는 뜻이다. 그러나 'young Frogs'에는 부모가 보이지 않는다. 겨우 살아 남은 한 마리가 찾아간 엄마는 '달려가야(ran off)' 할 정도로 먼 다른 곳에 있었다. 그리고 부모가 없는 'family'라면 우리말 어감으로는 "어린 개구리 형제들"이 훨씬 좋았으리라는 느낌이다.

물론 그런 식으로 따지자면 영어에서도 'family'라는 단어가 잘못 사용된 셈이 아니냐고 따질 사람도 나서겠지만, 영어 원문에서는 그렇더라도 본문의 의미를 벗어나지 않는 한 우리말로 보다 현실감이 나는 표현을 공격적으로 찾아서 골라 쓰자는 주장이다. 번역된 문장은 우리말이고, 독자는 영어가 아니라 우리말로 이솝 우화를 접한다는 사실을 잊어서는 안 된다.

6. "그들을 모두 압사시켜버렸다"에서도 '압사'라는 단어가 전혀 어울리지를 않는다.

원문의 'to death'는 그냥 '죽게끔'이라는 정도의 쉬운 단어이다. 얘기 자체도 쉬운 내용이요, 얘기를 듣는 대상도 쉬운 말을 좋아하는 층이다. '압사' 같은 어려운 한자 표현이라면 어울리지 않는 '문자'를 쓰는 셈이다. 말버릇이 없는 며느리가 야단을 맞은 다음 "아버님 대갈님에 검불님이 붙으셨습니다"라고 했다는 내용을 상기하기 바란다.

7. "빠져 나와"나 "방금 내가 말한(→그런 몹쓸 짓을 한)"이나 "(그

렇게 큰 짐승) 본 적 없지?(→ 의문문이 아니라 '엄마가 생전 본 적이 없을 정도로' 라는 의미)"는 오역이거나 부정확한 번역이지만, 여기에서는 보다 일반적인 원칙들을 설명하던 중이니까 그냥 넘어가기로 하겠다.

8. 대전 유성구 학생의 번역에서는 "She puffed herself to twice her size"를 "그녀는 그녀의 몸을 두 배로 부풀렸다"라고 번역했는데, 여기에서처럼 "그녀는 그녀의"라는 식으로 같은 말을 되풀이해 가면서까지 소유격을 굳이 밝히는 습성 또한 영어와 우리말의 감각 차이를 잘 모르기 때문에, 또는 그런 차이에 전혀 신경을 쓰지 않기 때문에 자주 나타나는 '번역체' 문장의 특성이다.

예를 들면 위 문장에서 소유격인 '그녀의' 라는 단어를 그냥 잘라 버려도 "그녀는 몸을 두 배로 부풀렸다"라고 완전한 우리말이 된다. 아니, 그냥 말이 될 정도가 아니라, 오히려 그것이 보다 정확한 우리말이다. 영어와는 달리 우리말에서는, 단수와 복수에 대한 감각이나 마찬가지로, 소유격에 대한 감각이 사라지기 때문이다.

영어에서는 복수를 나타내기 위해 단어마다 꼭 's'를 붙이지만, 우리말에서는 "많은 사람이 다녀갔다"라고 하더라도 '사람이'라는 단수가 앞에 나오는 '많은' 이라는 복수형 수식어 때문에 자동적으로 복수가 된다. 그뿐이 아니라 "강과 산과 바다와 호수들이 모두"라는 식으로 말하면 우리말에서는 흔히 끝에 나오는 '호수' 하나만 복수형으로 받더라도 앞에 나오는 '강'과 '산'과 '바다' 모두가 덩달아 복수형으로 바뀐다.

시제를 나타낼 때도 마찬가지여서 "나는 서울로 가고, 다시 수원으로 오고, 나중에는 대전으로 갔다"라고 말하면 마지막 동사 '가다'

하나만 과거형으로 만들더라도 앞에서 현재형으로 '가고'와 '오고'라고 했던 동사까지도 저절로 과거형으로 변해 "나는 서울로 갔고, 다시 수원으로 왔고, 나중에는 대전으로 갔다"는 뜻이 되어 버린다.

영어와 우리말에서 이렇게 용법이 두드러지게 달라지는 품사 가운데 하나가 소유격 대명사이다. 예를 들면 영어에서는 "He entered his room, carrying his bag"이라고 명사 앞에다 일일이 소유격을 밝히지만, 우리말에서는 "그가 가방을 들고 방으로 들어갔다"라고 해서, 소유격 대명사가 모두 사라지기가 보통이다. 반대로 우리말로는 "그가 가방을 들고 방으로 들어갔다"라고 소유격을 밝히지 않은 문장일지라도, 그것을 영어로 번역할 때는 반대로 일일이 소유격 대명사를 찾아서 밝혀 줘야 한다.

이런 사소한 언어문화상의 차이를 간과하면 이른바 '번역체' 문장이 나오게 된다. 다음 두 문장을 비교해 보면 무엇이 번역체이고, 왜 그것이 번역체라고 느껴지는지 일목요연하게 이해가 가리라고 생각한다.

 (가) 그들은 가방을 들고 방으로 들어와서 자리에 앉았다.
 (나) 그들은 그들의 가방들을 들고 그들의 방으로 들어왔고
   그리고 그들의 자리들에 앉았다.

"그녀는 그녀의 몸을 두 배로 부풀렸다"라는 식으로 쓸데없는 소유격을 자꾸만 영어 그대로 살려내려는 충동을 많은 사람이 느끼는 까닭은 간결한 문장이나 쉬운 단어를 사용할 때 두려움을 느끼기 때문이다. (가)에서처럼 짧거나 쉬운 문장과 단어를 구사하면 어쩐지 남들이 번역을 못한다고 생각할까봐 두려움을 느끼기 때문에 (나)처럼 어렵고 긴 문장을 자꾸만 쓰게 되기가 쉽지만, 위에서 확인이 가

능하듯 결과는 정반대이다.

　이러한 두려움은 간단히 한 단어씩만 동원해서 "기차가 지나가고, 자동차도 지나가고, 사람도 지나간다"라고 하면 될 문장을 진행형으로 바꿔 "기차가 지나가고 있고, 자동차도 지나가고 있고, 사람도 지나가고 있다"라는 식으로 중첩 강조를 하려고 애쓰도록 만드는데, 그래봤자 똑같은 단어(있었다)가 지나치게 자주 반복되어 지저분해지기만 할 따름이다.

　휘경동 학생의 번역을 검토하면서 13항에서 지적했던 '그'나 '이' 같은 단어의 쓸데없는 남용 또한 똑같은 불안감에서 생겨나는 심리 작용의 결과라고 믿어진다.

　간결하고 정확한 표현과 단어를 찾아내어 군더더기 없이 구사하려면 대단한 용기가 필요하다. 필요없는 모든 어휘를 공격적으로 제거하는 훈련이 그래서 필요하다.

9. "So she puffed again, and puffed so very hard that suddenly with a great POP! she burst into little pieces"라는 문장을 대전광역시의 학생은 "그래서 그녀는 다시 몸을 부풀렸다. 그리고 힘껏 부풀려 갑자기 펑하는 소리와 함께 그녀는 산산조각이 나 버렸다"라고 번역했다.

　우선 한 문장을 마음대로 두 문장으로 잘라서 번역했다는 잘못을 범했다. 기억이 날지 모르겠지만, 휘경동 학생도 같은 문장을 두 개로 잘라서 번역했는데, 차이점이라면 자른 부분이 달랐다는 정도이다. ("그래서 그녀가 다시 몸을 부풀렸는데, 너무 심하게 부풀린 나머지 갑자기 '펑' 하고 터져 버렸다. 아주 산산조각이 나고 만 것이다") 번역하는 사람마다 이렇게 같은 문장을 아무데서나 마구 잘라댄다면, 원작자가 의도했던 '장단(長短)'과 '단락만들기'는 난도질을 당한다.

그런데 한 문장을 둘로 자른 두 사람의 글에서 약간 차이를 보이는 단어가 하나 눈에 띈다. 'POP!'에 대한 번역이다.

영어로 된 원문을 보면 이 단어 하나만 모두 대문자로 만들어 얘기 전체에서 두드러지게 눈에 잘 띄도록 해놓았다. 졸던 사람까지도 퍼뜩 정신이 들 정도이다. 그렇다면 번역문을 읽어도 이 대목에 와서는 독자가 퍼뜩 정신이 들어야 옳겠다.

빈 칸도 숨겨진 의미가 담겼으니까 번역을 해야 하듯이, 이렇게 눈에 잘 띄도록 편집을 해 놓은 의도 또한 분명히 따로 있을 터이다. 그렇다면 숨겨진 의도 역시 '번역'해야 하는데, 두 사람 모두 그 뜻을 전하는데 부족한, 또는 무성의한 번역을 해 놓았다. 우리말로도 이 대목에서는 활자(글자)를 크게 만들거나 무슨 다른 방법을 동원하여 두드러지게 했어야 한다. 아니면 겹따옴표를 써서 ["펑!"]이라고만 했어도 훨씬 나았겠다. 그것도 '펑'보다는 더 큰 소리로 ["뻐엉!"] 정도였다면 어땠을까 모르겠다.

10. 9항과 연관지어 "그녀는 산산조각이 나버렸다"라는 표현도 한 번 생각해 보자. '산산조각'은 단단한 물건이 깨질 때 생기는 현상이다. 독이나 접시가 깨지면 산산조각이 난다.

엄마 개구리가 바람을 잔뜩 들여 마셔서 배가 "뻐엉!" 터졌을 경우, 좀 지저분한 설명이기는 하지만, 온몸이 찢어지고 내장이 사방으로 흩어졌을 때, 과연 사람들은 그것을 '산산조각'이라고 하는가?

보다 정확한 우리말 표현은 "갈기갈기 찢어졌다"가 되겠다. '산산조각'이라는 표현은 아무래도 정확한 우리말 어휘를 찾아내는 감각이 미흡했던 결과가 아닌가 싶다.

***

이제는 두 번째 이솝 우화를 20세의 대전 학생이 어떻게 우리말로 옮겼는지를, 특히 무엇이 올바른 한국적인 감각인지를 중심으로 살펴보겠다.

번역 글의 내용은 이러하다.

당나귀와 소금

옛날에 한 상인이 소금 몇 자루를 당나귀에 싣고 마을로 향하고 있었다. 그들이 작은 개울의 나무다리를 건너고 있을 때, 당나귀가 미끄러져 물에 빠지게 되었다. 그러나 당나귀가 헤엄쳐 해변으로 왔을 때는 소금이 모두 녹아 자루에서 빠져나갔다. 그래서 당나귀는 가벼운 짐을 지고 남은 길을 가게 되었다. 다음날, 다시 소금을 나르게 된 당나귀는 일부러 같은 장소에서 미끄러져 어제처럼 가벼운 짐을 지고 나머지 길을 갔다. 그 후 당나귀의 버릇을 고쳐주겠다고 결심한 상인은 다음날 당나귀에게 스폰지 더미를 실었다. 어리석은 당나귀는 다시 미끄러졌다. 그러나 이번에는 흠뻑 젖은 스폰지 때문에 좀처럼 물에서 빠져 나올 수 없었고 무거운 짐을 지고 비틀거리며 마을로 걸어 들어갔다.

☞ 어리석은 자는 제 꾀에 제가 넘어간다.

1. 원문에서처럼 당연히 중앙에 위치해야 하는데 번역자가 왼쪽 끝으로 몰아다 붙인 제목 "당나귀와 소금"에 관해서 잠시 배경 얘기를 하고 지나가야 되겠다.

필자가 이 얘기를 처음 읽었던 것은 이솝의 우화집에서가 아니라

마포에서 용강국민(초등)학교를 다니던 시절 국어 교과서에서였다. 밤이면 서로 몰래 쌀을 져다 주던 "의좋은 형제"와 더불어 "꾀많은 당나귀"라는 제목이 붙었던 이 얘기의 내용은 퍽 오랫동안 기억에 남았고, 나중에야 그것이 우리나라의 민담이 아니라 이솝 우화의 '번안'이었다는 사실을 알게 되었을 때는 비록 속았다는 기분이 좀 들기도 했지만, 어쨌든 지금 생각하면 참으로 번역(또는 번안)이 잘 된 글이었다고 믿어진다.

특히 제목이 그렇다. 발췌 번역문의 세 학생은 하나같이 "당나귀와 소금"이라고 원제 그대로 달았는데, 비록 고민이나 노력을 한 흔적은 별로 없어도 무난한 번역이기는 하나, 교과서에서 붙였던 "꾀많은 당나귀"야 말로 썩 잘 된 제목이라고 생각한다. 약은 체하며 꾀를 부리는 당나귀가 혼이 나는 모습을 비꼬는 풍자적 의미까지, 그야말로 내용의 정곡을 찌른 제목이기 때문이다.

세 학생 가운데 한 사람이라도 "꾀많은 당나귀"를 교과서에서 접했는지 여부는 알 길이 없지만, 만일 그런 제목을 붙인 얘기가 이미 나왔었다는 사실을 알았다고 하면 어땠을까? 우리는 실제로 그와 비슷한 경우를 번역에서 가끔 당하게 된다.

예를 들어 리차드 바크(Richard Bach)의 유명한 소설 〈Jonathan Livingston Seagull〉이 우리나라에서는 〈갈매기의 꿈〉이라고 제목이 번역되었는데, 만일 누군가 어느 출판사로부터 새로 번역해 달라는 위촉을 받았다면, 과거의 제목을 그대로 써야 할지 아니면 보다 원문에 충실하게 〈갈매기 조나던 리빙스턴〉이라고 새 제목을 붙여야 할지 갈등을 하게 된다.

결론부터 얘기하자면, 〈인생극장(The Human Comedy)〉이라는 본디 제목을 〈인간 희극〉이라는 식으로 의심할 나위가 없이 오역한 윌리엄 사로얀(William Saroyan)의 소설 같은 경우라면 제대로 바로잡아 주는 편이 바람직하겠지만, 〈갈매기의 꿈〉이나 "꾀많은 당나귀"처럼 대단한 창의력을 발휘하여 잘 지어 놓은 경우라면 기존의 제목을 존중해 줘야 마땅하다는 생각이다.

〈갈매기의 꿈〉은 영화가 수입되었을 때도 제목을 그대로 물려받았는데, 요즈음 텔레비전이나 신문, 영화 잡지나 비디오에서 옛 영화의 본디 제목을 확인하기가 번거롭다는 지극히 나태한 이유로 해서 저마다 제멋대로 제목을 붙여 헷갈리게 만드는 무책임한 일은 지양되어야 할 일이다. 앞으로 비디오 번역을 하게 될 사람들이라면 미리 염두에 둬야 할 사항이다.

2. "옛날에 한 상인이"라고 얘기가 시작되는데, '상인'이라는 어색한 한자 표현보다는 '소금장수'라고 했더라면 훨씬 우리말다운 분위기가 나겠다.

3. "(소금 몇 자루를 당나귀에 싣고) 마을로 향하고 있었다"에서도 '있었다'를 없애기는 간단하다. 그냥 "마을로 향했다"라고 하면 된다. 그래도 굳이 진행형을 살리고 싶다면 "마을로 가던 길이었다"라고 해도 괜찮겠다.

4. "(작은 개울의 나무다리를) 건너고 있을 때"에서도 역시 "건너고 있을 때"를 "건너다가"나 "건너려니까"라고 하면 진행형이 하나 더 없어진다.

5. "당나귀가 헤엄쳐 해변으로 왔을 때"에서는 '해변'이 어울리지 않는 어휘이다. '해변(海邊)'은 바닷가이다. '작은 개울'에 '바닷가'

라니, 정말로 아무 생각도 없이 한 번역이겠다.

6. "소금이 모두 녹아 자루에서 빠져나갔다"에서는 '빠져나갔다'가 어울리지 않는 어휘이다. '빠져나가다'는 소금이 "적극적으로 도망쳐 나갔다"는 뜻이다. 그냥 '흘러나갔다'가 맞겠다.

7. "상인은 다음날 당나귀에게 스폰지 더미를 실었다"에서는 '스폰지'가 우리말이 아니다. 영어를 한글 영어로 번역한 경우이다. '스폰지'는 '해면(海綿=바닷솜)'이 엄연한 우리말이다. 이런 번역이 왜 나쁜지도 이미 자세히 앞에서 설명했었다.

우리말보다 영어 단어가 먼저 머리에 떠오르는 현상에 관해서도 이미 설명했다. "한국말보다 영어를 더 잘 한다"는 말은 한국인에게는 전혀 자랑이 되지 못한다. 더구나 영어를 우리말로 번역해야 하는 사람이라면 영어만큼 우리말을 모른다는 현상은 치명적인 약점이다.

8. "(무거운 짐을 지고 비틀거리며) 마을로 걸어 들어갔다" 또한 부자연스러운 우리말이다. 그냥 "마을로 갔다"고 하면 훨씬 자연스러운 표현이 되겠다.

***

꾀 많은 당나귀와 소금장수에 관한 이솝 우화는 휘경동 학생의 번역이 훨씬 더 잘 되었다. 왜 그런지, 한 번 꼼꼼히 읽어보기 바란다.

당나귀와 소금

옛날에 한 상인이 당나귀 등에 작은 소금 주머니들을 얹어서 읍으로 몰고 가다가, 작은 계곡에서 다리를 건너던 중 미끄러져서 물 속으로 떨어지고 말았다. 당나귀는 냇가로 헤엄쳐 왔지만 소금이 모두 녹아 주머니에서 줄 줄 흘러내렸기 때문에, 남은 길을 가는 동안에는 짐이 가벼웠다. 다음 날, 다시 소금을 운반하게 된 당나귀가 같은 곳에서 미끄러지는 바람에 똑같은 일이 되풀이되었다. 그래서 상인은 당나귀의 습관을 고치기로 결정했고, 다음날 큰 해면 덩어리를 당나귀 등에 얹었다. 멍청한 당나귀가 다시 미끄러졌지만, 이번에는 젖은 해면 덩어리 때문에 물 밖으로 나오는 데 몸이 굉장히 무거웠고, 그 끔찍한 짐을 진 채 비틀거리면서 읍으로 가야 했다.

☞ 바보는 항상 똑같은 실수를 되풀이하기 마련이다.

거의 흠잡을 곳이 없다. '상인'과 '해면'이 옥의 티이겠고, "(당나귀의 습관을) 고치기로 결정했고"를 "고쳐주기로 마음먹었고" 정도로 다듬었으면 하는 생각이며, 다만 'a small stream(개천)'을 왜 '작은 계곡'이라고 했는지가 납득이 가지 않을 따름이다.

*

지금까지는 한 과가 끝날 때마다 필자가 '모범 답안'을 제시하고는 했지만, 이번에는, 적어도 "꾀많은 당나귀(=당나귀와 소금)"의 경우, 휘경동 학생의 번역을 참조해도 별 손색이 없으리라는 생각이 들어 두 번째 우화는 옮기지 않기로 한다. 따라서 첫 우화만 번역해 보겠으니, 참고하기 바란다.

개구리와 황소

굉장히 큰 황소가 물가에서 풀을 뜯다가 그만 어린 개구리 형제들을 잘못 밟아 거의 모두 죽게 했답니다. 겨우 한 마리만 목숨을 건져 엄마한테 달려가서는 끔찍한 소식을 전했어요. 얼마나 몸집이 큰 짐승이 그런 짓을 했는지 엄만 상상도 못할 거예요! 어린 개구리가 말했습니다. 몸집이 큰 짐승이라고? <u>늙고 어리석은</u> 엄마가 물었어요. 엄마는 몸집이 두 배로 커질만큼 바람을 들여 마시고는 말했죠. 이 정도로 큰 짐승이더냐? 아녜요, 엄마, 훨씬 더 커요. 아기 개구리가 대답했어요. 엄마는 바람을 더 들여 마신 다음에 물었습니다. 그럼 이만해? 아뇨, 아녜요, 엄마, 훨씬 훨씬 더 커요. 그래서 엄마는 다시 바람을 들여 마셨고, 어찌나 열심히 바람을 마셨는지 그만 갑자기 "뻐엉!"하고 굉장히 큰 소리를 내면서 몸이 갈기갈기 찢어지고 말았답니다.

☞ 쬐그만 사람이 공연히 크게 보이려고 애를 쓰다가는 터져버릴지도 몰라요.

"어리석고 늙은(foolish old)"을 "늙고 어리석은"으로 바꾼 까닭은 우리말에서는 두 개 이상의 형용사가 같은 명사를 꾸미는 경우 짧은 단어부터 앞에 놓아야 보다 자연스럽고 막힘이 없어지기 때문이다.

***

서울시 중랑구 면목동의 학생(35세)은 지금까지 살펴본 두 편의 이솝 우화를 다음과 같이 번역했는데, 개선해야 할 점은 무엇인지, 우선 첫 번째 번역 내용부터 차근차근 살펴보기로 하자.

황소와 개구리

엄청나게 큰 황소가 조그마한 연못에서 조용히 풀을 뜯어먹고 있었다. 한 발 한 발 움직이다가 그만 어린 개구리들을 밟아 죽게 만들었다. 다행히도 한 마리가 살아서 이 끔찍한 소식을 엄마 개구리에게 알리기 위해 뛰고 또 뛰었다.

"엄마, 아마 엄마도 그렇게 크고 엄청난 괴물을 본 적이 없을 꺼야?"

라고 어린 개구리가 이 슬픈 소식을 이야기했다. 하지만 좀 모자른 어미 개구리는 "크다고" 하면서 자신에 볼에 공기를 불어넣어 자신을 크게 만들었다.

"아냐, 좀더 커"라고 말을 하자, 볼에 공기를 더 집어넣었다. 엄마 개구리는 점점 볼에 더 크게, 더 크게 보이기 위해 힘을 주고, 어린 개구리는 괴물의 크기를 보이기 위해 더 큰 손짓을 하고 있었다. 엄마 볼 주머니는 이제는 더 이상 커지지 않을 것처럼 보였다.

그러자 갑자기 "펑!" 하면서 엄마 개구리는 터지면서 죽게 되었다.

뱁새가 황새 쫓아 하다 다리가 찢어진다.
자기 자신보다 더 크게 하려다가 자신을 망칠수 있다.

1. 영어 원문을 보면 "엄청나게 큰 황소가 조그마한 연못에서 조용히 풀을 뜯어먹고 있었다. 한 발 한 발 움직이다가 그만 어린 개구리들을 밟아 죽게 만들었다"는 두 문장이 아니라 한 문장이다. 번역하기에 힘이 든다고 해서 긴 문장을 마음대로 여러 토막을 내는 일은 삼가기 바란다.

2. 필자가 "물가에서"라고 번역한 "in a swamp"를 "조그마한 연못에서"라고 했는데, 'swamp'를 '연못'이라 한 표현은 독창적이어서 좋을지 모르겠지만, '조그마한'이라는 말은 원문에 나타나지 않는다.

3. "조용히 풀을 뜯어먹고"라는 번역에서도 '조용히'는 본문에 나오지 않는 단어이다. 따라서 "grazing in a swamp"라는 네 단어짜리 짤막한 글에서 이미 '조그마한'과 '조용히'라는 단어를 번역자가 마음대로 집어넣은 결과가 되었다. 이렇게 지나친 공격적 '창작' 또한 가능하면 삼가야 할 일이다.

4. "뜯어먹고 있었다"에서도 '있었다'라는 진행형을 "뜯어 먹다가"라고 가지치기를 했더라면 한 문장을 둘로 자르지 않아도 되었겠고, 흐름도 매끄러워졌으리라고 생각한다.

5. "한 발 한 발 움직이다가"에서의 "한 발 한 발" 역시 지나친 창작이다. 여러 사람의 번역문을 접하다 보면 이런 식으로 공격적인 '창작'이 심한 경우를 가끔 만나게 되는데, 기본을 갖추지 못한 상태에서 지나치게 기교나 개성을 추구하다 보면 무리가 생긴다. 필자는 이럴 때면 예외 없이 학생들에게 우선 '창작하는 버릇'부터 버리고 수비부터 제대로 하라고 충고한다.

번역은 기교에 앞서, 정확함과 정밀함부터 추구해야 하는 작업이다.

6. "(어린 개구리들을 밟아) 죽게 만들었다"는 표현 또한 사역형을 닮은 대표적인 영어식 문장이다. 'have'나 'make' 혹은 'with'가 들어간 문장을 번역할 때 자주 나타나는 이런 현상 역시 빨리 고칠수록 좋은 기초적인 결함 가운데 하나이다. 이른바 번역체 문장의 주범이 그 세 단어이기 때문이다.

따라서, 번역의 다섯 번째 원칙을 만든다면 "'have'와 'make'와 'with'는 영어이다"가 적당하겠다. 그것을 좀 더 발전시켜 원칙으로 만든다면, "영어 문장은 한글로 써도 영어이다"가 된다.

우선 'with'를 보자. 요즈음 텔레비전을 눈여겨 보면, 특히 젊은 층의 방송인들이 자주 "아름다운 전통을 가진 나라"라는 식의 표현을 즐겨 쓴다. "나쁜 공기를 가진 서울"이나 "훌륭한 성격을 가진 젊은이" 또는 "큰 입을 가진 하마" 따위의 표현을 그들은 아무렇지도 않게 사용하며, 심지어는 "푸른 눈을 가진 이다도시"라고 게임쇼에서 말한 진행자도 있었다.

이다도시는 아무리 봐도 푸른 눈이 아닌데, 아마도 "푸른 눈의 여인"이 서양 여자를 표현하는 말처럼 굳어버려 입에 붙어 다니다가 무의식중에 그런 말이 나온 듯싶다. 실제로는 눈동자가 갈색이거나 검더라도 "푸른 눈"은 '서양인'과 같은 의미가 되어버린 셈인데, 이런 현상을 우리는 영어의 'computer'와 우리말의 '황소'와 같은 단어에서도 확인이 가능하다.

'컴퓨터'는 본디 숫자 계산과 암호 해독을 위해 군사적인 목적으로 개발이 시작된 '계산기(computer)'였다. 그래서 한때는 우리말로 '전자 계산기'라는 말을 쓰기도 했지만, 이제는 워낙 용도가 다양화하고 기술이 발전해서 '계산기'라는 말이 전혀 어울리지를 않는다. "땅 속에서 철도를 타고 돌아다니는 기차"라는 뜻으로 만들어낸 '지하철(地下鐵)'이지만, 용산에서 수원까지의 구간처럼 지상으로 이동할 때도 사람들이 그냥 '지하철'이라고 부르는 관습과 마찬가지 경우이다.

첫 번째 이솝 우화를 번역할 때는 세 학생은 물론이요 필자도 'ox'를 '황소'라고 번역했다. 비록 지금은 '황소'라면 '수소'를 의미하는 단어가 되어 버렸지만 '황소(黃牛)'는 본디 '누렁이 소'라는 뜻이었다. 우리나라의 소가 모두 누렁이였으니 '황소'를 '암소'와 구별하는 단어로 자연스럽게 사용해 왔지만, 필자는 번역을 할 때마다 누렇지를 않고 시커먼 외국의 수컷 소(bull)를 '황소'라고 옮기면서 늘 어색함을 느끼고는 한다. 그러나 'hydrogen'을 뜻하는 '수소'를 연상시키는 단어보다는 '황소'가 훨씬 이해하기에 빠르기 때문에 어쩔 도리가 없이 외국 소의 털빛을 바꿔버리고 만다.

그와 마찬가지로 이다도시의 눈빛을 바꿔놓은 '푸른 눈'에서처럼,

사람들은 영어를 많이 접하고 나면 자기도 모르게 외국어 표현을 우리말이라고 잘못 받아들여 '풀뿌리(grass-roots) 민초'나 '벼룩시장(flea market)'을 토박이 우리말로 착각하는가 하면, 'with'를 'have'의 뜻으로 풀어놓은 '가진'도 걸핏하면 우리말로 사용한다.

그러나 "나쁜 공기를 가진 서울"이나 "훌륭한 성격을 가진 젊은이"나 "큰 입을 가진 하마" 그리고 "푸른 눈을 가진 이다도시" 따위의 외국어식 '번역체' 표현을 참된 우리말로 고쳐 보면 "공기가 나쁜 서울"과 "성격이 훌륭한 젊은이"와 "입이 큰 하마"와 "눈이 푸른 이다도시"가 된다. 바로 이런 사소한 표현의 차이가 번역에서는 현저한 차이를 드러낸다.

속성을 나타내는 'have' 역시 비슷한 작용을 일으킨다. "a hippo that has a huge mouth"는 "a hippo with a huge mouth"와 똑같은 번역문을 끌어내기 때문이다.

'make'의 경우도 마찬가지이다. 이제 사람들은 "(어린 개구리들을 밟아) 죽게 만들었다"라는 식의 표현에 대해서 전혀 거부감을 느끼지 않는다. 우리말로는 "죽게 했다"가 훨씬 자연스러우며, 여기에서는 "(어린 개구리들을 밟아) 죽였다"가 정확한 표현이지만, 영어로부터 사역형과 피동태의 문장에 익숙해진 많은 사람들이 이제는 'make'라는 단어가 원문에 없는 문장에서까지도 '만든다'는 표현을 지나치게 즐겨 사용하는 습성을 보인다.

면목동 학생은 몇 줄 안 가서 [하지만 좀 모자른 어미 개구리는 "크다고" 하면서 자신에 볼에 공기를 불어넣어 자신을 크게 만들었다.]라고 번역하여 원문에는 나오지 않는 'make'를 다시 한 번 만들어 넣었다.

7. "뛰고 또 뛰었다"는 과장된 느낌을 주는 표현이다. 엄마 개구리가 그렇게 먼 곳에 있었으리라는 생각은 들지 않는다.

8. ["엄마, 아마 엄마도 그렇게 크고 엄청난 괴물을 본 적이 없을 꺼야?"]는 의문문인지 아닌지 판단이 가지 않는 이상한 형태이다. 역시 대화체를 '귀로 번역하기'에 걸리는 부분이다.

9. "a big beast"를 "크고 엄청난 괴물"이라고 번역했는데, 원문에는 형용사가 'big' 하나뿐이다. 'beast'를 '괴물'이라고 번역해도 크게 흠이 되지는 않지만, 여기에서는 소를 두고 한 말이니까 '짐승'이라고만 해도 충분하겠다.

10. "어린 개구리가 이 슬픈 소식을 이야기했다"에서는 형제들이 죽었다는 '슬픈(sad)' 소식이 아니라, 청천벽력 떼죽음을 당했다는 놀랍고도 '끔찍한(terrible)' 소식이다. 이 장면은 시름에 잠겨 '슬픈' 소식을 전하는 어린 개구리가 아니라 무서워서 눈이 휘둥그레져 벌벌 떨며 엄마한테 얘기하는 새끼를 머리 속에 상상하며 번역을 했어야 옳겠다.

11. 줄바꾸기, 빈 줄 그대로 남기기, 약물(☞) 바꾸기, 간접 화법을 직접 화법으로 바꾸기 등에서 나타나듯이, 전반적으로 작가의 원문을 존중하지 않는 경향이 심하다. 기초가 몸에 익기 전에는 '창작'을 삼가도록 거듭 권하고 싶다.

12. "좀 모자른 어미 개구리"에서 '모자른'은 표준어가 아니다.

13. ["크다고" 하면서 자신에 볼에 공기를 불어넣어]에서는 '자신

에 볼에'를 '자신의 볼에' 라고 문법을 바로잡아야 하며, '자신의' 라고 고친다고 하더라도 이것 역시 소유격 대명사나 마찬가지로 필요 없는 단어이다. ["크다고" 하면서 볼에 공기를 불어넣어]라는 표현이 훨씬 자연스럽지 않을까?

14. ["크다고" 하면서 자신에 볼에 공기를 불어넣어]에서 한 가지 더 지적하자면, 엄마 개구리가 '볼'에다 바람을 불어넣는다는 내용 역시 본문에 나오지 않는 '창작'이다. 개구리가 바람을 들여마셔서 몸을 부풀리려면 '볼'이 아니라 '뱃속(=허파)'을 공기로 채워야 논리가 맞는다. 이렇듯 공격적인 '창작'을 서투르게 잘못하면 내용 전체를 망가트리는 경우가 자주 나타난다.

15. 역시 ["크다고?" 하면서 자신에 볼에 공기를 불어넣어]에서 논리성을 한 가지 더 따져 보기로 하자. 엄마 개구리는 아기 개구리나 어떤 다른 동물의 볼에다 "공기를 불어넣어"라는 표현에 어울리는 행위를 할 수는 있겠지만, 자신의 볼에다 공기를 '불어서 넣기'는 역학적으로 불가능하다. 직접 한 번 시험해 보기 바란다.

16. "자신을 크게 만들었다" 또한 본문에 없는 'make'를 만들어 넣은 번역이다. 바로 앞에 나온 '자신에 볼에'서도 그렇고 "자신을 크게"에서도 반복되는 '자신'이라는 어휘 또한 이른바 '번역체'에서 자주 발견되는 단어이다. 불안감에서 나온 강조의 필요성을 느꼈거나, 사역형과 재귀성 표현이 흔한 영어식 표현이 몸에 밴 결과가 아닌가 싶다.

17. 원작에 나오지 않는 단어나 표현을 과용하는 번역자들에게서

자주 나타나는 현상은 본문에 나오는 내용을 역시 마음대로 없애버리기도 한다는 점이다. "to twice her size"라는 내용을 번역문에서 찾을 길이 없는 까닭이 그것이다.

18. 1항에서 이미 지적한 내용과 반대의 경우이지만, ["아냐, 좀더 커"라고 말을 하자, 볼에 공기를 더 집어넣었다.]는 독립된 두 개의 문장을 하나로 붙이는 등 전체적으로 원문을 존중하는데 소홀한 번역이다.

19. '창작' 경향이 가장 심한 대목은 다음 내용이다. 원문과 번역을 대조해 보기 바란다.

> Was it as big as this? Oh, much bigger, said the little Frog. She puffed herself some more, and said : As big as this? Oh, no, Mother, much, much bigger. So she puffed again, and puffed so very hard that suddenly with a great POP! she burst into little pieces.
>
> 엄마 개구리는 점점 볼에 더 크게, 더 크게 보이기 위해 힘을 주고, 어린 개구리는 괴물의 크기를 보이기 위해 더 큰 손짓을 하고 있었다. 엄마 볼 주머니는 이제는 더 이상 커지지 않을 것처럼 보였다.
>
> 그러자 갑자기 "펑!" 하면서 엄마 개구리는 터지면서 죽게 되었다.

위 번역문에서는 "Was it as big as this?"라는 내용은 어디로 갔는지 찾을 수가 없고, 그 질문에 대한 어린 개구리의 설명 "Oh, much bigger" 역시 사라져 버렸다.

그런가 하면 본문에 없는 "어린 개구리는 괴물의 크기를 보이기 위해 더 큰 손짓을 하고 있었다"라는 표현을 '창작' 해서 집어 넣기도 했다. 아마도 "~, said the little Frog. She puffed herself some more, and said :"를 그렇게 옮긴 모양인데, 전혀 번역이라고 하기가 힘든 부분이다. (진행형인 '하고 있었다' 역시 여기에서는 '했다'라고 간단히 줄여도 무방하다.)

"엄마 볼 주머니는 이제는 더 이상 커지지 않을 것처럼 보였다"는 본문에 나오지도 않는 내용이며, 대신 "As big as this? Oh, no, Mother, much, much bigger. So she puffed again, and puffed so very hard that"가 어디론가 사라져 버렸다.

필자가 "번역은 제 2의 창작이 아니다"라고 주장하는 까닭은 이런 식의 '창조적인 번역'이 썩 바람직하지는 않다고 생각하기 때문이다.

20. "자기 자신보다 더 크게 하려다가 자신을 망칠수 있다"라는 마지막 문장에는 번역문에서 흔히 눈에 거슬리기 쉬운 어휘인 '자신'을 두 차례나 사용했고, "있을 수 있는 것" 가운데 '수'와 '있다'로 끝막음을 했다. 싱싱한 어휘를 찾아내고 선택하는 노력이 별로 보이지를 않는다. "망칠수 있다"에서는 '수'를 띄어 써야 한다는 맞춤법도 틀렸다.

***

그러면 같은 학생이 번역한 "꾀 많은 당나귀"의 내용 가운데 밑줄 친 부분이 왜 미흡한지를 지금까지 지적한 내용에 비추어 알아본 다음, 어떻게 고치면 좋아지겠는지 행간에다 한 번 직접 수정해 보기 바란다.

한 상인은 당나귀등에 소금 주머니를 싣고 도시로 가고 있었다. 작은 개울을 건너기 위해 조그마한 징검다리를 건너다가 그만 당나귀가 미끄러져 물에 빠지고 말았다. 당나귀는 개울가로 나올수 있었지만 등에 있던 소금의 대부분이 물에 젖어 녹아 버리고 말았다. 그 덕분에 당나귀는 짐을 덜어 가벼운 발걸음으로 가던 길을 갈 수 있었다.

다음날, 또 소금을 운반하게 되었고 당나귀는 기다렸다는 듯이 같은 지점에서 미끄러져 짐을 가볍게 만들었다. 속임수를 눈치챈 상인은 소금 대신 등에 스폰지를 매달았다. 하지만 당나귀는 그것도 모르고 또 물에 빠지고 말았다. 이번의 경우는 저번과 많이 달랐다. 물에서 쉽게 나올 수가 없었다. 그리고 등에다가는 더 무거운 짐을 싣고 비틀비틀 거리면서 도시로 가게 되었다.

\# 바보는 항상 똑같은 속임수를 너무 자주 사용한다.

*

지금까지 우리는 실제로 대단히 많은 사람들이 '좋은 번역' 이라고 착각하는 공격적인 '창작 번역', 그러니까 본문에 없는 단어나 표현을 집어넣기도 하고, 별로 매끄럽지 않다고 여겨지는 문장을 다듬는다면서 어떤 부분은 잘라 걸러내기도 하고, 직접 화법을 간접 화법으로 또는 그 반대로 분위기에 따라 마음대로 바꿔놓고, 그리고 가장 흔한 경우이지만, 너무 짧다고 생각되는 문장은 여러 개를 이어서 무게가 나갈 만큼 길게 장문으로 만들거나 그와 반대로 너무 길어서 독자가 이해를 못 할까봐 걱정이 될 만큼 지나치게 긴 장문은 '간결하고 짧은' 여러 개의 문장으로 재정리하는 식의 번역에 대해서 집중적으로 생각해 보았다.

학생들의 이해를 돕기 위해 어스킨 콜드웰(Erskine [Preston] Cald- well, 1903~1987)의 소설 〈에스터빌이라는 곳(Place Called Estherville)〉에서 발췌한 다음 내용을 창작 번역한다면 어떻게 되는지를 보여 주겠다.

"Well, I stopped to ask if you'd like to come up to my house after supper tonight and maybe play a little poker. My wife's brother came to town for the weekend, and I thought—"

"No," George told him abruptly.

"Why not?"

"Well, I'm busy."

"Busy doing what?"

"I don't know—but I can't come, anyway."

"You don't have to go back to the bank and count money tonight, do you?"

"No!" he said emphatically.

번역을 하려면 우선 작가와 작품에 대해서 충분히 이해를 해야 하니까, 그런 정보를 우선 알아보기로 하자.

어스킨 콜드웰은 장편소설이 지배적인 미국 문단에서 보기 드물게 단편소설을 많이 쓴 소설가로서, 남부 조지아 주의 소작농과 흑인을 즐겨 주인공으로 내세우며, 흙냄새가 물씬한 비극적인 삶을 자주 다루었다. 흑인들처럼 목화도 따고 막일꾼으로 일하다가 미식축구 선수로도 잠시 활동했던 그는 기자 생활을 거쳐 장편 〈사생아(The Bastard, 1929)〉와 단편집 〈스웨덴 사람들의 고장(Country Full of Swedes, 1933)〉 등을 발표하면서 문단에 들어섰다.

간결하기 짝이 없는 작품을 썼던 그는 이른바 '장편'이라고 해도 150쪽 정도의 길이로 소설을 썼으며, 필자의 기억으로는 200쪽이 넘는 작품을 읽은 적이 없다. 작품 성향을 보면 대단히 육감적이어서 건장한 젊은 흑인 남자를 백인 여자가 유혹하는 따위의 한 여름밤의 욕정 분위기가 물씬해서 독자층 확보가 쉬울 듯싶은데도 우리나라에서는 그의 대표작 〈토바코 로드(Tobacco Road, 1932)〉와 〈신의 작은 땅(God's Little Acre, 1933)〉 정도만이 번역되었다.

이만하면 짐작이 가겠지만 그는 필자의 개인적인 견해로는 어니스트 헤밍웨이 못지 않게, 아니면 그보다도 훨씬 더 생동하는 대화체의 구사 방법이 뛰어난 작가였다. 위에 제시한 예문도 마찬가지이다. 한 남자가 처남이 집에 오니까 포커를 같이 하자고 다른 남자를 설득하려 하지만 상대방은 바쁘다면서 싫다고 한다. 왜 바쁘냐니까 어째서 바쁜지는 자기도 모르지만 어쨌든 가지 않겠다고 버티는 장면이다. 그리고 그들의 대화는 정말로 생생해서 귓전에 들려오는 듯싶다. 그런데 그들의 대화를 이런 식으로 간접 화법을 써서 번역해 놓았다고 상상해 보라.

저녁 식사후 나의 집에 와서 포커나 조금 하지 않겠느냐고 묻기위해 들렀다. 나의 아내의 동생이 주말을 보내러 와서라고 했다. 조지는 아니라고 했고 왜 싫으냐고 물었더니 바쁘다는 대답이었다. 무엇을 하기 위해 바쁘냐니까 모르지만 어쨌든 갈 수가 없다는 대답이었으며, 오늘밤에도 은행으로 돌아가 돈이나 세는 것은 아니지 않겠느냐고 물었더니 아니라고 강조해서 말했다.

한눈에 봐도 여러분은 이 번역이 어딘가 잘못이라는 인상을 받게 된다. 예를 억지로 만들어 설명하기 위해 약간 과장된 면이 없지는 않지만, 근본적으로 보자면 많은 사람들이 '좋은 번역'이라고 착각하는 창작 번역은 바로 이런 식이다.

콜드웰 작품의 창작 번역과는 반대의 경우이지만, 여러분이 훨씬 납득하기 쉬운 다른 예도 하나 들어 보겠다. 마르쿠스 아우렐리우스의 〈명상록〉에 나오는 다른 문장이다.

> Recall to thy mind this conclusion, that rational animals exist for one another, and that men do wrong involuntarily; and consider how many already, after mutual enmity, suspicion, hatred, and fighting, have been stretched dead, reduced to ashes; and be quiet at last.

예문은 좀 길기는 하더라도 단 하나의 문장이다. 대학생 시절에 각별히 좋아했기 때문에 필자가 영어로 쓴 첫 소설의 제목으로 "And be quiet at last"라는 표현을 차용했던 이 글은 문장이 길다는 바로 그 이유 때문에 사념적이고 철학적인 분위기가 이루어지고, 인간 삶의 헛됨에 관한 느낌을 하나의 '덩어리 생각'으로 잘 전달한다.

그런데 이 문장을 길고 복잡하다는 이유로, '난삽'하다는 이유로 해서, 그보다도 더 나쁜 일이지만 단순히 번역을 하기가 힘들다는 이유만으로, 사전을 찾아도 나오지 않고 주변에서 영어를 웬만큼 한다는 사람들한테 물어봐도 모두들 모르겠다고 하는 단어가 나타나면 가끔 하나씩 빼먹어가면서, 다음과 같이 '간결'하게 번역해 놓는다면 어떻게 되겠는가?

당신의 마음에 이 결론을 리콜하라. 합리적인 동물들은 하나가 다른 하나를 위해서 존재한다고. 그리고 사람들은 자원하지 않으며 잘못한다고. 그리고 벌써 얼마나 많은지를 고려하라.
상호간 의심, 증오, 싸움 다음에 죽어 자빠졌는지를. 줄어들어 재가 되었는지를. 그리고 마지막에 조용한지를.

번역해 놓은 예문이 너무 극단적이라고 생각할지는 모르겠지만, 어쨌든 대부분의 사람들은 이런 번역은 좀 곤란하다고 수긍하리라고 믿는다. 이런 식의 번역은 용납이 되지 않는다고까지 말할 사람도 없지 않으리라.

하지만 정말로 극단적인 예였을까?

만일 어떤 글이 1백 개의 단어로 이루어졌다고 가정하자. 그 가운데 몇 개의 단어를 잘못 번역하면 우리는 그것을 '오역'이라고 말하는가? 50 단어 이상이 틀려야 오역인가? 아니면 다섯 개만 틀려도 오역인가?

사람들은 단어 하나만 틀려도 오역이라고 한다. 북한의 어느 통역원이 국제 회의에서 '오스트리아'를 '오스트렐리아'라고 잘못 옮기는 바람에 외교 단절이라는 국제적인 문제로까지 비화했던 사실을 우리는 알고 있다. 우리나라에서도 IMF 차관을 들여온 후 여러 회사의 통폐합과 해외 매각 과정에서 통역인이 단어 하나를 잘못 해석하는 바람에 엄청난 오해가 생겨 양국 대표가 떠들썩하게 해명과 성명을 발표하는 소동이 일어나기도 했다.

그리고 위에서 예문으로 내놓은 두 가지 의도적인 오역은 '극단적인 예'가 결코 아니다. 제 6과에서 지금까지 살펴본 '창작 번역'의 유형들은 현실적으로 우리 주변에서 늘 눈에 띄는 현상이다. 이런 현상은 비록 사소해 보일지는 모를지언정, 앞에서 지적한 잘못된 통역의 경우나 마찬가지로 심각한 결과를 가져온다.

그러면 앞에서 여러분에게 밑줄 친 부분은 직접 문장을 고쳐 보라고 필자가 권했던, 면목동 학생의 "꾀 많은 당나귀" 번역문에서 무엇이 미흡하고 어떻게 개선하면 좋겠는지를, 특히 창작 번역의 위험성에 입각하여, 꼼꼼히 살펴보기로 하자. 그리고 필자가 지적하는 사항과 여러분이 손질한 내용이 어떻게 다르거나 같은지를 비교해 보기 바란다.

1. "한 상인"은 'a merchant'를 눈에 보이는 그대로 번역한 표현이다. 부정관사의 번역에서도 생략하느냐 아니면 의도적으로 번역해야 하느냐에 관해서 신경을 써야 한다고 필자가 견해를 피력한 적이 있기는 하지만, 여기에서는 그 여부가 쉽게 판단이 간다.

'상인'이라는 어색한 한자 표현을 '소금장수'로 바꾸면 왜 좋겠는지는 대전 학생의 번역문을 검토하면서 2항에 이미 이유를 밝혀 놓았다.

2. "당나귀등에"는 "당나귀 등에"라고 띄어 써야 한다. 기본적인 띄어쓰기조차 틀리는 사람들에게는 영어 공부에 앞서 우리말 공부부터 먼저 신경을 쓰도록 권한다.

3. "(소금) 주머니"는 '자루'가 옳은 말이겠다.

많은 사람들이 혼용하거나 혼동을 일으키는 '주머니'와 '호주머니'의 차이도 잘 알아두기 바란다. '주머니'는 손에 들고 다니지만 '호주머니'는 옷에 붙어 다닌다.

4. "도시로 가고 있었다"에서 '도시'가 어디인지를 생각해 보자.

'도시로'가 영어 원문에서는 'to town'이다. 그런데 'town'이라는 단어 또한 많은 번역자가 무심코 '도시'라고 옮기고는 하지만, 그렇게 만만히 번역해도 좋은 단어가 아니다. '도시'는 'city'이다. 'city' 중에서도 큰 도시는 'metropolitan city' 또는 'metropolis'라고 한다.

'town'을 '도시'라고 할 때는 인구가 2만에서 5만 사이에 이르는 '소도시'를 가리킨다. 그리고 우리말로는 그런 도시를 흔히 '읍' 또는 '읍내'라고 부른다. 손튼 와일더(Thornton Wilder)의 희곡 〈Our Town〉의 제목을 우리말로 "우리 읍내"라 한 까닭이 거기에 있다.

'town'은 '소도시'나 '읍' 말고도 '마을'을 뜻하는 경우가 많다. 그런가 하면 '마을'을 뜻하는 'village'는 '동네'라는 뜻이기도 하다. 하지만 도시에서 '우리 동네'라고 하려면, 믿어지지 않을 정도로 많은 사람들이 도시를 배경으로 삼은 작품을 번역할 때 그러듯이, 'my village'가 아니라 'my neighborhood'라고 적어야 옳다.

'town'의 행정 책임자를 영어로 'mayor'라고 하는데, 이 단어의 번역에서도 많은 사람이 무턱대고 '시장'이라고 잘못 번역하고는 한다. '시장(市長)'은 한자(漢字)를 새겨 보면 쉽게 나타나듯이 '도시의 장'이다. 그러나 'town'이라는 영어 단어가 '도시' 말고도 '읍'이나 '면' 심지어는 '마을'을 의미하는 경우도 많기 때문에, 번역할 때는 앞뒤를 살펴 '군수', '면장', '촌장', '읍장'이라고 가려 옮겨야 한다. 실제로 'town'과 'mayor'의 경우, 특히 영상 매체에서, 많은 번역가들이 전혀 따지거나 생각조차 하지 않고 반사적으로 '도시'와 '시장'이라고 번역하는데, 이런 '반사적인 번역'은 태만한 번역이다.

그렇다면 다시 소금장수 얘기로 돌아가서 그가 당나귀를 끌고 찾아가는 'town'이 어디인지를 따져 보자. 과연 당나귀와 소금장수가 자루에 담은 소금을 팔러 장터로 찾아가는 'town'이 '도시'일까?

5. "(도시로) 가고 있었다"에서도 진행형을 '갔다'라고 고치는 편이 훨씬 매끄러운 문장을 만드는 길이다.

그러나 더욱 중요한 사실은, 원문을 보면 여기에서 문장이 끝나기를 않는다. 본디 문장을 마음대로 자르고 붙이는 '창작 번역'의 대표적인 유형이다.

6. "개울을 건너기 위해 조그마한 징검다리를 건너다가"라는 짧은 문장 토막 속에는 '건너다'라는 동사가 두 차례 중복되었다. 같은 단어가 이런 식으로 자주 중복되면 번역문 전체가 무성의하다는 인상을 주기 쉽다. 그리고 이러한 반복 습성을 없애는 훈련이 바로 "있을 수 있는 것은 모두 없앤다"이다.

7. "조그마한 징검다리"에서 '조그마한'은 영어 원문에 나오지 않는 단어이다. 역시 지나친 '창작 번역'이다.

8. "(조그마한) 징검다리"는 잘못된 번역이다. 원문을 보면 '다리'는 'a plank', 그러니까 좁은 개울을 가로질러 놓은 '널빤지'이다. '통나무 다리'나 '외나무 다리'라고 했다면 어느 정도 용납이 가능하겠지만, '징검다리'는 곤란하다.

'징검다리'는 발을 적시지 않기 위해 돌멩이 따위를 밟고 얕은 여울을 건너가게 만들어 놓은 것이어서 엄격한 의미에서는 '다리'라고 하기도 어렵다. 그리고 징검다리로 건너갈만큼 얕은 물이라면 당나귀는 다리를 타지 않고 그냥 물을 건너갈 터이고, 혹시 자빠지더라도 얼른 다시 일어나면 된다. 전혀 논리가 맞지 않는다.

9. "당나귀는 개울가로 나올수 있었지만"에 해당하는 영어 원문을 보면 'swam' 이라는 단어가 나온다. 물이 깊어서 당나귀가 '헤엄쳐' 나왔다는 뜻이다.

그러나 번역문에서는 '징검다리' 라는 창작 번역을 통해 물의 깊이를 얕게 바꿔 놓았고, 그렇게 얕은 물이니 당나귀가 헤엄을 칠 수가 없어진다. 이렇듯 단어 하나를 본문과 달리 마음대로 번역해 놓으면 그에 따라 다른 모든 단어도 의미를 바꿔 줘야 한다. 그러다 보면 내용 전체가 엉뚱하게 달라질 위험성이 많다. 거짓말에도 이자가 붙는다는 원칙이 적용되는 경우이다.

10. "(당나귀는 개울가로) 나올수 (있었지만)"은 "나올 수"라고 띄어 써야 한다.

11. "(당나귀는 개울가로) 나올수 있었지만"은 '나왔지만' 이라고 고치면 '수' 와 '있었다' 를 간단히 숨아내게 된다.

12. "등에 있던 (소금의 대부분이)"에서는 "등에 진" 또는 "등에 실었던"이라고 고치면 '있었다' 가 또 하나 없어진다.

13. "(등에 있던) 소금의 대부분이"에 해당하는 원문을 찾아보면 "the salt was all dissolved"이다. 분명히 'all' 이라고 했다. '대부분' 이 아니라 소금이 '모두' 없어졌다는 뜻이다. 이것 역시 원문을 마음대로 고친 잘못된 창작 번역의 대표적인 예이다.

번역을 할 때는 수치(數値)에 세심한 주의를 기울여야 한다. 황소에게 밟혀 어린 개구리들이 '모두' 죽었다면, 살아 남아서 엄마한테 달려갈 새끼가 없어진다. 그러나 '대부분(crushed most of them to death)'이 죽었다면 전혀 얘기가 달라진다.

다시 한 번 중간 점검을 해 보면, 당나귀는 '징검다리'가 아니라 '널빤지 다리'에서 깊은 물에 빠졌고, 물가로 한참 '헤엄쳐' 나가는 동안 소금이 '모두' 녹아 없어졌다.

그런데 번역된 내용은 어떻게 되었던가?

14. "물에 젖어 녹아 버리고 말았다"에서 '젖어'는 어울리지도 않고 필요도 없는 말이다.

15. "(물에 젖어) 녹아 버리고 말았다"라는 번역문을 보면 영어 원문의 "streamed out (of the bags)"라는 내용이 전혀 보이지를 않는다. "(녹아서) 줄줄 흘러 나왔다"는 표현이 얼마나 시각적으로 생생하고 감칠맛이 나는 지를 생각해 보면 정말로 잘라 버려서는 안 된다는 판단이 서리라.

16. "물에 젖어 녹아 버리고 말았다. 그 덕분에"에서 번역문은 둘로 문장이 잘라졌지만, 원문은 'so that'으로 연결된 상태이다. 역시 번역자가 마음대로 문장을 붙이고 자르는 잘못된 창작 번역의 한 형태이다.

17. "(당나귀는 짐을 덜어 가벼운 발걸음으로) 가던 길을 갈 수 있었다"에서도 '가다'가 잠깐 사이에 중복이 되고, '수'와 '있었다'가 또 등장한다.

18. "(당나귀는 짐을 덜어 가벼운 발걸음으로) 가던 길을 갈 수 있었다" 다음에 원문은 줄이 바뀌지 않지만, 번역문은 행갈이를 했다.

19. "다음날, 또 소금을 운반하게 되었고"는 원문에서 문장이 끝나지 않은 대목에서 불완전하게 마무리를 짓고는 마침표를 달았다.

20. "짐을 가볍게 만들었다"는 표현 또한 'make'와 'with'에 대한 반사적 타성에서 나온 결과이다.

21. "속임수를 눈치챈 상인은 소금 대신 등에 스폰지를 매달았다"라는 대목을 보면 영어 원문의 "~decided to cure the Donkey of her habit, and the next day"라는 내용이 몽땅 빠져 버렸다.

22. "소금 대신 등에 스폰지를 매달았다"에서 '스폰지'는 우리말이 아니다. "I went to school"을 "내가 학교에 갔다"라는 우리말 대신에 "아이가 스쿨에 고했다"라고 번역한 셈이다.

23. "소금 대신 등에 스폰지를 매달았다"에는 본문에 나온 "a great pile of (Sponges)"가 보이지 않는다. 골탕을 먹이려고 소금장수가 해면(솜)을 '굉장히 많이' 실었다는 재미난 내용이 잘려 나가고 말았다. 이런 식으로 번역을 하는 사람은 스스로 '원작보다 훌륭한 번역'을 한다는 생각으로 공격적인 창작 번역을 시도하지만, 사실은 오히려 작품을 망쳐 놓는 경우를 우리는 주변에서 자주 발견한다. 축구 경기를 할 때 수비는 전혀 하지 않으면서 서툰 공격만 계속했다가는 결국 패하고 만다.

24. "소금 대신 등에 스폰지를 매달았다"에서 '매달았다(loaded)'는 표현도 미흡하다. 당나귀를 혼내 주려는 소금장수가 해면(솜)을 당나귀 등에다 높다랗게 잔뜩 쌓아올리는 장면이 눈에 선한데, 밑으로 늘어지는 장면을 연상시키는 '매달았다'로는 어딘가 부족한 느낌

이다.

25. "하지만 당나귀는 그것도 모르고 또 물에 빠지고 말았다. 이번의 경우는" 역시 하나로 연결된 문장을 마음대로 잘라놓은 대목이다.

26. "이번의 경우는 저번과 많이 달랐다"라는 말은 본문에 나오지 않는 문장이다. 아마도 극적인 분위기를 살리기 위해서 그랬겠지만, 이런 식으로 문장 하나를 몽땅 창작해서 보태는 번역 습성은 가급적 빨리 고치도록 권하고 싶다.

27. "물에서 쉽게 나올 수가 없었다" 역시 문장의 한 토막("~but this time she could hardly drag herself out of the water with the soaking Sponges")을 뎅겅 잘라내어 독립된 하나의 문장으로 키워 놓았다.
여기에서도 다시 극적인 효과를 노린 모양이지만, 우리는 이런 번역을 보면 앞에서 필자가 마르쿠스 아우렐리우스의 문장을 갈기갈기 찢어서 번역해 놓은 '극단적인' 예가 실제로 우리 주변에서 빈번히 이루어진다는 사실을 확인하게 된다.

28. 27항의 번역문을 보면 원문의 "with the soaking Sponges"라는 내용을 없애 버렸다. 물에 푹 젖어서 잔뜩 무거워진 솜을 지고 낑낑거리며 개울에서 기어올라오는 당나귀의 우스꽝스러운 모습이 눈에 선한데, 그만 서툰 창작 번역 때문에 이것 역시 희생되고 말았다.

29. "쉽게 나올 수가 없었다. 그리고 등에다가는 더 무거운 짐을 싣고 비틀비틀 거리면서 도시로 가게 되었다" 역시 원문에서는 하나

의 문장으로 연결되었다.

*

지금까지 우리는 서투르고 잘못된 '창작 번역'의 위험성이 얼마나 심각한지를 살펴보았다.

따라서 이제 우리는 "번역은 창작이 아니다"를 여섯 번째 원칙으로 삼도록 하자.

어스킨 콜드웰과 마르쿠스 아우렐리우스의 문체를 대비시켜 우리는 작가들이 저마다 얼마나 개성이 다른 문체를 구사하는지도 생각해 보았다. 그렇게 저마다 다른 문체를, 번역가가 자신의 문체를 살리고 싶어서 모두 똑같은 형태의 문장으로 바꿔 놓아도 되겠는가? 정말로 번역가는 "원작보다 훌륭한 번역"을 하기 위해 본디 작품을 마음대로 훼손하고 재구성할 권리를 가져도 되는가?

번역가는 유리와 같아야 한다.

원작과 독자 사이에서 번역가는 눈에 보이지 않아야 한다.

우리『춘향가』를 영어로 번역하는 경우를 가정해 보자. "한 번을 보아도 내 사랑, 두 번을 보아도 내 사랑"이라는 노랫말은 참으로 운치가 아름답다. 그 운치의 맛이란 똑같은 말을 정확하게 반복하기 때문에 생겨난다. "한 번을 보아도 내 사랑"과 "두 번을 보아도 내 사랑"은 단어 하나의 차이 말고는 그대로 되풀이되는 문장이다. 만일 이것을 서양 사람이 영어로 번역하면서, 지루하고 지저분하게 똑같은 말을 반복하여 지면만 낭비한다고 주장하면서 "I see love several times"라고 간단히 한 문장으로 번역해 놓았다고 가정하자. 그리고 그 영문을 다시 우리말로 번역할 때 같은 과정을 거치면서,

예를 들어 'all'을 'most of'로 번역한 "꾀 많은 당나귀"의 경우처럼, 'several'을 마음대로 'all'이라고 고쳐서 "보면 몽땅 사랑"이라고 옮긴다면 어떻게 되겠는가?

이번에도 비유가 지나치다고 하는 사람이 나설 지도 모르겠지만, 그런 현상은 사실상 우리 주변에서 늘 벌어진다.

기능으로 따지자면, 앞에서도 지적했듯이, 번역가는 신문기자와 상당히 비슷하다. 신문에서는 개인 또는 집단적인 견해나 설명은 전적으로 해설과 논설을 통해서만 전달되어야 하고, 비록 우리나라의 언론인들은 그런 감각이 부족하지만, 사실 보도를 해야 하는 일반 기사를 쓸 때는 말 그대로 '사실'만을 전해야 한다. 삼풍백화점이 무너졌다고 하면 독자와 시민들은 건물이 어쩌다가 무너졌으며 얼마나 많은 사람들이 죽었는지, 구조 활동은 어떻게 이루어지고, 누가 처벌을 받아야 하는지, 이른바 6하 원칙에 따른 정보를 원할 따름이지, 사고 내용을 전하는 문장의 문학적 기교를 즐기려고 하지는 않는다. 그래서 선진국의 신문 기사를 보면 형용사와 부사가 별로 눈에 띄지를 않는다.

그리고 기자의 존재도, 투명한 유리처럼, 보이지를 않는다.

번역자가 유리처럼 보이지 않아야 하듯이 말이다.

'창작'은 작가의 몫이지, 번역가가 하는 일이 아니다.

번역가의 의무는 작가의 글을 독자에게 전하는 일이지, 자신의 글솜씨를 자랑하는 것이 아니다.

그래서 우리는 "번역은 창작이 아니다"라는 여섯 번째 원칙의 당위성을 스스로 깨달아야 한다.

언론 보도문

이번에는 소설이 아니라 산문, 그 중에서도 언론체, 그러니까 사실 보도를 하는 특파원의 글을 교재로 골랐다. 그러나 기자의 존재가 유리처럼 안 보이는 사건 보도 기사(straight news)가 아니라 글쓴이의 감정과 해설이 들어간 '낙수(落穗)' 계열의 내용이다.

여러분이 번역해야 하는 다음 내용은 세계적인 명성을 자랑했던 대기자 어니 파일(Ernie Pyle)의 글이다. 이 글은 인터넷 강좌에서 학생들의 실력 평가를 위한 중간고사 시험 문제로 출제가 되었다.

For in the magazine the war seemed romantic and exciting, full of heroics and vitality. I knew it really was, and yet I didn't seem capable of feeling it. Only in the magazine from America could I catch the real spirit of the war over here.

One of the pictures was of the long concrete quay where we landed in Africa. It gave me a little tingle to look at it. For some perverse reason it was more thrilling to look at the picture than it had been to march along the dock itself that first day. "I don't know what the hell's the matter with me," I said. "Here we are right at the front, and yet the war isn't dramatic to me at all."

When I said that, Major Quint Quick of Bellingham, Washington, rose up from his bed onto his elbow. Quick was a bomber squadron leader and had been in as many fights as any bomber pilot over here. He was admired and respected for what he had been through. He said, "It isn't to me either. I know it should be, but it isn't. It's just hard work, and all I want is to finish it and get back home."

So I didn't know. Was war dramatic, or wasn't it? Certainly there were great tragedies, unbelievable heroism, even a constant undertone of comedy. But when I sat down to write, I saw instead: men at the front suffering and wishing they were somewhere else, men in routine jobs just behind the lines bellyaching because they couldn't get to the front, all of them desperately hungry for somebody to talk to besides themselves, no women to be heroes in front of, damned little wine to drink, precious little song, cold and fairly dirty, just toiling from day to day in a world full of insecurity, discomfort, homesickness, and a dulled sense of danger.

The drama and romance were here, of course, but they were like the famous falling tree in the forest-they were no good unless there was somebody around to hear. I knew of only twice that the war would be romantic to the men: once when they could see the State of Liberty and again on their first day back in the home town with the folks.

'보도체'에 대한 이해

제 7과에서는 지금까지 살펴본 소설의 서술체나 대화체 또는 단순한 산문체가 아니라, 신문이나 잡지에서 우리가 흔히 접하게 되는 이른바 '보도체(報道體)' 문장의 번역을 다루겠다.

아마도 거의 모든 학생이 '기사 작성법'이나 '언론에 글쓰기' 등을 통해 '6하 원칙'이 무엇이며, 특히 사건 등의 보도 기사(straight news)가 어째서 군더더기를 용납하지 않는 간결한 문체를 요구하는지에 대한 얘기를 자주 들었으리라고 생각한다. 그것은, 첫째, 사람들이 취중에 흔히 그러듯 말이 많아지면 '헛말'이 나가기가 쉬우며, 그러면 정확성이 결여되기 때문이다.

제 7과의 후반부에서는 단어 하나의 잘못된 번역이 그 단어를 포함한 하나의 문장에서 그치지 않고 전체 문단, 심지어는 기사 전체에 어떤 영향을 미치는지 알아보기 위해 구체적인 예문을 여럿 들어 생각해 보겠는데, 좀 비겁하면서도 솔직한 얘기이지만 사실 그런 실수를 영화나 소설의 번역에서 저지르더라도 무관심한 독자 대부분이 별다른 생각이나 비판도 없이 그냥 넘어가는 경우가 많기 때문에 "들키지 않고" 지나가는 예가 종종 생긴다.

그러나 6하 원칙이 생명인 보도문에서는 사정이 대단히 달라진다. 예를 들어 "유럽의 3국 통일"을 "유럽의 4국 통일"이라고 잘못 적었다가는 틀림없이 이튿날 정정 기사가 나가야 한다.

국회에서 표결을 하는 경우 "여당이 우세"하리라는 전망이 나왔는데, 이것을 모음 하나만 잘못 집어넣어 "야당이 우세"라고 했다가는 단순한 'ㅕ'와 'ㅑ' 모음 하나의 차이가 아니라 완전히 의미가 뒤바뀌어, 회사에서는 시말서를 쓰고, 박정희나 전두환의 군사정권 시절이었다면 틀림없이 담당 기자는 정보기관에 끌려가 심한 고문을 당하고도 남았을 터이다.

그뿐이 아니다. '30 billion'을 '300억'이 아니라 '30억'이라고 적는다거나, '300 milllion'을 아차 잘못보고 '3백만'이라고 번역을 했다가는 기자가 고소를 당하거나 국제 분쟁을 야기할 가능성까지도 생긴다. 우리말로도 '3천원'과 '3천억원'이 글자 하나가 제대로 들어갔느냐 아니면 실수로 빠트렸느냐에 따라 무려 1억 배의 차이가 나지 않는가.

바로 이러한 이유로 인해서, 지난 과에서 거듭거듭 강조했듯이, 어떤 문장을 번역하더라도 아예 작가의 의도와는 관계가 없이 번역가의 상상력에 함부로 의존하는 '창작 번역'을 하지 않도록 스스로 훈련을 거칠 필요가 생긴다.

보도문이 간결해야 하는 두 번째 중요한 이유는 제한된 지면 때문이다. 지면이 제한되었기 때문에 보도 기사는 언제 어디에서 잘려나갈지 모른다는 운명적인 특성을 지닌다. 왜 그런지를 이해하기 위해서는 신문(이나 다른 언론 매체)의 특성을 이해해야 할 필요가 생긴다.

언론이란 워낙 신속과 정확을 생명으로 삼는데, 따지고 보면 '신속'과 '정확'은 양립이 불가능한 두 가지 반대 개념이다. 그래서 굳이 양자택일을 하라면 언론은 '신속'을 선호한다. 따라서 언론의 '보도 경쟁'이란, "정확성과 깊이를 지닌 내용"보다는 일단 '빠른 보도'에 치중할 수밖에 없다. 부정확하더라도 '특종'을 해야 신문이 살고, '낙종(落種)'을 한 기자는 필연적으로 도태되기 때문이다.

요즈음에는 많이 달라졌겠지만, 필자가 영자신문에서 기자로 일하던 1960년대에는 AP와 UPI 두 통신사의 성격이 이른바 '신속'과 '정확'을 대표적으로 상징하던 두 언론 매체였다. UPI는 '신속'이요, AP는 '정확'이라고 했다. 유명한 일화를 하나 들자면, 존 F. 케네디 대통령이 달라스에서 저격을 받던 순간, 취재 버스에 탄 두 통신사의 기자 가운데, AP 특파원은 총성을 듣고 사태 파악(취재)을 위해 창 밖을 내다보았고, UPI 특파원은 (지금처럼 통신이 발달하지 않았던 40년 전이었으니까) 버스 안에 한 대 뿐이었던 이동 전화부터 차지했다고 한다.

따라서 당시 국내 신문에서 외신 기사를 받을 때는 대부분의 경우 '지방판'이라고 알려진 '제 1판'에서는 UPI 기사를 번역해서 실었고, 중간에는 AP-UPI-AFP-로이터(Reuters)를 편집해서 '외신 종합'이라는 식으로 정리해서 보도했으며, 마지막 '시내판'에는 대부분의 큰 국제적 사건이 날 때마다 잘 정리된 AP 통신의 해설 기사로 마지막 정리를 했다. UPI는 비록 조금 부실하더라도 우선 무슨 사건이 났다는 사실을 먼저 알리고 자세한 내용은 나중에 점진적으로 보완하자는 전략이었던 반면에, AP는 몇 초나 몇 분 정도 늦더라도 정확하게 확인한 사실 보도를 원했다.

예를 들어 베트남전에서는 자질구레한 전황 기사는 어느 통신사 어느 기자의 글을 읽어 봐도 내용이 별로 차이가 나지 않았지만, 배경을 입체적으로 이해하려면 AP 통신의 사이공 주재 피터 아네트(Peter Arnett) 특파원의 해설 기사를 아무도 따르지 못했다. 피터 아네트는 훗날 이라크 전쟁이 났을 때 CNN 특파원으로 바그다드에 들어가 위성 접시로 당시 폭격 장면을 생생하게 단독으로 생중계해서 세계적으로 전쟁 보도의 신속성과 정확성을 함께 과시한 역사적 특종의 장본인으로 유명하다. 독자들도 아마 당시 비디오게임처럼 흥미진진했던 피터 아네트의 텔레비전 전쟁 중계를 기억하리라고 믿는다.

그러나 피터 아네트 수준의 세계적인 특종이란 드물게 마련이고, 우리나라에서는 독재 정권의 언론 길들이기를 거쳐 이른바 '기자 정신'이 쇠퇴하여 "언론인도 봉급쟁이"라는 말을 들어야 할 정도로 '무관의 제왕'들이 기자실을 중심으로 관제 보도 자료에 의존하는 보도원 신분으로 몰락해 버리고 말았다.

그래서 요즈음에는 별로 창의력이 두드러진 기획 기사도 나타나지 않고, 우리가 앞으로 번역하게 될 어니 파일의 글처럼 문체나 개인적인 체취로 명성을 얻은 대기자도 거의 눈에 띄지 않으며, 정치 외교 등에 관한 내용은 물론이요, 사회 문제의 고발도 텔레비전의 몇몇 의식있는 프로그램을 말고는 찾아보기가 힘들고, 이른바 '특종 경쟁'은 기껏해야 연예인들의 신변잡기만 뒤적이다가 혹시 누가 임신을 했거나 하찮은 피로 때문에 입원을 했다는 정보를 남보다 조금이라도 빨리 알아내어 인권 침해를 밥먹듯 해가면서 추측 보도를 하는 수준이 되고 말았다.

짧아야 좋은 이유

필자가 쓴 1항의 마지막 문장을 보면 길이가 대단히 길다. 예로 삼기 위해 일부러 그렇게 썼기 때문이다. 그리고 이런 식으로 길게 늘어진 표현은 신속과 정확을 생명으로 삼는 보도체에서는 보기 힘든 문장이다.

그렇다면 왜 보도체는 간결해야 하는지를, 언론의 기능면에서 살펴보기로 하자.

기자가 사람을 만나거나 자료를 조사해서 기사를 작성하고 나면, 흔히 우리나라에서 영어로 '데스크(desk)'라고 지칭되는 부장급(올바른 영어로는 'editor'라고 해야 함)에서 일차 검토를 한다. 이 과정에서는 각 부장이 기사의 내용에서 정확성과 깊이 등을 검토하는데, 사람에 따라서 우리나라에서는 부장이 문장을 손질하기도 한다.

외국에서는 부장이 기사의 문체까지 간섭하는 경우가 거의 없다. 기자가 쓰는 글에서도 저마다의 문체를 존중하기 때문인데, 어니스트 헤밍웨이나 존 스타인벡처럼 훌륭한 작가들이 제2차 세계대전에서 어니 파일이나 마찬가지로 종군기자로서 언론 활동을 했다는 사실을 생각해 보면, 그리고 퓰리처상은 문학이 아니라 우선적으로 언론의 각 분야에 수여하는 상임을 상기한다면, 그런 전통이 이해가 가리라고 생각된다.

하지만 언론이란 유려한 문체보다 사실 보도의 신속한 전달이 생명이고, 그래서 외국에서는, 특히 미국에서는 사실 취재를 하는 기자와 글을 쓰는 기자가 따로인 경우가 많다. 비디오로 『대통령의 음모(All the President's Men, 1976)』라는 영화를 확인해 보면, 워터게이트 사건을 폭로하는 취재 과정에서 '특종'을 처음 잡아낸 기자는 로버트 레드포드이고, 그가 쓴 기사를 다시 고쳐 쓰던 더스틴 호프만이 나중에 취재에 합류한다.

우리나라에서는 취재 기자(legman)와 내근 기자(writer)를 겸해야 하고, 그래서 영자 신문의 경우에만 글다듬기 기능을 맡는 기사 검토(copyreading)의 부서(또는 사람)를 편집부에 따로 둔다. 하지만 외국인이 맡아서 처리하는 이 과정은 문체나 기사의 정확도는 거의 무시한 채로 한국인이 쓴 영어 문장의 문법 교정 정도에서 그친다.

이렇게 편집부로 넘어간 기사는 제목을 붙인 다음 편집회의의 지침에 따라 게재될 면과 위치 그리고 크기를 배정받아 판짜기(make-up)로 들어가는데, 이때 편집자는 많은 경우 기사를 제대로 읽지도 않고 길이만 보고 자른다. 기사란 독자들이 상상하듯이 신문에 실린 그 길이 그대로 기자가 써놓은 것이 아니라, 기자는 취재 내용을 충실히 담아 적당한 길이의 기사로 만들어 내놓고, 그 기사를 어디까지 게재하느냐 하는 것은 어디까지나 편집에서 결정한다.

이렇듯 어디에서 잘려나갈지를 모르기 때문에 중요한 내용, 특히 6하 원칙에 들어가는 모든 정보를 가장 앞에, 가능하면 첫째 문장에 모두 담아야 한다. 그것이 보도체 문장이 간결해야 하는 결정적인 이유가 된다.

간결하고 짧은 번역문

필자는 『더 코리아 헤럴드』의 견습기자 시절에 이런 경험도 했다. 첫 눈이 내렸다는 일기 기사를 쓰라는 지시를 받았는데, 작가가 된다고 대학시절에 열심히 영어로 소설을 썼던 '실력'을 과시하려는 욕심에서였겠지만, 조금쯤은 시적인 거리 풍경을 묘사한 다음 본격적으로 내일의 일기를 뒷 부분에 달아놓았다. 물론 끝까지 제대로 글이 다 실렸다면 수필체의 괜찮은 기사가 되었겠지만, 이튿날 아침에 집에서 신문을 받아보니 "내일 다시 추워져"라는 식의 제목 밑에 "새하얀 눈이 내려 설국(雪國)의 풍경을 이루었습니다"라는 한 문장만 달랑 따라 나왔고, 내일의 날씨에 관해서는 한 마디도 없었다.

제목과 내용이 전혀 맞지 않는 위 일기예보 기사와 같은 상황이 가끔 생겨나기도 하기 때문에 제목까지도 대부분 첫 문장에서 뽑아내야 하는 특성을 지닌 보도문이고 보니, 혹시 온전한 모습으로 자리를 배정 받아 일단 판에 들어갔던 기사라고 해도, 항상 그렇듯이 시간이 흐르는 사이에 새로운 사건이 터져 다른 기사가 끼어 들게 되면 미리 자리를 잡고 들어간 기사들은 도마뱀처럼 점점 더 길게 꼬리가 잘려 나가게 마련이다. 그리고 마감 시간이 급하다 보니 꼬리를 길이만 재서 잘라내야 하는 이런 과정에서, 편집 기자들이 기사를 가져다가 다시 읽어보고 내용을 검토해서 적절한 자리를 찾아 잘라낼 만큼 한가한 여유가 언론에서는 용납되지 않는다.

물론 교열(proof-reading) 부에서는 판을 짠 다음 글자로 찍혀 나온 내용을 읽어가며 잘못된 부분을 찾아내는 역할을 맡지만, 여기에서도 틀린 문법이나 글자를 찾아내기에 너무 정신을 집중하다 보면 위 일기예보처럼 전혀 내용이 없는 기사나 제목과 내용의 불일치 같은 잘못은 간과하기가 쉽다. 교열 과정이 지나치게 기계적인 작업이기 때문이다.

또한 편집 과정에서는 심한 경우 문단이나 문장을 잘라내는 정도가 아니라, 긴 문장의 허리를 동강내기도 한다. 이것 또한 보도체 글은 문장이 짧아야 하고, 그 짧은 글 속에 하나의 생명처럼 완벽한 개념의 덩어리가 들어가게 해야 하는 이유가 된다.

다른 곳에서 인용했던 일화이지만, 미국의 CBS-TV 주간 시사 프로그램인 『60분(Sixty Minutes)』에서는 젊은 시절 베트남에서 종군 기자로 활약했던 마이크 월레스(Mike Wallace) 기자가 전쟁 당시 주월 미군 총사령관이었던 웨스트모얼랜드 장군과 인터뷰를 한 내용에서 하나의 문장을 중간에서 잘라놓는 바람에 큰 문제가 발생했었다.

웨스트모얼랜드 장군은 "윗사람(대통령과 국방장관)들은 나쁜 소식을 좋아하지 않지만 보고해야 할 내용은 꼭 보고했다"는 발언을 했다. 윗사람이 아무리 듣기 싫어하더라도 상황은 정확하고 솔직하게 알려 줬다는 의미였다. 그런데 이 말이 방송에 나갈 당시에는

"Nobody likes bad news but I had to tell them anyway"라는 내용에서 'but' 이하를 잘라내는 바람에 "Nobody likes bad news"라고 뜻이 와전되었다. 즉, "높은 사람들은 나쁜 소식을 좋아하지 않는다"라고만 하면, 그렇기 때문에 듣기 좋은 얘기만 했지 전투에서 불리한 상황은 비밀로 감추었다는 암시를 담은 정반대의 뜻이 되어 버린다.

이것은 편집에서 저질러진 실수는 아니었다고 믿어진다. 당시에 방송된 내용이 월남전에서 미국이 패전한 이유를 분석하며 웨스트모얼랜드 장군에게도 책임을 뒤집어씌우려는 의도가 보였기 때문이다. 그래서 결국 웨스트모얼랜드 장군은 방송국을 고소하는 사태로까지 발전했는데, 이와 비슷한 상황을 우리는 간결하지 않은 번역문에서도 상상이 가능하다.

예를 들어 시사 주간지에 실린 영어 본문이 "He reeled"라는 단 두 개의 단어로 간결하게 이루어졌다고 상상하자. 이것을 "그는 비틀거렸다"라고 우리말로도 역시 간결하게 옮기지를 않고, 창작식 번역을 한다면서 멋을 부려 "그는 흔들흔들 걸어간다"고 늘인다거나, 더욱 표현력과 화려한 어휘를 마음대로 동원하여 "그는 갈지 자로 이리 흔들 저리 흔들 물결치며 걸어간다"라고 번역을 했다고 가정하자. 물론 소설의 번역에서는 보도문보다 표현의 여유가 용납되기는 하지만, 〈뉴스위크〉 같은 한국어판 시사 주간지의 제한된 지면에 옮겨 넣어야 할 번역문이라면 그러한 사치는 금물이다.

비디오나 텔레비전의 영상물 번역도 마찬가지이다. 덧녹음(dubbing)을 하는 경우라면 화면에서 등장인물의 입놀림이 끝나기 전에 성우가 대사를 모두 읽어내야 하고, 자막으로 처리하는 경우라면 시청자나 관객이 대사를 다 읽고 나서 여유를 갖고 그림을 봐야 할 시간까지 마련해 줘야 한다. 이러한 기능을 무시한 채로 번역자의 문학적 실력을 과시하기 위해서 "그는 비틀거렸다"를 "그는 갈지 자로 이리 흔들 저리 흔들 물결치며 걸어간다"고 문장을 늘어놓을 형편이 아니기 때문이다.

그러나 번역도 기사쓰기나 마찬가지로 일단 일이 시작되면 출판사나 방송사 또는 일을 맡긴 기관에서 요구하는 마감을 지켜야 하기 때문에 정확성에서 끝나지를 않고 신속성도 도모해야 한다. 그런데 제7과로 들어와서 지금까지의 설명에서는 아마도 신속성만 강조하지, 정확성에 대해서는 별로 언급이 없었다는 인상을 받은 학생들이 꽤 많으리라는 생각이다.

하지만 정확성은 실제로 어떤 글을 번역하는 시간이 오래 걸린다고 해서 부수적으로 얻어지는 결과가 아니다. 정확성은 오랜 기간에 걸친 준비와 훈련을 통해서 숙달되는 기능이다. 똑같은 동작을 무수히 반복해 몸에 익힘으로써 경기에 임해서는 거의 아무런 판단 과정을 위한 시간을 거치지 않고 반사적으로 움직이는 운동선수처럼 말이다. 따라서 번역에서도 지금처럼 공부를 하는 과정에서 하나하나의 단어를 충실하고 정성스럽게 옮기는 습관을 익혀야 하고, 일단 작업을 시작하면 과거에 공부한 내용을 공책에서 찾아 뒤적이는 과정을 거치지 않고 순발력으로 응할 만큼 준비가 되어야 한다.

그러기 위해서는 많은 번역을 직접 해 보는 도리 밖에 따로 왕도가 없다.

| 어니 파일 문체의 이해 | 그렇다면 이제는 보도문의 성격에서도 예문의 '원작자' 인 어니 파일(Ernie Pyle)이라는 종군기

자 특유의 문체는 무엇인지를 미리 파악해야 하고, 그러기 위해서는 물론 도대체 어니 파일이 누구인지부터 알아야 되겠다.

어니 파일은 제2차 세계대전의 모든 종군 기자 가운데 가장 특이한 존재였다. 대부분의 기자가 전황을 취재하고 사실 보도에만 전념한 반면에 그는 전쟁에서 이른바 인간적인 면을 취재하여, 장군들과 작전에 관한 얘기가 아니라 병사들이 겪는 전쟁을 글로 써서 미국의 수많은 독자들로부터 감동을 이끌어냈다.

필자는, 여기에 예문으로 제시한 내용을 포함하여, 대학시절에 그의 글을 책으로 두 권 읽었고, 작가가 되기 위해서는 전쟁 경험이 필요하다는 생각도 작용하기는 했지만, 어니 파일과 같은 글을 쓰는 종군기자가 되고 싶다는 생각에, 그리고 다음 과에서 다루게 될 톰 티디(Tom Tiede)와 같은 글을 쓰기 위해, 아직 군복무가 끝나지 않은 1966년 육군본부 참모총장실에 근무하다가 월남 참전을 자원하게 되었다. 베트남에서 필자는 노골적으로 어니 파일을 흉내낸 글을 써서 미국과 베트남의 잡지와 신문에 팔기도 했으며, 영자신문『더 코리아 타임스』에는 매주일 "베트남 삽화(Viet Vignettes)"라는 고정란을 집필했다. 그리고 그때 취재해서 여기저기 썼던 글이 모여서 나중에〈하얀 전쟁〉이라는 소설이 되었다.

어니 파일의 글은 나중에 어찌나 유명해졌는지 일리노어 루즈벨트가 "전쟁에는 두 종류가 존재한다. 하나는 장군들이 하는 전쟁이요, 또 하나는 어니 파일의 전쟁이다"라는 말을 하기도 했다. 그는 겁이 많으면서도 "다른 젊은이들이 전쟁을 계속하는데 나 혼자만 귀국한다면 그것은 탈영이나 마찬가지라는 생각이 들어 차마 돌아가지 못하겠다"면서 끝내 귀국을 하지 않고 종군 기간을 연장해 가면서 계속 취재 활동을 하다가 전투지에서 일생을 마친다. 그가 묻힌 자리에는 군인들이 이런 내용의 비목을 세웠다.

"제 77 보병 사단은 이 자리에서
1945년 4월 18일
전우 어니 파일을 잃었다"

어니 파일에 관한 얘기는 로버트 밋첨 주연의 『G. I. 조(The Story of G. I. Joe)』라는 제목으로 1945년에 영화로 만들어졌고, 한국전쟁 당시 우리나라에서 상영되기도 했으며, 사후에는 그를 기리기 위해 어니 파일 언론상이 제정되었다.

이만하면 우리는 어니 파일의 글이 보통 신문기사처럼 딱딱하지 않고 인간미가 넘치는 수필체임을 쉽게 짐작한다. 말하자면 신문에서 틀(box)에 집어넣거나 편집에서 들여앉히기(indent)를 하여 눈에 잘 띄게 만든 미담 기사나, 글쓴이의 감정과 해설이 들어간 '낙수(落穗)' 계열의 내용이 되겠다.

90점 독해력에 30점 짜리 번역

이 과에서는 학생들의 번역이 영어 원문의 이해와 우리말로 옮기기에서 전혀 잘못을 범하지 않았다는 가정 하에서, 본격적으로 우리말을 다듬는 연습부터 해 보겠다.

우선, 중급 번역 응시자들 가운데 가장 좋은 번역이라고 예심에서 80점 이상을 받은 몇 사람의 답안지 가운데 하나(수험 번호 102760)를 놓고, "있을 수 있는 것은 모조리 없앤다"는 첫 번째 법칙을 무시했기 때문에 똑같은 표현이 너무나 많이 반복되어 얼마나 지저분한 인상을 주는지를 직접 확인하기 바란다.

"있다"와 "수"와 "것"은 모두 겹꺾쇠로 표시해 놓겠고, 밑줄 친 부분에 대한 설명은 나중에 하겠다.

*

잡지에 묘사된 전쟁은 웅대함과 활기로 가득 차, 마치 낭만적이고 흥미진진한 《《것》》처럼 보였다. 나는 실제로 그렇다는 《《것》》을 알았지만 전쟁을 느낄 《《수》》는 없었다. 미국에서 온 잡지를 통해서만 나는 이곳에서 벌어지는 전쟁이 실제로 어떤 《《것》》인지 감지할 《《수》》 《《있었다.》》

사진들의 하나는 우리가 아프리카의 《《있는》》 길고 단단한 부두를 찍은 사진이었다. 그 사진을 보자 나는 가슴이 약간 설레였다. 어떤 요상스런 이유에서인지는 몰라도 그 당시, 첫 번째 날에 부두를 따라 행진을 했을 때보다 그 사진을 보는 《《것》》이 더 가슴이 떨렸다. "대체 내가 어떻게 된 《《것》》인지 모르겠어요. 우리가 여기, 바로 일선에 《《있는》》데도 전쟁은 내게 하나도 극적이지 않아요." 라고 나는 말했다.

내가 그렇게 말했을 때, 워싱턴, 벨링햄의 퀸트 퀵 소령이 침대에서 몸을 일으켜 팔꿈치를 괴었다. 퀵은 폭격기 대대의 중대장이었고 이곳에서 다른 어떤 폭격기 조종사 못지 않게 전투경험이 많았다. 그가 이루어낸 공로 때문에 그는 경탄과 존경의 대상이었다. 그가 말했다. "나도 마찬가지야. 극적이어야 한다는 《《건》》 알지만 그렇지가 않아. 전쟁은 그냥 힘든 일일뿐이고 내가 원하는 《《건》》 전쟁을 끝내고 집에 가고 싶은 《《게》》 전부야."

그래서 나는 알지 못했다. 전쟁이 극적인 《《것》》인지, 그렇지 않은 《《것》》인지. 분명히 엄청난 비극이 있었고, 믿을 《《수》》 없을 정도의 영웅적 행위들도 《《있었으며,》》 희극적인 분위기마저 밑바닥에는 끊임없이 흐르고 《《있었다.》》 하지만 내가 편지를 쓰기 위해 자리를 잡고 앉았을 때, 나는 그것과는 다른 《《것》》을 보았다. 전쟁의 일선에서 고통받으며, 자신들이 다른 곳에 《《있었으면》》 하고 바라는 사람들, 일선까지 갈 《《수》》 없기 때문에 전투부대들의 바로 뒤에서, 투덜거리며 일상적인 일을 하는 사람들. 그들 모두는 자신들 옆에서 이야기를 들어 줄 누군가를 간절히 원했다. 그들 앞에서 그들을 영웅으로 대해줄 여자도 없었고, 마실 《《수》》 《《있는》》

포도주도 한 방울 없었으며, 감미로운 노래도 없었다. 춥고 더러웠으며, 불안함과 불편함, 향수병과 위험에 대한 무딘 감각으로 가득 찬 세계에서 그날 그날을 그냥 버티어 나갈 뿐이었다.
　<u>여기엔 드라마와 로맨스도 물론 《《있었다.》》</u> 하지만 그런 《《것》》들은 숲 속에 쓰러져 《《있는》》 이름 《《있는》》 나무와도 같았다. 즉 그런 《《것》》들은 주위에 앉아 이야기를 들어 줄 누군가가 없으면 아무 소용이 없었다. 전쟁이 인간들에게 낭만적일 《《수》》 《《있다는》》 《《것》》을 난 <u>딱 두 번 알았다</u>. 한 번은 그들이 자유의 여신상을 볼 《《수》》 《《있었을》》 때, 다른 한 번은 그들이 <u>고향사람들이 《《있는》》 고향</u>에 돌아온 첫날이다.

　책으로는 한 쪽도 안 되는 짤막한 글에서, "것"이라는 단어가 ("것은"과 같은 단어인 "건"과, "것이"와 같은 말인 "게"를 포함하여) 무려 13 회나 사용되었고, "수"가 7 회, 그리고 "있다" 역시 13 회가 나타났다. 단 세 개의 단어가 모두 33 번이나 반복을 거듭한 셈이며, 이런 정도라면 정성을 들인 번역이라고 하기가 어렵다. 번역뿐 아니라 어떤 글에서도 제한된 어휘 밖에는 구사할 줄을 모르는 문장을 보면 정말로 글쓰기 훈련이 모자란다는 인상을 지우기가 힘들다.
　만일 어떤 사람이 영어에 대한 이해력이 90점이나 100점이라고 하더라도, 우리말 표현력이 30점 밖에 되지 않는다면, 그런 사람의 번역 실력은 결국 30점 짜리라고 이미 필자는 누차 앞에서 강조했었다. 독자가 접하게 되는 번역문이 30점 짜리 우리말 표현일 테니까 말이다.
　번역에서 우리말 표현을 스스로 다듬기 위해서는, 영어로 된 본문을 참조하지 않으면서 자신이 번역해 놓은 글을 검토한다는 일곱 번째의 원칙을 따라야 한다. "원문을 덮어두고 우리말을 다듬는다"는 이 원칙은 실제로 번역이 이루어지는 과정을 살펴보면 왜 그래야 하는지 이유가 자명해진다.

| 원문을
덮어놓고
다듬기를 한다

준비가 충분하거나 미흡한 상태에서 실제 번역이 시작된다. 그리고 초벌 번역에서는, 아무리 꼼꼼히 작품을 미리 읽었다고 하더라도 이해가 안 가는 세부적인 상황이나 사전에서 해답이 나오지 않는 이상한 어휘, 그리고 말투의 설정 따위가 해결되지 않아 미결로 남겨두는 부분이 생긴다. 이렇게 남겨둔 부분을 나중에 취재나 조사를 통해 보완하는 과정을 거치면 일단 번역이 '완성'되는데, 그런 다음에 필요한 과정이 바로 '덮어놓고 다듬기'이다.

번역을 하기에 앞서서 아무리 책을 꼼꼼히 읽는다고 해도, 로즈매리 클루니가 조지 클루니의 'aunt'라고는 하지만 '이모'인지 아니면 '고모'인지, 톰과 제리 가운데 어느 쪽이 나이가 더 많은지, 'brother'가 '형'인지 아니면 '동생'인지 또는 '오빠'인지 '남동생'인지, 그리고 어느 한 장면에만 등장하는 'Sam'이라는 아이의 이름이 남자(Samuel)의 애칭인지 아니면 여자(Samantha)인지, 속수무책으로 알아낼 길이 없는 경우가 가끔 생겨난다.

하지만 그런 어려움은 확인 과정에서 정답을 찾아 바로잡아서, 결국 해소되기가 보통이다.

그러나 시각적 관성에 의해서 저지른 잘못은 번역한 사람이 스스로 찾아내어 바로잡기가 그리 쉽지 않다. 사람의 눈이란 한 번 잘못 보면 계속 잘못 보기가 쉽다. "제 눈의 안경"이라는 표현을 여기에 적용해도 될는지 어쩐지 잘 모르겠지만, 사람이란 어떤 사물의 여러 양상 가운데 자신에게 중요하거나 도움이 되기 때문에, 또는 위험하고 피해를 줄 잠재력을 지닌 대상이어서 조심하고 피해야 하기 때문에, 어떤 특정한 측면만을 먼저 선별해서 보고 해당 부분만 집중적으로 파악하는 경향을 나타낸다.

특히 단어의 경우에는, 자신이 모르는 어휘가 나타나면 자세히 뜯어보고 분석하는 대신 대충 자신이 아는 어떤 단어와 연결지은 다음 그냥 넘어가는 경우가 많다. 예를 들어 'historionic'이라는 단어를 난생 처음 보는 사람은 그것이 'historic'이라고 착각하기가 쉽다. 더구나 복잡하고 어려운 단어가 잔뜩 배열된 문장 속에서 그 단어가 불쑥 튀어나올 때는 더욱 그렇다. 그래서 '역사적'인 번역을 하게 된다. 심지어는 사전을 찾기가 귀찮아서, 모양이 그렇게 생겼으니 'history'의 변형이 아니겠느냐며 짐작으로 번역하는 사람들이 우리 주변에서 실제로 발견된다.

그러나 'histrionic'은 '역사적(historic)'이 아니라 'actor'라는 뜻의 라틴어 'histrio'에서 파생한 '배우의' 또는 '연극적인(theatrical)'이라는 엉뚱한 의미를 지닌 단어이다.

어쨌든 'histrionic'을 'historic'이라고 잘못 본 역자는 번역을 하면서 그 한 단어의 오역에서 끝나지를 않는다. "거짓말에도 이자가 붙는다"는 원칙은 모든 오역에 적용되어서, 'histrionic'을 '역사적'으로 번역해 놓으면 그 단어가 들어간 문장 전체를 '역사적'이라는 표현과 문맥에 맞는 내용으로 몰고 가기가 보통이다. 한 번 잘못 본 'histrionic'은 아무리 들여다봐도 'historic'으로만 보이고, 한 번의 잘못은 좀처럼 수정이 되지 않기 때문이다.

이렇게 문장의 의미가 잘 풀어지지 않을 때는 단어를 하나하나 짚어가며 혹시 잘못 본 어휘가 없는지를 잡아내야 하는데, 대부분의 역자는 자신의 눈을 의심하고 싶어하지 않는 오만함 때문에 이런 필수적인 응급 조처를 취하지 않는다. 따라서 문장 전체를 'historic'이라고 잘못 본 단어 하나를 중심으로 모조리 뜯어 고쳐 전체를 오역으로 바꿔놓는다.

한 단어에 대한 착각으로 인해서 번역이 안 되는 다른 단어들까지 덩달아 강간을 당하듯 억지 '의역'의 모양을 갖추게 되는 이런 현상은 실제 번역에서 종종 나타난다. 예를 들어 (좀 억지스러운 본보기이지만) 만일 "histrionic evening"이라는 표현이 나왔다면, "연극을 즐기는 저녁"이라고 해야 될 말을, '역사적'이라는 착각 때문에 'evening'의 번역에 덩달아 어려움을 느끼게 되고, 그래서 쉽고도 빤한 'evening'에 혹시 '역사적'이라는 개념에 어울릴만한 다른 의미라도 있는가 싶어서 사전을 뒤져보고는 "역사적 몰락"으로 두 단어 모두 오역을 해놓는다는 뜻이다.

"역사적 몰락"이라는 번역은, 위에 설명한 이유 때문이라고 믿어지지만, 실제로 어느 학생이 범했던 잘못이다. 그래봤자 번역이 별로 빨라질 일도 아닌데 단어를 대충 훑어보고 무성의하게 번역에 임하기 때문에 한 단어의 오역이 점점 더 많은 오역을 낳는 사람들이 가끔 눈에 띄고, 때로는 번역이 이상해서 아무리 재삼 확인을 하더라도 한 번 잘못 박힌 인식은 기정사실화하여 'histrionic' 같은 단어의 정체가 좀처럼 발각되지를 않는다.

고유명사에서도 그런 현상은 자주 일어난다. 미국 소설에 등장하는 외국 인명은 다인종 국가답게 정말로 다양해서, 늘 새로운 이름이 튀어나오고는 한다. 그러나 한국인으로서는 서양 이름에 대한 지식이 제한적일 수밖에 없으며, 그래서 처음 보는 외국 이름도 자칫하면 자신이 아는 어떤 이름으로 착각하고는 그냥 넘어가 버리기가 쉽다. 예를 들면 'Christie'를 'Christine'으로 잘못 볼 때가 그렇다.

고유명사의 정확한 '번역'에 관해서는 이미 제 1과에서 자세히 얘기했으니 다시 언급할 필요는 없겠으며, 어쨌든 고유명사를 포함한 모든 어휘는 한참 번역에 열중하여 눈과 마음이 피로한 상태에서는 특히 착시 현상이 심해진다. 단어 뿐 아니라 지극히 간단하고 쉬운 어떤 표현도 정신적으로 피로한 상태에서는 이해에 어려움을 느끼게 될 때도 많다.

이러한 약점을 해소하는 가장 확실한 방법은 시간의 흐름이다. 시간적인 공백을 두었다가 자신이 번역해 놓은 글을 새로운 눈으로 다시 보면, 잘못 보았던 단어는 물론이요, 지나치게 반복이 심한 단어도 눈에 띄고, 어색한 표현이나 피동형 문장이나 쓸데없는 소유격 따위의 온갖 흠집이 훤히 보이기가 십상이다.

이것은 원근법의 원칙과 같다. 사물은 어느 정도 떨어져서 거리를 두고 봐야 더 잘 보이게 마련이다. 바위는 멀리 떨어진 풍경에서 한 부분을 이룰 때는 아름다워 보이지만, 바로 코앞에 우뚝 선 바위라면 시야를 가려 모든 경치가 보이지 않게 방해하는 장애물로 바뀐다. 작가 어니스트 헤밍웨이는 날마다 새로운 대목의 글을 쓰기에 앞서서 어제 쓴 글을 다시 읽어보고 손질하는 시간을 가졌노라고 했다. 자신이 쓴 글을 시간적인 거리를 두고, 조금쯤 떨어져서, 새로운 시각으로 보기 위한 방편이 아니었나 생각된다. 이것은 효과적인 공격을 위해 한 발자국 물러서는 행위, 그러니까 상대방을 보다 힘차게 가격하기 위해 일단 주먹 쥔 손을 뒤로 당기는 행위에 해당된다.

번역한 문장을 스스로 다듬기 위해 검토할 때는 시간적인 간격을 두면서 아예 '영어'와도 거리를 둬야 한다.

우리말로 된 글을 살펴보다가 표현이 어색하거나 이상하면 사람들은 "이 부분이 영어로 어떻게 되었던가"를 알고 싶어서 원문을 찾아 확인하고는 한다. 이것은 아주 나쁜 버릇이다. 독자는 우리말로 번역된 내용을 이해하기가 어려울 때 영어 원문을 찾아볼 수가 없는데, 역자는 원문을 확인한 다음 "아, 이런 뜻이었구나"라고 책임을 회피

할 기회를 가져서는 안 되기 때문이다.

　많은 경우에 역자는 시간이 좀 흐른 다음 다시 스스로 써놓은 우리말을 읽어보면 그것이 무슨 뜻인지 잘 모르기는 하지만, 원문을 찾아보고는 뒤늦게 왜 그런 번역을 처음에 해놓았는지 이해가 가면 자신의 사소한 잘못은 용서하고 이해하려는 무의식적인 너그러움에 굴복하기가 쉽다. 어떤 죄를 짓는 사람이 비록 나중에 구치소 생활을 하는 동안에 자신의 잘못을 뉘우치고 '개과천선'을 하고는 이만하면 스스로 용서를 받아 마땅하다는 확신을 갖게 되는 것과 마찬가지 이치에서이다. 그러나, 적어도 번역에서는, 아무리 개과천선을 뒤늦게 한다고 해도 한 번 저지른 죄는 지워지지 않는다.

　더욱 나쁜 경우이지만, 한국이 경제난국을 맞아 모든 사람이 고생을 하는 형편이니까 생활고에 쫓겨 내가 도둑질을 하더라도 그것은 국가 시책과 정치가들의 탓이지 내 쪽에서는 큰 잘못이 아니라고 자신의 형편을 정당화하는 행위나 마찬가지로, 무책임한 번역을 때로는 당연하다고 생각하기도 한다. 비록 나중에는 후회를 하게 될지언정, 죄를 짓는 바로 그 순간에는 '그럴만한 이유'로 자신을 용서하기 때문이다.

　따라서 '덮어놓고 다듬기' 과정에서는 영어로 된 원문은 덮어두고, 우리말만 가지고 작업을 해야 한다. 원문의 내용이 무엇이었는지를 막연하게만 기억하는 상태에서, 우리말로 써놓은 글이 얼마나 자연스러운지를 따지라는 뜻이다.

　번역된 앞 예문에서는 "있을 수 있는 것"이 얼마나 많이 반복 사용되었는지를 지적했는데, 만일 영어 원문을 찾아보았을 때 그런 표현의 원인 제공 단어가 'could'였다면, 역자는 "'could'를 그럼 '할 수 있었다'라고 번역해야지 뭐라고 하느냐?"고 반발하면서 자신의 행위를 옹호하게 된다. 하지만 그것은 'can'이라는 단어의 의미를 표현하는 방법을 '할 수 있다' 한 가지로만 표현하는데 스스로 만족하고, '가능하다'라거나 '그런지도 모른다' 따위의 다른 변형 표현이 가능하다는 사실은 생각조차 해 보지 않았던 태만한 사람들의 변명에 지나지 않는다.

'있다'와 '수'와 '것' 세 단어를 솎아내는 일이 왜 그렇게 대단하냐고, 그까짓 세 단어에 왜 그리 집착하느냐고 지적할 사람들도 없지는 않겠지만, "그까짓 세 단어"를 솎아내는 기본적인 원칙조차 지키지 못한다면, 똑같은 단어를 지나치게 자주 사용하는 안이한 버릇을 결국 벗어버리지 못하고, 그래서 하나하나의 단어에 공을 들이는 기본적인 성의를 갖추지 못하는 사람이라면, 기초적인 세 개의 단어조차 다듬어낼 능력을 갖추지 못하는 사람이라면, 좋은 문장을 구사하는 능력을 키우기가 그리 쉽지 않겠다.

그러면 위에서 "있을 수 있는 것"의 사용 빈도수를 살펴본 번역 예문에서는 또 무엇이 문제였는지, 밑줄 친 부분들을 살펴보기로 하자.

되는 말과 안 되는 말

영어로 된 원문을 젖혀두고, 우리말로 번역된 예문만 가지고, 하나하나의 문장이 과연 자연스러운 '우리말'인지를 살펴보기로 하자.

번역을 하는 경우에 사람들은 흔히 그럭저럭 뜻만 전달되면 말이 되던 안 되던 그냥 넘어가려는 경향을 자주 보이지만, 문학 작품의 번역에서는 그런 수준에서 머무르기가 힘들다. 독자는 전 세계의 여러 작품에 익숙하고, 우리 문학도 많이 접해서 어휘나 표현이 어느 일정한 차원에 이르지 못하는 경우라면 만족하지를 않는데, 번역가의 글쓰기 수준이 너무 떨어졌다가는 당장 "그러니까 번역이지"라는 소리를 듣기가 십상이다.

　어떤 경우에도 글을 쓰는 사람은 읽는 사람보다 수준이 높아야 옳다. 누가 뭐라고 해도 작가와 번역가는 독자를 이끌어 줘야 하는 정신적인 스승의 위치에 서기 때문이다.

　그렇다면 본보기로 내놓은 예문은 어떠한가? 한 대목씩 밑줄 친 부분을 살려 보기로 하자.

***

　가. 다른 한 번은 그들이 <u>고향사람들이 《《있는》》 고향</u>에 돌아온 첫날이다.

　지금까지 "있을 수 있는 것" 원칙을 거듭거듭 강조했는데, 그것은 우리나라 사람들이 번역 뿐 아니라 일반적인 글쓰기에서 가장 남용이 심한 대표적인 단어 세 가지를 예로 들었던 것에 불과하다. 대부분의 사람들이 써 놓은 글을 보면 똑같은 단어나 표현의 중복이 심하고, 의도하지 않은 그런 반복은 무성의한 마음가짐이 원인이다.

　모든 단어를 선별적으로 사용하도록 조심하자는 원칙의 목적은 싱싱한 단어를 구사함으로써 문장에 '맛' 과 '힘' 을 부여하기 위함이다.

　그리고 같은 단어의 우발적 중복 못지 않게 독자의 눈에 거슬리는 요소가 똑같은 어미의 지나친 반복이다. "우리가 다니는 학교는 보는 데는 문제는 없지만"이라는 예문에서 한없이 겹치는 어미 '는' 이 그러하다. 이것 역시 그러니까 "있을 수 있는 것"의 원칙에 해당된다.

　위에 밑줄을 친 "고향사람들이 있는 고향"을 보자. 여기에서 반복된 '고향' 은 박자나 장단을 살리기 위해 동원된 의도적이거나 시적인 장치는 분명히 아니다. 영어 원문을 봐도 "on their first day back in the home town with the folks"여서, '고향'이라는 말이 한 번 밖에는 나오지 않는다.

참고로, 'the folks'는 '고향사람들'이 아니라 '가족'이나 '일가친척'을 의미한다. 그리고 '고향사람'은 '고향 사람'이라고 띄어 써야 옳겠다.

나. 퀵은 폭격기 대대의 중대장이었고

적성이 잘 맞아서이겠고, 바람직한 현상이기도 하지만, 요즈음에는 번역 분야에서 여성의 활동이 두드러진다. 인터넷 강좌를 통해 접했던 학생들의 구성비(構成比)도 그렇고, 어디를 가나 번역에 관심을 가진 사람들의 분포도를 보면 여성이 압도적으로 많다. 언젠가 영상매체 번역가 협회에서 개최한 세미나에서 강연을 해 달라는 요청을 받고 가 봤더니, 방으로 하나 가득 들어찬 여성 번역가들 사이에서 겨우 두 명의 남자만이 눈에 띄기도 했다.

어학 자체가 여성에게 잘 어울리는 분야이니까 번역이 많은 여성에게 진심으로 추천할만한 직업이기는 하지만, 이른바 '스크립터'라고 알려진 대본작가가 거의 모두 젊은 여성이다 보니까 텔레비전의 언어와 정서가 그들 젊은 여성의 수준에 묶여버리는 부작용이 나타나듯, 외화 번역에서도 여성의 손을 거친 경우에 가끔 그와 비슷한 편향이 나타나고는 한다.

우선 대화체의 여성화를 꼽겠다. 일부 남성 연예인이나 방송인도 이제는 대본작가의 원고를 읽는 습성 때문에 자주 사용하는 말이지만, 본디 여성 특유의 표현이었던 "있잖아요"나 "너무 좋아요"라는 말이 대표적인 예이다. 외화의 번역 내용을 보면 남자들도 자주 그런 표현을 하는데, 아무리 들어봐도 그것은 동성애자나 여성적인 남성 말고는 남자들이 사용하지 않는 말투이다.

그리고 거의 모든 외화 번역에서는 '바라다'가 표준어인데도, 특히 여성의 번역인 경우, '바래다'를 남용해서, "그러기를 바래요"나 "그것이 나의 바램이예요"라는 식의 표현이 튀어나온다. 묘하게도 '바래다' 또한 '있잖아요'나 '너무'를 자주 사용하는 사람들의 대표적인 어휘에 속한다.

번역자 한 사람의 말투로 여러 작가의 모든 작품에서 문체를 통일시키는 획일성은 전혀 바람직하지 않다는 원칙과도 일맥상통하지만, 남자까지 포함한 모든 등장인물이 여성의 말투를 사용하는 식으로 번역을 해서는 곤란하다.

소설이나 영화 대본을 쓰는 원작자라면 하나하나의 등장인물이 쉽게 구분이 가도록 특별한 개성을 부여하기 위해, 또는 차별적인 성격과 신분을 나타내거나 상징하기 위해 저마다 다른 말투를 설정하려고 노력하기가 보통이다. 우리는 물론 이런 의도적인 다양한 말투의 번역에 대해서 대화체의 번역을 공부하며 생각해 보았다.

이른바 '문자쓰기'를 좋아해서 걸핏하면 어려운 단어를 나열하는 남자, 피터 셰퍼의 희곡『블랙 코미디』의 군인 장교 출신 주인공 멧칼프 대령처럼 구령과 명령을 일삼는 사람, 천박한 표현이 입에 붙은 창녀『귀여운 여인(줄리아 로버츠)』, 위선적인 거짓말이 입버릇처럼 되어버린 여의도의 국회의원, 험상궂은 말을 쓰는 산적 두목 박노식이나 장동휘, 텔레비전 극『태조 왕건』의 궁예, 순진하기 짝이 없는 산골 처녀 영자의 말투는 저마다 다른데, 이들을 모두 똑같은 어투로 통일시켜서는 곤란하겠다.

남성이 번역을 맡아 여성의 말투를 무시해도 같은 결과를 맞겠지만, 여성이 번역을 하는 경우, 그들이 전혀 경험할 기회가 없이 차단되다시피 한 남성만의 분야 때문에 아예 오역이 나타나는 예도 많다.

"퀵은 폭격기 <u>대대의 중대장</u>이었고"에서처럼 군대 얘기가 나올 때가 흔히 그렇다.

우리나라에서는 감동적인 전쟁영화로 유명한 소설 『지상에서 영원으로(From Here to Eternity)』의 작가인 제임스 존스(James Jones)는 역시 1964년에 영화로 제작되었다가 최근에 다시 영화화된 〈과달카날 전선(The Thin Red Line)〉을 출판했던 당시에 어느 인터뷰에서 이런 얘기를 했었다.

"전쟁을 전혀 경험하지 못한 사람이 소설에서 묘사한 전투 장면을 읽어보면 나처럼 실제로 전쟁을 체험한 사람은 가끔 저절로 웃음이 나오고는 합니다"

위에서 밑줄 친 표현 '대대의 중대장' 이 전혀 의도하지 않았던 바로 그런 웃음을 자아내는 대목이다. '대대의 중대장' 이라니? '대대' 에는 '대대장' 이 최고 상관이요, '중대' 에서는 '중대장' 이 지휘관인데, '대대의 중대장' 이란 무엇일까? 물론 대대가 중대보다 상급 조직이기 때문에 1개 대대에는 복수의 중대장이 소속되었음은 사실이지만, 이 경우는 그런 주장이 통하지 않는다. 영어 원문이 "Quick was a bomber squadron leader"이기 때문이다.

군대 조직을 보면 각 단위마다 영어로 'leader' 나 'commander' 라고 지칭하는 '장(長)' 이 인솔한다. 그리고 그들은 인솔하는 인원에 따라 '분대장' (8 명 인솔, 계급은 하사), '소대장' (4~50 명, 소위), '중대장' (2백 명, 대위), '대대장' (6백~1천 명, 중령), '연대장' (5천 명, 대령), '사단장' (1만5천 명, 소장), '군단장' (5만 명 이상, 중장)이라고 한다. 물론 국가와 군, 전시와 평화시에 따라 거느리는 장병의 수와 지휘관의 계급이 달라지기는 하지만, 이른바 '장'은 이런 식으로 운영된다. 그리고 '소대장', '중대장', '대대장' 이라는 명칭은 저마다 소대, 중대, 대대 등의 지휘자를 뜻하며, '대대의 중대장' 이라는 명칭은 사용하지 않는다. 그나마 '중대의 대대장' 이라고 위계 질서를 뒤집어 놓지 않았다는 사실만도 천만다행이다.

여성 번역자의 경우, 전쟁이나 군대를 배경으로 한 영화 번역에 임할 때는 계급 때문에도 애를 먹는다. 'sergeant' 이라는 단어를 보면 무작정 '상사' 라고 번역하는 예가 그렇다. 'sergeant' 는 우리나라 계급에서는 '병장' 에 해당하고, 앞에 'master' 나 'staff' 가 붙으면 전혀 의미가 달라진다. 계급에 관해서는 다른 곳(〈영어 길들이기〉)에서 이미 장황하게 설명해 놓았으니 지면을 아끼기 위해 여기에서는 반복하지 않겠지만, 같은 'captain' 이라고 해도 육군이냐 해군이냐에 따라 '대위' 와 '대령' 이라는 엄청난 차이가 난다는 점만큼은 다시 상기시켜 두고 싶다. 대위와 대령이라면 학교에서는 시간 강사와 대학원장 정도의 차이가 난다.

전쟁 영화는 관객이나 시청자가 대부분 남성이라는 점을 감안할 때, 여성 번역자는 그들의 과반수가 이미 군대를 다녀온 남자들이라는 사실을 염두에 두고 각별히 조심해야 되겠다. 따라서 사전을 한 번 찾아보는 정도에서 그치지 말고, 주변에서 군대를 다녀온 남자에게 확인을 거칠 필요가 있다. 'captain' 이 '대위' 라는 사전적인 개념만 단순하게 받아들이지 말고, 대위라는 계급이 과연 어떤 차원이며, 기능과 권한 따위가 어느 정도인지 조직상의 배경도 알아야 번역을 하는데 도움이 되겠기 때문이다.

다. 내가 그렇게 말했을 때, <u>워싱턴, 벨링햄의 퀸트 퀵 소령</u>이 침대에서 몸을 일으켜 팔꿈치를 괴었다.

'대대의 중대장'은 "워싱턴, 밸링햄의 퀸트 퀵 소령"이다. 원문의 영어식 표기법을 보면 "When I said that, <u>Major Quint Quick of Bellingham, Washington</u>, rose up"이라고 했다. 번역문에서는 세 개의 쉼표가 겹치면서 독자의 시선이 헷갈리게 한다. '쉼표의 번역'이 미숙한 탓이다.

"~말했을 때, 워싱턴 주 벨링햄의 퀸트 퀵"이라고 고쳤을 때와의 차이를 생각해 보자.

    라. 잡지에 <u>묘사된 전쟁</u>은 웅대함과 활기로 가득 차,

"묘사된 전쟁"은 영어식 피동형 문장이다. 우리말에서는 피동태가 어색하기도 하려니와 문장의 힘이 없어진다.

"잡지에서 묘사한 전쟁"이라면 어떨까?

    마. 사진들의 하나는 우리가 <u>아프리카의 있는 길고 단단한 부두</u>를 찍은 사진이었다.

"아프리카의 있는 (길고 단단한 부두)"는 아마도 "아프리카의 (길고 단단한 부두)"라고 했다가 "아프리카의"를 "아프리카에 있는"이라고 고치는 과정에서 마무리를 제대로 짓지 않은 듯한 인상이다. 흔히 발견되는 경우이지만, 꼼꼼하지 못하고 무책임하다는 인상을 준다.

"길고 단단한 부두"란 또 무엇일까? 영어 원문을 찾아보지 않고, 도대체 무엇이 "길고 단단한 부두"인지를 상상해 보기 바란다.

밑줄을 치지는 않았지만, "사진들의 하나는"이라는 표현 또한 자연스러운 우리말이 아니다. 영어에 자주 나오는 "one of the~"의 '직역'이겠다. "어떤 사진은" 정도가 낫겠다.

바. 어떤 <u>요상스런 이유</u>에서인지는 몰라도

'요상스런'이라는 단어가 무척 천박스러워 보인다.

사. 그 당시, <u>첫 번째 날에</u> 부두를 따라 행진을 했을 때

"첫 날"이 훨씬 자연스럽다. 그리고 "행진을 했을 때"에서 '을'이 중복되는 모양이 보기 싫으면 "행진했을 때"라고 줄이면 된다. 많은 사람들의 문장에서는 '을'과 같은 토씨가 불필요하게 많이 나타난다.

아. 이곳에서 다른 어떤 폭격기 조종사 못지 않게 <u>전투경험이 많았다</u>.

'전투 경험'이라고 띄어 써야 한다.

자. <u>여기엔 드라마와 로맨스도</u> 물론 있었다.

'여기엔'은 '여기에는'의 구어체이다. 서술문에서는 구어체가 경박스러워 보인다. 번역문을 보면 '는'을 줄인 구어체 표현이 무척 많이 나타난다.

'드라마'와 '로맨스'는 우리말이 아니다.

차. 전쟁이 인간들에게 낭만적일 수 있다는 것을 <u>난 딱 두 번 알았다</u>.

'난'역시 '는'을 줄인 구어체이고, '딱'은 구어체 중에서도 천박스러운 표현이다. 앞에서 어니 파일이 어떤 사람이며 그의 문체가 어떤지에 대해 자세히 설명했는데, "난 딱 두 번 알았다"는 그런 문체와는 전혀 어울리지를 않는다.

카. 하지만 그런 것들은 숲 속에 쓰러져 있는 이름 있는 나무와도 같았다.

"~but they were like the famous falling tree in the forest—they were no good unless there was somebody around to hear"라는 문장을 눈에 보이는 인쇄된 활자(단어의 행렬) 이상은 전혀 파악을 하지 못한 번역처럼 보인다. 그러니까 가시적인 단어의 뜻은 하나하나 모두 알겠지만, 어려운 단어가 전혀 없는데도 배경에 담긴 개념(의미)을 파악하지 못해서 제대로 번역이 안 되는 전형적인 본보기가 되겠다.

여기에서처럼 단어와 문장의 의미는 알겠지만, 도대체 그것이 무슨 소리인지 행간의 의미나 숨겨진 배경이 이해가 되지 않을 때는 아무리 사전이나 참고 서적을 뒤지고 인터넷에 들어가도 쉽게 해답이 나오지를 않는다. 연관성(association)을 찾아내는 능력은 추리 활동을 필요로 하는데, 그것은 아직 책과 기계가 해결을 못하는 기능이기 때문이다.

그렇다면 '유명한 falling 나무(the famous falling tree)'가 무엇일까? 그것은 '숲 속에서 쓰러지는 나무(falling tree in the forest)'이다. 숲 속에서 쓰러지는 나무가 도대체 왜 'famous' 할까? 해답은 뒤에 나오는 "근처에서 돌아다니던 누군가가 (그 소리를) 들어주지 않으면 전혀 쓸모가 없는(they were no good unless there was somebody around to hear)"이라는 설명 속에 담겼다.

이것은 고등학교나 대학에서 공부 시간에 대부분의 사람이 적어도 한 두 번쯤은 들어봤음직한 '누구나 다 알 정도로 유명한(famous)' 철학 명제이다. 어느 깊은 숲 속 또는 산 속에서 커다란 나무 한 그루가 썩어서 혼자 쓰러졌을 때, 만일 주변에 아무도 없어서 그 소리를 듣지 못하고 보지도 못했다면, 과연 문제의 고목이 쓰러졌다는 현상은 실제로 일어난 진실이라고 받아들여야 하느냐 아니면 그렇지 않느냐 하는 조금쯤은 궤변적인 명제 말이다.

아마도 102760 학생 역시 쓰러진 고목 얘기쯤이야 알았으리라는 짐작이다. 하지만 공부시간에 들었던 얘기가 이 글의 내용과 '접속'이 이루어지지를 않았던 모양이다.

이런 식으로 '연결'이 쉽지가 않을 때는 사전이나 책이나 인터넷을 아무리 뒤져봐도, 연결 작용의 공통분모 노릇을 하는 역자의 사고 활동이 미치는 제한된 범위 안에서는, 좀처럼 해답이 나오지를 않는다. 그래서 번역 과정에서는 '사람'이 중요하다.

번역을 하려는 사람들은 대다수가 자기만의 공간(골방)에 혼자 앉아서 어느 누구의 간섭도 받지 않는 피동적 자유 속에서 일하기를 좋아하는 소극적인 수비형 성격의 소유자이기가 쉽다. 그러나 번역을 하려면 적극적으로 취재를 하고 타인들의 자문을 공격적으로 구하는 일에도 익숙해져야 한다. 특히 철학, 전쟁, 수학, 전기, 정치, 의학, 영화, 건축 등등 거의 모든 (특수) 분야에 얽힌 내용을 접하면, 해당 분야에 대해서 해박한 지식을 갖춘 사람으로부터 자문을 구하지 않으면 안 된다.

따라서 번역을 하는 과정은 이미 앞에서 설명한 작품 읽기, 초벌 번역, '덮어놓고' 다듬기 이외에도, 전문가를 만나는 과정 그리고 영어를 모국어로 사용하는 사람들을 통한 확인 과정도 필수적으로 거쳐야 한다. 우리 주변에는 이런 공격적인 확인 과정을 거치지 않았기 때문에 이루어진 오역이 심각할 정도로 많다.

***

수험번호 teng103023 학생의 어니 파일 번역문은 다음과 같았다. 여기에서는 각 문단별로 잘라 우선 학생의 번역글을 소개하고, 필자가 보다 바람직한 번역이라고 생각하는 표현으로 바꿔 보겠으며, 밑줄 친 부분을 중심으로 괄호 안에다 해설을 붙이겠다.

어휘나 표현은 가능하면 학생 역자가 쓴 내용을 최대한 존중하기로 하겠다.

> 잡지에 실린 기사를 보면 전쟁은 영웅적인 행위와 활기로 가득 찬 낭만적이고 흥미진진한 <u>것으</u>로 보였기 때문에, <u>나</u>(*1)는 전쟁이 정말 그런 <u>것</u>인 줄 알았지만, <u>그걸 피부로 느낄 수</u>는 없었다.(*2) <u>이 곳에서는</u> 미국에서 온 잡지들을 통해서만 <u>전쟁의 실체를</u> 파악할 <u>수 있었다</u>(*3)

(*1) 원문 For in the magazine the war seemed romantic and exciting, full of heroics and vitality.

번역 그 까닭은 잡지를 보면 전쟁이 영웅적인 행위와 활기로 가득하며, 낭만적이고 흥미진진하게 보였기 때문이었다.
('것'을 제거했으며, 문장자르기를 원문대로 복원했다.)

(*2) 원문 I knew it really was, and yet I didn't seem capable of feeling it.

번역 전쟁이 정말로 그렇다는 사실을 알기는 하면서도, 나는 그것을 느끼지 못하는 듯싶었다.
('있을 수 있는 것'을 세 곳에서 없앴고, '피부로'보다는 '마음으로' 느끼지 않았을까 싶어서 쓸데없는 설명 역시 없애버렸다.)

(*3) 원문 Only in the magazine from America could I catch the real spirit of the war over here.

번역 미국에서 온 잡지들을 통해서가 아니고서는 이곳에서 벌어지는 전쟁의 참된 분위기를 나는 파악하기가 힘들었다.
　　(역시 '있을 수 있는 것'을 손질했다. 'over here'는 'catch'에 걸리지 않고 'war'를 설명한다.)

　　사진 중에는 우리가 상륙했던 <u>아프리카의 긴 콘크리트 방파제를 찍은 것이었다.</u>(*1) 그것을 볼 <u>때마다</u> 마음이 약간 <u>설레었다.</u>(*2) <u>어떤 이유인지 몰라도 그 사진을 보고 있노라면</u>(*3) 첫 날 부두를 따라 행진했던 그 때보다 더 가슴이 떨렸다. <u>나는</u> 나랑 무슨 빌어먹을 <u>상관이 있는</u> 얘긴지 모르<u>겠어.</u>(*4) 여기 전방에 <u>있는</u>데도 <u>내게는 하</u>나도 낭만적이지 않아."라고 말했다.(*5)

(*1) **원문** One of the pictures was of the long concrete quay where we landed in Africa.
　　번역 아프리카에서 우리가 상륙했던 긴 콘크리트 방파제의 사진도 실렸었다.
　　('것'을 없애기 위해 '사진 중에는'을 어떻게 처리했는지 살펴보기 바란다.
　　'in Africa'는 'quay'가 아니라 'landed'에 걸린다. 원문을 이해하는 능력이 좀 부족한 듯싶은 인상이다.)

(*2) **원문** It gave me a little tingle to look at it.
　　번역 그 사진을 보니 좀 묘한 기분이 들기도 했다.
　　(* '그것을 볼 <u>때마다</u>'는 반복성을 의미하지만, 원문은 전혀 그런 뜻이 아니다. 좀 더 정확성을 기하기 바란다.
　　'설레다'는 무엇인가를 기대하는 마음의 상태이지, 어떤 상황을 겪고 난 결과를 서술하는 말이 아니어서 여기에서는 부정확한 표현이다.)

(*3) **원문** For some perverse reason it was more thrilling to look at the picture than it had been to march along the dock itself that first day.

> **번역** 어떤 해괴한 이유 때문인지는 몰라도 도착한 첫 날 직접 부두를 따라 행신했던 때보다도 사진을 보면서 나는 더 가슴이 떨렸다.
> ('<u>어떤 이유인지 몰라도</u>'에서는 'perverse'의 의미가 충분히 전달되지를 않는다.
> 눈에 거슬리는 '그'와 '있었다'를 제거했다.)

(*4) **원문** "I don't know what the hell's the matter with me," I said.

> **번역** "내가 도대체 왜 이런지 모르겠군요" 내가 말했다.
> ('말했다'의 주어가 너무 떨어져서 혼란을 일으킨다.
> '나는 나랑'에서 '나'가 반복된다.
> '있었다' 역시 제거가 가능하고, '모르겠어'라는 말투도 바로 잡아야 좋겠다.)

(*5) **원문** "Here we are right at the front, and yet the war isn't dramatic to me at all."

> **번역** "여긴 분명히 최전방인데도, 내게는 전쟁이 하나도 극적이라고 느껴지지를 않으니 말예요"
> (말투와 어휘 선택을 손질했다.)

　내가 이렇게 말하자, 워싱턴 벨링엄 출신의 퀸트 퀵 소령은 침대에서 팔꿈치를 세워 몸을 일으켰다.(*1) 퀵은 폭격 비행 <u>중대장</u>으로서 여기서는 다른 어떤 폭격기 <u>조종사보다</u> 전투 경험이 많은 <u>베테랑(*2)</u>이었다. 그는 <u>그가</u> 지금까지 겪은 <u>전쟁경험들</u> 때문에 <u>사람들</u>의 흠모와 존경을 받고 있었다.(*3) <u>그는</u> "나도 마찬가지야. 그래야 한다고는 생각하지만, 그렇지 않다는 거지. 이건 단지 고역일 뿐<u>이야</u>. 난 빨리 끝내고 집에 가고 싶은 생각밖에 없어."(*4)

(*1) **원문** When I said that, Major Quint Quick of Bellingham, Washington, rose up from his bed onto his elbow.

번역 내가 이렇게 말하자, 워싱턴 주 벨링엄에서 온 퀸트 퀵 소령은 침대에서 팔꿈치를 세워 몸을 일으켰다.

(지명의 표기에 관해서는 이미 앞에서 설명했지만, 여기에서는 학생의 번역문을 보면 "워싱턴 주의 벨밍험"인지 아니면 미국의 수도인 "워싱턴 시의 벨밍험"인지 혼란을 일으킨다. 미국 지도를 펴놓고 태평양 연안의 워싱턴 주와 대서양 연안의 워싱턴 시가 서로 얼마나 멀리 떨어진 곳인지 확인해 보기 바란다.

'출신'이라는 표현은 현재 그곳에서 살지 않는다는 의미가 강한데, 퀵 소령은 현주소가 워싱턴 주의 벨밍험이다.)

(*2) **원문** Quick was a bomber squadron leader and had been in as many fights as any bomber pilot over here.

번역 퀵은 비행 대대장이었는데 여기서는 다른 어떤 폭격기 조종사 못지 않게 전투 경험이 많았다.

('squadron'이라면 미국의 편제에서는 비행 대대이고 영국에서는 중대이다. 어니 파일은 미국인으로서 미군을 취재했으니까 당연히 여기에서는 '대대'가 되어야 한다.

'a bomber squadron leader'를 그냥 '비행 대대장'이라고만 한 까닭은 뒤에 'bomber pilot'과의 중복을 피하기 위함이었다. 물론 필자는 원문에서 의도적으로 중복시킨 말은 번역에서도 수비적으로 중복시켜야 한다고 믿지만, 여기에서는 의도적인 반복이 아닌 듯싶고, 그래서 단순히 '지저분한 중복'을 피하기로 했다.

"다른 어떤 조종사보다(more) 경험이 많았다"와 "다른 어떤 조종사 못지 않게(as) 많았다"는 표현은 의미가 크게 다르다. 앞 문장은 경험이 가장 많다는 뜻이고, 나중 문장은 남보다 뒤떨어지지 않는다는 의미가 된다.

학생의 번역에 나오는 '베테랑'이라는 말은 우리말도 아니요, 본문에는 나오지도 않는 표현이어서 없애 버렸다.)

(*3) 원문 He was admired and respected for what he had been through.

번역 그는 지금까지 겪은 경험 때문에 사람들로부터 흠모와 존경을 받았다.
("그는 그가"처럼 같은 주어가 중복이 될 때는 하나를 그냥 없애 버려도 독자가 이해하는 데 전혀 어려움이 없다.
'전쟁 경험'이라고 띄어 써야 옳겠으며, 원문에는 '전쟁'이라는 말이 없고, 우리말에서는 많은 경우 복수형을 쓰지 않는다.
'사람들의'처럼 영어에서는 소유격이 지나칠 정도로 많이 나오는데, 그럴 때는 주격 등으로 바꿔 쓰는 훈련도 해 두면 다채롭고 싱싱한 문장을 구사하는 데 도움이 된다.
'있었다'라는 불필요한 진행형은 여기에서처럼 그냥 지워 버리기만 하면 간단히 해결될 때가 많다.)

(*4) 원문 He said, "It isn't to me either. I know it should be, but it isn't. It's just hard work, and all I want is to finish it and get back home."

번역 그가 말했다. "나도 그렇게 생각해요. 극적이어야 한다는 사실을 난 분명히 알지만, 그렇지가 않죠. 이건 그냥 고역일 따름이고, 그래서 난 어서 끝내고 집에 가고 싶은 생각 밖에 없어요"
('그는'이라고 시작을 했지만, 문장이 끝날 때까지 'said'라는 단어에 대한 번역이 나오지 않아서 동사가 없이 주어만 달랑 내놓은 불완전한 문장이 되었다.
"나도 마찬가지야. 그래야 한다고는 생각하지만, ~"이라는 내용을 보면, 'it'라는 주어, 즉 'to be dramatic'이 전혀 눈에 띄지 않는다. 그러니까 앞에서 다른 사람이 한 말과 연관이 지어지지를 않는다.
'고역'이라는 어려운 한자 표현도 '힘든 일'이나 '고생' 따위의 보다 쉬운 말로 바꿔 주면 좋겠다는 생각이다. 찾아보면 군대 용어에는 이에 해당되는 묘한 표현이 여러 가지 있다.
"이건 단지 고역일 뿐이야. 난 빨리 끝내고 집에 가고 싶은 생각밖에 없어"는 번역에서 두 개의 문장으로 잘라 놓았다. 하지만 본문은 분명히 한 문장이다.)

그래서 나는 알지(*1) 못했다. 전쟁이 낭만적이었던가?(*2) 분명한 것은 커다란 비극과 믿기지 않는 영웅주의, 그리고 심지어는 끊임없는 블랙 코미디까지도 존재했다는 사실이다.(*3)

(*1) 원문 So I didn't know.
번역 그래서 나는 알 길이 없었다.
('알지 못했다'라고만 해도 훌륭한 번역이겠지만, 사색을 하는 듯한 '숨'을 길게 주기 위해서 문장을 늘여 보았다.)

(*2) 원문 Was war dramatic, or wasn't it?
번역 전쟁이 낭만적이었던가, 아니었던가?
(영어로도 "Was war dramatic?"이라는 단순한 질문형의 표현과 "Was war dramatic, or wasn't it?"이라는 재확인형 문장은 어감이 다르다.)

(*3) 원문 Certainly there were great tragedies, unbelievable heroism, even a constant undertone of comedy.
번역 커다란 비극, 믿기지 않는 영웅적인 행동, 심지어 은근하고도 끊임없는 희극적 분위기까지도 존재했다.
('Certainly'라는 부사까지도 학생의 번역에서는 '분명한 것은'이라고 옮겼다. 우리나라 사람들이 '것'이라는 말을 전혀 필요하지도 않은 곳에서조차 얼마나 남용하는지를 잘 보여주는 대목이다.
문자쓰기를 좋아하는 한국인은 '이즘'도 좋아하는 경향을 보인다. 그리고 'ism'은 우리말로 당연히 '주의'라고 생각한다. 하지만 이것 역시 영어 단어를 보면 자신이 아는 단어로만 바꿔 넣으려는 타성에서 생겨난 심리적 조건반사이다. 도대체 '영웅주의'가 우리말로 무슨 뜻인지를 생각해 보자. 아마도 '영웅심' 정도로도 충분할 듯싶다.

밑줄은 치지 않았지만 번역문의 '심지어는 끊임없는'에서 '는'이 반복되는 현상도 "있을 수 있는 것" 현상이다.

영어에서는 '코미디'와 '블랙 코미디'는 의미가 달라도 크게 다르다. 'comedy'는 우리들이 흔히 이해하는 그런 '희극'이다. 'black comedy'는 끔찍하거나 엽기적이고, 냉혹하게 비틀기까지 하는 '희극'으로서, 때로는 인간의 어두운 면을 꼬집는 비극적인 차원에까지 이른다. 원문에는 분명히 'comedy'인데 번역자가 마음대로 이렇게 창작식 번역을 해 놓으면 얼마나 위험한 결과를 가져오는지 마음에 새겨두기 바란다.

수험번호 teng103023 학생은 지금까지 대단히 좋은 번역 솜씨를 보여 주었는데, 어쩐 일인지 여기에서부터는 갑자기 퍽 실망스러운 수준으로 떨어진다. 아마도 제한된 시간에 쫓긴 결과가 아닌가 믿어진다.)

그러나 앉아서 편지(*2)를 쓰려던 내 눈에 비친 것은 전방에서 고통을 겪으며 다른 곳에 배치되기를 바라는 사람들과 전선으로 차출(*3)되지 못해 후방에서 반복적인 일을 하면서 불평하는 사람들이었다.(*1) 이들 모두는 자기 옆에서 말벗이 되어줄 사람들을 애타게 갈구하고 있었고, 어떤 여자들도 마실(*4) 포도주 조금과 귀중한 노래 한 소절 앞에서는 영웅이 될 수 없었다.(*1) 불안과 불편, 향수, 그리고 무뎌진 위험지각능력으로 가득한 이 세계에서 날마다 추위와 꾀죄죄함 속에서 고생하고 있었다.(*5)

(*1) 필자가 주장하는 '장단맞추기'는 바로 이런 경우를 두고 한 말이었다. 위 번역문은 원문을 보면 단 하나의 문장이지만, 너무 길다고 생각해서였는지 역자가 숨을 돌리기 위해 중간 쯤에서 임의로 잘라가며 세 토막을 냈다.

하지만 이 대목은 어니 파일이 전선에서 싸우는 미군들에 관한 기사를 써서 본국으로 보내기 위해 타자기 앞에 앉아 무엇인가 '극적'이고 '낭만적'인 사건이나 내용을 생각해 내려고 하기만 하면, 초라하고 꾀죄죄하며 뜨거운 태양 아래서 땀을 흘리고 고생하는 병사들의 모습이, 여러 가지 다양하면서도 비슷비슷한 모습이 주마등처럼 눈앞을 스쳐 지나가고, 그래서 그렇게 이어지는 생각을 하나로 연결된 긴 문장으로 표현해 놓은 글이다.

그렇다면 번역문도 역시 길게 이어진 단 하나의 문장이어야 한다.

다만, 위 예문의 경우처럼 영어 본문에 콜론(: 또는 ;)이 들어 있으면 거기에서는 사고의 흐름이 일단 주춤한다는 사실을 시각적으로 나타낸 것이기 때문에 문장을 잘라도 되리라고 생각한다. "글을 쓰려고 자리에 앉으면 여러 모습이 눈에 선했다. 슬픈 모습, 불쌍한 모습, 고생하는 모습, 이런 모습, 저런 모습이…"라는 식으로 말이다.

콜론에 대해서도 잠시 언급을 하고 넘어가겠다. 요즈음 젊은이들의 글, 특히 번역문을 보면 콜론이 많이 등장하는데, 이것은 우리나라에 없는 구두점이니까 사용을 하지 않음이 바람직하다.

학생들의 이해를 돕기 위해 국립국어 연구원의 양명희(梁明姬) 연구원이 〈새국어소식〉 2000년 11월 제 28호에 발표한 "세미콜론"이라는 글의 내용 일부를 여기 소개하겠다.

"세미콜론은 '한글 맞춤법'의 문장 부호에는 규정되어 있지 않은 문장 부호로 규정을 따르자면 국어에는 나타날 수 없는 부호이다. 그러나 대부분의 사람들은 이런 사실조차 모르고 세미콜론을 사용하고 있는 실정이다. 쌍반점이라고 번역되어 쓰고 있는 세미콜론은 일종의 큰 쉼표로, 쉼표보다는 강하고 마침표보다는 약한 기능을 한다. '한글 맞춤법 통일안' (1933) 부록 2의 문장 부호에도 포함되어 있고 최현배의 『우리말본』(1937)에도 예시된 바 있는 쌍반점은 북한의 '조선말규범집' 문장부호법에서는 반두점(제 4항)이라는 명칭으로 불린다.

'한글 맞춤법 통일안'에 있던 쌍반점이 1988년 고시된 '한글 맞춤법'에서 사라진 것은 이 부호의 쓸모가 그리 크지 않다는 인식에서 비롯한 것이다. (중간 생략) 쌍반점이 없어도 국어 문장을 쓰는 데는 별 어려움이 없다. 오히려 쌍반점을 사용한 문장들은 국어다운 문장이라고 보기 어렵다. 그러므로 현재 문장 부호에 규정되어 있지 않은 쌍반점은 사용하지 않는 것이 좋다. 규정에 없는 부호를 사용하는 것은 분명 규범에 어긋나는 일이기 때문이다"

필자는 번역의 경우, 콜론(:)은 쉼표나 마침표, 또는 경우에 따라 '― (dash)'로 바꿔 표기하고, 세미콜론(;)은 쉼표로 바꾸도록 학생들에게 권장한다.

(*2) *1항에서 이미 언급했듯이 어니 파일은 종군기자이니까 본국에 송고할 기사를 쓰려고 자리에 앉았지, 편지를 쓰려고 타자기 앞에 앉지는 않았다. 아마도 앞 뒤 문맥을 파악하지 못해서 범한 잘못이 아닌가 싶다.

이렇게 원문의 내용이 분명치 않은 경우라면 번역도 그렇게 하는 도리 밖에 없겠다. 'or'나 'and'의 앞 뒤로 길게 연결된 장문의 번역에서 어느 단어가 어느 설명과 연결되는지 알 길이 없으면 번역도 그렇게 하라고 필자가 다른 책(〈영어 길들이기〉)에서 설명한 내용을 상기하기 바란다. 이 문제는 뒤에서 장문(長文)의 번역을 다룰 때 다시 한 번 자세히 설명하겠다.

'write'의 경우에는 그런 식으로 가장 모호하면서도 정확한 번역이 " '글' 을 쓰다"이다.

(*3) '차출'이라는 단어의 선정이 부적절하다. '차출'이란 대부분 어떤 원하지 않는 일을 하기 위해 '끌려나간다'는 의미로 쓰인다. 그러나 여기에서 'get to the front'는, 전쟁 영화에서 자주 그런 '영웅'들이 나타나지만, 전방으로 나가 전투에 참가하고 싶어 '근질근질하다'는 뜻이다.

(*4) 명백한 오역이니, 확인하기 바란다.

(*5) 대부분의 사람들이 그렇듯이 역시 장문의 번역에는 익숙하지 않은 모습이다. 그래서 어느 말이 어디에 걸리는지, 전혀 갈피가 잡히지 않는다. 이것은 우선 한 문장을 셋으로 잘라놓고 재구성하는 과정에서

생겨난 부작용 때문이겠다.

영어의 본디 구성 그대로 하나의 문장으로 다듬어 번역하면 얼마나 이해가 쉬운지를 알아보기로 하자.

수험번호 teng103023 학생이 세 개의 문장으로 잘라놓았던 문장을 다시 하나로 엮어서 정리하면 다음과 같이 된다.

원문 But when I sat down to write, I saw instead: men at the front suffering and wishing they were somewhere else, men in routine jobs just behind the lines belly-aching because they couldn't get to the front, all of them desperately hungry for somebody to talk to besides themselves, no women to be heroes in front of, damned little wine to drink, precious little song, cold and fairly dirty, just toiling from day to day in a world full of insecurity, discomfort, homesickness, and a dulled sense of danger.

번역 그러나 글을 쓰려고 자리에 앉았을 때 대신 내 눈에 선하게 보이던 사람들은 전방에서 고통을 겪으면서 그곳을 벗어나기를 바라던 병사들, 전선으로부터 얼마 떨어지지 않은 곳에서 따분한 임무를 수행하며 전방으로 나가지 못해 속앓이를 하는 장병들이었으며, 그들은 하나같이 말벗이 되어줄 사람을 애타게 갈망했고, 앞에 앉혀놓고 영웅 노릇을 할 여자가 아쉬웠고, 마시고 싶은 술이 정말로 아쉬웠고, 듣고 싶은 노래를 한 곡도 들을 길이 없었고, 몸은 무척 더럽고 추웠으며, 위험에 대해서 무디어진 감각과 불안함과 불편함과 고향에 대한 그리움이 가득한 세계에서 힘든 일만 계속하면서 하루하루를 보냈다.

그러면 이제 번역문의 마지막 문단을 살펴보기로 하자.

물론 이 곳에도 연극과 로맨스(*2)는 있었다.(*1) 그러나 모두 숲 속에서 큰 나무가 쓰러지는 것 같았다.(*3) 주위에 관객(*4)이 아무도 없다면 아무 소용도 없는 것이다(*5) 나는 전쟁이 인간에게 낭만적일 수 있는 것은 단 두 번 뿐이라는 것을 알았다.

첫 번째는 자유의 여신상을 볼 때이고, 그 다음으로는 가족들과 함께 고향으로 돌아가는 그 날이다.

(*1) 원문은 여기에서 문장이 끝나지를 않는다.

(*2) '로맨스'는 우리말이 아니기 때문에, '한글 표기(romanization)'는 될지 모르지만 '번역'은 아니다.

(*3) 여기에서도 첫 문장은 아직 끝나지 않았다.

(*4) '관객'이라는 엉뚱한 어휘를 사용한 까닭은 역시 "숲 속의 나무가 쓰러지는 소리"와의 연관성을 알지 못했기 때문이 아닌가 여겨진다.

(*5) 여기에서 끝나는 첫 문장은 다음과 같이 하나로 묶어서 번역해야 옳겠다.

원문 The drama and romance were here, of course, but they were like the famous falling tree in the forest—they were no good unless there was somebody around to hear.

번역 물론 이 곳에도 극적이고 낭만적인 요소가 존재하기는 하지만, 숲 속에서 쓰러지는 나무에 관한 유명한 얘기나 마찬가지여서 — 누가 곁에서 귀를 기울여 주지 않으면 아무 소용도 없다.

나는 전쟁이 인간에게 낭만적일 수 있는 것은 단 두 번 뿐 이라는 것을 (*1) 알았다.(*2) 첫 번째는 자유의 여신상을 볼 때이고, 그 다음으로는 가족들과 함께 고향으로 돌아가는 그 날(*3)이다.(*4)

(*1) 조금만 신경을 써서 살펴보면 우리나라 사람들의 글에서 '있을 수 있는 것'이 얼마나 많이 나오는지 '실감할 수 있을 것'이다.

(*2) 역시 콜론과 관련된 부분이다. 국립국어 연구원의 양명희(梁明姬) 박사가 〈새국어소식〉에 발표한 글에서 "세미콜론은 일종의 큰 쉼표로, 쉼표보다는 강하고 마침표보다는 약한 기능을 한다"고 했던 말을

상기하기 바란다. 콜론도 마찬가지여서, 번역을 할 때는 마침표로 받아들여 문장을 자르는 대신, 완결된 문장보다는 훨씬 약하게, '~데' 라는 완만한 접속사를 사용하여 묶어두는 쪽을 권하고 싶다.

(*3) 명백한 오역이다.

(*4) 전체를 하나의 문장으로 엮으면 다음과 같아진다.

원문 I knew of only twice that the war would be romantic to the men: once when they could see the State of Liberty and again on their first day back in the home town with the folks.

번역 내가 알기로는 전쟁이 병사들에게 낭만적으로 여겨지는 순간이 두 번 뿐이었는데, 한 번은 자유의 여신상을 보게 되는 순간이요, 다른 한 번은 고향으로 돌아가 가족과 함께 지내는 첫 날이다.

(여기에서 한 가지 주의할 점은 'men' 이라는 단어이다. 이것은 학생의 번역에서처럼 '인간' 이 아니고, 군대 용어로는 '장병' 또는 '병사들' 을 뜻한다. 지극히 쉬운 단어이면서도 이렇게 특수한 사회에서 전문 용어로 쓰일 때는 어휘가 달라진다는 점에 유의하기 바란다. 'men and officers' 라고 하면 '병사와 장교' 가 된다.)

8

간결한 문장, 음악적인 번역

앞 과에서 간단히 소개했듯이, 아래 발췌문은 베트남전에서 눈부신 보도 활동을 벌여 1966년 1월 어니 파일 기념상(Ernie Pyle Memorial Award)을 수상한 톰 티디(Tome Tiede)의 고정란 "베트남 통신(Dateline Vietnam)"에 실렸던 내용이다. 뉴욕의 NEA (Newspaper Enterprise Association) 통신사에서 체육 담당 기자였던 그는 월남전이 한참 가열되던 1965년 10월에 스물여덟이라는 젊은 나이로 전쟁터를 찾아가 활동을 시작했으며, 미군 신문 『성조지(The Stars and Stripes)』를 비롯한 수많은 신문이 그의 칼럼을 연재하여 엄청난 반향을 불러일으켰다.

그가 썼던 글의 내용과 성격은 어니 파일과 퍽 비슷하지만, 간결한 문체는 경쾌할 정도로 힘차기 때문에 어니 파일의 글보다는 우리가 흔히 알고 있는 '보도체'에 훨씬 가깝다.

그의 글은 생략과 비약이 심하다. 주고받는 말도 뛰어넘기가 많아서, 자칫 행간에 숨은 의미를 놓치기가 쉽다. 따라서 눈에 보이는 인상처럼 번역하기에 만만한 글이 절대로 아니라는 사실을 명심하기 바란다. 어휘도 구어체가 많고, 극도로 절제하는 문장 구조라는 점도 염두에 둬야 한다.

특히 마지막 문단에서, 콜론이 반복되는 부분은 군대에서 신고식을 하는 장면을 연상시키기 때문에, 학생이 여성인 경우에는 번역하기에 앞서서 전쟁 영화를 몇 편 주의 깊게 봐 두도록 권하겠다.

the not-so-funny story of a combat comedian…

by tom tiede

A single candle lit the table as the weary GIs picked at C ration tins and sipped hot soup. Faces were worn and no one seemed to hear the occasional sniper fire whistling through the blackout area.

One man, however, did.

"When you hear 'em," he snickered, "at least you ain't dead yet."

In the dark, you could see only his teeth, his eyes and the silk-thread, luminous dinner jacket he insisted on wearing over sweat-stained fatigues.

"What do you think about Martin Luther King?" somebody baited him.

"Who?" he answered mockingly.

"You heard."

"Oh yeah, our leader. I ain't saying anything against the man."

"They say he's opposed to U.S. troops in Viet Nam."

"Then he better not get in my way when I go home."

"Why's that?"

"Because white or black, I'll treat him like he was

Viet Cong."

This is Dan Redmond, 30, of Fort Myers, Fla. Outspoken, hep, clever, grimly humorous. They call him the combat comedian. He is a member of the Special Forces, the Green Berets. Code name: Screwdriver. Rank: Sergeant First Class. Occupation: Killer.

톰 티디의 간결한 문체를 번역하는 연습은 지금까지 배운 여러 가지 기초적인 원칙을 복습하는 총정리의 성격을 띠고, 그래서 반복 설명으로 인해 내용이 길어지기 때문에 제 8과에서 끝나지를 않고 9과까지 이어진다.

제 8과와 9과의 내용이 총복습의 형태를 띤 까닭은 본 강좌가 거의 끝나감을 뜻한다. 여기에서 전체적인 정리를 하고 나면 제 10과와 11과에서는 사람들이 흔히 가장 어렵다고 생각하는 장문(長文)을 번역하는 요령을 살펴보겠고, 그리고는 마지막 제 12과에서 전체적인 결론을 짓겠다.

8, 9과에서 교재로 사용할 대상은 mjq, 윤희선, 박혜란 세 학생의 번역문인데, 우선 mjq 학생은 위 내용을 얼마나 <u>간결하게</u> 번역했는지 한 번 살펴보기 바란다.

별로 우습지 않은 전투 익살꾼 이야기

저자 톰 타이드

촛불 한 개가 테이블을 밝히고 있는 가운데 녹초가 된 병사들은 통조림 깡통을 따서 뜨거운 스프를 홀짝거리며 마셨다. 얼굴들이 초췌했고 간간이 암흑지대를 뚫고 휘익대며 들려오는 총격 소리를 못듣는 양 했다. 그러나 못들었을리 없고, 그 중 한명이 말했다. "저 소리가 들린다는 것은," 그는 낄낄거렸다, "적어도 우리들이 아직까지는 죽지 않았다는 뜻이지." 어둠 속에서 보이는 거라고는 그의 이빨과 눈 그리고 땀으로 얼룩진 작업복 위에 고집스레 걸쳐입은 반짝이는 비단 만찬용 조끼였다. "마틴 루터 킹을 어떻게 생각해?" 누군가 골리듯 그에게 물었다. 누구라고?" 그는 상대의 말투를 흉내냈다. 못들은 척 하지마." "아아, 우리들 지도자. 나 그 사람한테 나쁜 감정 조금도 없어." "그가 베트남 주둔 미군을 적대시 한다는데." "그렇다면 그 사람 내가 집에 돌아갔을 때 내 눈에 띄지 않는게 좋을 거야." "그건 왜?" "그가 백인이건 흑인이건 간에 베트공 취급을 해줄 거니까." 이 사람은 댄 레드몬드로, 30세이며, 플로리다 소재 마이어스 요새 소속이다. 그는 꺼리낌없는 성격에, 정보에 밝고, 영리하며, 징글맞을 정도로 익살스런 인물이다. 사람들은 그를 전투 익살꾼이라고 부른다. 그는 대-게릴라 특수 부대 요원이다. 암호는 스크루드라이버, 계급은 중사, 임무는 살인이다.

기본이 우선이다

한 눈에 봐도 이 학생은 지금까지의 강좌를 인터넷에서 지속적으로 처음부터 충실하게 따라오지를 않은 듯한 인상이다. 아마도 중간 어디에서부터인가 공부를 시작했을 듯싶다. 아니면 지금까지 예문을 직접 번역하지는 않고 필자의 설명을 눈으로만 읽어 왔는지도 모르겠다. 만일 꾸준히 강좌를 들었더라면, 그리고 기본적인 원칙부터 익혀 나가면서 스스로 문장을 옮겨 쓰는 훈련을 계속했더라면, 보다 기초가 잘 다듬어진 말끔한 인상을 줄만한 번역문을 내놓았으리라는 생각이다.

첫눈에 봐도 위 번역은 사뭇 정신이 없다. 새까맣게 다닥다닥 몰려든 글자들이 무질서한 장바닥처럼 보인다. 이렇게 와글와글 개미떼처럼 뒤엉킨 문장들을 보면 여러분은 이제는 시시하기 짝이 없다고 여겨지는 기초적인 원칙, 그러니까 예를 들어 행갈이(줄바꾸기)의 원칙이 왜 중요한지를 조금쯤 실감하리라고 생각된다.

따옴표를 비롯한 구두점을 다루는 솜씨와 띄어쓰기도 그렇다. "그러나 못들었을리 없고"라던가 "그에게 물었다. 누구라고?" 또는 "댄 레드몬드, 30세이며, 플로리다"를 위시하여, 띄어쓰기를 전혀 아랑곳하지 않은 부분들을 보면, "그까짓 겉모양이야 어떠냐, 내용만 충실하면 될 일이지"라고 주장하는 사람들의 오만함까지도 엿보인다.

이런 정도의 띄어쓰기라면 아무리 번역 솜씨가 훌륭하더라도 '글'로서 인정을 받기는 불가능하다. 기초가 부실한 글은 아무도 좋은 '글'이라고 평가해 주지를 않기 때문이다. 도대체 맞춤법조차도 제대로 갖추지 못한 원고를 어느 출판사에서 책으로 찍어내려고 하겠는가?

우리말의 띄어쓰기는 대단히 어렵다. 거의 평생을 '글'로 살아온 필자의 경우에도 띄어쓰기에 자신이 없는 경우가 종종 생겨서, 요즈음에도 틈만 나면 공부를 계속하는 실정이다. 번역이란, 영어만 공부해서는 절반 밖에 가지를 못하고, 수없이 반복해서 강조했듯이, 우리말 공부를 더 많이 해야 한다. 적어도 필자는 그렇게 생각한다.

띄어쓰기는 워낙 어려우니 그렇다고 하더라도, 원문에 적힌 부호를 그대로 베껴놓는 과정에 지나지 않는 기본적인 구두법만큼은 정말 일찌감치 갖춰야 할 요소이다. 이것은 몇 가지 공식만 알면 해결이 나는데, 번역을 직업으로 삼겠다는 사람들 가운데 그야말로 초등학생만큼도 구두점을 구사하지 못하는 사람이 믿어지지 않을 만큼 많다. 대화체에서 특히 그렇다.

위 번역문에서 예를 들자면, 이런 부분이 문제이다.

"저 소리가 들린다는 것은",그는 낄낄거렸다,"적어도 우리들이 아직까지는 죽지 않았다는 뜻이지."

이것은 비록 한글로 써놓기는 했어도 영어식 구문이지, 결코 우리말이 아니다.

올바른 우리 문장을 쓰는 법은 일찍이 초등학교 국어 교과서에도 자세히 나온다. 사람들은 줄을 친 공책에다 우리말 첫걸음을 배울 때 이미 웬만한 기본을 거의 다 배운다. 하지만 성장하면서 서양 문화를 접하고는 서양 문화를 배우기에 바빠서 우리말을 잊기 시작한다. 영어 학원과 우리말 학원의 수를 비교해 보면 당장 알게 되듯이, 요즈음에는 아예 초등학교 시절부터 우리말보다 영어를 더 열심히 배우는 듯한 추세이고, 그래서 어릴적부터 아예 영문법만큼도 우리 맞춤법을 알지 못하고 성장하기가 쉽다.

그래서 우리말 기초가 모자라기 때문에 어느 학생이 번역해 놓은 글이 초등학생 수준 밖에 안 된다고 말하면 많은 사람이 모욕감을 느껴서 발끈한다. 하지만 기초가 모자란다는 소리를 들으면 반사적으로 화를 낼 일이 아니라, 잊어버린 우리말을 이제부터라도 다시 배워야 한다는 필요성과 당위성을 깨달아야 한다. 배우기를 거부하는 학생은 발전을 못하기 때문이다.

위 번역문을 보면 띄어쓰기를 일본어 식으로 했다. 쉼표나 마침표가 나온 다음에는 당연히 문장이 끊어지는 곳이라고 독자들이 생각하리라고 믿어서인지, 빈 칸을 남겨두지도 않았다. 하지만 빈 칸을 남긴다는 문법상의 약속은 꼭 지켜야 한다. 빈 칸도 분명히 '단어' 이기 때문이다.

지금처럼 기계로 찍어내지 않고 모든 문필가들이 2백자 원고지를 칸칸이 메꿔가며 글을 쓰던 시절에는 쉼표와 마침표와 따옴표, 심지어는 감탄사와 괄호까지도 모두 따로 한 칸씩을 차지했다. 〈영어 길들이기〉에서 제목을 뽑을 때 파이카(pica) 계산법을 설명하면서, 마침표 다음에 새로운 문장이 시작되면, 영어로 글을 쓰는 경우, 한 칸이 아니라 왜 두 칸을 비워야 하는지도 설명했었.

그것은 모두가 시각적인 약속이다.

아마도 영어로 글을 쓰면서 "I am a boy. You are a girl."이라고 두 문장을 붙여 쓰는 사람은 거의 없으리라는 생각이다. 그리고

'gentle man'과 'gentleman'을 떼어 쓸 때와 붙여 쓸 때 어떻게 의미가 달라지는지를 설명하라면 웬만한 학생은 거침이 없으리라는 생각이다. 하지만 영어로 쓸 때는 그렇게 문법에 신경을 쓰면서도, 우리글로 쓸 때는 띄어쓰기조차 소홀히 하는 까닭이 무엇일까?

역시 그것은 우리말 쯤이야 아무러면 어떠냐, 영어만 잘 하면 그만이지, 하는 식의 사고방식에서 나온 결과인지도 모른다.

쉼표와 마침표, 그리고 모든 구두점은 다른 어떤 단어나 마찬가지로 저마다 나름대로의 의미를 지니고, 그렇기 때문에 글자로 이루어진 단어에 공짜로 따라오는 개평 쯤으로 생각해서는 안 된다. 그렇기 때문에 필자는 빈 칸도 분명히 의미를 지니고, 그렇기 때문에 빈 칸도 꼭 번역을 해야 한다고 여러 차례 강조했었다.

위 번역문에서는 물론 몇 가지 다른 기초적인 원칙도 지키지를 않았다. "있을 수 있는 것(=게, 건)"도 이제는 어떻게 하면 없어지는지, 아마도 차근차근 연습을 해 온 학생이라면 별로 힘들지 않게 처리가 가능하리라고 생각한다. "촛불 한 개가 테이블을 밝히고 있는 가운데"라는 첫 문장에서 영어 단어인 '테이블'과 진행형 '밝히고 있는(=밝히는)'을 다듬는 '기초 실력' 정도는 이미 쌓았을 테니까 말이다.

이해를 못하면 번역도 못한다

당연한 얘기이지만, 번역하는 사람이 번역할 내용을 제대로 이해하지 못하면, 독자가 읽고 이해하기에 충분할만큼 정확한 번역을 하기란 불가능하다. "이해를 못하면 번역도 못한다"는 너무나도 당연한 번역의 여덟 번째 원칙은 그러나 하나하나의 영어 단어를 이해하는 수준의 '의미 파악'만을 의미하지는 않는다.

단어의 의미는 상황이 달라지면 변하기도 한다. 예를 들면 전문 용어나 속어가 그렇다.

아주 알기 쉬운 단어를 예로 들겠다. 서부 영화에서는 'gun'이라고 하면 거의 대부분의 경우 옆구리에 차고 다니는 '권총'을 의미한다. 하지만 전쟁 상황에서는 '대포(cannon)'로 뜻이 달라진다. 나바론의 '거포(巨砲)'도 'gun'이어서 영화의 원제목이 "The Guns of Navarone"이었고, 에스파냐 혁명을 배경으로 한 C. S. 포레스터(Forester)의 소설을 영화로 만든 『자랑과 정열(The Pride and the Passion)』의 어마어마한 대포 또한, 소설의 본디 제목을 보면, "The Gun"이다. 그리고 농담을 할 때는 전혀 의미가 달라져서, 'gun'이 'pistol'이나 마찬가지로 남자의 성기를 뜻하기도 한다. 이런 식으로 많은 단어가 어떤 상황에 사용되었느냐에 따라서 의미가 달라진다.

단어만 그런 것이 아니다. mjq 학생이 남자인지 여자인지 알 길이 없지만, 전쟁 영화의 번역을 보면 여성의 경우 앞 과에서 지적한 바와 같이 자기도 모르는 사이에 오역을 할 가능성이 많은데, 그것은 여성이 군대나 전쟁을 직접 경험할 기회가 거의 없기 때문이다. 그리고 경험이 없기 때문에 범하는 오역은 남자더라도 마찬가지이다.

그러나 mjq 학생의 경우에는 단순히 경험 부족에 따른 불충분한 정보만이 미흡한 번역의 원인은 아니었으리라는 사실이 다음 문장의 번역에서 나타난다.

"Then he better not get in my way when I go home."
☞ "그렇다면 그 사람 내가 집에 돌아갔을 때 내 눈에 띄지 않는게 좋을 거야."

"내가 집에 돌아간다"는 말은 직장에서 퇴근을 하는 경우처럼, 주인공의 현재 위치와 '집'의 거리가 가까운 상황에서 쓰는 표현이다. 하지만 발췌문에서 말하는 'home'이란 베트남에서 지금 당장은 돌아가기가 힘든 '고향'을 두고 한 말이다. 'gun'이나 마찬가지로, 그리고 수많은 다른 단어들이나 마찬가지로, 영어로는 같은 단어이더라도 상황과 배경에 따라서 '집'과 '고향'처럼 크게 의미가 달라진다는 지극히 기초적인 사실조차도 신경을 쓰지 않은 '막번역'이라고 하겠다.

그렇다면 mjq 학생이 첫 문장을 어떻게 번역했는지 살펴보기로 하자.

> A single candle lit the table as the weary GIs picked at C ration tins and sipped hot soup.
> ☞ 촛불 한 개가 테이블을 밝히고 있는 가운데 녹초가 된 병사들은 통조림 깡통을 따서 뜨거운 스프를 홀짝거리며 마셨다.

이 문장을 보면, 번역을 하면서 그런 사실을 인식한 사람이 거의 없었던 모양이지만, '녹초가 된'이라고 다분히 창작(과장법)적인 번역을 해놓은 '지친' 미군 병사들(weary GIs)이 지금 무엇을 하는지가 분명치 않다. "picked at C ration tins and sipped hot soup"에서 'and'의 의미가 모호하기 때문이다.

하지만 전쟁터에서 (번역문에서처럼 단순한 '통조림 깡통'이 아니라) '전투 식량(C ration)'을 먹어본 사람에게는 전혀 혼란스럽지가 않다. 이것도 〈영어 길들이기〉에서 이미 설명한 부분이지만, 우리나라 사람들이 마치 무슨 특식이라도 되는 듯 도깨비시장에서 일부러 사다 먹고는 했던 '씨 래션'은 본디 전투를 하면서 제대로 요리를 해

먹을 여건이 되지 않기 때문에 깡통을 따기만 하고는 즉석에서 먹게 끔 만든 전투 식량(combat ration)으로서, 한 상자에 나흘치 음식이 담겼다. 말하자면 우리 군대의 '짬밥'이 미군에게는 '씨 래션'이고, 그래서 미군들은 '따끈따끈한 음식(hot meal)'과는 거리가 먼 전투 식량을 아주 싫어한다.

그리고 물론 전투 식량에는 '뜨거운 스프'가 담긴 '깡통'이 없다. 그리고 군대를 갔다 오지 않았다고 하더라도 번역자가 조금만 신경을 써서 생각을 했더라면, 대형 유통 매점에서부터 동네 구멍가게에 이르기까지 어디를 가더라도 '뜨거운 스프'를 통조림해서 팔지를 않는다는 사실을 쉽게 깨달았을 터이다. 통조림이란 본디 '찬' 음식이고, '뜨거운' 상태로 먹으려면 따로 요리를 해야 한다.

따라서 인용문에 나오는 병사들은 "통조림 깡통을 따서 (거기에서 나온) 뜨거운 스프를 홀짝거리며" 마시지는 않았겠고, 윗 장면을 보면 여러 병사들 가운데 무엇을 먹을까 이것 저것 깡통을 만지며 고르는 사람도 눈에 띄고, '스프를 홀짝거리며' 마시는 사람의 모습도 따로 보인다. 그러니까 깡통을 손에 든 병사와 수프를 마시는 병사가 다른 사람이라는 뜻이다. 그렇기 때문에 학생의 번역글은 의미를 제대로 파악하지 못한 상태에서 한 번역이고, 그렇기 때문에 오역이 되었다.

첫 번째 묘사한 행위, 즉 'picked at'이라는 표현 또한 신경을 써야 한다. 'pick at'이라면 숙어로서 흔히 "잔소리를 하며 괴롭히다"라는 뜻이지만, 여기에서는 "~을 조금씩 먹다"라는 말이다. 그러니까 차가운 전투 식량에 입맛이 당기지 않아 "음식을 (숟가락 따위로) 쑤셔대는" 장면을 상상하면 되겠다. 이렇게 지극히 쉬운 단어나 숙어, 그리고 표현도 혹시 다른 뜻은 없는지 세심하게 확인하는 버릇이 번역자에게는 필요하다.

　더구나 'Soup'의 발음이 '수프'인지 아니면 '스프'인지조차 신경을 쓰지 않는 정도라면, 정말 번역에 대한 의지와 열성이 얼마나 되는지 의심스럽기까지 하다.

　두 번째 문장도 살펴보자.

> Faces were worn and no one seemed to hear the occasional sniper fire whistling through the blackout area.
>
> ☞ 얼굴들이 초췌했고 간간이 암흑지대를 뚫고 휘익대며 들려오는 총격소리를 못듣는 양 했다.

　여기에서도 역시 군대를 다녀오지 않은 사람의 번역이라는 사실이 한 눈에 드러난다. 'sniper'와 'blackout'의 의미를 전혀 파악하지 못했기 때문이다. 사전만 제대로 찾아봤어도 '저격병'과 '소등'이라는 우리말 어휘를 찾아냈겠지만, 그러나 우리말로 '저격병'과 '소등'이 무엇을 뜻하는지를 제대로 파악하지 못한다면 역시 미흡하기 짝이 없는 번역이 나온다.

　'blackout area'라면 작전 지역이어서 야간에 불을 켜지 못하게 금지하는 곳이다. 따라서 현재의 상황이 어떤 살벌한 분위기에서 벌어지는 장면인지를 의식하며 번역을 해야 한다.

　'저격병(sniper)'은 월남전에서 공포의 대상이었고, 하나의 전형(典型) 노릇을 했다. 정규전의 대규모 전투에서는 집단적인 행위가 이루어지기 때문에, 병사들이 함께 싸우거나 죽고, 그래서 전우애도 생겨나고 직접적인 공포감이 덜 심하다. 그러나 저격병은 원하는 시간과 장소를 골라 선택적으로 싸우는 유격전에서, 단 한 명의 적이 숲 속에 몸을 숨기고 정확한 사격술로 아군을 한 명씩 골라서 죽이는 기능을 한다. 그러니까 눈에 보이지 않는 적에게서, 예기치 않았던 장소와 시간에 공격을 받을 뿐 아니라, 조준 사격의 결과로 죽음의 가능성도 대단히 높은 상황으로 연결된다. 이토록 중요한 단어를 위 번역문에서는 아예 없애버리고 말았다.

꽃밭과 잡초밭

섬세하지 못한 번역을 보면 잡초밭을 연상시킨다고 했는데, mjq 학생의 번역글에서는 바로 이런 문장이 그러하다.

> 누군가 골리듯 그에게 물었다.누구라고?" 그는 상대의 말투를 흉내냈다. 못들은 척 하지마."

이미 앞에서 지적했던 그런 종류의 띄어쓰기에 대한 잘못은 그냥 넘어가기로 하고, 대화체를 보면, 두 사람의 말이 모두 시작되는 부분에서 열리는 따옴표가 없고, 닫힘 따옴표 뿐이다. 마치 문짝이 떨어져 나간 폐가(廢家)를 연상시킨다. 앞문은 없어지고, 마당에는 잡초가 무성하고, 뒷문만 겨우 남은 낡아빠진 집과 같다.

너무나 어려운 단어여서 뜻을 파악하기가 어렵다거나, 문장이 너무 길어서 어느 부분이 어떤 말을 수식하는지 헷갈린다거나, 앞으로 장문(長文)의 번역에서 살펴보겠지만 배경에 깔린 정보가 워낙 심오하기 때문에 번역이 힘들다고 하면, 그것은 이해가 갈만한 일이다. 하지만 여기에서처럼 원문에 나오는 구두점을 그대로 베껴놓기만 하면 되는 단순 행위조차도 제대로 못하는 이유가 무엇인지는 정말로 이해가 가지 않는다.

잡초밭과 꽃밭의 차이는 제대로 배치된 공백에서 가장 두드러지게 나타난다.

잘못 번역한 고유명사

mjq 학생은 고유명사의 번역 역시 제대로 되지가 않았다.

우선 제목 바로 밑에 소개한 "by tom tiede"를 "저자 톰 타이드"라고 했는데, 'Tom Tiede'를 어떻게 표기하는지는 이미 앞에 나오는 설명 내용 가운데 제대로 된 발음이 무엇인지를 밝혀 놓았다. 그럼에도 불구하고 '티디'를 '타이드'라고 했다는 것은 번역을 하면서 미리 주어진 정보까지도 얼마나 소홀히 했는지를 보여주는 반증이 되겠다.

또한 '저자'라는 표현도 여기에서는 맞지 않는다. '저자(著者)' 또는 '저작자'란 예술이나 학술 분야 등의 저서, 즉 책을 집필한 사람을 뜻한다. 여기에서처럼 간단한 글을 쓴 사람은 '저자'가 아니라 '필자'라고 한다. 그리고 순수한 우리말인 '글쓴이'는 저자와 필자를 함께 일컫기 때문에, 쉽고도 정확한 말이 되겠다.

'by tom tiede'에서 'by'는 '저자'도 아니요 '필자'도 아니요 '글쓴이'도 아니며, 끝에다가 '씀'이라고 붙여 주기만 하든지, 그냥 이름만 밝혀도 충분하다.

끝 부분에 나오는 고유명사 "플로리다 소재 마이어스 요새(Fort Myers, Fla.)"는 또 어떠한가?

역자는 아마도 플로리다 주의 어떤 거대한 요새를 상상한 모양이다. 하지만 어느 주(州, Florida)의 약어가 뒤에 붙었다는 점으로 미루어보아 'Fort Myers' 전체가 어느 지역의 이름이라는 사실은 쉽게 짐작이 간다. 이것은 학생이 무성의하거나 소홀해서라기 보다는 본디 까다로운 사항이기 때문에 실수를 하기가 쉬우니, 다음 설명을 다른 사람들도 모두 유의하기 바란다.

물론 'Fort'는 본디 서부를 개척하던 당시, 인디언뿐 아니라 영국이나 프랑스 병력으로부터 이주민들을 보호하기 위해 피난처로 만든 '요새(要塞)'를 뜻하는 말이었다. 영화 제목에서 예를 찾아보면 존 포드의 유명한 기병대 삼부작의 하나인 『아파치 요새(Fort Apache, 1948)』나 존 스터지스(John Sturges) 감독 작품 『브라보 요새의 탈출(Escape From Fort Brave, 1953)』이 여기에 해당된다. 하지만 세월이 흐르는 사이에 그것은 강화의 '찬 우물'이 유명해지면서 그 일대를 나타내는 지명 '냉정(冷井)'으로 발전했듯이, 'Fort'가 요새 자체뿐 아니라 주변 일대를 뜻하는 이름이 되었고, 지금은 텍사스 주의 달라스 근처 '포트 워드(Fort Worth)'처럼 도시의 고유한 이름으로 바뀌었다. 따라서 이제는 포트 워드나 포트 마이어스를 '요새'라고 생각할 사람이 없다.

그렇다면 'Fort'가 들어간 지명을 어느 경우에 '요새'라 하고 어떤 경우에는 고유명사 '포트'로 표기해야 하는지는 문제의 지명이 사용된 시대적인 배경과 역사적인 상황을 참조해야 하겠다. 이것은 예를 들어 'King George'라고 인명으로 쓰일 때는 '조지 왕'이라고 하나, '조지 왕'의 이름을 따서 붙인 'King George Mountain'이라는 지명은 '킹 조지 산'이라고 적어야 하는 경우와 같다.

지명에서 'Fort'나 '찬 우물' 같은 '보통명사'를 번역해서 쓰느냐 아니면 그냥 고유명사로 받느냐 여부는 우리가 실생활에서 어떻게 표기하느냐를 개별적으로 알아두고 따라가는 수밖에 별다른 도리가 없을 듯싶다. 예를 들어 'Pearl Harbor,' 'The Pacific,' 'The Atlantic' 같은 지명은 항상 '진주만', '태평양', '대서양'이라고 번역해서 쓰는데, 갑자기 '펄 하버', '더 퍼씨픽', '더 애틀랜틱'이라고 했다가는 '보편성'을 벗어나 오히려 이상해지기 때문이다. 그런가 하면 노래에 나오는 'Red River Valley'는 '홍하의 골짜기'라 번역해서 쓰는 반면 태평양전쟁의 격전지 'Midway Island'는 어디까지나 '미드웨이섬'이지 '중간섬'이라고 하지는 않는다.

우리나라의 지명을 영어로 표기할 때도 원칙이 정립되지 않아 혼란을 일으키고는 한다. 서울의 남산(南山)을 'South Mountain'이라고 하느냐 'Nam Mountain'이냐 아리송하지만, 실제로는 'Namsan Hill'이라고 한다.

영어 지명의 'Fort'나 마찬가지로 우리 지명에서는 '산(山)'이라는 보통명사가 'Namsan'이나 'Soraksan(설악산)' 또는 'Songnisan(속리산)'에서처럼 고유명사의 한 부분으로 굳어버리기도 한다. 'Chongno(종로)'와 'Ulchiro(을지로)' 같은 서울의 거리명의 '로(路)'도 마찬가지이고, 관광 명소인 사찰의 이름에서 '절'을 의미하는 '사(寺)' 역시 고유명사의 일부로 들어가 'Pulguksa(불국사)'나 'Chogyesa(조계사)'라고 적기가 보통이다. 이것은 아마도 외국인들이 워낙 자주 입에 올리는 지명이어서 택시를 타고 찾아가거나 할 때 '총 스트리트(Chong Street 또는 Bell Street)'나 '풀국 템플(Pulguk Temple)'이라고 외국인이 말하면 정작 그곳에 사는 한국인이 알아듣지를 못해서 의사소통에 장애가 되기 때문에 정착된 원칙이 아닌가 싶다. 여기에서 예로 든 '총노'나 '풀국사' 같은 영어 발음은 외국의 모든 간행물과 우리나라의 영자신문 등에서 사실상 공용으로 쓰이는 매퀸-라이샤워 표기법을 따른 것인데, 여기 소개한 지명 표기 방식과 매퀸-라이샤워 표기법에 대해서는 〈영어 길들이기〉에서 이미 상세하게 소개했기 때문에 설명을 생략하겠다.

어쨌든 산이나 사찰은 우리말의 보통명사가 고유명사의 일부로 굳어버린 반면 강의 이름은 'The Han River(한강)'나 'The Naktong River(낙동강)'라는 식으로 분리해서 쓰기가 보통이다. 그러니까 영어에서 어떤 보통명사 앞에서는 정관사를 쓰고 어떤 경우에는 그렇지가 않은지를 개별적으로 알아둬야 하듯이, 표기법도 그때그때 알아두는 수밖에 별다른 도리가 없겠다.

그리고 서양 사람들이 서울의 남'산'은 규모가 작아서 'mountain'이라고 하지 않고 'hill'이라고 부르듯이, 사전에서는 영어와 한국어를 같은 단어로 밝혀놓았어도 실제로는 그렇지 않은 경우도 많다. 우리 눈에는 조그만 개울처럼만 보이는 물줄기도 영어로는 'river(강)'라고 부르는가 하면, 영어로 'valley'라는 곳, 예를 들어 존 스타인벡의 소설 무대로 유명한 고장 Salinas Valley에 실제로 가보면, 'valley'라는 곳이 전혀 '계곡'이 아니고, 그냥 약간의 구릉이 보이는 '시골 들판' 또는 '고향'에 지나지 않는다는 사실도 깨닫게 된다. 따라서 많은 경우에, 『How Green Was My Valley』같은 영화 제목은 'valley'를 차라리 '고향'이라고 번역했더라면 좋았겠다는 생각이 들기도 한다.

다시 'Fort'라는 지명으로 돌아가서, 우리나라의 명승지 지도를 보면 '산성(山城)'을 'Fort'라고 번역한 경우가 많지만, 'Wall'이 보다 정확한 번역이 되겠다. 중국의 만리장성을 'The Great Wall'이라고 한다는 사실을 상기하기 바란다.

참고로 중국의 자금성(紫禁城)은 영어로 쓸 때는 중국어 발음대로 표기하지를 않고 항상 'the Forbidden City'라고 풀어서 쓰며, 서울의 비원도 'Piwon'보다는 'the Secret Garden'이라고 더 널리 알려졌다. 그러나 용산(龍山)은 발음대로의 'Yongsan'과 뜻풀이를 한 'Dragon Hill' 두 가지를 모두 사용한다.

음악적인 번역

지금까지는 공식과 원칙을 몸에 밸 정도로 익히기 위해서 실제로 번역을 훈련하는 과정이었지만, 그 다음부터, 그러니까 제 10과부터는 사실상 선생에게서 배우는 번역이 아니라 여태까지 스스로 마련한 경지를 바탕으로 삼아 혼자서 공식과 원칙을 다시 세우고 길을 닦아 나가야 하는 차원이다.

10과부터 익혀야 할 번역은 문학이요 예술이며, 그러한 재능은 누가 가르쳐 주는 '기술'이 아니라 깨달음의 감각이다. 그리고 그 깨달음을 얻도록 돕기 위해 지금은 기초적인 원칙을 되새김질하는 중이다.

말하자면 이제는 산문이 아니라 시를 번역하는 감각을 터득하는 도약의 시기이다. 그것은 문학적 재능이 증명되는 분기점이어서, 원칙의 수준까지는 많은 사람이 노력만 가지고 오르기가 가능하지만, 거기에서부터는 더 이상의 발전 여부를 결정짓는 요소가 완전히 달라진다.

음악적인 번역을 위한 노력을 시작해야 하기 때문이다.

음악적인 번역이란, 이미 앞에서 우리들이 어느 정도 연습을 거쳤듯이, 문장의 박자와 선율을 따라가는 차원을 뜻한다.

특히 문학 작품에서는 문장의 흐름이란 음악의 선율과 같고, 선율을 타는 번역은 예술의 차원이다.

필자는 문장의 장단을 번역해야 한다는 얘기를 했었다.

그러나 문장의 장단만이 음악은 아니다.

필자는 문장의 장단을 살리기 위해 문체를 번역해야 한다는 얘기도 했었다.

그리고 문체는 단어의 선택과 배열에서 끝나지를 않는다.

쉼표와 마침표는 박자이며, 쉼표는 반 박자, 마침표는 한 박자라는 장단에 관한 얘기도 했었다.

그렇다. 쉼표는 반 박자요 마침표는 한 박자의 숨돌리기이다. 그리고 나른하거나 무거운 장문의 서술이 한참 나오다가 "이렇게" 따옴표가 나타나면서 대화가 시작되면, 갑자기 심벌이 울리듯 사람들은 정신이 번쩍 난다. 그것은 독자의 관심을 끌기 위한 하나의 창작 기법이고, 창작의 기법은 곧 번역의 기법이 따라가야 한다.

이렇듯 쉼표와 마침표와 따옴표의 구두법을 구사하는 세련된 능력은 고도로 훈련된 예술 행위이다.

그리고 빈 칸의 배열과 행갈이의 율동은 한 폭의 그림이다.

그것은 미술로 표현한 음악이다.

그것은,

번역은,

그렇기 때문에,

시각적인 음악이다.

"번역은 시각적인 음악이다"는 따라서 아홉 번째의 원칙이 된다.

그러면 톰 티디의 발췌문이 어디가 어째서 시각적인 음악인지를 도입부로 돌아가서 확인해 보기로 하자.

> A single candle lit the table as the weary GIs picked at C ration tins and sipped hot soup. Faces were worn and no one seemed to hear the occasional sniper fire whistling through the blackout area.

One man, however, did.

우선 첫 번째 문단을 보면 두 개의 문장으로 이루어졌는데, 첫 문장이 19 단어이고, 두 번째 문장은 18 단어로 이루어졌다. 그리고 거의 비슷한 길이의 두 문장은 마침표로 끝날 때까지 쉼표 따위의 숨을 돌리기 위한 구두점이 하나도 없다. 하지만 첫 문장을 뜯어보면 "A single candle lit the table"과 "the weary GIs picked at C ration tins"와 "(the weary GIs) sipped hot soup"라는 세 개의 문장이 뒤엉킨 구조를 갖추었다. 두 번째 문장도 "Faces were worn"과 "no one seemed to hear"와 "the occasional sniper fire whistling(=whistle) through the blackout area"라는 세 가지 생각의 덩어리가 서로 엮어진 상태이다. 참으로 길고 지루하고 피곤하고 답답하고 느릿느릿한 분위기가 시각적으로 느껴진다.

그런데 두 번째 문단은 어떠한가?

"One man, however, did"라고, 겨우 네 단어뿐이다.

그리고 그 짧은 문장도, 두 개의 쉼표가 들어가, 세 토막이 났다.

참으로 박자가 빠르다.

그런데 mjq 학생은 이렇게 대조적인 두 개의 문단을, 문체와 박자와 장단을 살려가며, 시각적으로 과연 어떻게 옮겨 놓았던가?

> 촛불 한 개가 테이블을 밝히고 있는 가운데 녹초가 된 병사들은 통조림 깡통을 따서 뜨거운 스프를 홀짝거리며 마셨다. 얼굴들이 초췌했고 간간이 암흑지대를 뚫고 휘익대며 들려오는 총격 소리를 못듣는 양 했다. 그러나 못들었을리 없고, 그 중 한명이 말했다.

앞뒤로 빈 틈이 하나도 없이 꽉 막혔으며, 아무리 봐도 음악적인 번역이라고 하기는 참으로 어렵겠다.

그리고 전체 발췌문에서 보면, 가장 음악적인 부분이, 마지막에 이런 모습으로 나타난다.

> He is a member of the Special Forces, the Green Berets.
> Code name: Screwdriver. Rank: Sergeant First Class.
> Occupation: Killer.

첫 문장을 보면 "He is a member of the Special Forces"라고 조용조용히 걸어가는 듯한 문장이 계속되다가, 갑자기 잠깐 절름, 쉼표가 나타난다. 그리고는, 짤막하게 타악기가 울리듯, "the Green Berets"라는 말로 끝맺는다.

쉼표에 걸린 잠깐의 동작으로 율동이 생겨나고, 흔히 웅변조로 연설을 할 때, "그대들은 아는가, 내 이름을!"이라고 도치법을 쓴 듯한 인상과 분위기를 전한다.

그리고는 세 차례의 심벌이 힘차게 울린다.

> Code name: Screwdriver.
> Rank: Sergeant First Class.
> Occupation: Killer.

행진곡의 박자처럼 짧은 이 세 줄의 글은 저마다 콜론(:)으로 허리를 잘라 놓았다. 콜론은, 앞에서 이미 얘기했듯이, 마침표나 마찬가지로 완전히 한 박자를 끊어주는 휴지(休止)이다.

박자와 장단을 본다면 "Code name은 Screwdriver이다"라는 설명조의 문장이 결코 아니다.

어미만 잘라내면서 보다 간결하게 줄인 "Rank는 Sergeant First Class"도 아니다.

중간에 마침표를 넣어, "Occupation. Killer."이다.
참으로 힘찬 표현이다.
그리고 활자로 이루어진 이 미술적인 음악 작품을 mjq 학생은 이렇게 옮겨 놓았다.

그는 대-게릴라 특수 부대 요원이다.
암호는 스크루드라이버, 계급은 중사, 임무는 살인이다.

나중 부분은 세 개의 지극히 짧은 문장을 하나의 길다란 문장으로 줄줄이 꿰어 놓기까지 했다.

*

정기적으로 수업을 받고 학점도 따야 하는 학교에서의 강의를 1년 두 학기에 걸쳐 여기쯤까지 받고 나면, 웬만한 학생은 기초 훈련이 끝나고 이른바 '음악적인 번역'을 시도하는 단계에 이른다.

하지만 mjq 학생, 그리고 인터넷 강좌를 '읽은' 대부분의 학생이 그러하지 못한 까닭은, 학교에서처럼 매주일 한 번도 빠짐없이 스스로 번역을 한 다음 강좌를 들어 자신이 범한 실수를 고쳐나가고 잘못을 보완하는 기회를 갖지 못하고, 그냥 눈으로 읽기만 하면서 공부를 했기 때문이기가 쉽다.

번역은 예술의 경지에 이르기 전에 기술을 숙달하는 1차적인 과정을 꼭 거쳐야 한다. 하지만 대부분의 경우 지속적인 기초 훈련을 쌓지 않고 중간에 포기하거나, 단순한 게으름 때문에 흉내만 내다가 만다. 그러면 영원히 제자리걸음만 되풀이할 따름이다.

영어를 공부한다면서 실제로는 영어를 공부하는 대신 영어를 공부하는 '방법'만 공부하는 사람들이 제 1과를 배우다가 지루하고 힘들다면서 집어치우고 다른 곳에 가서 다른 교재로 다시 제 1과를 배우는 과정만을 거듭하듯, 번역도 마음만 앞설 따름이지 실제로 구체적인 훈련을 게을리 하는 사람은 '음악적인 번역'의 경지에는 결코 이르지 못한다.

  조직적으로, 체계적으로, 하나하나의 단계를 차근차근 밟지 않고 제 1과만 열 번 스무 번 공부해서는 한 권의 책을 '마쳤다(master)'고 할 수가 없기 때문이다. 그것은 '제 1장'만 수없이 반복해서 다시 쓰고 또 고쳐 쓰는 사람이 한 권의 소설을 결코 끝내지 못한다는 원칙과 같다.

***

  그러면 이제는 mjq 학생보다는 기초 과정을 성실하게 거쳐서인지 상대적으로 훨씬 정돈이 잘 되었다고 여겨지는 윤희선 학생의 번역 글을 살펴보기로 하자.

    한 전투 코미디언의 우습지 않은 이야기.

톰 티디

  지친 조준수가 크레이션 통조림을 조금씩 먹으면서 뜨거운 스프를 홀짝 거릴 때 탁자 위에는 초 하나가 켜져 있었다. 사람들의 얼굴은 지쳐 보였고, 아무도 저격수의 총알이 등화관제지역을 간헐적으로 통과하면서 내는 휙휙 거리는 소리를 듣고 있지 않는 듯 했다.

  그러나 한 사람은 그 소리를 듣고 있었다.

  "저 소리가 들린다면 적어도 아직 죽지는 않았다는 거야" 그가 숨죽여 말했다.

어둠 속에서는 그의 이빨과 눈과 땀으로 얼룩진 작업복 위에 항상 걸치고 다니는 명주실로 장식한 반짝이는 턱시도 상의만이 보일 뿐이었다.
"마틴 루터 킹에 대해서 어떻게 생각하나?" 누군가 그에게 미끼를 던졌다.
"누구라고?" 그가 놀리듯이 대답했다.
"듣지 않았나?"
"오 그래, 우리의 지도자. 나는 그에 대해 나쁜 말은 하지 않아"
"그가 미군의 베트남 참전을 반대한다고 하더군"
"그렇다면 내가 집으로 돌아가는 길에 그가 안 나타나는 게 좋을 거야"
"어째서?"
"왜냐하면 흑인이든 백인이든, 나는 그를 베트콩처럼 취급할 거니까"
그가 플로리다주 코트 메이어에서 온 서른 살의 댄 레드몬드이다. 그는 솔직하고, 군대 사정에 밝으며, 영리하고, 험악한 유머를 즐긴다. 사람들은 그를 전투 코미디언이라 부른다. 그는 미 육군 특전부대 소속의 특수부대 대원이다. 암호명은 스크루 드라이버. 계급은 중사. 임무는 살인.

1. 제목을 놓고 고민한다

제목은 얼굴이요, 간판이요, 문패이다. 이미 지적했듯이, 영화에서는 물론이요 출판에서도 제목은 판매의 성공을 좌우하는 기본적인 촉진제의 하나이다.

제목은 그만큼 중요하다.

제목의 기능은, 『아빠의 청춘』이나 『똘똘이의 모험』이나 『여자의 일생』이나 『젊은 그들』처럼, 어떤 글의 내용을 지극히 짧은 말로 충분히 설명하면서도, 독자로 하여금 돈을 내고 책이나 표를 사고 일부러 시간을 내서 글을 읽거나 영화를 보고 싶은 충동을 느끼게끔 어느 정도는 설명을 유보하여 호기심을 유발시키는 전략을 생명으로 삼는다.

그리고 그런 상반된 요소가 영어 제목에서 드러나면 물론 번역한 제목에서도 그러한 의도는 충분히 반영해야 한다. 본문보다도 제목의 번역을 위해 훨씬 더 많은 신경을 써야 하는 이유가 그것이다.

뿐만이 아니라, 본디 제목이 노리는 분위기와 암시 그리고 숨겨진 유혹의 방식 또한 파악해서 (기호를 포함한) '우리말'로 옮겨야 한다.

그렇다면 톰 디디의 글에 붙인 영어 제목의 의도와 성격은 어떠한지 잠시 시간을 갖고 알아보도록 하자.

the not-so-funny story of a combat comedian…

이 제목은 얼른 봐도 예사롭지가 않다. 제목치고는 너무 길어서, 마치 어떤 문장의 한 부분을 그대로 옮겨 놓은 듯한 인상이다. 제목 전체를 '품사(品詞)'에 비유한다면, 대부분의 제목은 명사와 약간의 동사로 이루어졌다. 하지만 이 제목은 형용사나 부사가 더 중요한 역할을 하는 산문처럼 보인다. 성격으로 따진다면, 산문 중에서도 수필에 가깝겠다.

위 제목에서는 또 한 가지 특이한 점이 눈에 띈다. 웬만한 제목이라면 명사나 동사, 그리고 네 글자 이상으로 이루어진 전치사 등은 원칙에 따라 대문자로 시작해야 하는데, 여기에서는 모조리 소문자이다. 미국의 시인이요 소설가이며 극작가이고 비평가에 화가이기도 했던 'e. e. cummings'의 이름을 연상시킨다. 그렇다면 남들과는 달리 모든 단어를 소문자로만 제목을 뽑았던 이유가 분명히 있으리라.

왜 그랬을까?

어쩌면 단순히 '튀어 보이기'를 위한 장치였는지도 모른다. 하지만 모조리 대문자로 바꿔 "THE NOT-SO-FUNNY STORY OF A COMBAT COMEDIAN…"이라고 적었다면 더 튀어 보였을 텐데, 소문자로만 적었더니 튀기는커녕 군중 속에 묻혀 버리듯 퍽 조용하고 잔잔한 느낌이다.

단순한 '튀어 보이기'가 아니라면, 시각적으로 산문시(散文詩) 같은 분위기를 전하고 싶었는지도 모른다. 산문시의 분위기는 톰 티디가 베트남에서 썼던 모든 글에 공통된 특성이기 때문이다. 제목을 모두 소문자로 쓰겠다고 한 결정은 필자 자신이 내리기도 하지만, 대부분의 경우 편집자가 글의 성격이나 특수성을 고려하여 정하기가 보통이다. 아마도 여기에서는 후자의 경우였으리라. 그렇다면 분명히 뚜렷한 의도에 따라서 내린 결정이었으리라.

이유야 어쨌든, 대문자와 소문자가 따로 없는 우리글로 번역해서 적을 때는, 숨겨진 의도를 파악하여, 원문과 마찬가지로 어딘가 남다른 인상을 줘야 되겠다는 숙제가 하나 생긴 셈이다.

아마도 산문시적인 분위기를 살리기 위해서 그랬으리라는 가능성이 많다. 제목이 생략점(…)으로 끝났기 때문이다. 그렇다면 번역된 제목에서도 생략점을 넣거나, 아니면 어떤 감치는 여운을 남길만한 장치를 해 둬야 하겠다.

여기까지만 추측을 한 다음, 그렇다면 우리 학생들은 이런 감각이 담긴 제목을 어떻게 번역했는지 우선 한 번 비교해 보기로 하자.

별로 우습지 않는 전투 익살꾼 이야기

(mjq)

*

한 전투 코미디언의 우습지 않은 이야기.

(윤희선)

*

전쟁터 희극인의 별로 웃기지 않는 이야기

(박혜란)

　원문에서는 제목과 필자의 이름이 중앙에 위치하고, 제목 다음에 한 줄을 비워두고 저자 이름이 나온 다음 다시 한 줄을 띄고 본문이 시작되게끔 편집했지만, 세 학생은 위에서처럼 자리를 새롭게 배치했다. 필자의 이름(Tom Tiede)은 원문에서 괄호 안 역자의 이름이 적힌 곳에 두었다. 물론 이러한 공간 배치도 '오역'이라고 생각하는 훈련이 필요하겠다.

　그리고 생략점의 처리 방법을 고민한 흔적이 세 사람에게서는 별로 보이지 않는다. 윤희선 학생의 경우에는 제목에서 거의 쓰이는 일이 없다고 필자가 앞에서 설명한 바 있는 마침표를 넣기도 했다.

　그러면 이제는 실제로 제목에 동원된 하나하나의 단어를 살펴보자.

　우선 주인공을 묘사한 'combat comedian'이란 무엇일까?

　세 학생은 저마다 "전투 익살꾼", "전투 코미디언", "전쟁터 희극인"이라고 했는데, 과연 어떤 표현이 적절할까?

　우선, '전투 익살꾼'이란 우리말로 무엇을 뜻하는가? 잠시 생각해 보고, 쉬운 말로 설명하면 그것이 무슨 뜻이 되는지를 따져보기 바란다.

'전투 코미디언'과 '전쟁터 희극인'도 마찬가지이다. 한글로 적어 놓았으니 우리말 같기는 하지만, 정말로 우리말일까?

'전쟁터 희극인'은 과연 무슨 뜻일까? 희극배우가 입대해서 전쟁 터로 갔다는 얘기인가?

'전투 코미디언'은 또 무슨 뜻일까? 전투를 주제로 한 '개그'를 전 문으로 하는 '코미디언'일까?

그리고 '전투 익살꾼'은 어떠한가? 익살맞게 전투를 하는 병사 일까?

이렇듯 우리말로 번역해 놓았을 때 의미가 모호해지고 무리가 가는 까닭은 'combat'과 'comedian'이라는 두 개의 영어 단어를 각각 그에 해당하는 우리말 단어로, "combat=전투" 그리고 "comedian=희극인, 코미디언, 익살꾼"이라는 사전적인 해답을 찾아놓고는, 그것을 지극히 고지식하게, 품사까지도 아주 정직하게 수비적으로 모든 명사는 명사로, 전치사는 전치사로, 동사는 동사로 그냥 바꿔놓기만 하는 차원에서 번역을 끝냈기 때문이다. 이른바 '직역'이라는 방식이다.

하지만 'combat comedian'이라는 말을 번역하기에 앞서서, 영어로 된 그 말이 무엇을 의미하는지 '개념'부터 따져보자. 아마도 대부분의 학생은 그것이, 좀 길게 설명하자면, "병사들이 죽어가는 전투 중에도 실없는 소리로 사람을 웃기는 한심한 친구"를 두고 한 말이라는 정도쯤은 쉽게 즉석에서 연상한다.

그렇다면 그런 실없는 친구를 '살아 있는' 우리말로 과연 '전투 익살꾼'이나 '전투 코미디언'이나 '전쟁터 희극인'이라고 하는지를 따져봐야 한다.

2. 일본 '의' 모호함

우리는 이제 'combat comedian' 이라는 영어 표현을 '전투 익살 꾼' 이나 '전투 코미디언' 이나 '전쟁터 희극인' 이라고 하면 살아 있는 우리말 표현이라고 생각하기가 어렵다는 의혹을 갖게 되었다.

그리고 이쯤 되면 세 학생의 제목 번역이 어딘가 좀 어색한 억지 표현이라는 인상을 받게 된다.

'억지 표현' 이라면 좋은 번역이 아니고, 좋은 번역이 아니라면 좀 더 우리말다운 우리말을 찾아야 되겠다.

그렇다면 첫 단어 'combat' 부터 작업을 다시 시작하자.

사전을 찾아보면 'combat' 은 분명히 '전투' 인데, 그런 사전적인 표현이 실제 번역에서 어색해 보인다면, 번역자는 'combat' 의 의미가 담기기는 했으면서도 보다 자연스러운 다른 말을 찾아야 한다. 아마도 이에 대한 한 가지 정답은 박혜란 학생이 찾아낸 '전쟁터' 일지도 모른다. 물론 누군가 사전을 펼쳐놓고 손가락으로 짚어가면서 'combat' 은 '전투' 이고 '전쟁터' 는 'battle' 이 맞는데 무슨 소리냐고, 그래서는 안 된다고 따지며 수비를 고집할지도 모르지만, 그것은 단어풀이 차원에서 머무는 고지식한 주장이기 때문에, 우리말의 감각에서 드러나는 미묘한 문화적 차이는 공격적으로 반영하지 못한다.

여기에서는 '전쟁' 이나 '전쟁터' 를 뜻하는 'battle' 또는 'war' 따위의 단어를 제목에 사용하여 "war comedian" 이나 "battle comedian" 이라고 하지 않았던 분명한 이유가 눈에 보인다. 그것은 다음에 나오는 단어 'comedian' 이 'c' 로 시작되기 때문에, 거기에 맞춰 역시 'c' 로 시작되는 단어인 'combat' 을 두음법(alliteration)

에 따라 동원했다는 의도가 노골적이기 때문이다.

그러니까 우선 우리는 '전투' 보다 '전쟁터' 쪽을 받아들여서, '전투 익살꾼' 과 '전투 코미디언' 을 '전쟁터 익살꾼' 과 '전쟁터 코미디언' 으로 일단 바꿔놓고, 나머지 단어 'comedian' 을 생각해 보자.

아무리 우리말로 굳어진 외래어라고는 하지만 'comedian' 을 '코미디언' 이라고 한 번역은 역시 비겁하다. '굳어진 외래어' 라는 평계를 앞세워 쉽게 빠져나가는 행위이기 때문이다.

그리고 편리하게 영어 발음 그대로 옮긴 '코미디언(comedian)' 은 무대 활동과 관련된 직업이다. 하지만 톰 티디의 글에 나오는 주인공은 전혀 무대와 관계가 없다. 그래서, 'comedian' 이라는 말이 비록 비유적으로 사용된 표현이기는 하지만, '익살꾼' 이 조금이라도 더 '번역' 다운 표현이라고 하겠다.

그러나 '익살꾼' 역시 어색해 보인다.

왜 그럴까?

그것은, '익살' 과는 달리, '익살꾼' 이라는 말은, 역사소설이나 사극에서라면 몰라도, 사람들이 실생활(살아 있는 대화)에서 별로 자주 사용하지 않는 단어이기 때문이다. 여러분도 주변에서 어쩌다가 '익살' 이라는 명사나 '익살스러운' 이라는 형용사를 대화에서 들어본 기억은 나지만, '익살꾼' 은 아마 만나본 적이 거의 없었으리라는 짐작이다.

말하자면 '익살꾼' 은 '말' 이 아니라 '글' 로서만 주로 통용되는 단어이다. '익살꾼' 이라는 의미를 지녔으면서 훨씬 실용적인 말로서 활용 빈도수가 많은 단어를 찾아본다면, 아마도 어린 학생들 사이에서 별명으로 자주 쓰이는 '까불이' 가 아닐까 싶다. 그리고 'combat comedian' 이라는 말이 별명 비슷한 성격을 지닌 표현이기 때문에 여기에서는 '까불이'가 훨씬 잘 어울릴 듯싶다.

그러나 여기 등장하는 병사 댄 레드몬드는 사람을 웃기기는 하더라도 '까불이'는 아니다. 그는 나름대로 줏대가 분명하고, '철학'도 제법 뚜렷해서, 경박한 '까불이'는 절대로 아니다. 그래서 필자가 생각해낸 단어가 곡마단의 '까불이(clown)'를 나타내는 또 다른 단어, '광대'였다.

이렇게 해서 우리는 "combat comedian = 전쟁터 광대"라는 방정식(equation)에 이른다.

그러나 아직도 만족할 때가 아니다. '전쟁터 광대'라는 표현이 아직도 어딘가 어색해 보이기 때문이다.

왜 그럴까?

그것은 '전쟁터 광대'라는 표현이 부자연스럽기 때문이다. 보다 자연스러운 표현으로 바꾸려면, '전쟁터'라는 명사를 형용사적인 소유격으로 변형시켜 '전쟁터의 광대'라고 하면 되겠다.

여기까지 왔으면 이제는 세 학생이 붙인 제목에다 '전쟁터의 광대' 또는 '전쟁터 광대'라는 표현을 대입시킨 후에 어떤지 보기로 하자.

별로 우습지 않는 전쟁터의 광대 이야기　　　(mjq)
한 전쟁터 광대의 우습지 않은 이야기.　　　(윤희선)
전쟁터 광대의 별로 웃기지 않는 이야기　　　(박혜란)

그런데 세 제목 모두 아직도 석연치 않은 구석이 보인다.

'story'의 행위자(agent)가 누구인지 혼란을 일으키기 때문이다.

세 제목 모두 "별로 우습지 않는 (전쟁터의 광대) 이야기"(mjq)와 "(한 전쟁터 광대의) 우습지 않은 이야기"(윤희선)와 "(전쟁터 광대의) 별로 웃기지 않는 이야기"(박혜란)가 모두 댄 레드몬드(전쟁터의 광대)에 관한 내용(story)이라는 인상을 준다. 그러니까 '이야기'의 주인공이 '전쟁터의 광대'여서, 톰 티디의 글이 '전쟁터의 광대에 관한 이야기'가 된다는 뜻이다.

하지만 전쟁터의 광대(Redmond)가 사람들을 웃기려고 늘어놓는 얘기를 들어보면, 상황과 분위기가 너무 심각하고 비극적이어서 "별로 웃음이 나오지 않는다(not so funny)"는 뜻이라면 어쩌겠는가? 무엇인가 미심쩍은 듯 생략점까지 찍어서 아리송하다는 여운을 남겨두었으니 말이다.

그렇다면 제목은 혹시 이런 의미는 아니었을까?

　　　　전쟁터의 광대가 들려준 얘기는 별로 우습지도 않았고……

여기에서는 이야기를 하는 행위자가 필자인 톰 티디가 아니라, 레드몬드일지도 모른다. 알아듣기 쉽게 다시 설명하자면, 톰 티디가 레드몬드에 관해서 한 얘기가 어떻다는 의미가 아니고, 레드몬드가 (전쟁에 관해서) 한 얘기가 우습지 않다는 뜻으로도 해석이 가능하다. 아무리 전쟁터의 광대가 우스운 얘기를 하더라도, 전쟁 상황이 너무 비극적이어서 차마 웃음이 나오지 않는다는 말이다.

'웃기지 않는 전쟁터 광대의 이야기'와 '전쟁터 광대의 웃기지 않는 이야기'와 '전쟁터 광대가 들려 준 우습지 않은 이야기'의 차이가 무엇인지를 한 번 곰곰이 생각해 보기 바란다.

이러한 혼란을 일으키는 범인은 "the (not-so-funny) story of a combat comedian"이라는 제목에서 'of'가 되겠다.

'of'의 형용사 꼴 번역에 관해서 얘기하다가 이미 지적한 바와 같이, 사람들이 'of'를 별다른 생각 없이 반사적으로 '의'라고 번역하는 습성 때문에 많은 혼란이 일어난다. 그렇기 때문에 'of'를 '~스러운'이나 '~다운' 또는 '~ 같은'이라고 번역하면 문장이 훨씬 합리적이고 부드러워지는 경우가 많다고 그랬는데, 여기에서는 '~에 관한'이라고 번역해야 할 때는 언제인가를 알아보겠다.

우리는 "일본 역사 교과서에 대한 한국인의 분노"라는 문장에서라면 '분노'라는 행위의 주인공, 즉 행위자가 한국인이라는 사실을 쉽게 이해한다. 그러나 간결하고 함축적이어야 하는 제목에서 사용되는 '의'가 혼란을 일으키는 경우가 상상하기 어려울 정도로 많다.

필자는 "동생의 연구"라는 중편소설을 십여 년 전에 발표했다. 이것은 당시 노사분규의 대명사처럼 여겨지던 현대중공업에서 필자의 동생이 약자로서의 고통을 겪어가며 노동운동을 벌여야 했던 사연을 담은 소설이었다. 그러니까 이것은 필자가 "동생에 관한 연구를 했다"는 뜻이 담긴 제목이다. 하지만 '동생의 연구'는 "동생이 (무엇인가에 관해서) 벌였던 연구"라는 뜻임을 어느 작가가 지적했다. 그러니까 동생은 연구를 행한 주인(행위자)이지 대상이 아니라는 의미이다. 그래서 지금은 그 작품의 제목이 "동생에 관한 연구"로 바뀌었다.

이런 혼란스러운 '의'의 번역 방법은 일본말의 '노(の)'의 용법을 우리가 그대로 받아들였기 때문에 생겨났다고 한다.

예를 들어 일본 제목을 그대로 들여온 빙 크로스비와 론다 플레밍 주연의 영화 제목 『꿈의 궁정(A Connecticut Yankee in King Arthur's Court, 1949)』은 "꿈 속에 나오는 궁정"이라는 뜻인지, "꿈 같은 궁정"이라는 말인지, 실제로 영화에서처럼 두 가지 의미가 모두 해당되는지, 알 길이 없다.

"신데렐라의 꿈"이라는 표현도 "신데렐라가 (행복한 왕비가 되었으면 하면서) 꾸는 꿈"인지 아니면 "신데렐라처럼 되고 싶어하는 (다른 여자가 꾸는) 꿈"인지, 제목만 가지고서는 알 길이 없다.

더 심한 예를 들자면 『계곡의 혈투』는 "(헤라클레스처럼 용감한) 계곡이 벌이는 혈투"인지, 아니면 "계곡에서 벌어지는 혈투"인지 헷갈린다는 뜻이다. 물론 상식적으로 계곡이 혈투를 벌일 리가 없으니 여기에서는 혼란을 일으킬 염려가 적지만, 이론상으로는 그렇다는 얘기이다.

이런 경우에는 물론 앞 뒤 문맥은 물론이요, 필요하다면 본문을 모두 읽어서라도 숨겨진 의도를 찾아내어 정확하게 번역해야 한다.

하지만 그렇지 못할 때는, 제 10과에서 집중적으로 다루겠지만, 장문(長文) 속에서 'or'의 앞뒤에 배치된 두 가지 표현 가운데 무엇이 어디에 걸리는지가 모호할 때는 번역 역시 모호하게 하라는 원칙이 적용된다.

하지만 그것은 물론 어디까지나 차선책이다.

3. 단어들의 제식훈련

기회가 날 때마다 필자가 강조해 온 사항이지만, 싸움박질이나 도둑질이나 거짓말에서나 마찬가지로, 번역도 많이 해 본 사람이 역시 잘 한다. 웬만큼 천부적인 재능을 타고난 천재가 아니고서는, 오랜 훈련과 연습을 거치지 않으면 결코 훌륭한 번역가가 될 수 없기 때문이다.

그렇다. 번역은 무조건 많이 해 봐야 잘 한다. 그래서 이 강좌가 시작될 때부터 필자는 모든 단계에서 제시된 문제를 직접 차근차근 스스로 번역하는 과정이 가장 중요한 부분이라고 여러 차례 학생들에게 강조했었다. 운동선수들이 똑같은 동작을 무수히 반복하여 연습하는 과정을 거쳐야만 반사신경을 숙달시켜 실제로 경기에 임했을 때 순발력을 제대로 발휘하듯이, 기초적인 훈련이 거듭되는 과정을 실천해야만 복합적이고도 힘든 번역 상황을 접하더라도 몸에 밴 다양한 공식을 적절히 활용해 가면서 어려움을 헤쳐나갈 준비가 갖추어진다고 믿기 때문에 필자는 그렇게 강조했던 것이다.

제식훈련에 관한 얘기도 했다. 전쟁터에 나가서 총을 쏴 인간을 죽이는 행위를 학습하는 군인들이 가장 먼저 "우향우! 좌향좌!" 해가면서 왜 그토록 열심히 제식훈련부터 거치는지를 우리는 생각해 보았다. 그것은 물론 집단 의식과 전우애의 증진을 도모하는 기간(과정)이기도 하다. 하지만 궁극적으로 전쟁이라는 집단 행동을 일사분란하게 수행할 준비를 갖추기 위해서는, 거대한 군대 조직을 형성하는 단세포적인 하나하나의 병사라면 저마다 우선 발맞추기부터 제대로 할 줄 알아야 한다. 그래서『사관과 신사』를 위시한 수많은 군대 및 전쟁 영화에서는 초보 군인들이 발맞추기를 연습하는 장면이 감동적인 사랑의 해후만큼이나 자주 나온다. 발맞추기는, 피나게 훈련하여 몸에 익혀야 하는, 필요 조건임을 강조하기 위해서이다.

제식훈련은 번역의 훈련 과정에서도 이루어져야 하지만, 번역뿐 아니라 글로써 이루어지는 모든 문학 활동의 기초가 되는 문장 그 자체 속에서도 필수 과정이다.

문장은 단어들의 행렬이다.

문장에서는 단어들이 줄지어 행진한다.

한 줄로 말이다. 문장은 한 줄씩 차례대로 읽어 내려가야 하는 행렬이 아니던가.

구령에 발맞추어 행진하는 병사들처럼 단어들은 하나의 고정된 방향을 향해서 함께 줄지어 나아간다. 그렇기 때문에 단어들은 제자리를 지키고, 순서를 지켜야 한다. 단어들의 배열 순서가 틀리면, 그것은 순서가 틀린 행렬이다. 제자리를 안 지키고 순서를 어기면, 병목도로에서 서로 먼저 가려고 덤비다가 길이 막혀 아무도 빠져나가지 못하는 자동차들과 같다.

그리고 모든 단어는 제 자리를 지키는 데서 그치지 않고, 다른 단어들과 발도 맞춰야 한다.

이렇게 자리를 지키며 발을 맞추기 위해서는 당연히 수비적인 제식훈련이 필요해진다.

그렇다면 이제부터 윤희선 학생의 번역문에서 단어들이 얼마나 줄을 정확하게 맞추고, 다른 단어들하고는 또 얼마나 발을 잘 맞추는지, 그리고 어떤 단어가 행렬을 이탈하는지를 살펴보기로 하자.

(가) the silk-thread, luminous dinner jacket
☞ 명주실로 장식한 반짝이는 턱시도 상의

a. 다섯 개의 영어 단어를 번역해 놓은 우리말 다섯 단어 가운데 몇 단어가 정확한 용법을 구사했는지 살펴보자.

우선 'silk-thread'를 번역한 우리말 표현 '명주실로 장식한'은 어떠한가? '장식한' 이라고 했으니, 문제의 '턱시도'는 무엇인가 다른 옷감으로 만들었겠고, 어느 부분인가는 명주실로 수를 놓았거나 했다는 뜻이다. 아니면 여기저기 명주실을 늘어트려 장식을 했는지도 모르겠지만, 나중 경우는 상상하기가 어렵겠다.

그러나 주인공이 걸친 '턱시도'는 '명주실로 장식한' 옷이 아니라 '명주실로 만든' 옷이다. 명주실이 일부가 아니라 전체를 이룬다는 뜻이다. 여기에서는 만일 원문에 밝힌 대로 '명주실 (턱시도)' 라고만 번역했더라면 괜찮았을 텐데, '장식한'이라는 단어를 쓸데없이 넣었기 때문에 오역이 되고 말았다. '창작하는 번역'의 위험성이 다시 한 번 증명된 셈이다.

이렇게 쓸데없는 단어가 끼어든 경우라면 씩씩한 군인들이 보무도 당당하게 행군하는데, 어떤 장난꾸러기 아이가 어른 흉내를 낸답시고 행렬에 끼어들어 분위기를 망가트리는 바람에 구경하는 사람들로 하여금 눈살을 찌푸리게 만드는 격이다.

b. 'luminous'를 '반짝이는'이라고 옮겼는데, 과연 '명주실로 장식한 턱시도 상의'가 반짝이는지 확인하려고 'luminous'라는 영어 단어를 민중서림에서 펴낸 〈엣센스 영한사전〉에서 찾아보니, 단어 풀이를 이렇게 해놓았다.

 ① 빛을 내는 [쐬인], 빛나는; (방 따위가) 밝은 ; 【物】불꽃(광속)의((광감각에 의해 평가하는 경우)) ② 명료한, 총명한, 명석한, ③ 계발적(啓發的)인

아무리 찾아봐도 '반짝이는'이라는 표현은 눈에 뜨지 않는다. 'luminous'가 '반짝이는'의 뜻을 담지 않았다는 의미이다.

그렇다면 '명주실'로 짰거나 장식한 옷감, 그러니까 비단옷이 과연 '반짝이는'지, 잠시 따져보자.

우리들이 관찰하는 세상에서는 별과 보석과 유리 가루와 햇빛이 비추는 강물 따위는 반짝거릴지언정, 비단은 아무리 봐도 그렇지를 않다. 비단은 은은히 빛을 내기는 할지 모르지만, 반짝거리지는 않는다.

그렇다면 우리 주변에서 우리말로 무엇이 반짝이고, 그렇게 반짝이는 빛을 영어로는 무엇이라고 하는지 알아보자.

황금은 반짝이는 물건이며, 영어 교과서에도 나오는 "All that glitters is not gold"라는 영문 속담에서처럼 황금이 반짝일 때는 'glitter'라는 단어를 쓴다.

"반짝반짝 작은 별"이라는 시의 첫 구절은 "Twinkle, twinkle, little star"이니까 별이 반짝일 때는 'twinkle'이라는 말을 쓴다.

여름 풀섶에서 이슬에 젖은 거미줄이 반짝일 때는 'glimmer'라고 하며, 숲 속 컴컴한 곳에서 번득이는 호랑이의 눈빛은 'glint' 한다.

반딧불이가 어둠 속에서 반짝일 때는 'glow' 하고, 그래서 '개똥벌레'를 'glowworm'이라고 부른다.

눈가루나 유리 가루가 흩날리며 떨리듯 반짝일 때는 'shimmer' 이다. 멀리서 반짝이는 별빛도, 그리고 은하수의 반짝임도 마찬가지이다.

나이트 클럽에서 번쩍이는 스트로브(strobe) 불빛은 'flash'라고 하거나, 아니면 'flicker'가 맞는 단어이다.

불꽃이 반짝이면 'flare' 하고, 미소를 짓는 얼굴이 반짝이면 'radiate' 하고, 사막의 모래밭이 반짝이면 'glare' 하고, 사막의 백사 (白砂)가 눈이 부실 정도로 반짝일 때는 'dazzle'이다.

「화이트 크리스마스」의 가사에서처럼 예쁘게 장식한 성탄절 나무가 반짝일 때는 'glisten'이고, 무희들이나 가수의 옷을 장식하는 빤짝이가 빛날 때는 'tinsel'이며, 산소땜이나 전기의 불꽃이 튀어 반짝일 때는 'spark' 또는 'sparkle'이다.

그리고 구두코가 반짝일 때는 'shine'이라고 하는데, 사람들은 태양이 빛나도 영어로는 역시 'shine'이라고 말하지만, 그러나 같은 영어 단어인 'shine'도 태양은 '빛나다'이며, 구두코는 '반짝이다'

라고 해서 우리말 표현이 달라진다.

우리말로는 하나의 같은 단어이더라도 이렇듯 영어로는 경우와 상황에 따라 조금씩 의미와 모양이 달라진다. 그리고 'shine' 처럼 영어로는 같은 하나의 단어이지만 우리말로 의미와 모양이 달라지기도 한다.

그렇기 때문에 정말로 단어의 선택은 함부로 해서는 안 된다. '반짝이다' 의 경우처럼 우리말 단어 하나에 해당되는 영어 단어 열 가지를 알고 난 다음에, 함께 행진하는 여러 다른 단어들과 정확히 줄이 맞고 발도 맞는 하나를 찾아내어 써야 한다.

그런데 사람들은 영어 단어 하나를 알면 전혀 상황이 다른 열 군데에서 써먹으려 하고, 그래서 'movie buff' 라고 해야 맞는 '영화광' 을 'mania' 라고 하는 식의 온갖 가짜 영어가 생겨난다. 그리고 영어 단어 하나가 지닌 우리말 의미 열 가지를 익힌 다음에 줄과 발이 맞는 정확한 표현 하나를 찾아내어 써야 하는데, 'of' 는 언제 어디서나 무작정 '의' 라고 번역하듯 자신이 아는 오직 하나의 뜻으로만 번역하여 가짜 한국어까지 만들어내기도 한다.

예를 들어 구두코가 반짝이면 'shine' 이라고 했는데, 우리말로 할 때는 구두코가 항상 반짝이기만 하지를 않는다. '반들거린다' 라는 표현도 쓰기 때문이다.

그리고 'luminous' 한 비단옷 역시 우리말로는 '반짝거린다' 라고 하기 보다는 '반들거린다' 거나 '번들거린다' 라는 표현이 훨씬 더 잘 어울린다. 그러나 아마도 비단과 가장 잘 어울리는 정확한 표현이라면 '윤이 난다' 가 아닐까 싶다.

c. 윤희선 학생의 글에 나오는 "명주실로 장식한 반짝이는 턱시도

상의(the silk-thread, luminous dinner jacket)"에서 그러면 네 번째 우리말 단어인 '턱시도'는 어떤 번역인지도 살펴보자.

사전을 찾아보면 'dinner jacket'과 'tuxedo'를 같은 뜻이라고 밝혀 놓았다. 그렇다고 해서 'dinner jacket'이라는 영어를 'tuxedo'라는 다른 영어로 옮겨 놓는 무성의한 행위를 '번역'이라고 하기는 어렵겠다. 그냥 영어를 한글로 표기만 할 바에야 차라리 '디너 재킷'이라고 하든지, 아무리 '같은 (뜻의) 단어'라고 하더라도 도대체 하나의 영어 단어를 다른 영어 단어로 바꿔서 한글로 표기해 놓는 이유가 무엇인지를 모르겠다.

그리고 아무리 '뜻이 같은' 단어라고 해도 'dinner jacket'과 'tuxedo'는 같은 단어가 아니다. 아무리 둘 다 영어로는 'man'이라고 하더라도 우리말에서는 '사람'과 '인간'이 의미의 폭이 다른 별개의 단어이듯이, 그리고 '장구벌레'와 '모기 유충'이 뜻은 같더라도 엄연히 같은 단어가 아니듯이 말이다.

'dinner jacket'은, 눈에 보이는 뜻 그대로, '만찬용 정장'이라는 말이다. 상류사회 사람들이 만찬에 참석할 때 잔뜩 차려입고 가는 옷차림을 의미한다. 하지만 대부분의 사람들은 번역할 때 뿐 아니라 한국인들끼리의 대화에서도 '만찬용 정장'이라는 우리말을 거의 사용하지 않는다. 사교계에서 쓰는 말 치고는 '화쇼나블'하지가 않다고 느끼기 때문이다. 아니면 '晚餐用 正裝'이라는 한자식 표현이 너무 딱딱하다고 생각해서인지도 모르겠다.

아마도 윤희선 학생은 '디너 재킷'이라는 한글 영어까지도 좀 촌스럽다고 생각해서 전쟁터의 흑인 미군 병사에게 'tuxedo'를 입혔으리라는 짐작도 가능하다. 요즈음에 와서는 '영국 영어'로 분류되는 'dinner jacket'이라는 표현보다 나중에 미국에서 생겨난 단어

'tuxedo'가 보다 취향에 맞는다고 판단한 모양이다.

미국 영어 단어인 'tuxedo'는 뉴욕 주 턱시도 호(Tuxedo Lake) 근처의 어느 클럽 이름에서 연유한 이름이라고 한다. 구어체로는 줄여서 'tux'라고도 하고, 옷 뒤쪽에 '꼬리'가 달렸기 때문에 'tails'라는 별명도 붙었다. 우리말로는 뒷모습이 물 찬 제비의 꼬리를 연상시킨다는 뜻으로 '연미복(燕尾服)'이라고 했지만, 이제는 촌스러운 우리말은 별로 사용하는 사람이 없다. 아마도 젊은 층에서는 '연미복'이라는 말을 들어보지조차 못했을 가능성도 많다.

엄격히 얘기하면 '연미복'과 '만찬용 정장'은 의미가 다르다. 어감부터가 다르다. 특히 한국인이 느끼는 일반적인 감각을 보면 크게 차이가 난다. 만찬용 정장(dinner jacket)은 여자들이 보석으로 잔뜩 몸을 치장하고 나오는 그런 사교적인 '외식' 행사에 참석할 때 입는 옷이고, 연미복(tuxedo)은 결혼식장의 신랑이나 음악회의 지휘자가 입는 지극히 고상한 의상이다. 연미복은 검정색인 경우가 대부분인 단색(單色)이고, 만찬용 정장은, '전쟁터의 광대'가 걸친 비단옷처럼, 번들번들 화려한 여러 가지 색깔로 이루어진 경우도 많다. 그러니까 적어도 색깔로 보면 연미복과 만찬용 정장은 정반대의 성격을 띤다.

더 이상의 설명은 필요 없겠다.

　　(나) sniper fire whistling through the blackout area
　　　☞ 저격수의 총알이 등화관제 지역을

윤희선 학생이 여기에서 'sniper'를 '저격수'라고 번역한 까닭은 역시 전쟁을 경험하지도 못했고 군대를 다녀오지도 않았기 때문이리라고 생각한다. 다시 말하면, 군대 용어를 잘 알지 못해서 나온 결과이다.

 우리말의 '저격수'와 '저격병'은 의미가 다르다. 따라서 '저격수'는 '저격병'이 아니다.

 '저격병'은 군인이고 '저격수'는 경찰관이거나 민간인이다.

 저격병은 군대에서, 간첩처럼 정규 부대와는 따로 떨어져, 혼자 안전하고 눈에 띄지 않는 곳에 몸을 숨기고 잠복해서 기다리다가 적군이 나타나면 조준 사격을 해서 한 명씩 제거하는 임무를 띤다. 제2차 세계대전 당시 태평양의 섬이나 동남아의 밀림을 무대로 한 영화를 보면 나무 위에 숨어서 총을 쏘다가 아군(미군)의 사격을 받고 땅으로 고꾸라지며 떨어져 죽는 일본군이 자주 화면에 잡히는데, 그런 잠복병들이 바로 저격병이다.

 반면에 저격수는 경찰관 가운데 인질범 같은 악당을 정확한 사격술로 처치하는 특수 임무를 수행하는 사람, 또는, 전혀 분야가 다르지만, 정치 지도자 등을 암살하기 위해 망원 렌즈가 달린 총으로 무장하고 은밀한 곳에 숨어서 저격하는 자를 가리킨다.

 따라서, 저격병과 저격수가 같다는 주장은 연미복과 만찬용 정장이 같다고 우기는 셈이다.

 예문에서 'sniper'를 '저격수'라고 번역해 놓으면, 군인들이 줄지어 발맞춰 행군하는 한가운데 난데없이 민간인이 '007 가방'을 들고 끼어들어 함께 나아가는 광경을 연상시킨다.

 '등화관제'도 마찬가지이다. 우리말에서는 '등화관제'라고 하면 주로 주거지역에서 민간인들이 공습에 대비하여 불을 끄는 훈련을 의미하고, 그래서 저절로 '민방위 훈련'이 연상된다. 전투지에서는 '등화관제(燈火管制)'라 하지 않고 '소등(消燈)'이라는 단어를 사용한다.

전투가 벌어지지 않는 후방의 병영에서는 '소등' 이라고 하면 취침 시간이 되어 막사의 모든 불을 끄는 예식을 뜻한다. 영화 『지상에서 영원으로』를 보면 영창에 가서 매를 맞고 죽은 친구 프랭크 시나트 라를 위해 몽고메리 클리프트가 소등 나팔을 불어주는 인상적인 장 면이 나오는데, 이런 취침 나팔이나 장례식에서 불어주는 영결 나팔 을 영어로는 'taps' 라고 한다. 분위기가 완전히 정반대인 '탭 댄스' 와 혼동하지 말기를 바란다.

(다) sweat-stained fatigues
☞ 땀으로 얼룩진 작업복(mjq, 윤희선)
작업복이 땀으로 얼룩져(박혜란)

우리들이 흔히 '군복' 이라고 말하는 병사들의 옷을 군대에서는, 영농작업과 사역을 연관지어서였는지 아니면 왜 그런 고달픈 명칭을 붙였는지 모르겠지만, '작업복' 이라고 부른다. 그리고 '작업복' 은 영어로, '제복' 이라는 의미가 담긴 'uniform' 이라고도 하지만, (항 상 복수형을 써서) 'fatigues' 라고 하기가 보통이다. 그러나 'fatigues' 가 역으로도 항상 '작업복' 이지는 않다.

한때는 군화를, 중국말을 흉내내어, "찌따 짜와(진 땅에서는 장 화), 마따 우따(마른 땅에서는 운동화), 눙끼 뗘싱(눈길에서는 털신)" 이라는 우스개 소리가 나돌았다. '작업복' 이라는 이름의 군복도 '팔방미인' 이기는 마찬가지이다. 군복은 병영에서 입고 돌아다니면 '작업복' 이고, 휴가 때 입고 나가면 '휴가복' 이고, 외박을 나갈 때 입 으면 '외출복' 이다. 똑같은 군복이면서도 주월 한국군이 입던 옷은 '전투복' 이었다. 그리고 월남에서는 얼룩무늬 '위장복' 을 '정글복' 이라고 불렀다. 따라서 '작업복' 을 입은 군인이라면 평화시 병영 생활을 하는 병사이다. '전쟁터의 광대'가 걸친 땀으로 얼룩진 옷은 '작업복'이 아니라 '전투복'이어야 한다.

같은 단어이더라도 그것이 사용되는 집단이나 사회가 어디이고 누구인지, 그리고 어떤 상황인지 때와 장소에 따라 의미가 달라진다는 사실을 잊으면 안 된다. '저격수'와 '저격병'의 의미가 얼마나 다른지를 생각해 보자.

4. 순서가 맞는 제자리

길고 복잡한 장문에서는 구와 절의 올바른 배치가 단어들의 제식훈련 못지않게 중요하다. 왜 그러한지를 우리는 윤희선 학생의 번역 글 첫 문장에서 깨닫게 된다. 보라.

> A single candle lit the table as the weary GIs picked at C ration tins and sipped hot soup.

이것을 위에 주어진 상황 속에서 벌어지는 사건에 따라 시각적으로 편집해 보면 이렇게 된다.

> A single candle lit the table
> as the weary GIs picked at C ration tins and
> (as the weary GIs) sipped hot soup.

원문에서 서술하는 세 가지 요소는 (1) 탁자 위에 켜놓은(=탁자를 비추는) 촛불, (2) 전투 식량을 먹는 병사들, 그리고 (3) 따끈한 수프를 먹는 병사들이다. 그리고 사실상 (2)와 (3)은 하나의 같은 상황이기 때문에 (1)켜놓은 촛불과 (2) 병사들의 활동 내용, 두 가지 요소로 나누어진다.

그렇다면 이 두 가지 요소 가운데 무엇이 더 중요한 의미를 지닐까?

물론 병사들의 행동을 묘사하기 위해서 이 문장은 존재한다. 촛불은 부수적인 배경(조명)일 따름이다.

그렇다면 그런 정보가 번역문에 제대로 반영이 되었을까? 윤희선 학생의 번역문은 이러하다.

> 지친 조준수가 크레이션 통조림을 조금씩 먹으면서 뜨거운 스프를 홀짝거릴 때 탁자 위에는 초 하나가 켜져 있었다.

명백한 오역을 범한 '조준수'와 '크레이션', '기타'를 '키타'라 하고 '소파'를 '쇼파'라고 하는 수준으로 '수프'를 부정확하게 표기한 '스프', 필요 없는 피동태인 '켜져', 그리고 역시 필요없는 진행형인 '있었다'에 이르기까지, 참으로 지적해야 할 문제가 많은 문장이지만, 무엇보다도 전체 내용 가운데 강조해야 할 알맹이(accent)가 무엇인지를 제대로 파악하지 못한 번역이라고 하겠다.

영어 원문에서는 'as'를 경계선으로 삼아 두 무더기의 글로 나뉘는데, 이미 살펴보았듯이 "달랑 촛불 하나만 밝힌 속에서"라는 설명을 배경으로 삼아, 여러 명의 병사가 전투 식량을 까 먹거나 수프를 마시는 장면을 보여준다. 그러나 번역된 내용을 보면, '지친 조준수' 한 사람이 '크레이션 통조림'을 먹고 '스프를 홀짝'거리는 두 가지 동작을 한꺼번에 하는 동안, "초 하나가 켜져 있다"고 해서, 마치 병사들은 배경이고, 촛불이 주인공처럼 보인다.

완전히 주객이 전도된 문장이다.

원근법이 거꾸로 뒤집힌 가로수의 그림이나 마찬가지이다. 멀리 떨어진 나무일수록 작게 보여야 하는데, 반대로 먼 곳의 물체일수록 점점 커지는 풍경이다. 초현실적인 추상화처럼 말이다.

그러나 톰 티디의 글은 전혀 초현실주의가 아니다.

5. 쉬운 대화체

필자가 교재를 선택하지 않고 학생이 스스로 번역할 작품을 골라서 함께 작업을 해나가는 과정을 거치게 된 어느 여학생이, 중편소설에서 장황하게 배경 설명을 하는 앞 부분의 도입부를 끝내고, 드디어 주인공들이 처음 대화를 나누는 장면이 시작되자, 즐거워서 웃으며 "여기부터는 쉽네요"라고 말했다.

필자는 절대로 그렇지 않으리라고 경고했다.

사람들은 단어수가 적고 문장이 짧다는 단순한 이유로 대화체는 번역이 쉬우리라고 생각한다. 하지만 우리는 이미 "실제로 사람들이 어떤 식으로 말하는가"를 실감나게 번역문에서 살려내는 일이 얼마나 어려운지를 자세히 공부했다. 바로 그러한 이유로 해서 산문보다 영상 번역이 훨씬 어렵다.

지금부터 mjq와 윤희선 두 학생이 번역한 글에서 미흡하다고 여겨지는 대화체를 뽑아보겠다. 여기에서 쓸데없는 주어와 소유격의 대명사, 부자연스러운 표현, 그리고 것(=게, 거)을 어떻게 처리하면 좋겠는지 손질해 보기 바란다.

mjq
① "저 소리가 들린다는 것은", 그는 낄낄거렸다, "적어도 우리들이 아직까지는 죽지 않았다는 뜻이지."
② 누구라고?"
③ 못들은 척 하지마."
④ "그가 베트남 주둔 미군을 적대시 한다는데."

⑤ "그렇다면 그 사람 내가 집에 돌아갔을 때 내 눈에 띄지 않는게 좋을 거야."
⑥ "그가 백인이건 흑인이건 간에 베트공 취급을 해줄 거니까."

윤희선
① "저 소리가 들린다면 적어도 아직 죽지는 않았다는 거야"
② "듣지 않았나?"
③ "나는 그에 대해 나쁜 말은 하지 않아"
④ "그가 미군의 베트남 참전을 반대한다고 하더군."
⑤ "그렇다면 내가 집으로 돌아가는 길에 그가 안 나타나는 게 좋을 거야"
⑥ "나는 그를 베트콩처럼 취급할 거니까"

이러한 대화체 문장은, 학생들의 번역이 정확하다는 가정 하에서 다듬는 과정만 거치기로 할 때, 다음처럼 손질을 하면 훨씬 자연스러워지리라고 생각한다.

mjq
① "저 소리가 들린다면 말야." 그가 킬킬거렸다. "적어도 우리들이 아직은 죽지 않았다는 뜻이겠지."
② "누구?"
③ "다 들었으면서 왜 그래."
④ "듣자하니 그 친구 미군의 월남 주둔을 반대한다는데."
⑤ "그렇다면 내가 귀국할 때 앞에서 알짱거리지 않는 편이 좋을텐데."
⑥ "아무리 흑인이라고 해도 그 친구 베트콩 꼴이 날테니까."

윤희선 학생의 글도 비슷한 방법으로 다듬으면 되겠다.

정밀 작업을 위한 분해

앞 과에 이어 제 9과에서는 역시 기본 원칙을 익히는 복습 과정이 계속된다. 여기에서는 정밀 분석을 위해 문장을 세부적으로 분해하고, 제한된 지식과 어휘력에 안이하게 의존하는 많은 사람들의 골라잡기 식 번역이 어떻게 이루어지는지를 잠시 살펴보겠다. 이어서 글 전체를 구성하는 모든 단어가 어떻게 서로 '발맞추기'를 해서 조화를 이루어야 하는지를 알아본 다음 대화체의 구두법에 관한 설명이 뒤따른다. 나아가서 우리말 어휘력과 표현 방법을 다양화하기 위해서는 번역의 첫 번째 원칙이 왜 중요한지를 되새기고, 쓸데없는 단어와 표현을 제거하는 '문장의 살빼기'가 무엇이며 어떻게 하는지도 알아본다. 그리고 마지막으로는 하나하나의 단어를 분명히 모두 알고 있는데도 전체적인 의미가 왜 분명치 않고 번역도 제대로 되지를 않는지, 행간에 숨은 뜻을 파악하고 그것을 어떻게 번역에 반영해야 하는지를 톰 티디의 글에서 확인해 보겠다.

그러면 이제는 박혜란 학생의 번역글을 살펴보자.

전쟁터 희극인의 별로 웃기지 않는 이야기

톰 타이드

촛불 하나가 식탁을 비추고 있었고, 기진맥진한 지스카르 데스탱은 크레이튼 깡통에서 조금씩 꺼내 먹으며 뜨거운 수프를 홀짝거리며 마셨다. 모두들 지친 표정이었고 이따금씩 소등 지역을 가르며 들려오는 저격수의 총소리를 듣는 사람은 아무도 없는 듯 했다.

그래도 한사람은 들었다.

"저 소리를 듣는다면", 그가 숨죽여 웃었다, "적어도 아직 죽지 않았단 얘기지"

어둠 속에서 그의 치아와 눈, 실크 천의 광택이 나는 정장 상의만이 보였다. 그의 말로는 작업복이 땀으로 얼룩져 그 위에 걸쳤다고 한다.

"마틴 루터 킹에 대해 어떻게 생각해?" 누군가 그를 놀렸다.

"누구?" 그가 조롱하듯 대답했다.

"말했잖아."

"아 그래, 우리의 지도자. 그 분에 대해서 안 좋은 말은 하지 않을 거야."

"마틴 루터 킹 목사는 우리 군대의 월남파병을 반대했다던데."

"그렇다면 내가 고국에 돌아가면 그 사람은 내 앞에 나타나지 않는 게 좋을걸."

"그건 왜?"

"백인이든 흑인이든 나는 그 사람을 베트콩 대하듯 할 테니까"

이름은 댄 레드몬드, 나이는 30, 플라 주의 포트 바이어즈 출신. 솔직하고, 사리 밝고, 똑똑하며, 엄청나게 재미있다. 사람들은 그를 전쟁터의 희극인이라고 부른다. 특수 부대인 초록 베레모의 일원이다. 암호명 : 나사 돌리개. 계급: 일등 하사관. 업무 : 살인.

사전을 찾아보자

위 번역문을 읽어 내려가면서 필자는 30 년 전 영자신문에서 함께 일했던 어느 여기자, 미국에서 성장한 교포 2세에서 서양 이름을 사용하던 여기자가 머리에 떠올랐다. 어느 날 오후 문화부 기자 몇 명이 임어당(林語堂)에 관한 얘기를 나누려니까 옆 사회부에서 까뮈의 〈이방인〉을 영어로 읽다가 우연히 우리 대화를 듣고는 그 여기자가 이렇게 물었다.

"Who is Lin Yu-tang? He must not be famous, is he. I don't know him.(임어당이 누구예요? 유명한 작가가 아닌 모양예요. 내가 모르는 사람이니까)"

유명한 작가라면 내가 다 알고, 그러니까 내가 모르는 사람이라면 유명한 작가가 아니라는 얘기처럼 들렸다.

 번역을 시작하려는 사람들 가운데에는 놀랍게도 이런 식으로 자만심에 빠진 경우가 많이 발견된다. 나는 남들보다 영어를 꽤 잘 하니까 번역도 문제가 없다는 착각 말이다. 하지만 이것은 하루 빨리 버려야 할 오만함이다.

 모든 일에서 "나는 할 수 있다"는 군사문화적 자신감이 어느 정도 필수적인 요소이기는 하겠지만, 영어를 꽤 잘 하니까 "내 번역 실력은 분명히 대단하리라"는 과신은 이제 겨우 번역 공부를 시작하는 과정에서라면 삼가야 마땅하겠다.

 '영어 실력'에 대한 오만함에서 생겨나는 가장 나쁜 병은 모르는 단어가 눈앞에 나타나는데도 사전을 찾지 않고 막무가내로 버티는 버릇이다.

 그런 구체적인 예를 확인해 보자.

 박혜란 학생은 'weary GIs'를 '기진맥진한 지스카르 데스탱'이라고 번역했다. 지스까르 데스땡 프랑스 대통령은 베트남에서 전쟁이 한창이던 1965년에는 지금처럼 세계적으로 알려진 인물도 아니었다. 하지만 아무리 무명시절이라고 하더라도, 데스땡이 어째서 베트남의 정글까지 찾아가 미군 병사들과 함께 촛불을 켜놓고 앉아서 마틴 루터 킹에 관한 얘기를 나눈다는 말인가? 도대체 학생은 이 문장을 번역하면서 무슨 생각이나 상상을 했는지, 정말로 알 길이 없다.

 이렇게 황당한 번역은 보나마나 'GI'라는 단어가 꼭 이해하고 번역해야 할 숙제로 나타났는데도 불구하고, 그것이 도대체 무엇인지를 아예 사전에서 찾아보지도 않았기 때문에 빚어진 인재(人災)라고 하겠다.

윤희선 학생은 같은 말을 '지친 조준수'라고 번역했다. '조준수'라면 한글사전에도 나오지 않는 단어인데, 아마도 한자로 쓰면 '照準手'쯤 되지 않을까 생각된다. '총을 조준하는 사람'이라는 뜻이다. 하지만 필자는 군대를 다녀오기만 했을 뿐 아니라 베트남 전쟁까지 참전했음에도 불구하고, 여지껏 '조준수'라는 말을 들어본 적이 없다.

이렇게 상상력을 동원해서 존재하지도 않는 희한한 단어를 창조해 가면서까지 오역을 저질렀던 까닭 역시 간단하다. 윤희선 학생도 역시 'GI'가 무엇인지를 알아보기 위해 영한사전은 찾아보지도 않았던 모양이다.

집에서 사전을 들춰보기만 했더라면, 아무리 작은 휴대용 사전이라도, 이런 정도의 정보는 제공한다.

    GI, G.I. [발음기호] (pl. GIs, GI's, G.I.'s, G.I.s) n.
    ① ((口)) (현역 또는 퇴역한) 미군 하사관병, 미군, ((특히
    징모병)): a GI Joe 미국 병사/a GI Jane(Jill, Joan) 미국 여군…

여기쯤에서 나타나는 "G. I. Jane"이라면, 1997년 리들리 스콧 감독에 드미 무어(Demi Moore, '데미 무어'는 잘못된 발음과 표기임)가 주연을 맡았던 유명한 영화의 제목이기도 하다. 우리나라에서 잔뜩 선전을 해가며 상영했으니 눈과 귀에 익을 만도 한데, 이 경우에는 그렇지가 않았던 모양이다.

민중서림의 작은 사전에는 나오지 않지만, 'GI'는 'government issue(정부 보급품)'를 줄인 말이며, 군대에서 온갖 보급품을 타가면서 복무하는 병사를 뜻하게 되었고, 로버트 밋첨이 주연하는 1945년 영화 『The Story of G.I. Joe』에서는, 제 7과에서 우리가 공부한 어

니 파일이 주인공으로 등장한다.

한국전쟁이 터져 미군이 처음 밀려오기 시작한 이후에는 'G.I. 조'라는 말이 워낙 널리 사용되어서 어린 아이들까지도 "깟뎀", "깨라리", "싸나비치", "슬레끼 보이" 등과 더불어 입에 달고 다니던 단어였다.

이토록 흔한 단어이니 그냥 아무 사전이라도 잠깐 뒤져 보기만 했더라면 '조준수'나, 도대체 무슨 근거로 그렇게 번역했는지 모르겠지만, '지스카르 데스탱'이라는 기막힌 오역은 나오지 않았으리라고 생각한다. 하지만 윤희선과 박혜란 두 학생은 그 정도의 수고조차 하지를 않았음이 분명하다.

도대체 사전도 찾지 않으면서 어떻게 번역을 하는가?

내가 이름을 모르는 작가라면 아무리 임어당이라고 하더라도 유명한 인물이 아니라고 당당하게 믿었던 까뮈의 애독자 여기자나 마찬가지로, 내가 모르는 단어라면 사전에도 나오지 않는다고 생각하는 사람들이 상상외로 많은 모양이다. 그리고 그들을 아주 나쁘게 얘기하자면, 사전보다는 내가 영어 단어를 더 많이 안다는 오만함의 희생자라고 하겠다.

하지만 우리들이 함께 살펴본 바로는, 앞에 제시된 수준의 번역글을 내놓는 학생이라면 사전을 찾아보지 않고도 번역을 해낼 만한 고급 '실력'은 아직 갖추지 못했다. 더 이상 공부는 하지 않고 이미 내가 갖춘 실력만으로도 충분하니까 나는 번역가로 활동할 자격이 충분하다고 상상하는 사람들은 대부분의 경우, 그들의 실력은 스스로 생각하는 만큼 대단치가 못하다는 현실을 가능한 한 빨리 인정하고 처음부터 다시 시작했으면 하는 바람이다.

물론 번역 공부를 시작하는 사람들이란 대부분 분명히 어느 정도의 영어 실력은 이미 갖춘 상태이다. 하지만 흔히 교실과 방안에서만 공부해온 제한된 어휘만을 구사하는 그들의 실력은 이해와 해석의 차원이 아니라 번역에서라면, 초보 단계를 넘지 못한 경우가 많다.

그러면서도 사전을 찾아 확인조차 하지도 않는 사람들, 그래서 뜻조차 모르는 단어들을 앞에 늘어놓고 멋대로 이런 말이려니 상상해 가면서 오역을 양산하는 사람들 — 그들은 책임 의식이 너무나 희박하다. 그런 의식을 마음 속에 담아둔 채로는 어느 누구라도 번역을 전문적인 직업으로 감당해 내기가 쉽지 않겠다.

받아쓰기도 못하는 번역

자신이 번역해야 할 말(단어)이 무슨 뜻인지조차 알지 못하면서도 사전을 찾아보지 않고 버티는 습성은, 배짱이건 고집이건 간에, 처음 번역 공부를 시작하는 사람이라면 어서 한시 바삐 고쳐야 할 중대한 장애임이 분명하다.

번역은 배짱이나 고집이 결코 대신 해 주지를 않는다.

그리고 사전에서 꼼꼼히 확인하지 않고 상상력만으로 해놓은 듯한 번역은 프랑스 대통령과 '조준수'에서 그치지를 않는다. 이미 앞에서 문제를 삼았던 'C ration(전투 식량)'도 윤희선 학생은 '크레이션'이라 '번역'했고, 박혜란 학생은 '크레이튼'이라고 했다. 똑같은 글자를 그냥 두 눈으로 보고 발음 나는 대로 적기만 하면서도 두 사람은 표기법조차 일치하지를 않는다. 초급 수준이니까 그러려니 아무리 이해를 해 주려고 해도 "정말 해도 해도 너무 하구나"라는 말이 저절로 나올 지경이다.

뜻을 모르는 단어가 나타나면 사전을 찾아 그것이 무슨 의미인지를 파악하고 우리말로 옮기려는 노력은 도외시한 채로, 그냥 발음나는 대로, 그것도 귀찮으면 그냥 눈에 보이는대로 적어 놓기만 하는 사람들 때문에 방송국의 '아나운서'는 그들의 직업이 우리말로 무엇인지조차 모르면서 평생을 살아가고, 영화계에서는 '딥포커스'니 '애니메이션'이니 '캐릭터'니 영어로는 무슨 말인지를 안다면서도 정작 그것이 우리말로 무엇이냐고 물으면 대답조차 못하는 사람이 허다하다.

그런가 하면 눈에 보이는 글자조차 그대로 적어놓지를 못한 단어도 여럿이다. mjq 학생뿐 아니라 윤희선 학생도 'soup'를 '수프'라고 제대로 받아쓰기조차 못하고는 '스프'라고 적었으니 말이다.

'Tom Tiede'라는 필자의 이름은 과제를 내면서 미리 알려 줬음에도 불구하고 mjq 학생과 박혜란 학생이 '톰 타이드'라 잘못 적었고, mjq 학생은 'Viet Cong'이라는 널리 알려진 단어조차도 제대로 알지 못해서 '베트공'이라고 했다. 한국인 수십만 명이 월남전에 참전해서 싸웠고, 지금도 베트남과의 교류가 그토록 왕성한데, 귀에 못이 박혔음직할 정도로 텔레비전 코미디에서까지도 자주 등장하는 '베트콩'의 정확한 표기법을 모른다면, 역시 교실과 방안에서만 영어 공부를 했지 사회와 역사와 정치와 문화가 얽힌 '살아 있는 언어'하고는 괴리가 생길 수밖에 없다.

윤희선 학생은 'Fort Myers'를 '코트 마이어'라고 표기했다. 'F'를 'ㅋ'이라 하고, 마지막 's'는 빼먹는 바람에, 단 두 단어짜리 지명 가운데 한 단어도 제대로 적지를 않았다. 가혹한 표현처럼 들릴지 모르겠지만, 그야말로 무성의한 번역의 극치라고 하겠다.

이 강좌의 제1과는 고유명사의 정확한 '번역'에서부터 얘기를 시작했다. 고유명사를 정확히 번역해야 하는 필요성과 중요성을 강조하기 위해서였다. 하지만 '크레이션'과 '크레이튼'에서 '스프'와 '베트공'을 거쳐 '코트 마이어'에 이르면, 왜 사람들이 우리나라 번역 문화에 대해서 그렇게 온갖 못된 소리를 하는지 이해가 갈 듯싶다. 눈에 보이는 글자조차 제대로 옮겨 적지를 못하니까 말이다.

윤희선 학생을 두고 "그야말로 무성의한 번역의 극치"라고 참으로 혹독한 표현을 쓰기는 했지만, 박혜란 학생의 경우는 극치보다도 더 심하다. 'Fort Myers, Fla.'를 '플라 주의 포트 바이어즈'라고 했으니 말이다.

아무리 건성으로 읽고 넘어갔다손 치더라도, 'Myers'가 어떻게 '바이어즈'로 보이는지 정말로 이해가 가지 않는다. 지명이란 글자가 적힌 그대로 눈으로 보고는 그냥 한글로 적기만 하면 그만이다. 사전조차 찾아볼 필요가 없는 쉽고도 쉬운 '번역'이다. 그런데도 그것이 너무나 힘든 모양이다. 이렇게 짧은 한 토막의 글을 번역하면서 세 사람 가운데 고유명사의 표기를 하나도 틀리지 않고 제대로 한 학생이 아무도 없으니 말이다.

이렇듯 그냥 발음만 적어놓는 '받아쓰기' 수준의 번역도 제대로 못하는 '실력'으로 단어들의 의미는 어떻게 번역하겠다는 얘기인지 참으로 알 길이 없다.

번역을 처음 시작하는 사람으로서의 진지한 수비의 자세가 아쉽다.

전문가와 초보의 차이

영화계에서 최고의 영예라고 알려진 아카데미상을 가장 많이 받은 사람은 이디트 헤드(Edith Head, 1907~1981)일 듯싶다. 1920년대에 영화

의상을 만들기 시작한 그녀는 1948년 의상에 오스카 상을 주기 시작한 이래, 『사랑아 나는 통곡한다(The Heiress, 1949)』, 『젊은이의 양지(A Place in the Sun, 1951)』, 『로마의 휴일(Roman Holiday, 1953)』, 『사브리나(Sabrina, 1954)』, 『인생의 진실(The Facts of Life, 1960)』, 『스팅(The Sting, 1973)』으로 여섯 개의 아카데미 의상상을 수상했으며, 1950년에는 흑백 부문에서 『이브의 모든 것(All About Eve)』 그리고 천연색 부문에서 『삼손과 들릴라(Samson and Delilah)』로 동시에 두 개의 상을 같은 분야에서 받았다는 기록도 세웠다. 20대에 시작하여 평생을 현역으로 왕성하게 활동한 이더트 헤드의 얘기를 이렇듯 장황하게 소개하는 까닭은, 그녀의 투철한 직업 정신이 대단히 존경스럽기 때문이다.

우리나라 영화계에서는 이더트 헤드와 비슷한 인물이 영화 의상 전문가인 이해윤 여사인데, 팔순의 나이에도 현역으로 활동중인 여사는 언젠가 역시 영화 의상을 하는 아들과 함께 텔레비전에 나와서 이런 훈계를 했다.

"동대문 시장에서 사다 입히는 게 그게 무슨 의상이야? 자기 손으로 직접 만들어야지"

전문가와 초보의 차이를 잘 보여주는 한마디였다.

이러한 차이는 번역을 하는 사람들에게서도 잘 나타난다.

고유명사의 받아쓰기 같은 기본적인 차원을 앞에서 지적했는데, 박혜란 학생이 지명을 번역한 '플라 주의 포트 바이어즈(Fort Myers, Fla.)'라는 표현 또한 그런 수준에 속한다. 이것을 제대로 번역한다면 물론 '플로리다 주의 포트 마이어스'가 된다.

학생은 'Fla.'가 주의 이름이라는 사실까지는 알았던 모양인데, 그렇다면 그것이 무엇의 약자인지도 역시 사전에서 찾아 봤어야 한다. 미국에 편지를 단 한 번이라도 써 본 사람이라면 주소를 적을 때 주의 이름을 약자로 쓴다는 원칙 쯤이야 알았을 테니까 말이다.

도대체 무슨 이유에서인지는 모르겠지만, 이렇듯 사전을 찾는 일 조차 게을리 하는 사람들을 보면, 이른바 장인 정신이 사라진 시대의 벌거숭이 초상을 보는 듯한 언짢은 기분이 든다.

언젠가 한국 영상 번역가 협회의 회장직을 맡은 박찬순을 만나 얘기를 나누었는데, MBC-TV의 외화를 많이 번역한 그녀는 자신이 여자이기 때문에 전쟁 영화를 번역할 때면 잘 모르는 내용이 가끔 나오고, 그러면 혹시 실수라도 할까봐 겁이 나서 비행기 이름이 대사에 섞여 나오거나 하면 여러 서적을 뒤져 그 비행기의 재원과 성능 따위를 확인하느라고 고생이 심하다는 고백을 했다.

비행기의 재원까지 확인하고 나서 비행기의 이름을 '번역' 하는 전문가와 사전조차 찾아보지 않고 '플라 주' 라고 옮기는 번역 지망생 — 이른바 '실력' 의 분기점은 거기에서 발견된다.

'플라 주의 포트 바이어즈' 에서 '마이어스' 를 '바이어즈' 라고 '오역' 한 까닭이 컴퓨터 자판에서 'ㅂ'과 'ㅁ'이 아래위로 붙어 있어 '마' 를 '바' 로 잘못 쳤다는 식의 변명도 할 생각을 말아야 한다. 그렇다면 자신이 번역한 원고를 한 번 읽어보면서 틀린 글자를 바로잡아 주는 과정조차 거치지 않았다는 뜻이니까 말이다.

일단 번역을 끝내고 남의 손으로 넘어간 글은, 그렇다, 분명히 '남의 손으로 넘어간' 타인의 소유이다. 돈을 받고 누구에게인가 팔아 넘긴 '제품' 인 셈이다. 그리고 남에게 넘긴 제품이 결함 투성이라면, 그런 제품을 파는 사람이라면, 결코 단골을 얻지 못할 일이 뻔하고, 그래서 사업을 계속하기가 불가능해진다.

번역이란 활자로 고정시켜 타인들에게 넘겨 주는 작업이다. 한 번

인쇄해서 넘기면, 뒤늦게 일일이 쫓아다니며 고쳐놓기도 불가능하다. 기록은 반영구적인 흔적을 남긴다.

그리고 핑계는 실수를 바로잡지 못한다. 아예 처음부터 실수를 하지 않도록 조심하는 길밖에 없다. 사람들은 핑계를 용서하지 않는다.

항아리에서 탈출하는 방법

학교에서 신입생이 들어오고 새 학기가 시작되어 한 교실에 모여 앉은 스무 명 가량의 학생들에게 처음 번역을 시켜보면, 한 두 명 눈에 띄게 잘 하는 경우를 제외하고는 거의 모두가 비슷비슷한 수준이다. 그래서 우리글의 기본적인 구두법(punctuation)부터 가르치기 시작하여, "있을 수 있는 것은 모조리 없앤다"는 따위의 기본 원칙에 따라 우리글 문장을 고쳐나가다 보면, 한 학기가 끝나 여름방학 무렵이 되었을 때는 몇몇 예외적인 경우가 아니고는 모두 우리글로서의 기초적인 틀이 어느 정도 비슷비슷하게 자리가 잡힌다.

여기에서부터 '잘 하는 번역'으로 발전을 계속하는 학생들과 '기본만 되는 정도의 번역'에서 제자리걸음을 하는 학생들이 따로 나뉘기 시작한다. 이때 새롭게 생겨나는 차이란 저마다의 학생이 이미 입학 전에 갖추었던 (영어 단어와 문장을 이해하는) 실력하고는 별로 상관이 없다. 그들 대부분은 어느 정도의 비슷한 실력을 갖춘 상태에서 동시에 출발했기 때문이다. 그리고는 똑같은 속도로 똑같은 원칙을 적용해가며 우리말을 다루는 기초적인 훈련을 함께 거치게 되면, 영어와 우리말 양쪽 모두 자연스럽게 평준화된 상태에 이른다. 어차피 번역이란 원문의 골격과 내용에 따라 제한된 테(frame)와 꼴(form)을 따라가게 마련이니까, 대체적인 실력에서는 큰 차이가 나지 않는다.

그래서 결국 승부는 정밀성과 문장력이 좌우한다.

우리글을 구사하는 문장력은 어느 정도 타고나는 재능이니까 일단 접어두기로 하면, 마지막 승부의 갈림길은 정밀성이다. 지금까지 충실하게 강좌를 따라 온 학생들은 필자가 하나하나의 단어를 놓고 얼마나 '꼬장꼬장하게' 따지는지, 신경에 거슬릴 정도라고 생각하는 사람도 적지 않았으리라고 본다. 하지만 그것은 다 그럴만한 이유가 있어서였다.

좋은 문장이란 그렇게 하나하나의 단어에 공을 들여서, 상아로 조각을 하듯 깎고 다듬어야 한다. 물론 지금까지 이 강좌에서 교재 역할을 했던 학생들의 번역문은 나름대로 공을 들인 작품이었으리라고 믿는다. 하지만 필자가 그런 문장들을 갈기갈기 찢어가며 세밀하게 분석하고 갖가지 잘못을 지적했던 까닭은, 그들의 번역을 "초보이니까 그만해도 되겠다"는 식으로 대충 개괄적인 얘기만 하고 격려와 두둔을 하면서 넘어가는 대신, 기성 작가들이 완제품으로 내놓은 글을 평가할 때와 마찬가지 수준에서 살펴보기로 했기 때문이었다. 그래야만 공평하겠으니까 말이다.

궁극적으로 번역문이란 누구에게인가 보여주거나 읽히는 과정을 통해 문화 상품으로서의 가치를 얼마나 갖추었는지 가늠하는 냉정한 심판을 거치고, 거기에서 인정을 받아야만 존재성을 얻는다. 따라서 번역자라면 그런 심판에 대한 준비와 각오를 갖춘 마음의 자세가 처음부터 필요하다.

이 강좌는 전문가를 키우기 위해서 시작했고, 그렇기 때문에 영원한 초보를 칭찬해주고 '적당한' 수준을 부추겨 주려는 비위맞추기를 목적으로 삼지는 않는다.

학교에서 번역을 가르치다가, 학생이 무엇을 잘못했는지를 지적하고 가르쳐 주면, 그것을 고치고 바로잡아 좋은 번역을 하려고 노력하는 대신, 자존심이 상해서 발끈 화를 내거나 반발하는 경우가 가끔 생기는데, 그것은 배움의 올바른 자세가 아니라는 생각이다. 가르쳐 주는 내용을 배우고 싶지 않다면 도대체 왜 비싼 돈을 내고 강의를 듣는지 자신의 행위에 대해서부터 따져봐야 한다. 그리고 이미 갖춘 수준을 그대로 인정받아 활동을 하겠다는 생각이었다면 애초부터 '공부'를 할 의사는 전혀 없었다는 뜻이다.

대다수의 학생은 '적당한 수준'에서 타협하고, 이만큼 노력했으면 충분하다고 스스로 판단하고는 공부를 중단한다. 실제로 번역에 종사하는 사람들의 다수는 이 차원에서 머문다. 그들은 잠시 부업삼아 쉬운 돈벌이를 하겠다는 사람들, 이른바 '초벌 번역' 따위의 일을 하는 정도로 만족하기가 십상인데, 진지한 번역을 평생의 천직으로 삼는 전문가가 되기 위해서는 번역 인구의 항아리 구조에서 몸체를 벗어나 위로 올라가지 않으면 안 된다.

항아리 구조란, 번역 인구의 구성 형태가 목이 긴 술 항아리를 닮았다는 뜻이다. 밑둥이 넓고, 허리가 조금씩 굵어지다가는 다시 서서히 좁아지고, 그리고는 아주 좁은 주둥이가 위로 길게 뻗어 올라간 술병 말이다. 대부분의 '초벌 번역' 수준의 계층은 넓고 굵은 밑둥을 형성한다. 그리고 실력이 우수한 사람들이 떠오르는 위쪽으로 올라갈수록 폭이 좁아진다. 그렇게 좁은 목을 타고 올라가서 위로 솟구치는 차원이 되어야 진짜 '전문가'가 되겠다.

항아리에서 나온 사람들, 참된 실력에 바탕을 둔 그들 번역가들에게는 정년 퇴직도 없다. 번역의 실력은 아무리 나이를 먹더라도 좋아지기만 할 따름이지, 퇴보가 불가능하기 때문이다.

그리고 항아리로부터의 탈출은 'Fla.'가 무엇을 뜻하는지, 자질구레한 모든 단어를 일일이 사전에서 찾아보는 일로부터 시작한다.

그렇다. 번역에는 퇴보가 없다. 사전조차 찾으려는 노력을 하지 않아서 전진을 못 하는 제자리걸음은 있을지언정, 번역에는 퇴보가 없다.

부러진 대화 다듬기

대화체의 번역에 관해서는 벨로우(Saul Bellow)의 소설〈새믈러 선생의 세상(Mr. Sammler's Planet)〉을 교재로 삼아 다른 과에서 이미 자세하게 다루었으니 다시 번거롭게 반복할 필요는 없겠지만, 한 등장인물이 하는 얘기가 중간에서 잘리고 그 중간에 화자(話者)가 누구인지를 밝히는 설명이 끼어 들어 문장이 토막 나는 경우를 어떻게 처리하면 좋을지 요령을 모르는 사람들이 워낙 많은 듯싶기 때문에 여기에서는 그것을 중점적으로 복습삼아 살펴보겠다.

톰 티디의 글에서 예를 들자면 이런 문장이다.

"When you hear 'em," he snickered, "at least you ain't dead yet."

이것을 기본적인 문장 형태로 바꿔보면 이렇게 된다.

"When you hear 'em, at least you ain't dead yet," he snickered.

그리고 기본적인 형태로 정돈한 두 번째 문장을 번역하면 우리말로는 이렇게 된다.

"저 소리가 들리면 그건 아직 안 죽었다는 뜻이야." 그가 코웃음치듯 말했다.

앞 따옴표를 열고, 말한 내용을 집어넣고, 뒷 따옴표로 닫기 전에, 마침표가 온다는 사실을 주의해야 한다. 영어에서는 쉼표가 오고, 따옴표 밖의 주어를 소문자로 써서 두 문장을 하나로 연결하지만, 우리말에서는 완전히 독립된 두 개의 문장으로 만들기 때문에, 닫는 따옴표 전에 <u>쉼표가 아니라 마침표</u>를 넣는다.

그리고 우리나라 소설체 문장에서는 그런 일이 별로 없지만, 영어에서는 희곡 대본에서처럼, 화자가 누구인가부터 우선 밝혀놓고 대화 내용으로 연결하는 다음과 같은 문장이 많은데, 물론 이런 경우에도 번역 요령은 마찬가지여서, 우리말로는 따옴표가 열리기 전의 쉼표를 마침표로 바꿔 독립된 두 개의 문장으로 만든다.

He snickered, "When you hear ' em, at least you ain' t dead yet."

☞ 그가 코웃음치듯 말했다. "저 소리가 들리면 그건 아직 안 죽었다는 뜻이야."

그런데 영어에서는, 지금 여기서 번역해야 할 문장처럼, 화자가 누구인지를 밝히는 문장이 대화 내용의 중간으로 뛰어드는 경우도 흔하다. 특히 누가 얘기를 하는 내용이 워낙 길어서 너무 늦게 화자가 누구인지를 밝히면 도대체 이 내용을 어느 등장인물이 하는 말인지 파악하기가 어려운 경우에 작가들은 이런 구조의 문장을 자주 구사한다. 그리고 영어에서는 예문("When you hear ' em," he snickered, "at least you ain' t dead yet.") 전체가 둘이나 셋이 아니라 하나의 문장이기 때문에, 아직 그 문장이 끝나지 않았다는 의미로 중간에 삽입문 앞뒤에다 두 개의 쉼표를 넣는다.

　하지만 우리말에서는 앞뒤로 여닫이 따옴표 속에 따로 분리된 두 개의 문장뿐 아니라, 중간의 설명문까지도 모두 독립시켜, 완전한 세 개의 문장을 만들어야 하고, 그래서 쉼표가 아닌 마침표를 사용한다. 따라서

　　"저 소리를 듣는다면", 그가 숨죽여 웃었다, "적어도 아직 죽지 않았단 얘기지." (박혜란)
　　"저 소리가 들린다는 것은," 그는 낄낄거렸다, "적어도 아직까지는 우리들이 죽지 않았다는 뜻이지" (mjq)

라는 두 학생의 번역은 우리말에서는 구두법이 다음과 같이 바뀌어야 한다.

　　"저 소리를 듣는다면" 그가 숨죽여 웃었다. "적어도 아직 죽지 않았단 얘기지" (박혜란)
　　"저 소리가 들린다는 것은" 그는 낄낄거렸다. "적어도 아직까지는 우리들이 죽지 않았다는 뜻이지" (mjq)

　여기에서는 다만, 쉼표를 마침표로 바꿔주는 데서 끝내지를 말고, "저 소리를 듣는다면"(박혜란)과 "저 소리가 들린다는 것은"(mjq)이라고 불완전하게 끝나는 앞 문장을 "저 소리를 듣는다면 말야"(박혜란)라거나 "저 소리가 들린다는 것은 말야"(mjq)처럼 엉거주춤 하게나마 하나의 문장이 끝나는 형태를 갖추도록 마무리를 지어줘야 마침표가 자연스러워 보인다. 하지만 잘라진 문장이 나타날 때마다 '말야'로 천편일률적인 끝맺기를 하면 글의 맥이 풀리기 쉬우니까, 적절히 어미에 변화를 주는 창의력을 발휘할 공격의 필요가 있겠다.

　그리고 mjq 학생은 'you'를 '너는'이나 '너희들이'라고 번역하

는 대신 '우리들이'라고 옮겼는데, 이것은 앞에서 필자가 'we'나 'one'이나 'man' 그리고 'you' 같은 불특정 주어를 내세워 진리를 말하거나 속담 따위를 인용하는 경우에 '우리는', '여러분은', '인간은', '사람이란 모름지기' 등으로 번역해도 좋겠다고 설명한 바와 같은 맥락이다. 아직 살아 있기 때문에 총소리를 듣는 사람들 중에는 당연히 '나'도 포함되기 때문에 여기에서는 '우리들'이 '너(자네들, 당신들)'보다 훨씬 더 자연스럽게 들린다. 따라서 이런 번역까지도 가능하겠다.

"아직 우리들이 멀쩡히 살았다는 뜻이지" 그는 낄낄거렸다. "저 소리가 들린다면 말씀야."

또한, 영어 원문대로 중간에서 문장을 잘라놓는 경우 우리말로는 지나치게 어색하다고 여겨질 때는, 윤희선 학생처럼 대화 내용을 한 쪽으로 옮겨 이어 붙여서 번역하는 다음과 같은 방법도 가능하지만, 물론 여기에서는 뒷 따옴표로 닫기 전에 마침표를 넣었어야 한다.

"저 소리가 들린다면 적어도 아직 죽지는 않았다는 거야" 그가 숨죽여 말했다.

'말야'라는 편리한 끝맺음이나 마찬가지로, 이렇게 양쪽으로 펼쳐진 문장을 한 쪽으로 모는 처방 역시 지나치게 자주 쓰면 단조로워지기도 하고, 때에 따라서는 앞에다 하나로 뭉쳐놓은 문장이 지나치게 길어지면, 긴 대화체에서 혼란을 피하기 위해 화자를 빨리 밝혀야 하는 본디 목적이 살아나지를 못한다.

또 한 가지 여기에서 다시 지적해 둬야 할 사실은, 우리나라 소설의 경우 위에서처럼 허리가 잘라져 세 문장으로 나뉠 때면 원칙적으로 줄바꾸기가 다음과 같이 된다는 점이다.

"저 소리를 듣는다면"
그가 숨죽여 웃었다.
"적어도 아직 죽지 않았단 얘기지." (박혜란)

"저 소리가 들린다는 것은."
그는 낄낄거렸다.
"적어도 아직까지는 우리들이 죽지 않았다는 뜻이지." (mjq)

하지만 이런 식의 빈번한 줄바꾸기가 가져오는 폐단은 두 사람 이상이 주고받는 대화가 길어질 때는, 앞에서 대화체를 공부할 때 상세히 예를 들어가며 설명했듯이, 누가 무슨 말을 했는지 헷갈리기가 쉽다는 것이다. 이런 경우처럼 말이다.

"밥 먹자."
허준호가 말했다.
"반찬도 먹고."
"반찬 당번은 누구지?"
양금석이 말했다.
"어서 먹자구."
"숟가락은 어디 있나?"

허준호가 "어서 먹자구"라는 말을 했는데도 여기에서는 양금석이 한 듯한 시각적인 착각을 일으킨다. "숟가락은 어디 있나" 역시 양금석이 한 말이더라도 허준호의 말처럼 들리기도 한다. 물론 한국의 작가들은 이런 혼란을 피하기 위해 대화체에서 주고받는 말을 미리 조절하기는 하지만, 번역의 경우에는 그런 '사전 조율'이 불가능하다.

그래서 필자는 번역할 때뿐 아니라 소설을 쓸 때 역시 영어식으로 글묶기를 한다. 하나의 종결이 어떤 형태로든 이루어지거나 화자가 바꾸기 전에는 마음대로 줄을 바꾸지 않는다는 원칙에 따라서 말이다.

　대화체의 구두법에 대한 설명이 좀 길어진 느낌이기는 하지만, 이런 기초적인 설명이 필요하다고 생각했던 까닭은 여기까지 인터넷 강좌를 들었던 학생들 가운데 대화체 문장을 다루는 요령을 터득한 사람이 절반도 안 된다는 개인적인 추측 때문이었다. 우리나라 사람들은 일기나 편지 또는 논문 등을 쓰느라고 서술체 글은 다룰 기회가 제법 많지만, 소설쓰기를 하지 않는 사람들은 대화체를 직접 써 볼 기회가 거의 없기 때문에 대화체를 접하면 당황하는 것이 아닌가 싶다.

1+1이 2가 아닌 영어

　모국어가 아닌 영어를 접할 때, 우리는 역시 외국어가 어렵다는 사실을 엉뚱한 곳에서 불현듯 느끼고는 한다. 그것은, 다음 과에서 장문의 번역을 공부할 때 부연하여 설명하겠지만, 어떤 단어의 뜻을 제한적으로만 알고 그에 따라 기껏 번역을 해 놓았는데, 문제의 단어가 상상치도 못했던 의미로 사용되기도 해서 낭패를 겪는 경우를 말한다. 물론 낱단어에 관한 개인의 정보가 제한되었기 때문에도 그런 일이 생기지만, 해당 분야에 대한 경험 부족이라던가 언어의 배경을 이루는 문화의 차이로 인해서 뜻밖에 "알면서도 모르는 단어"가 생겨나는 예도 많다.

　그와 비슷한 경우로서는, 두 개의 단어를 따로따로는 정확하게 의미를 알겠는데, 두 단어가 합친 다음에 달라지는 의미를 몰라서 겪는 낭패를 꼽겠다. 다른 곳에서 예로 들었던 'machine gun'과

'armed forces'가 그렇다. 'machine'은 분명히 '기계'요, 'gun'도 분명히 '총'인데, 확실히 안다고 생각하는 그 두 단어가 합친 'machine gun'은 '기계+총=기계총'이 아니라 '기관총'이 된다. 'armed forces'도 'armed'는 '무장(武裝)을 한'이라는 뜻이요 'forces'는 분명히 '세력'이다. 하지만 'armed(무장)+forces(세력)=무장 세력'이 되어야 마땅한데도, '군(軍)'이라는 뜻이 된다.

이렇듯 영어에서는 두 단어가 만날 때 '1+1=2'라는 공식이 통하지 않을 때가 심심지 않게 많다. '1+1=2'는 수학 공식이지, 언어 공식은 아니기 때문이다.

박혜란 학생의 번역에서는 "He is a member of the Special Forces, the Green Berets"라는 문장에서 '초록 베레모'라고 번역한 'Green Berets'가 바로 그런 돌부리에 해당된다.

만일 다른 문장에서 모두 소문자로 'green berets'라고 했다면 틀림없이 '초록 베레모'가 정답이었으리라. 'green'은 '초록'이요 'beret(s)'는 프랑스의 농부들이 쓰던 모자였으니 말이다. 하지만 여기에서는 두 단어가 모두 대문자로 시작되었으니 무슨 명칭임이 분명하다.

워낙 우리말에는 대문자와 소문자가 따로 없기 때문에 많은 사람들이 무의식중에 영어의 대문자도 때로는 대수롭지 않게 보는 습성이 생겼고, 그래서 대문자를 앞세운 말은 필시 어떤 사물이나 현상 또는 집단의 이름(고유명사)이라는 사실을 간과하기가 쉽다. 월남전에 참전했던 우리나라 군인들을 예로 든다면, '맹호부대', '백마부대', '청룡부대'를 영어로 적을 때는 소문자로 시작하는 'maengho(또는 tiger),' 'paengma(white horse),' 'chongnyong(blue dragon)'이 아니라 'Maengho(Tiger),' 'Paengma(White Horse),'

'Chongnyong(Blue Dragon)'이 된다는 정도의 상식은 중학생이라도 안다. 하지만 직접 번역에 임하면 이런 중학생 '상식'까지도 무시하는 실수를 자주 범하고는 한다. 대문자로 시작하는 '(the) Green Berets'는 부대명답게 번역했어야 하지만, 대문자를 대수롭지 않게 보아 넘겼기 때문에 그냥 모자 이름이 된 경우가 그러하다.

한편 윤희선 학생은 "그는 미 육군 특전부대 소속의 특수부대 대원이다"라고 했는데, '특수부대'와 '특전부대'는 거의 비슷한 말이다. 따라서 'the Green Berets'의 고유 명칭은 그냥 빼먹고 쓸데없는 설명만 중복시킨 셈이다.

mjq 학생은 "그는 대-게릴라 특수 부대 요원이다"라고 설명해 놓았는데, 그것은 역시 설명으로 끝난 번역이었다. 더구나 'the Green Berets'는 '대-게릴라 특수 부대'가 아니었다.

월남전은 전쟁 자체가 비정규전이었으니까 한국군을 포함한 모든 전투 병력이 '대-게릴라' 작전을 수행했고, 그래서 '대-게릴라'라는 말은 무의미하다. 그뿐 아니라 the Green Berets는 미국이 본격적으로 주력 부대(육군과 해병 지상군)를 참전시키기 이전부터 베트남으로 들어가 월남군(ARVN, Army of Republic of Viet Nam)의 군사 고문단으로 활약했다. 우리 나라의 미 군사 고문단(KMAG)과 같은 기능으로서 말이다.

"He is a member of the Special Forces, the Green Berets"에서 'the Special Forces, the Green Berets'라고 한 부분은 '전쟁터의 광대'가 'the Special Forces 즉 the Green Berets' 소속이라는 뜻으로서, 'the Green Berets'가 'the Special Forces(특전단)'를 뜻하는 별명임을 나타낸다.

주월 미군 가운데 'the Green Berets'는 한국군 야전사령부가 위치했던 나트랑(Nha Trang)에 본부를 둔 제5 특전단을 뜻했으며, 특전단임을 나타내는 '초록 베레모'를 썼기 때문에 그런 이름이 붙었다. 월남 중부 고지대에서 산족 몽따냐르(the Montagnards)의 밀림 작전에 깊숙이 관여했던 제5 특전단이 군사 고문단보다는 '특공대'라는 인상이 강해진 까닭은 새들러(Sergeant Sadler)의 유명한 발라드, 그리고 로빈 무어(Robin Moore)의 인기 소설을 존 웨인이 연출과 주연을 맡아서 만든 영화(『The Green Berets, 1968』)를 위시하여, 베트남을 무대나 배경으로 삼은 소설과 영화를 통해 그들의 무용담이 미국 특유의 카우보이 신화로 자주 각색되었기 때문이 아닌가 생각된다. 『람보』류의 영화 말이다.

요즈음(2001년) 서울의 미군 텔레비전 방송 AFN을 보면 새들러의 노래를 배경에 담고 'the Green Berets'를 모집하는 선전이 자주 나오는데, 조금만 관심을 가지고 봤다면 '초록 베레모'가 어떤 사람들인지 쉽게 '감'을 잡았으리라고 믿어진다.

아무리 번역을 하려면 온갖 잡다한 지식이 필요하기는 하겠지만 어떻게 AFN의 지원병 모집 선전 영화에까지 관심을 가지란 말이냐고 불평을 해서는 안 된다. 번역을 직업으로 삼으려면, 어떤 내용이 담긴 무슨 종류의 작품이나 글만을 골라서 일을 하겠다는 선택은 상상도 못할 일이다. 일감의 선택은 맡기는 사람이 하기 때문이다. 그래서 번역 지망생은 무슨 내용을 맡게 될지 알 길이 없으므로 다양한 방면에 걸쳐 백과사전적인 지식을 많이 습득하여 대비해야 하는데, 특히 영상 번역의 경우에는 전쟁과 군대에 관한 어느 정도의 지식은 필수적이다.

'초록 베레모'와 '대-게릴라 특수 부대 요원'과 '특전부대 소속의 특수부대 대원'이라는 세 학생의 번역은 이렇게 (전쟁과 군대에 관한) 제한된 상식과 지식으로 인해서 기초적으로 미흡한 수준에 머무르고 말았다.

그렇다면 여기에서는 'the Green Berets'의 가장 정확한 번역이 무엇일까?

'그린 베레'이다.

미군의 특전단, 특히 베트남에서 활약한 특전단은 '그린 베레'가 '공식적인 별칭'이기 때문이다.

왜 '진주만'이나 '희망봉(the Cape of Good Hope)'처럼 우리말로 번역해서 '초록 베레모'라고 하지 않느냐고 따져도 별 소용이 없겠다. '초록 베레모'를 '그린 베레'라 표기하는 까닭은 그것이 관용적인 표현이기 때문이다.

그것은 'Los Angeles'를 '천사들'이라 하지 않고, 'Midway Island'를 '중간섬'이라 하지 않고, 'New York'이나 'New Orleans'를 '새 요크'나 '신(新) 오를레앙'이라 하지 않고, 'Greenpeace'를 '초록평화'라 하지 않고, 'Greenland'와 'Iceland'를 '푸른나라'라거나 '얼음나라'라고 하지 않을뿐더러, 바이킹이 붙인 이름도 아닌 영어 명칭으로 부르는 것과 같은 이유에서이다. (바이킹은 새로운 식민지를 찾아다니던 여러 나라 사람들을 속이기 위해 온천이 솟아나서 살기에 좋은 곳을 '얼음의 땅'이라는 뜻의 'Iceland'라 명명했고, 쓸모가 없는 진짜 '얼음의 땅'에는 '푸르른 땅'이라며 'Greenland'라는 이름을 붙여 놓았다고 한다.)

지명뿐 아니라, 맞춤법의 표준은 흔히 관용적인 표현과 용법, 그러니까 '다수결'이 결정한다. 사람들이 널리 쓰는 용법이 결국 문법을 만들기 때문이다. 따라서 '~하기를 바란다'는 올바른 용법도 외화 번역과 방송인들이 좋아하는 '~하기를 바랜다'라는 잘못된 용법에 언젠가는 밀려날지도 모른다.

  그러나, 악화가 양화를 구축한다는 법칙은 바람직한 현상이 아니다.

일등 하사관이라는 계급

번역문 끝 부분에 나오는 'Sergeant First Class'를 mjq 학생과 윤희선 학생은 '중사'라 했고, 박혜란 학생은 '일등 하사관'이라고 했다.

  우리나라 군대 편제에는 '일등 하사관'이 없다. 그리고 '하사관'은 어느 특정 집단을 가리키는 말로서, 계급이 아니다. 이것 또한 확인 과정을 거치지 않고 번역자가 만들어낸 계급이다. 'Specialist'처럼 우리나라에 없는 계급이라면 '창작'을 해도 되겠지만, 'Sergeant First Class'에 해당되는 '중사' 계급은 우리 육군 편제에 분명히 있다.

  군인들의 계급에 관해서는 필자가 다른 책에서 자세히 설명한 바가 있기 때문에 여기에서는 생략하겠지만, 번역을 하려면 계급은 물론이요 어느 정도의 기본적인 군사 언어는 익혀두도록 다시금 권하고 싶다. 어느 전쟁 영화에서 "We will surprise them"이라는 말이 나오니까 누군가는 "우리가 놀라게 해 줍시다"라는 식으로 번역했다고 했는데, 이것은 'surprise'가 군대 용어로 '기습(하다)'이라는 뜻이 된다는 사실을 알지 못했기 때문에 저지른 오역이었고, 군대나 경찰 영화를 보면 'report'이라는 말의 번역도 자주 틀린다. "You must report to the captain"이라고 하면 "너는 중대장에게 보고하라"는 의미 같지만, "중대장에게 신고하라"는 뜻일 경우가 많다. 그리고 '~에게 신고하다'라는 표현은 "너는 ~의 명령을 받아야 한다"

는 뜻이어서, '귀관은 ~의 부하이다' 라는 의미로까지 발전한다. "Who is your superior officer(자네 직속 상관이 누구인가)?"라는 질문에 "I report to Sergeant Richard(리처드 경사인데요)"라고 대답할 때가 그런 예이다.

군대 용어뿐 아니라 어떤 전문 용어나 특수 집단의 언어는 '베트공' 처럼 어렴풋하게만 알고 제대로 확인을 하지 않은 채로 불완전한 표기를 했다가는 뜻밖의 실수를 저지르기가 쉽다. 'Viet Cong' 이라면 우리나라의 '표준말' 인 '베트콩' 을 위시하여 '비엣콩', '볏콩', '비엣꽁' 등으로 여러 가지 표기 방법이 가능하겠지만, '베트공' 만큼은 곤란하다. 그 이유는 '공' 과 '꽁' 이 우리 귀에는 똑같이 들릴지 모르지만 월남어에서는 큰 차이가 나기 때문이다.

한국 군인들은 베트남에서 그곳 아가씨(꽁가이)들을 '꽁까이' 라고 부르고는 했었다. '가이' 나 '까이' 나 마찬가지라는 생각에서였다. 하지만 '꽁까이' 는 '암캐(bitch)' 라는 말이다.

월남전에서 싸운 한국 군인들은 '그린 베레' 와 자주 작전을 같이 했던 산족을 '몬타나족' 이라고 부르기도 했다. 'Montagnard(몽따냐르)' 라는 어려운 프랑스 말을 알지 못해서 서부 영화를 통해 귀에 익은 이름(Montana)으로 대신 불렀고, 그래서 월남의 산족은 미국의 인디언 이름 비슷한 명칭으로 통하는 해괴한 일이 벌어지고 말았다.

'베트공' 이라는 단어도 말하자면 그런 '해괴한' 번역에 해당된다.

단짝끼리 짝짓기

In the dark, you could see only his teeth, his eyes and the silk-thread, luminous dinner jacket he insisted on wearing over sweat-stained fatigues.

위에 제시한 글은 좀 길기는 하더라도 분명히 하나의 문장이다. 이것을 박혜란 학생은 다음과 같이 두 문장으로 잘라 놓았다.

> 어둠 속에서 그의 치아와 눈과, 실크 천의 광택이 나는 정장 상의만이 보였다. 그의 말로는 작업복이 땀으로 얼룩져 그 위에 걸쳤다고 한다.

둘로 잘린 문장 가운데 나중 부분은 내용을 충분히 이해하지 못했기 때문에 범한 오역이다. 번역문은 마치 "작업복이 땀으로 얼룩졌기 때문에 (그것이 보이지 않게 가리기 위해서)" '실크' 상의를 걸쳤다는 뜻이 된다. 하지만 본디 영어 문장에서 생략된 설명은 그런 내용이 아니라, 마치 무슨 예식이라도 치루듯 아무리 더러운 옷차림에라도 꼭 만찬용 정장은 어디를 가나 언제나 겉에다 걸쳐야 되겠다고 고집을 부렸다는 뜻이다. "갓 쓰고 자전거타기"라는 우리 속담에 나오는 '갓'처럼 말이다.

이렇게 '숨은 뜻'을 완전히 이해하지 못한 번역에 관해서는 '행간 읽기' 항에서 다시 다루고, 여기에서는 한 문장을 두 개로 자르는 행위만을 주제로 삼겠다.

하나의 문장을 왜 토막토막 잘라서는 안 되는지에 관해서는 앞에서 자세히 설명했기 때문에 여기에서는 그 중요성을 다시 강조하지는 않겠지만, 학생의 번역문에서처럼 문장을 하나로 엮기가 힘겨울 때는 어떻게 하면 좋을지, 여기에서부터 9항의 "편리한 '그리고' 지렛대"에까지 걸쳐 요령을 알아보기로 하겠다.

우선 다른 두 학생 가운데 윤희선 학생이 같은 문장을 어떻게 번역했는지부터 살펴보기로 하자.

　　어둠 속에서는 그의 이빨과 눈과 땀으로 얼룩진 작업복 위에 항상 걸치고 다니는 명주실로 장식한 반짝이는 턱시도 상의만이 보일 뿐이었다.

　이 번역글을 자세히 살펴보면 얼기설기 마구 뒤엉킨 덩굴처럼 매우 어지럽다는 사실을 깨닫게 된다. 우선 "그의 이빨과 눈과 땀으로 얼룩진 작업복"을 보면 '작업복'이 "그의 이빨과 눈과 땀으로 얼룩졌다"는 뜻이 된다. "작업복 위에 항상 걸치고 다니는 명주실로 장식한"도 마찬가지여서, 마치 '전쟁터의 광대'는 "작업복 위에다 항상 명주실을 걸치고 다닌다"는 얘기가 된다.

　이런 착각은 왜 생겨날까?

　'명주실'에 관한 착각부터 알아보자. 이것은 어휘의 배열이 나빠서, '줄맞추기와 발맞추기'가 제대로 되지 않았기 때문에 야기되는 그런 혼란이 범인이라고 하겠다. 사이가 가까운 단어들은 나란히 한곳에 모아두라는 원칙이 여기에서도 적용되는데, "단짝 단어들끼리는 짝을 지어줘야 한다"는 공식을 지키지 않으면 어떤 단어가 무엇을 수식하고 설명하는지 알 길이 없어 독자는 미궁에 빠져 헤매게 되기 때문이다.

　'부러진 대화체'와 관련된 내용이지만, "단짝끼리 짝짓기", 즉 연관된 단어들끼리는 함께 붙어 다니게 해야 하는 필요성을 잠깐 따져보기로 하자.

　우리는 가끔 영문 소설에서 주인공이 무슨 긴 고백을 한다거나 하는 장면에서 이런 문장을 접하게 된다.

　　He said, "Blah blah blah blah blah blah blah blah blah blah blah blah blah blah blah blah blah blah blah blah blah blah blah

blah blah blah."

때로는, 예를 들어 도스또예쁘스끼의 소설에서는, "blah blah(어쩌구 저쩌구)"라고 말하는 내용이 여러 쪽에 걸쳐서 한없이 이어지기도 한다. 그런데 많은 사람들이 처음에는 이런 문장을 이렇게 번역한다.

그는 "어쩌구 저쩌구 어쩌구 저쩌구 어쩌구 저쩌구 어쩌구 저쩌구 어쩌구 저쩌구 어쩌구 저쩌구 어쩌구 저쩌구 어쩌구 저쩌구 어쩌구 저쩌구 어쩌구 저쩌구"라고 말했다.

번역할 때는 흔히 무의식적으로, 주어는 눈에 보이는 그대로 앞에 내놓고, 아무리 길더라도 말한 내용은 따옴표 안에 집어넣고, 그리고 동사로 마무리를 하는 습성 때문에 이런 형태의 문장이 생겨나고, 그로 인해서 'He said'라고 나란히 붙었던 두 단어가 'He'는 기나긴 문장에서 맨 앞에, 그리고 'said'는 맨 뒤로 밀려나 이산가족이 된다. 그래서 한참 읽어내려가다 보면 '말했다'라는 동사가 왜 느닷없이 튀어나오는지, 앞으로 돌아가 처음부터 다시 읽어봐야 할 지경이다.

바로 이런 경우를 위해서 친한 단어들, 그러니까 '주어+동사'는 영어에서처럼 가까이 묶어 두라는 얘기이다. 이런 식으로 말이다.

"어쩌구 저쩌구 어쩌구 저쩌구 어쩌구 저쩌구 어쩌구 저쩌구 어쩌구 저쩌구 어쩌구 저쩌구 어쩌구 저쩌구 어쩌구 저쩌구 어쩌구 저쩌구." 그가 말했다.

하지만 이렇게 해 놓으면 '부러진 대화체'가 의도하는 목적, 즉 얘기를 하는 사람이 누구인지를 일찍 밝히려는 장치를 그대로 전하지 않았기 때문에, 지금 한참 떠들어대는 이 얘기를 누가 하고 있는지 알 길이 없어 독자가 오리무중을 헤매게 된다. 끝까지 다 읽어보기 전에는 말하는 사람이 누구인지를 모르게 되는 그런 폐단을 막기 위해서 필자는 '이렇게'라는 단어를 집어넣고 가끔 이런 식으로, 영문 구조 그대로, 번역하고는 했었다.

> 그는 이렇게 말했다. "어쩌구 저쩌구 어쩌구 저쩌구 어쩌구 저쩌구 어쩌구 저쩌구 어쩌구 저쩌구 어쩌구 저쩌구 어쩌구 저쩌구 어쩌구 저쩌구 어쩌구 저쩌구 어쩌구 저쩌구."

"땀으로 얼룩진 작업복 위에 항상 걸치고 다니는 명주실로 장식한 반짝이는 턱시도 상의"처럼 여러 단어가 무질서하게 마구 뒤엉킨 표현은 힘이 좀 들기는 하더라도 정확하게 의미를 전달하게끔 어휘를 재배열하면 해결이 가능해진다.

하지만 "그의 <u>이빨과 눈과 땀</u>으로 얼룩진 작업복"에서 밑줄친 부분처럼, 어떤 표현('얼룩진 작업복')을 수식하는 말과 그렇지 않은 말이 뒤엉켜 갈피를 잡기가 힘들 때는 어떻게 해결하면 좋을까?

그럴 때는 무거운 짐을 들어올리는 지렛대가 도움이 된다.

| 편리한 '그리고' 지렛대

윤희선 학생의 번역문에서 "그의 이빨과 눈과 땀으로 얼룩진 작업복"이라는 토막 글만 잘라서 보면 분명히 '작업복'이 (1)이빨, (2)눈, (3)땀으로 얼룩졌다. 하지만 이것은 분명히 시각(視覺)의 착각(optical illusion)이다. 그리고 그러한 착각을 유발시킨 탓은 번역자에게로 돌아간다.

문장 전체를 다시 도표식으로 배열해 보자.

(어둠 속에서는)
   (그의) 이빨(과)
   (그의) 눈(과)
   땀으로 얼룩진 (그의) 작업복 위에 항상 걸치고 다니는
   명주실로 장식한 반짝이는 턱시도 상의
(만이 보일 뿐이었다.)

여기에서 괄호 안에 가둔 단어들을 모두 제거하고 나면, 어둠 속에서 눈에 보이는 세 가지 물건만 남는다. 이렇게 말이다.

(1) 이빨
(2) 눈
(3) 땀으로 얼룩진 작업복 위에 항상 걸치고 다니는
   명주실로 장식한 반짝이는 턱시도 상의

그러니까 (1) '이빨' 그리고 (2) '눈'과 더불어 줄을 맞추고 발도 맞춰야 하는 주인공은 '땀'이 아니라 '상의'이다. 다만, '상의'를 수식하는 말이 너무 길다 보니, 참을성이 모자라는 독자가 헷갈려 길을 잃고 만 셈이다. 도표식 문장에서 눈에 보이는 세 가지는 마치 타조 한 마리와 참새 두 마리가 발을 맞추려고 애쓰면서 한 줄로 걸어가는 듯한 형국이다. 이렇게 균형이 맞지 않으면 독자는 멀미가 나고, 멀미가 나면 어지러워서 사물이 잘 보이지를 않는다.

  일반적인 독자는 신경을 곤두세우고 문장을 분석해 가면서, "아하, 이것이 이런 뜻이로구나"라고 너그러운 마음으로 글을 해석하면서 읽어줄 만한 참을성을 대부분 갖고 있지 않고, 그래서 '난해한' 문장을 싫어한다. 그리고 독자들이 좋아하는, 이른바 '유려한 문체'란 사

람들의 머리와 눈을 괴롭히지 않는다. 그냥 읽어 내려가기만 하면 모든 단어가 정확하게 파악이 되는 그런 '막히지 않는 문장'이 독자가 생각하는 '유려한 문체'이다.

물론 문장의 길이는 이해의 어려움과 어느 정도 정비례하지만, 영어로는 쉽게 이해가 되는 문장이 번역해 놓은 다음 얼개가 복잡해져 갈팡질팡 갈피가 잡히지 않아 알 길이 없는 난해한 문장이 된다면, 그것은 대부분의 경우 번역 과정에서 문제점이 발생했다고 믿으면 된다.

이런 혼란을 피하기 위해서는, 예를 들어 앞에 나온 문장의 경우, 수식하는 부분이 긴 (3)번을 앞세우고 (1)과 (2)를 뒤로 돌리는 방법이 때로는 편리하게 문제를 해결해 주기도 한다. "땀으로 얼룩진 작업복 위에 항상 걸치고 다니는 명주실로 장식한 반짝이는 턱시도 상의(3)와 그의 이빨(1)과 눈(2)"이라고 하면서 '상의'에 걸린 부분에는 3인칭 소유격 '그의'를 붙이지 않는 등, 너무 길어서 종잡기 힘든 표현 (3)을 짧은 말 "(1) 이빨, (2) 눈"으로부터 차별화 하여 혼란을 막는 방법이다. 하지만 그런 경우에도 (3)의 긴 수식 부분이 '상의'만이 아니라 '이빨'과 '눈'에도 걸리는 듯한 착각이 일어날 가능성은 그대로 남는다.

왜 영어로 된 본문에서는 그런 혼란이 일어나지 않는데 번역문에서는 달라질까? 그것은 물론 우리말에는 그런 얼개의 문장이 없어서가 아니라, 제대로 번역하는 요령이 부족하기 때문이다. 위에 제시한 발췌문과 비슷한 구조의 우리말 표현을 하나 예로 들겠다.

시골에 살면서 내가 맛있게 먹었던 과일로는 수박, 자두, 배, 복숭아, 그리고 누가 과수원에서 서리를 해 먹고 개울가에다 똥을 누었을 때 배설된 씨에서 싹이 터서 자라난 개똥참외를 손꼽아도 되겠다.

위 문장에 등장하는 다섯 가지 과일도 분명히 길이로 봐서는 균형이 맞지를 않는다. '수박'과 '자두'와 '배'와 '복숭아'는 한 단어만으로 홀로서기를 하는데, '개똥참외'는 그렇지를 않아서, 기나긴 역사가 담긴 설명을 함께 몰고 다닌다. 물론 여기에 나타난 불균형은 문장에 담긴 내용에 숨겨진 의미 때문에 생겨난 결과이다. 즉, 먼저 열거한 네 가지 과일도 물론 맛있기는 했지만, 참외 가운데에서도 개울가 개똥참외가 특히 맛있었다는 사실을 강조하는 내용을 살리기 위해 장황한 설명을 끼워넣는 바람에 문장이 그런 형태를 취하게 되었다는 얘기이다.

그런데 왜 필자가 내놓은 우리말 예문에서는 박혜란의 번역글에서와 같은 혼란이 일어나지 않을까? 그것은 네 가지 과일의 목록, 그리고 참외를 수식하는 긴 부분의 사이에 밑줄을 친 '그리고'가 버티고 서서 지렛대 역할을 하기 때문이다.

비슷비슷한 사물이나 인물의 목록(catalog)이 등장할 때 자주 일어나는 이런 혼란을 보다 알기 쉽게 설명하기 위해 마지막 대상(사물이나 인물)에 관한 수식이 아주 짧은 문장을, 다음과 같은 문장을 예로 들어 다시 설명해 보겠다.

> 우리들은 여행을 하면서 고두심과 김혜자와 최불암과 김형자의 옷차림에 관한 얘기를 나누었다.

그렇다면 우리들은 고두심의 옷과 김혜자의 옷과 최불암의 옷과 김형자의 옷에 관한 얘기를 했다는 뜻일까, 아니면 고두심 얘기와 김혜자 얘기와 최불암 얘기, 그리고 김형자의 옷에 관한 얘기를 했다는 뜻일까? 이런 모호함은 '과(와)'를 모두 쉼표로 바꿔 놓아도 마찬가지이다. 직접 확인해 보라.

우리들은 여행을 하면서 고두심, 김혜자, 최불암, 김형자의 옷차림에 관한 얘기를 나누었다.

문제의 발단은 '과(와)'나 쉼표 만으로 목록을 분류하면, 나열된 항목이 모두 균등가(均等價)를 갖게 된다는 선입견에서 시작된다. '과(와)'와 쉼표가 줄을 맞춰 나아가면, 그와 나란히 위치한 모든 단어가 균등 분할되어 저절로 모두 발이 맞기 때문이다.

하지만 '그리고'를 넣으면 의미가 어떻게 달라지는지 살펴보자.

우리들은 여행을 하면서 고두심, 김혜자, 최불암 그리고 김형자의 옷차림에 관한 얘기를 나누었다.

여기에서는 쉼표 대신 '그리고'가 돌출되기 때문에, 자동적으로 휴지가 길어지고, 그래서 대부분의 경우에 '고두심과 김혜자와 최불암에 관한 얘기, 그리고 김형자의 옷'에 관한 얘기를 나누었다는 뜻이 된다. 그래도 확연치가 않다고 여겨지면, 이 설명문에서처럼 앞서 가는 목록은 계속 반복해서 '과(와)'로 그냥 받다가, '그리고' 앞에서는 변화를 주어 쉼표(,)를 넣어주면 세미콜론(;)의 효과가 나서, 앞에 나열한 여러 품목과 뒤에 나오는 한 가지 품목의 단위나 수준이나 차원이 차별화되고, 그런 식으로 앞뒤가 완전히 분리되면 새로운 개념의 각인(刻印)을 위한 전환이 이루어지며, 그런 결과로 전체 문장의 균형이 잡힌다. 이렇게 말이다.

우리들은 여행을 하면서 고두심과 김혜자와 최불암, 그리고 김형자의 옷차림에 관한 얘기를 나누었다.

아직도 비록 단어 하나(텔레비전 연기자의 이름)짜리 단위로는 뒤에 따라 나오는 구나 절을 감당하기가 힘에 겹겠지만, '그리고' 앞의 여러 단어가 합쳐서 뒤에 나오는 한 단어와 거기에 붙은 수식 구절을 어느 정도 상대하는 힘이 생겨난다. 말하자면 '그리고'는 지렛대 역할을 해서, 앞에 나오는 낱 단어의 무더기와 뒤에 나오는 한 뭉치의 단어가 정신 없이 널을 뛰더라도 단단히 중심을 잡아주게 된다.

그래도 오해의 소지가 남는다면 아예 같은 말을 한 번 반복해 줘서 경계를 확실히 지어도 되겠다. 이런 식으로 말이다.

> 우리들은 여행을 하면서 고두심과 김혜자와 최불암에 관한 얘기, 그리고 김형자의 옷차림에 관한 얘기를 나누었다.

따라서, 문제의 복잡한 문장은, 아직 부족한 번역이기는 하지만, '그리고' 지렛대로 중심을 잡은 mjq의 번역이 조금쯤은 정리가 잘 되었다고 여겨진다.

> 어둠 속에서 보이는 거라고는 그의 이빨과 눈 그리고 땀으로 얼룩진 작업복 위에 고집스레 걸쳐입은 반짝이는 비단 만찬용 조끼였다.

변화 만들기

영어로 된 하나의 길고 복잡한 문장을 많은 사람들이 짧고 간단한 여러 개의 문장으로 잘라서 토막토막 번역하는 까닭은, 그 이유가 간단하다.

원문의 형태를 그대로 보존하며 문체까지 번역하는 요령을 모르기 때문이다.

요령을 모른다는 말은 곧 능력이 미치지 못한다는 뜻이다.

원형을 무너뜨리지 않으면서 번역하는 방법을 모르는 사람이나 마찬가지로 번역의 첫 번째 원칙, 즉 "있을 수 있는 것은 모조리 없앤다"는 원칙을 지키지 못하는 사람 또한 능력이 부족한 경우가 대부분이다. 그리고 능력이 부족한 사람보다는, 제대로 고칠 능력은 갖추었으면서도 "그렇게까지 애를 써서, 귀찮은 방법으로 번역이라는 일을 할 필요가 어디 있겠느냐"면서 공을 들이려는 성의를 보이지 않는 사람의 경우가 훨씬 더 성장이 더디다.

학교에서 문학 번역을 가르치다 보면, "있을 수 있는 것 중에는 없앨 수도 없는 것도 있다"는 고정관념에 빠져, 매년 한 두 명쯤은 자신이 아무리 노력을 해도 "없앨 수가 없었다"고 주장하면서, 어디 한 번 고쳐보라는 식으로 '있을 수 있는 것'이 줄줄이 박힌 문장을 내놓으며 '도전'을 해오기도 한다.

하지만 번역의 첫 원칙은 단순히 '있을 수 있는 것'이라는 세 개의 단어에만 국한된 얘기가 아니다.

사람들은 번역을 해나갈 때 흔히 별다른 생각을 하지 않고 머리에 떠오르는 첫 번째 단어들만을 가지고 자신이 다루기 가장 편한 기초적인 문장의 형태 안에서 작업을 한다. 그러다 보니 어떤 상황의 문장에서는 어느 단어가 좋을지 전혀 고민하지도 않고, 문장 작법 따위는 아예 관심도 보이지 않았던 결과로, 방송 연예인들의 말투에서 '너무'나 '담백하다' 같은 단어가 무수히 반복되듯이, 제한된 어휘로만 이어져서 단조롭기 짝이 없는 글이 되고 만다.

그렇게 과잉 반복되는 대표적인 단어와 표현이 '있을 수 있는 것'과 쓸데없는 복수형이나 소유격, 우리말과는 감각이 다른 피동태 등이며, 그런 모든 결함을 한꺼번에 고치기가 어렵기 때문에 우선 '있을 수 있는 것' 세 단어부터 제거하는 훈련을 통해 글의 단조로움을 줄여보자는 의도이다. 그러니까 '있을 수 있는 것'을 제거하는 요령을 터득하고 난 다음에는, 번역자 저마다 그의 문장에서 자신도 모르는 사이에 자주 중복되는 다른 요소들을 스스로 찾아내어 다른 어휘나 표현을 동원해가면서 변화를 만들어내는 작업을 계속해야 한다.

과잉 사용되는 단어나 표현의 반복을 없애려고 애를 쓰다 보면, 자동적으로 단조롭던 글에서 변화가 일어난다. 변화는 단조로움을 없애고 독자들이 느끼는 싫증을 막아준다.

하지만 많은 사람들은 '있을 수 있는 것' 단계의 극복조차도 성공하지 못한다.

여기에서 우리가 검토 대상으로 삼는 세 학생은 처음 번역 공부를 시작하는 대부분의 사람들보다 '있을 수 있는 것'의 사용 빈도수가 비교적 적은 편이지만, 그래도 msq가 '것'이 다섯 개, 윤희선은 도입부에서만 집중적으로 '있(었)다'가 셋 그리고 '것'이 네 개이고, 박혜란은 '있다'가 하나에 '것'이 셋이다. 물론 '걸(=것을)'과 '게(=것이)'와 '거'는 모두 '것'의 변형이라고 봐야 한다.

그렇다면 이제는 세 학생의 번역이 정확하다는 가정 하에, 그들이 사용한 '있을 수 있는 것'을 모두 제거하는 요령을 알아보겠다.

(가) 어둠 속에서 보이는 <u>거라고는</u> ~(만찬용 조끼)였다.(msq)

앞 항에서 상대적인 모범 답안으로 소개한 바로 그 문장인데, 여기에서는 우선 대화가 아니라 서술문 속에서 구어체 표현인 '거라고는'이 적절치 않다는 점부터 지적해 둬야 하겠다. 톰 티디가 구어체 문장을 구사한다는 말은 어휘의 선택 등이 그렇다는 뜻이었지, 발음이나 표기법을 두고 한 얘기는 아니었다.

서술체 속에서 구어체가 튀어나오면 역시 다른 부분들과 발과 줄이 안 맞는다. 수필체에서 자주 나타나는 현상이지만, 특히 여성의 경우, 서술문 속에서 구어체를 함부로 사용하는 경향이 강하다.

다음과 같은 경우가 되겠는데, 제시된 바와 같이 고치는 편이 바람직하겠다.

그렇게 하곤 했다 ☞ 그렇게 하고는 했다
그런 소릴랑 하지 말고 ☞ 그따위 소리는 하지 말고
그런 게 아니라니까 ☞ 그런 것이 아니라니까

그렇다면 "어둠 속에서 보이는 거라고는 ~였다"에서 어떻게 '거라고는(=것이라고는)'을 없애는가? 이런 경우에 사람들은 흔히 문제의 단어 하나만 다른 단어로 바꿔보려고 애를 쓰다가, "없앨 수 없는 것이 여기 있다"는 결론을 내리기가 쉽다. 하지만 이미 써놓은 문장에서 한 두 단어만 고치는 차원에서 해결되지 않을 경우에는 아예 문장 전체의 구조를 바꿔야 무리가 가지 않는다. 그러니까 "어둠 속에서 보이는 거라고는 ~였다"라는 문장 전체를 의미는 같아도 표현 방법이 다른 "어둠 속에서는 ~만이 보였다"라는 식으로 고쳐 보라는 뜻이다.

어디에선가 필자는 '거꾸로 번역'이라는 방법을 소개했었지만, "보이는 것이라고는"이라는 말로 시작된 문장을 "~밖에는 보이지 않았다"라는 거꾸로 표현으로 바꿔 문장을 끝내 보라는 제안이다.

마음에 안 드는 문장은 다시 쓰는 습성이 글쓰기 훈련에서는 가장 중요한 과정 가운데 하나이다.

(나) "저 소리가 들린다는 것은", 그는 낄낄거렸다.(mjq)
☞ "저 소리가 들린다면 말야" 그는 낄낄거렸다.

(다) "그렇다면 그 사람 ~ 내 눈에 띄지 않는게 좋을거야"(mjq)
"그가 안 나타나는 게 좋을 거야"(윤희선)
"내 앞에 나타나지 않는 게 좋을걸"(박혜란)
☞ "내 눈에 띄지 말았으면 좋겠어" 또는

"내 앞에선 얼씬거리지 않아야 되겠지" 또는
"내 눈 앞에 얼씬거리지 말라고 해"

윤희선 학생은 여기에서 뿐 아니라, 대화체에서 말을 끝내고 따옴표를 닫기 전에 마침표를 빼먹은 곳이 여럿이다.

또한, '있을 수 있는 것'을 없애라는 요구를 받고 쉽게 해결이 나지 않는 경우에, '하고 있었다'를 '했다'로 고치는 대신 '하고있었다'라고 붙여 써서 진행형 단어를 없앴다고 눈속임을 시도하는 학생들이 적지 않은데, mjq 학생의 '않는게'와 '좋을거야' 그리고 박혜란 학생의 '좋을걸'에서처럼 '것'을 앞 단어 뒤에 붙여 놓아서 눈에 잘 띄지 않게 숨기는 요령도 사실은 요령이 아니다.

진행형 '있다'와 형식 명사 '것'은 항상 띄어 써야 한다.

　　(라) "~베트콩 취급을 해줄 거니까"(mjq)
　　　　"나는 그를 베트콩처럼 취급할 거니까"(윤희선)
　☞ "~베트콩 취급을 해줄 테니까." 또는
　　　 "나는 그를 베트콩처럼 취급하겠어."

　　(마) 탁자 위에는 초 하나가 켜져 있었다.(mjq)
　　　　촛불 하나가 식탁을 비추고 있었고(박혜란)
　☞ 초 하나를 켜 놓았다.(mjq)
　　　 식탁을 비추었고(박혜란)

mjq 학생은 '켜져 있었다'라는 진행형을 꼭 고집해야 하는 경우더라도 쓸데없는 수동형을 피해서 '켜 있었다'라고 하는 편이 좋겠다.

'비추고 있었다'를 '비추었다'로 고치듯이, 진행형 '있다'나 '이었다'를 그냥 지워버리고 앞 단어에다 어미를 이어 붙이기만 해도 쉽게 해결이 날 때가 아주 많다.

　　(바) 휙휙 거리는 소리를 듣고 <u>있지</u> <u>않는</u> 듯 했다.(윤희선)
　　　☞ 휙휙거리는 소리가 들리지 않는 듯했다.
　　　　～ 소리를 듣지 못하는 듯싶었다.
　　　　～ 소리가 안 들리는 모양이었다.

　　(사) "～그 분에 대해서 <u>안 좋은 말은 하지 않을 거야</u>"(박혜란)
　　　☞ "～나쁘단 소린 하지 않겠어."

*

　여기에 제시한 방법들은 극히 일부에 지나지 않는다. 따라서, 아직 공부를 하는 단계라면 변화만들기에 완전히 숙달될 때까지는 '있을 수 있는 것'을 하나도 남기지 않는 연습을 계속하도록 권하고 싶다.

번역도 살을 빼야 건강하다

　지금까지 우리는 좋은 번역을 위한 아홉 가지 원칙을 공부했으며, 그 첫 번째인 "있을 수 있는 것은 모두 없애라"에 관한 복습도 앞 10항에서 거쳤다.
　'있을 수 있는 것'과 다른 모든 반복 표현이 어휘력 부족에서 기인한다는 사실도 확인했다.
　쓸데없는 진행형이 표현력에 대한 자신감의 부족에서 기인한다는 사실도 추측해 보았다. "사람이 간다"고 하더라도 충분히 진행되는 상태를 의미하는데, 그럼에도 불구하고 꼭 "사람이 가고 있다"라는 진행형을 동원해야만 직성이 풀리는 까닭은 자신이 쓴 문장이 짧게 여겨지거나 두 단어 대신 한 단어로만 표현했다가는 사람들이 제대로 알아듣지 못하리라는 잠재의식적인 불안감의 소산이리라는 짐작

또한 우리는 해 보았다. 그런 결과로 진행형을 쓰지 않아도 되는 수많은 문장까지 진행형으로 만들어놓는 과다한 진행형의 행렬이 자꾸 생겨난다는 사실도 짐작해 보았다.

물론 '있(었)다'나 '수'나 '것' 처럼 널리 사용되는 단어들이라면 쓸모가 많기 때문에 빈도수가 늘어났겠지, 쓸모가 많은 단어를 애용해서 나쁠 바가 무엇이냐는 주장도 나올만하다. 그러나 따지고 보면, 멋지고 훌륭한 어휘이기 때문이 아니라, 단순히 게으르고 무성의해서 같은 표현을 수없이 자주 반복해서 사용한다면 문제가 달라진다.

대부분의 경우, 자신 없는 문장과 능력 없는 문장과 성의 없는 문장과 공을 들이지 않은 문장에 '있을 수 있는 것'이 넘쳐흐르고는 한다. 그리고 쓸데없는 '있었다' 류의 단어가 여기저기 마구 들어가기 때문에 문장은 자꾸 길어지기만 한다.

그렇다. 자신 없는 문장은 꼼꼼히 다듬은 문장보다 분명히 단어수가 많다.

단어수가 많고 말이 많으면 문장이 늘어지고 힘이 빠진다.

그래서 번역의 열 가지 원칙 가운데 마지막인 가지치기 원칙이 필요해진다.

번역도 역시 살을 빼야 건강해진다. 이것이 마지막 원칙이며, 이 가지치기 원칙은 결국 첫 번째 원칙 "있을 수 있는 것은 모두 없앤다"와 연결된다. 만물의 이치가 그러하듯이, 마지막 원칙이 첫 원칙으로 되돌아간다는 뜻이다.

쓸데없는 단어의 살빼기를 하는 까닭은 겁이 나서 더덕더덕 붙여놓은 문장에서 지저분한 가지와, 바람에 실려 날아와 엉겨붙은 쓰레기 조각들을 제거하여, 문장나무가 햇빛을 잘 받고 건강하게 성장하도록 돕기 위해서이다.

너무 길고 지저분한 문장은, 앞 항에서 살펴보았듯이, 갈피를 못 잡아 멀미를 일으키게 하고, 그래서 필요 없는 가지를 잘라내야 한다. 그것은 번역자가 편하기 위해 아무렇게나 해 던진 (초벌 상태의) 번역을, 독자를 위해 보기 좋고 먹기도 좋은 과일처럼 다듬고 가꾸는 작업에 해당된다.

한 가지 주의해야 할 점은, 여기에서 권하는 가지치기와 살빼기가 쓸데없는 모든 단어를 잘라 버리라는 뜻이지, 꼭 필요한 말까지 희생해 가면서 무작정 문장의 길이만 짧게 만들라는 얘기가 절대로 아니라는 점이다.

필자는 번역이나 창작이거나를 가리지 않고, 가지치기를 할 때는 명사나 부사나 형용사나 동사 따위의 중요한 어휘를 한 쪽(page)에서 한 번 이상은 사용하지 않는다는 기준을 지키려고 노력한다. 물론 의도적으로 반복한 어휘나 표현은 예외로 치면서 말이다.

그렇다면 사람들이 흔히 무의식중에 불안감이나 기타 다른 이유로 쓸데없이 덧붙이는 단어나 표현은 무엇인지, 구체적인 예를 찾아보자.

 (가) 그러나 한 사람은 그 소리를 듣고 있었다.(윤희선)

위 문장에서 '듣고 있었다' 는 '들었다' 로 줄여도 좋다는 지적은 이미 앞에서 했었다. 총알이 날아가는 소리라면 순식간에 사라진다. 따라서 순간적인 행위나 상황을 묘사할 때까지도 굳이 길게 계속되는 진행형을 써야 할 필요는 없겠다.

그리고 '그 소리를' 이라는 말도 필요가 없다. 바로 앞 문장에서 "아무도 저격수의 총알이 등화관제 지역을 간헐적으로 통과하면서 내는 획획 거리는 소리를 듣고 있지 않는 듯 했다"라는 내용이 나오니까, 여기에서는 "그러나 한 사람은 들었다"라고만 하더라도, '한 사람'이 무엇을 들었는지는 설명이 없어도 쉽게 이해한다.

영어 원문을 보라. "One man, however, did." 정말로 간결한 표현이다. 거기에 비하면 학생이 번역한 문장은 지나치게 곁가지가 많다.

원문의 분위기를 살리려면, 아예 '그러나' 까지도 없애야 좋겠다. 왜 그런지 잠시 보충 설명을 하겠다.

글쓰기에 자신이 없는 사람들은 대부분 앞 문장과 뒷 문장이 잘 연결되지 않는다는 부담감을 느껴 거의 모든 문장의 앞에 '그리고' 나 '그래서' 나 '그랬더니' 나 '그리하여'를 집어넣고는 한다. 그런 습성 때문에 번역을 하는 경우에도 본문에 나오지 않는 갖가지 접속사를 집어넣는다.

필자가 대학시절에 영어로 글쓰기 공부를 하던 무렵 어느 책을 봤더니 이런 말이 나왔다. 소설을 다 쓴 다음, 자신이 끝낸 원고를 읽어 내려가면서, 눈에 띄는 수많은 'and' 가운데 절반은 지워버려도 전혀 문장에 무리가 가지 않으며, 오히려 글이 활기를 얻으리라는 충고였다. 그러니까 가능한 한 많은 'and'를 제거하라는 원칙은 필자가 '있을 수 있는 것'을 모두 지워버리라고 한 제안과 비슷한 충고였고, 결과도 마찬가지였다. 'and' 뿐 아니라, 특히 'therefore' 나 'whereof' 처럼 너무 길어서 눈에 거슬리는 관계사나 접속사를 잘라버리고 나면, 글의 흐름 전체에서 훨씬 싱싱한 생기가 돈다. 그래서 필자는 지금까지도 영어로 글을 쓰고 나면 'and'를 위시한 모든 접속사, 그리고 무의식적으로 자주 튀어나오는 'be' 동사를 걸러내는 작업을 따로 한다.

필자가 영어로 글을 쓸 때 무의식적으로 'be' 동사가 많이 등장하는 까닭은 동양인이기 때문이라는 생각을 한다. 〈영어 길들이기〉에서 설명했듯이, 활동적이고 유목민적인 정복의 생활을 계속해 온 서양인들의 역사적인 배경 때문에 영어에서는 동사가 발달했고, 한 곳에 정착하여 여러 대에 걸쳐 대가족 제도에 묶여 살아온 한국인은 언어에서 상대적으로 명상적인 형용사나 부사를 잘 발달시켜 왔다는 개인적인 결론에 따라, 필자는 동사에서까지도 정적인 어휘들을 한국인이 무의식적으로 훨씬 더 자주 사용한다고 믿는다.

예를 들면 "나는 학생이다"라는 말을 영어로 번역하라고 하면 대부분의 한국인, 아마도 열 명 가운데 아홉 명은 별다른 생각도 하지 않고 "I am a student"라고 'be' 동사로 연결짓는 형태의 문장으로 옮긴다. 그러나 서양인들은 "I go to school"이라고 하는 경우가 적지 않다. 여기에서 'am'과 'go'를 비교해 보라. 'am'은 '='이라는 수학 기호와 마찬가지로, '~같은 상태'를 의미해서, 학교를 '다닌다 (go=그곳으로 갔다가 돌아오기를 반복한다)'는 동적인 표현과는 감각적으로 큰 차이가 난다.

이렇듯 별로 움직이지 않는 'be' 동사가 많이 들어간 글은 전체적으로 생기를 잃고, 그래서 동사(動詞)가 동적(動的)인 구실을 제대로 못하면 필연적으로 독자로부터 상상력의 자극(visualization)에서 실패하게 된다.

'be' 동사나 마찬가지로 접속사 또한 문장과 글에서 맥이 풀리게 만드는 요소이다. 다음 두 가지 형태의 글을 비교해 보기 바란다.

> a. 나는 집으로 갔다. 그리고는 밥을 먹었다. 그런 다음에는 숙제를 했다. 그리고는 숙제를 끝낸 다음에 밖으로 나갔다.
> 밖에 나가서 보니 아이들이 놀고 있었다. 그래서 아이들하고 같이 놀았다. 그러자 비가 왔다. 그래서 나는 집으로 돌아왔다.

여기에서, 비록 약간 거친 인상을 주기는 하겠지만, 접속시키는 온갖 표현을 모두 없앤 다음 글의 흐름과 호흡이 얼마나 (동적으로) 빨라지는지를 보라.

> b. 나는 집으로 갔다. 밥을 먹었다. 숙제도 했다. 숙제를 끝내고 밖으로 나갔다. 길에서 아이들을 만나 같이 놀았는데, 비가 왔다. 집으로 돌아 왔다.

이제 "One man, however, did"라는 문장을 번역하면서도, 비록 'however'가 중간에 박히기는 했지만, '그러나'라는 연결어를 없애고 우리말로 옮겨보자.

다른 사람은 아무도 듣지 못하는데, 한 사람만 '은' 총성을 들었다고 말하면, '하지만(however)'이라는 표현이 이미 문장 속에 녹아 들어갔다고 봐도 되겠다. 뒤에서 설명하겠지만, 주어에 붙은 토씨 '은'이 '이'와는 달리 선별적인 의미를 담기 때문이다.

이렇게 가지치기를 한 문장과 학생이 처음 번역해 놓은 문장을 다시 한 번 비교해 보기 바란다.

> 그러나 한 사람은 그 소리를 듣고 있었다.
> ☞ 한 사람은 들었다.

어느 쪽 번역이 간결하고도 힘찬 본문과 가깝다고 느껴지는가?

> (나) 작업복 위에 항상 <u>걸치고 다니는</u> 명주실로 <u>장식한</u> 반짝이는 턱시도 <u>상의만이 보일 뿐</u>이었다.(윤희선)

원문은 그렇지 않은데 번역문이 혼란을 일으키는 가장 간단한 이유는 설명하기 위해 동원한 말이 너무 많기 때문이다.

"가지 많은 나무 바람 잘 날 없다"는 우리 속담은 식솔(자식)이 많으면 많을수록 우리가 겪는 고생도 정비례해서 늘어난다는 뜻으로, '설명하는 말이 너무 많은' 번역에도 적용된다.

아무리 먹여 살릴 입이 많기 때문에 고생을 하더라도, '자식 복'을 바라면서 잔뜩 낳아 놓은 아이들이라면 잘 먹이고 키워야 할 책임을 부모가 져야만 한다. 그러나 낳지도 않은 자식까지 잔뜩 데려다가 주렁주렁 거느리고 사서 고생을 하는 일은, 자선사업가나 사회복지가가 아니라면, 필요 없는 '짓'이라고 해도 되겠다.

(나)항에서 검토하기 위해 위에 뽑아놓은 예문에서는 '장식한'이라는 단어가 필요 없이 들어가 오히려 없었어도 괜찮을 군더더기가 오역의 여지만 낳았다는 점은 이미 지적했었다. 그런데, 과연 군더더기가 '장식한'이라는 단어 하나뿐일까?

'걸치고 다니는'이라는 표현을 한 번 따져 보자. '다니는'이란 이동이 계속되거나 반복되는 상태 또는 상황을 뜻하는 말이다. 그렇다면, 사람들이 '턱시도'를 입고 나와서 돌아 '다니는'가? 여러분은 지하철이나 버스 또는 길거리에서 턱시도를 입고 돌아다니는 사람을 본 적이 기억나는가?

'턱시도' 또는 '만찬용 정장'은, 물론 그 옷을 입은 채로 한 장소에서 다른 장소로 사람들이 '이동'을 하기는 하지만, 본디 존재 목적은 대부분 고정된 또는 제한된 장소에서 '걸치는' 의상이다. 그러니까 '걸치고 다니는'은 '걸치는'이라고만 했어도 충분한데, 쓸데없이 나돌아 '다니는' 군더더기를 붙여놓은 셈이다. 어휘가 하나 더 들어가서 이해를 증진시키기는커녕 방해만 되어서, 오히려 논리에 맞지 않는 표현이 되고 말았다.

하나의 문장 전체도 아니고, 한 토막만 잘라놓은 대목에서, 이렇게 두 개의 군더더기 표현이 나오기만 했어도 '돌부리'가 자꾸 발에 걸릴 지경인데, '상의만이 보일뿐'이라는 세 번째 부리도 눈에 띈다.

이것은 아주 흔한 형태인 '중복(redundancy)'이라는 군더더기이다. 우리는 술에 취한 사람이 한 얘기를 하고 또 하기를 반복하는 행태를 가끔 접하는데, 번역을 위시한 갖가지 글쓰기에서도, 역시 강조를 하기 위해서이거나 상대방이 잘 알아듣지 못했을지도 모르겠다는 노파심이나 기우(조바심) 때문이겠지만, 의도적인 경우가 아닌데도 같은 말이나 (정확한 표현이 다르기는 하더라도) 이미 나왔던 말과 같은 내용의 설명을 겹으로 달아주는 사람이 많다. "오직 한 사람만 살아 남았다"라는 말이 그런 예가 되겠다. 강조를 위해 이중 장치를 해 놓은 이 문장에서는 밑줄을 친 '오직'과 '만'이 같은 뜻이다. 따라서 하나는 필요가 없다. "한 사람만 살아 남았다"라고 해도 설명이 충분하기 때문이다.

'상의만이 보일 뿐'이라는 표현에서도 '만'과 '뿐'이 겹친다. '상의가 보일뿐'이나 '상의만 보여'라고 했어도 충분하다.

영어 소설이나 영화를 보면 "난 하찮은 인간이다"라는 뜻으로 흑인 노예나 백인 부두 노동자처럼 무식한 등장인물들이 "I ain't nothin'"이라는 식의 말을 자주 한다. 이것을 제대로 문법에 맞춰 표기하면 "I am not nothing"이라는 이중 부정이 된다. "난 시시한 인물이 아냐"라는 뜻이다. 하지만 무식한 사람들은 이런 이중 부정을 "난 정말 하찮은 인간이다"라고 강조하기 위한 표현 방법으로 사용한다.

이와 같은 겹치기 군더더기 표현은 문장의 수준을 깎아내리기 쉽다.

　　(다) 그러나 못들었을리 없고, 그 중 한명이 말했다.(mjq)

"오 그래, 우리의 지도자. <u>나는 그에 대해</u> 나쁜 말을 하지 않아"(윤희선)에서 밑줄 친 부분 역시 중복의 군더더기에 해당된다. 지금 말을 하는 사람이 '나'라는 사실은 자명하고, 더구나 우리말 대화체에서는 주어가 워낙 많이 생략된다는 점까지 감안하면 정말로 필요 없는 '설명'이겠다. 그리고 '그에 대해'라는 설명도 이미 앞에서 '우리의 지도자(마틴 루터 킹)'가 나왔기 때문에 누구에 대한 얘기인지 역시 자명하므로, 필요 없는 중복의 군더더기이다.

mjq 학생의 인용문에서도 마찬가지이다. "One man, however, did"라는 힘차고 간결한 문장을 앞 문장의 꼬리에 붙여놓은 번역 방법에 관해서는 이미 앞에서 지적했으니까, 여기에서는 강제로 연결시키기 위해 동원된 '그 중(中)'이라는 표현을 살펴보기로 하자.

바로 앞에서는 '핑 소리를 내며(whistling)' 총알이 날아가는 총성을 듣지 못하는 사람들에 관한 묘사가 나왔다. 그렇다면 혼자서만 총성을 의식하는 '전쟁터의 광대'는 총성을 못 듣는 '그 중 한 사람(one of them)'이 아니다. 레드몬드 중사는 그들과 '하나'가 아니다. 그가 어딘지 튀는 인물이요, '별종'이고, 다른 부대원들과는 동떨어진 특이한 인간이라는 사실이 톰 티디의 글에서는 두드러진 주제이다. 그런데 이런 특이한 별종을 '그 중' 하나로 만들어서는 안 될 일이다. 이것 역시 원문의 'one man'을 'one of them'이라고 쓸데없이 추가 설명을 보탰기 때문에 생겨난 흠집이다.

같은 문장을 박혜란 학생은 "그래도 한사람은 들었다"라고 옮겼다. '한사람'은 '큰사람(大人)'이라는 뜻이 되기 때문에 '한 사람'이라고 띄어 써야 맞지만, 그래도 어쨌든 다른 사람들의 번역글에 비하면 상대적으로 아주 두드러진 솜씨이다. 더구나 토씨의 구사가 그렇다. '은'이라고 하면, 나머지 다른 사람들은 그렇지 않지만, 주인공

'한 사람' 만큼 '은' 어떠어떠하다는 차별적인 의미가 된다. '이' 또는 '가' 라는 토씨와 비교해 보면 그런 차이가 쉽게 이해가 가리라고 생각한다.

 (라) <u>그의 말로는</u> 작업복이 땀으로 얼룩져 그 위에 걸쳤다고 한다.
   (박혜란)

 이것은 물론 잘라서는 안 될 문장을 잘라냈기 때문에 본디 문장과 떨어져 나온 부분을 다시 연결지어줘야 한다는 강박적인 불안감이 작용한 예문이다.
 밑줄 친 부분을 그냥 잘라내 버려도 전혀 의미 전달이 궁색하지를 않다.

 (마) "왜냐하면 흑인이든 백인이든, 나는 그를 베트콩처럼 취급할 거니까"
   (윤희선)

 마침표가 빠진 이 대화체 문장은 '왜냐하면' 이라는 퍽 어색한 말로 시작된다. 영어 원문이 'because' 로 시작되기 때문이다.
 'because' 가 나오기만 하면 아무 생각도 하지 않고 무작정 '왜냐하면' 이라고 번역하는 습성은 고등학교 시절에 선생님한테서 물려받은 타성이기가 쉽다.
 위 문장에서는 '거니까' 에 이미 '왜냐하면' 이라는 의미가 담겼고, 그래서, 많은 전형적인 '왜냐하면' 문장꼴과 마찬가지로, 그냥 '왜냐하면' 을 없애버려도 무방하다.

***

　문장도 살을 빼야 건강해지고, 쓸데없는 단어들은 용감하게 털어 버려야 한다는 사실을 염두에 두고 일을 하더라도, 얼마동안이나마 번역에 종사했던 사람이라면, 영어에서 우리말로 옮기거나 반대인 경우이거나를 막론하고, 원문보다 번역문이 항상 길어지는 '이상한' 현상을 경험했으리라고 생각한다. 이것은 원문에 나오는 단어 하나를 번역에서 역시 한 단어로 옮기기가 힘든 경우를 자주 당하기 때문이다.

　다른 책에서 설명한 바와 같이, 영어에서 발달이 잘 된 동사는 흔히 우리말로 옮길 때 동사+부사로 표현하지 않으면 충분히 뜻이 전달되지 않을 때가 많다. 예를 들어 'stagger' 라는 동사는 '비틀거리다' 만 가지고는 충분치가 않아 '비틀거리며 걷다' 라는 두 단어로 번역해야 할 때가 많다. 우리말을 영어로 옮길 때도 마찬가지여서, 문화적인 차이를 '설명' 하기 위한 보조 단어가 필요해지고는 한다.

　이런 식으로 한 언어에서 다른 언어로 옮겨갈 때는 아무리 절제를 하더라도 설명적인 요소가 따라 붙게 마련이다. 그리고 이런 필수적이고 설명적인 군더더기를 집어넣을 자리를 마련해 두기 위해서는 다른 모든 부분에서 단어와 표현을 최대한 아끼는 훈련이 필요하다.

　그리고 바로 그런 절제의 훈련은 "있을 수 있는 것은 모조리 없앤다"는 번역의 첫 원칙에서 시작된다.

| 행간읽기 | 과제로서 제시한 톰 티디의 글을 직접 번역해 본 독자라면 적어도 두어 군데서 당혹감을 느꼈으리라

고 생각한다.

만일 당혹감을 느끼지 않았다면 그 독자는 이런 강좌를 들어야 할 필요가 전혀 없을 정도로 번역하는 능력이 뛰어났거나, 아니면 마땅히 고민해야 하는데도 전혀 고민을 하지 않는 불성실한 번역자가 아닐까 싶다.

아마도 처음 당혹감을 느낀 부분은 다음 문장에서였으리라.

"What do you think about Martin Luther King?" somebody <u>baited</u> him.

세 학생은 이 문장을 이렇게 번역했다.
"마틴 루터 킹에 대해 어떻게 생각해?"
누군가 그를 <u>놀렸다</u>. (박혜란)

"마틴 루터 킹을 어떻게 생각해?"
누군가 <u>골리듯</u> 그에게 물었다. (mjq)

"마틴 루터 킹에 대해서 어떻게 생각하나?"
누군가 그에게 <u>미끼를 던졌다</u>. (윤희선)

첫 의문점은 — bait' 이라는 단어가 왜 여기에서 등장했을까?
그리고 둘째 의문점은 — 왜 마틴 루터 킹에 관한 얘기를 '누군가' 불쑥 꺼냈을까?
두 번째 의문부터 풀어보기로 하자.

톰 티디가 월남전 취재를 갔던 시기가 1965년이라고 했다. 그러니까 발췌문의 내용은 1965년에 일어난 사건과 상황을 다룬다. 그래서 당시 미국의 정치적인 상황을 살펴보자면, 1964년 통킹만 사건을 거쳐 한참 확전(擴戰, escalation)이 진행중이었고, 징병제에 맞서 "전쟁 말고 사랑을 하자(Let's make love, not war)"라고 외치며 히피

(hippy, the flower child)들을 위시한 갖가지 백인 집단의 반전 운동이 '영광스러운 애국 전쟁'의 종말을 예고하며 샌프란시스코 등 대도시를 중심으로 맹렬히 전개되던 참이었다.

그런데 왜 마틴 루터 킹 목사가, 그것도 대화가 시작되는 도입부에서 일찌감치, 월남 참전 병사들의 얘기에 등장하는가? 그것은 분명히 등장해야 할 이유가 존재하기 때문이다.

번역해야 할 글에 고유명사, 특히 인명이 등장할 때는 그가 등장해야 하는 이유를 알아내기 위해, 그 인물이 글의 내용과 어떤 관계인지 문화적 및 역사적 배경을 알아내야 하고, 그래서 조사를 해야 하는 일이 필수적인 사항이지만, 현실적으로는 확인을 안 하는 사람이 많다. 그러다 보니 발음조차도 제대로 확인하지 않고 눈에 보이는 그대로 옮겨 적어서 '모터스 장군(General Motors)'이나 '레버런드 스쿨메이커(Reverend Schoolmaker) 씨'라는 기막힌 번역이 나오기도 한다.

우리들은 번역자의 소임을 충실히 한다는 뜻에서, 잠시 시간을 내어 킹 목사에 관해 인명사전을 찾아 알아보기로 하자. 1929년에 애틀랜타에서 태어나 톰 티디의 글에 등장한지 3년 후인 1968년에 사망한 그는 1955년 몽고메리에서 통학(busing) 제도를 거부하는 운동에 앞장섰고, 인종의 차별 분리(segregation)가 위헌이라는 판결을 받아냈으며, 1957년에는 흑인의 민권 쟁취를 위한 투쟁을 마하트마 간디처럼 비폭력으로 수행하겠다고 선언했다. 인권 운동의 과정에서 그는 백인 관리들의 탄압을 받으며 수없이 감옥을 드나들었고, 한 차례 칼에 찔리기도 했으며, 그의 집을 폭파하려는 시도가 세 차례나 발생했다. 자신은 동성애자였던 FBI의 에드가 후버 국장이 킹 목사의 인격에 흠집을 내기 위해 온갖 도청 장치를 동원해 여자 관계를 추적하려고 했던 사건도 영화로 제작되어 소개되었을 정도로 유명하다. 1963년 그는 자신의 활동 방식에 반대하는 성직자들의 주장에 반박하는 "버밍엄 감옥에서 쓴 편지(Letter from Birmingham Jail)"를 발표하고, 8월 28일 워싱턴에서 역사적인 대행진을 벌인 다음 그의 꿈을 밝히는 유명한 연설("I have a dream")로 세계를 감동시킨다. 1964년 그는 서른 다섯이라는 젊은 나이에 노벨 평화상을 수상하고, 1965년에는 알라바마 주 셀마(Selma, Alabama)에서 "우리는 극복하리라(We shall overcome)"는 노래를 부르며 흑인 선거인 등록 운동을 주도한다.

여기까지 확인했음에도 불구하고 우리가 보기에는 아직도 왜 킹 목사가 '전쟁터의 광대' 얘기에 등장해야 하는지 이유가 분명하지 않다.

하지만 그 비밀은, 어떻게 풀어내야 하는지를 나중에 설명하겠지만, 이미 앞에서 톰 티디가 밝혀 놓았다. 다만, 해답이 행간(行間)에 담겨 우리 눈에 띄지를 않고, 그래서 풀어내지 못했을 따름이다.

그리고 첫 번째 의문점도 마찬가지이다. 도대체 'baited'라는 단어가 왜 등장했을까?

박혜란 학생의 '놀렸다'와 mjq의 '골리듯 물었다'와 윤희선의 '미끼를 던졌다'는 과연 옳은 번역이었을까?

필자는 그렇지 않다고 생각한다.

'baited'의 정확한 번역은 얘기의 주인공이 흑인이라는 사실을 알아내기 전에는 이루어지기가 힘들다.

'전쟁터의 광대' 댄 레드몬드 중사는 흑인이다.

아마도 이 말을 듣고 놀란 학생들이 적지 않으리라고 생각하지만, 분명히 그는 흑인이다.

처음부터 끝까지 다 읽어봐도 그가 흑인이라는 사실을 밝힌 곳이 없다는 반박은 하지 말아야 한다. 분명히 톰 티디는 그런 사실을 밝혔다. 그것도 한 곳이 아니라 여러 곳에서이다. 한국인의 감각으로는 행간에 박힌 그런 내용을 찾아내기가 힘들었을 따름이다.

댄 레드몬드가 흑인이라는 첫 번째 설명은 지금까지 참으로 말썽도 많았던 다음 문장, 주인공을 묘사하는 첫 문장에서 나온다.

> In the dark, you could see only his teeth, his eyes and the silk-thread, luminous dinner jacket he insisted on wearing over sweat-stained fatigues.

어둠 속에서는 레드몬드의 '눈'과 '이빨'과 '번들거리는 옷'만이 보인다고 했다. 여름철 휴가를 가서 얼굴이 새카맣게 탄 사람을 어둠 속에 앉혀 놓았을 때의 모습을 묘사한 내용 그대로이다.

촛불 하나를 밝혀놓은 컴컴한 방에서 두 눈과 이빨만 하얗게 빛나는 흑인의 모습이 눈앞에 떠오르지 않는가?

*

이 얘기에서는 마틴 루터 킹이 실제로 모습을 보이지는 않더라도, 대단히 중요한 등장인물이다.

잠시 후에 나오는 "They say he's opposed to U.S. troops in Viet Nam"이라는 말에서 밝혀지듯이, 당시 킹 목사는 미군의 월남

참전에 반대했는데, 도대체 흑인 목사가 왜 그런 정치적인 문제에 대해서 뚜렷한 입장을 취했는지도 번역자는 미리 이해해야 한다.

지금은 정말로 옛날 얘기처럼 여겨지지만, 1960년대에만 해도, 특히 조지아나 알라바마나 미시시피 주 같은 남부에서는, 영화『자이언트』의 끝 부분에서 멕시코인이 푸대접을 받는 인상적인 장면이 나오듯이, 식당이나 화장실 같은 공공 시설에서는 흑인이 출입을 못하는 곳이 많았고, 언젠가 흑인 가수 해리 벨라폰티가 호텔에서 주최한 공연에 출연하려고 갔더니 앞문은 출입금지이니까 모든 흑인은 취사장으로 통하는 뒷문을 이용해서 들어가라고 했다는 일화도 유명하다. 벨라폰티는 결국 뒷문으로 들어가야만 했으며, 이렇게 푸대접을 하던 흑인들에 대한 미국 정부의 자세가 크게 달라진 계기가 바로 월남전이기도 했다.

남북전쟁 당시에는, 물론 "흑인의 해방과 자유"를 위해서 싸우던 북군 쪽에서이기는 했지만, 흑인들로만 구성된 부대를 만들어 참전시킨 적이 있다. 그러나 봉급에서부터 보급품은 물론이요, 모든 처우에서 흑인에 대한 인종 차별은 여전히 심했다고 한다. 제2차 세계대전 때는 서부개척기에 말살시키려고 미국 정부가 무척 애를 썼던 나바호 인디언의 언어를 활용하는 특수 무전 통신단을 만들어 유황도 상륙작전에서 활용하기도 했다. 이와 비슷한 일이 월남전에서도 벌어져, 반전 운동에 참여하지 않던 흑인들을 대거 징병하여 베트남에 투입했지만, 심각한 인종 차별은 전투 현장에서도 별로 개선되지 않았다고 한다.

이러한 미국 정부의 부도덕성에 반발하여 킹 목사는 흑인의 민권 운동을 반전 운동과 연계시키기에 이른다. 흑인의 지위를 인정해야 하는 강제 조건을 오히려 호감을 사기 위한 미끼로 삼아, 유색 인종을 전쟁터로 끌고 가는 정책이 못마땅해서였으리라고 믿어진다.

톰 티디의 글에서는, 따라서, '전쟁터의 광대'가 주인공이기는 하지만, 중심을 이루는 주제가 킹 목사의 반전 운동이고, 그런 주제를 다루기 위해서는 흑인을 주인공으로 등장시켜 백인과 대화를 시켜야만 했다.

*

톰 티디의 글에서 주인공 '전쟁터의 광대'가 흑인이라는 사실을 알고 나면, 'baited'라는 단어뿐 아니라 전체적인 내용의 번역이 훨씬 쉬워진다. 다음과 같은 추리 과정을 거친다면 말이다.

우선, 백인과 황색 인종의 전쟁에 참가한 흑인은 과연 어떤 입장에서 자신의 위치를 파악했을지 따져보자.

지금은 아무리 자유와 민주주의를 구가하는 나라라고 주장하지만, 인종 차별이 심한 미국에서는 흑인이 백인보다 우월함을 증명하여 입지를 신장한 분야가 주로 운동이었다. 힘으로 밀어붙이는 미식축구와 육상 경기, 그리고 주먹을 휘두르는 권투가 그런 분야였다. 그런 의미에서 보면 올림픽 시상식장에서 '흑인의 힘(black power)'을 만방에 주장하기 위해 '거행'했던 침묵과 검정 장갑의 시위, 그리고 "우리는 하나님을 믿는다(In God We Trust)"라는 표어를 화폐에 집어넣을 정도로 철저한 기독교 국가에서 소니 리스톤을 꺾고 챔피언이 된 캐시어스 클레이(Cassius Clay)가 '무하마드 알리'라는 이슬람 이름을 재빨리 채택한 저항적인 몸짓 언어(gesture)는 매우 상징적이라고 하겠다.

그러다가 운동 말고도 흑인의 지위가 백인과 맞먹게 된 여건으로서 베트남이 등장했다. 죽음을 담보로 받아두고 흑인에게 영웅이 될 기회를 제공했기 때문이었다.

그리고 마틴 루터 킹은 이런 미끼의 뒤에 숨겨진 비윤리적인 논리와 역학에 반대했다.

이런 입장을 취한 마틴 루터 킹 목사에 대해서 그렇다면 필자 톰 티디의 시각은 어떠했는지를 따져보자.

티디는 언젠가 월남전에 투입된 미군 흑인 병사가 휴가를 맞아 고향으로 돌아갔다가 월남 참전을 반대하는 시위 군중을 목격하고 좌절감을 느끼는 내용의 글("pvt. pruitt's private war against the pickets")을 썼다. 월남 참전 '용사'를 영웅으로 대우해 온 우리나라와는 대조적으로, 미국에서는 부도덕하고 명분조차 없다고 정의를 내린 전쟁에 반대하는 세력이 워낙 컸으며, 그래서 목숨을 걸고 싸운 다음 겨우 살아서 귀국하더라도 병사들은 참전 사실조차 부끄러워 비밀로 숨기고는 했다. 하지만 흑인 병사 프루이트 일등병은 반전 시위를 벌이는 군중 앞에서 끝까지 용기를 잃지 않는다.

이런 애국적인 내용이 담긴 티디의 글을 읽고 클리블랜드의 16살 난 소녀가 월남 참전 용사들을 격려하는 위문편지 보내기 운동을 시작했고, 전국적으로 퍼져나간 이 운동으로 미군의 사기가 높아졌다고 해서 티디가 소속한 통신사(Newspaper Enterprise Assn.)는 "미국의 정신을 국민에게 널리 이해시킨데 대한 공로"를 인정받아 자유의 재단(the Freedom Foundation)으로부터 조지 워싱턴 명예 휘장(the George Washington Honor Medal)까지 받았다.

간단히 얘기하면, 티디는 킹 목사의 반전 운동에 반대하는 시각의 소유자였다. 따라서 그의 시각은 레드몬드에게 질문을 하는 백인 병사의 입장과 일치한다. 그러니까 '누군가(somebody=백인 병사=Tiede)'는 마틴 루터 킹의 반전 운동에 대해서 '전쟁터의 광대'가 어떻게 생각하는지를 알고 싶어 질문(=미끼)을 던진다.

따라서, 'baited'는 흑인 병사가 (반전 운동을) 어떻게 생각하는지 궁금해서 백인 병사가 의중을 '떠보았다'는 뜻이 된다.

그리고 '미끼'를 보고 입질을 한 흑인의 반응이 킹 목사를 못마땅해하며, 차라리 백인의 시각에 가깝다는 사실이 다음과 같은 여러 발언에서 거듭거듭 증명된다.

① "Who?" he answered mockingly.
② "Oh yeah, our leader. I ain't saying anything against the man."
③ "Then he better not get in my way when I go home."
④ "Because white or black, I'll treat him like he was Viet Cong."

*

백인 병사가 마틴 루터 킹을 어떻게 생각하느냐는 질문에 흑인 병사가 마치 이름조차 처음 들어보는 사람이기라도 하는 듯 무시하는 어조로 "누구?"라고 질문을 하는 다음 문장을 세 학생은 이렇게 번역했다.

"Who?" he answered <u>mockingly</u>.

"누구?" 그가 <u>조롱하듯</u> 대답했다. (박혜란)
누구라고?" 그는 <u>상대의 말투를 흉내냈다</u> (mjq)
"누구라고?" 그가 <u>놀리듯이 대답했다</u> (윤희선)

여기에서도 밑줄 친 단어 'mockingly'를 번역하면서 많은 사람이 당혹감을 느꼈을 만하다. 'mock'이라는 단어가 '조롱하듯'이나 '놀리듯'인지, 아니면 '흉내내어'인지, 어느 쪽으로 이해해야 좋을지 판단이 얼른 서지 않기 때문이다.

하지만 "마틴 루터 킹을 어떻게 생각하느냐?"라는 조심스런 질문에 주인공이 '조롱' 하거나 '놀리는' 대답을 할 이유가 전혀 없다. 그렇다면 '흉내내어' 대답을 했다는 뜻이겠는데, 과연 무엇을 흉내냈다는 말일까?

그야 물론 상대방이 '떠보기 위해 던진 말'을 그대로 흉내내었다는 의미이다. 왜 그런 질문을 했는지 알면서도 모르는 체하고, 상대방을 '마주 떠보기 위해서' 말이다.

따라서, 'answererd mockingly'는 '마주 떠보았다' 거나 '맞받아 쳤다' 는 말이 된다.

윤희선 학생의 글을 보면 '놀리듯이 <u>대답했다</u>' 라고 옮겼는데, 이것 역시 'answer' 라면 무조건 '대답하다' 라는 한 가지 뜻밖에 모르는 사람의 고지식한 번역처럼 보인다. 분명히 의문부호까지 붙은 '질문' 인데도 '대답' 이라고 했으니 말이다.

*

"Oh yeah, <u>our</u> leader."

레드몬드가 한 이 말 역시 그가 흑인이라는 사실을 독자가 미루어 짐작하게 만드는 중요한 실마리이다. 백인이었다면 흑인 목사 마틴 루터 킹을 절대로 'our leader' 라고 하지는 않았을 테니까 말이다. 따라서 여기에서는 'our' 를 막연하게 그냥 '우리들의' 라고 번역하기 보다는, 지금까지 설명한 여러 가지 배경을 고려하여, '우리 흑인들의 (지도자)' 라고 번역하는 편이 독자의 이해를 돕는데 크게 도움이 되겠다.

하지만 세 학생의 번역은 이러했다.

"아 그래, <u>우리의</u> 지도자." (박혜란)
"아아, <u>우리들</u> 지도자." (mjq)
"오 그래, <u>우리의</u> 지도자." (윤희선)

*

"<u>Because white or black,</u> I'll treat him like he was Viet Cong."

이 문장에서 밑줄 친 부분 역시 흑인의 입장에서 한 말이라면, 그냥 '흑인이건 백인이건'이 아니라 '아무리 (나하고 같은) 흑인이라고 하더라도'가 보다 정확한 번역이라고 생각한다. 같은 상황에서 사람들이 뭐라고 말을 할지를 공격적으로 추리하며 '귀로 하는 번역'의 원칙을 적용한다면 말이다.

그러나 세 학생의 번역을 이러했다.

"백인이든 흑인이든~" (박혜란)
"그가 백인이건 흑인이건 간에~" (mjq)
"왜냐하면 흑인이든 백인이든~" (윤희선)

*

짐작컨대 대부분의 학생은 '전쟁터의 광대'가 흑인이라는 사실을 미처 눈치채지 못했었고, 그래서 흑인이라는 결정적인 사실을 알고 나서는 전체적으로 내용을 이해하기가 얼마나 쉬워지는지를 경험했으리라고 믿는다.

이렇듯 핵심 노릇을 하는 어떤 사실 하나를 놓치면 숨은 내용을 이해하지 못해서 점점 더 미궁으로 빠진다. 그것은 몸에 침입한 병균을 의식하지 못하다가 결국 병이 심해져서 쓰러지는 경우와 같다.

분명히 단어 하나하나는 모두 뜻을 알겠는데 전체적인 의미가 확실하지 않을 때, 그때는 무엇인가 행간에 숨은 의미를 아직 파악하지 못한 상태임을 깨달아야 한다. 그렇다면 전체적인 그림이 잘 보일 만큼 멀찌감치 뒤로 물러나 시야를 넓히고는, 몸에 침입한 병균이 무엇인지, 숨겨진 핵심이 무엇인지를 찾아내야 한다.

사람을 죽이는 직업과 범죄

워낙 필자가 꼬치꼬치 따지기 때문이어서인지, 학생들이 시달리다 못해 '인민재판'이나 '능지처참'이라는 끔찍한 표현까지 서슴지 않는 그런 기나긴 과정을 거쳐, 이제 마침내 마지막 한 줄이 남았다.

그런데 필자는 과연 무엇을 증명하고 싶어서 이렇게 기나긴 '장정(長征)'을 거쳤을까?

그 명백한 이유들 가운데 하나는 번역을 "영어만 조금 알면 돈벌이가 가능하다"는 식으로 너무 쉽게 생각하지도 말고, 너무 쉽게 그리고 무성의하게 번역을 하지도 말자는 인식을 일깨워 주기 위해서이다.

그리고 톰 티디의 글을 번역하면서 온갖 잡다한 배경 설명을 했던 까닭은 그런 모든 사실을 알지 못하면 'baited'라는 하나의 단어조차 제대로 번역이 되지 않는다는 현실을 알려주기 위해서였다. 번역이란 '영어 실력'만 가지고 되는 일이 아니어서, 역사와 문화와 군사 따위의 갖가지 부수되는 지식 역시 필요로 한다는 점을 아마도 실감했으리라는 생각이다.

아마 그러한 모든 설명을 듣고 난 지금, 알면 도움이 될만한 모든 사실을 알고 난 지금 다시 같은 글을 번역한다면, 분명히 처음 번역했을 때하고는 글의 수준이 크게 차이가 나리라고 믿는다.

낭비 없는 단어와 표현의 필요성도 가르쳐 주고 싶었다. 지극히 제한된 신문이나 잡지의 지면에 쓰는 글이라면 특히 공간의 낭비와 의미의 함축에 신경을 쓰지 않으면 안 된다.

그러면 이제 마지막 한 줄을 놓고 고민해 보자.

> Code name: Screwdriver. Rank: Sergeant First Class. Occupation: Killer.

세 사람이 이 글을 옮긴 내용은 다음과 같다.

> 암호는 스크루드라이버, 계급은 중사, 임무는 살인이다. (mjq)
> 암호명은 스크루 드라이버. 계급은 중사. 임무는 살인. (윤희선)
> 암호명 : 나사 돌리개. 계급: 일등 하사관. 업무: 살인. (박혜란)

어쩌면 그럴까 싶게 세 사람의 번역은 정말로 닮은 곳이 서로 없다. 이미 지적했던 바와 같이 mjq 학생은 세 개의 문장을 쉼표로 이어서 하나로 묶어 놓는 잘못을 범했고, 박혜란 학생은 우리말 구두법에 존재하지도 않는 콜론을 사용했다. 둘 다 하루 빨리 고쳐야 할 습성이다.

*

'screwdriver'는 한 단어이다. 그러니까 이왕 영어를 그대로 적는다면 윤희선 학생처럼 잘라서 표기해서는 안 된다. 지명의 표기법에서도 얘기했지만, 영어는 붙여 쓰느냐 아니면 띄어 쓰느냐에 따라서 의미가 크게 달라지기도 한다. 'street car'는, 좀 억지를 부린다면, '길거리의 자동차'이고, 'streetcar'가 전차이다. 그러니까 'screw driver'라고 하면 '나사를 운전하는 사람'이 된다.

영어를 한글 영어로 번역하는 사람들이 가장 자주 내세우는 변명은 이미 굳어버린 외래어이니까 그렇게 해도 독자들이 다 알아듣기 때문이라는 주장이다. 그렇다면, 독자는 '스크루드라이버'나 '스크루 드라이버'가 무엇인지를 정말로 이해할까?

그보다 먼저, 위에 소개한 글을 번역한 세 학생 자신은 그렇다면 과연 'screwdriver'가 무슨 뜻인지 정말로 이해했을까?

박혜란 학생은 유일하게 '나사 돌리개'라고 우리말로 번역했는데, 물론 '나사돌리개'라고 붙여 써야 옳겠지만, 그렇다고 하더라도 과연 왜 그런 '암호명'을 붙였는지 정말로 이해하면서 번역했을까?

그리고 '암호명'은 또 무슨 뜻일까?

'code name'이란 군이나 첩보 기관 같은 곳에서 보안을 위해 실명을 쓰지 않고 대신 사용하는 가명이어서, 영국의 작가 이언 플레밍(Ian Fleming)이 창조해낸 살인 면허 국제 첩보원 제임스 본드의 '암호명'은 '007'이다. mjq 학생의 '암호'라는 번역은 그래서 옳지 않다. '암호'라고 하면 서로 신분을 확인하기 위해 정해 놓은 'password' 그리고 문서 따위의 해독을 위한 'code'가 따로 있는데, 여기에서는 레드몬드의 신분을 밝히기 위한 '가명'은 아니기 때문에, '별명'이라는 말에다 군대 분위기를 부여한 표현이라고 하겠다.

별명은 별명다워야 한다. 그렇다면 'screwdriver'가 무슨 뜻이길래 별명이 되었을까?

세 학생의 번역을 봐서는 전혀 짐작이 가지를 않는다.

그렇기 때문에, 역자 자신조차도 알지 못하면서 그냥 영어를 한글로 옮겨 적기만 한다면 독자는 이해를 더욱 못하리라는 생각에, 기회가 날 때마다 필자는 영어를 '외래어'로 번역하는 행위를 가능한 한 삼가도록 권한다.

*

　별명은 별명다워야 하는데, 그렇다면 'screwdriver'가 무슨 뜻이 길래 별명이 되었을지 한 번 추리해 보자.
　레드몬드는 전투병이지 영선병(營繕兵, maintenance crew)은 아니니까, 장비를 수리하거나 나사를 뽑는 일을 하지는 않는다. 그렇다면 '나사돌리개'라고 직설적으로 번역해 놓은 우리말만 가지고는 아무래도 별명으로서 무리가 간다.
　'screwdriver'는 보드카와 오렌지 주스를 탄 칵테일의 이름이기도 하지만, 베트남에서는 병사들이 주로 깡통맥주를 마셨기 때문에 '양주'의 이름이 별명으로 붙었을 가능성도 희박하다. 더구나 아무도 신경을 쓰지 않는 저격병의 총성에도 귀를 기울일 만큼 용의주도한 군인이라면, 아마도 술마시기와는 거리가 멀겠다.
　혹시 '꼬챙이'라는 뜻은 아닐까? 나사돌리개의 모양처럼 비쩍 마른 남자 말이다. 하지만, 그린 베레 특공대원이 '꼬챙이'일 가능성 역시 희박하다.
　그렇다면 그는 'screwdriver'와 무슨 관계가 있을까?
　아마도 그는 나사돌리개 하나만 쥐어주면 무슨 일이나 모두 해결해내는 유능한 병사인지도 모른다. 나사돌리개 하나로 고장난 자동차도 고치고, 깡통과 병도 따고, 필요하다면 전투에서 베트콩까지도 처치하는 그런 인물인 모양이다. 텔레비전 연속물의 주인공이었던 맥가이버처럼 말이다.
　우리나라에서는 시골에서 농기구 따위를 잘 고치는 사람이나 전기 따위를 잘 다루는 사람에게 걸핏하면 '맥가이버'라는 별명을 붙여준다. 하지만 월남전 당시에는 아직 텔레비전의 맥가이버가 태어나지를 않았다. 그러니까 레드몬드에게 '맥가이버'라는 별명을 붙여주면 시간적인 당위성에 흠집(시대착오)이 생긴다.

그렇다면 '전쟁터의 광대'에게 어울리는 '암호명'은 무엇일까?

*

Occupation: Killer.

겨우 두 단어로 이루어진 이 짧고도 짧은 마지막 문장을 세 학생은 "임무는 살인이다"(mjq), "임무는 살인"(윤희선), 그리고 "업무: 살인"(박혜란)이라고 번역했는데, 역시 그냥 넘기기가 어렵겠다.

우선 첫 단어 'occupation'을 보자. mjq와 윤희선 학생의 번역에 나오는 표현 '임무'는 군사 용어로 따지자면 'assignment'나 'mission'이 정확한 영어이다. '업무' 또한 회사나 민간인들의 직장 같은 곳에서 하는 일이지, '전쟁 업무'라고는 하지 않는다.

'occupation'은 그냥 '직업'이라는 뜻이다.

'killer'는 세 사람 다 '살인'이라고 했는데, 이것 역시 부정확한 번역이다. 텔레비전의 동물 기록영화에서는 한때 'killer whale(범고래)'을 별다른 생각 없이 눈에 보이는 영어 단어 그대로 '살인고래'라고 번역했었다. 하지만 범고래는 다른 바다 동물을 사냥하기는 하더라도 살인(殺人, 사람죽이기)은 하지 않는다.

'살인'이라는 말이 여기에서 어울리지 않는 또 다른 한 가지 이유는 '살인'이 범죄 행위이기 때문이다. 군인이라는 '직업'은 사람죽이기가 주요 '업무'요 '임무'이기는 하지만, 아무도 그것을 '살인 행위'라고 하지 않는다. 전쟁터에서는 사람을 죽이면 벌이 아니라 훈장을 받는다.

'killer'라면 무작정 '살인자'라고 하는 번역도 생각해 봐야 할 일이다. '살인자'는 영어로 'murderer'가 보다 정확한 단어이겠다. 그래서 어니스트 헤밍웨이의 단편소설 "The Killers"의 제목을 "살인자"라고 번역해서는 안 된다는 문제가 영문학계에서 제기되기도 했었다. 하지만 실제로는 'murderer'와 'killer'를 우리말에서는 구분하기가 매우 힘들기 때문에 전자는 '살인범', 후자는 '살인자' 정도로만 차별화 하더라도 좋겠다.

│예문 번역 그러면 이제는 실제로 번역을 해보겠는데, 예를 들어 제목에서처럼, 앞에서 필자가 설명한 내용과 제시한 갖가지 번역 방법이 부분적으로 차이가 나는 대목이 눈에 띄리라고 생각한다. 그런 경우에는 필자의 참된 의도가 무엇인지를 추측해 보기 바란다.

전쟁터의 광대와 별로 우습지 않은 이야기

톰 티디

단 하나의 촛불이 탁자를 비추는 가운데 무료한 병사들이 전투 식량 깡통을 따놓고 깨작거리거나 더운 수프를 홀짝였다. 모두들 지친 얼굴이었고, 소등 지역에서 핑 소리를 내며 가끔 날아가는 저격병의 총성은 들리지도 않는 모양이었다.
한 사람만 예외였다.
"저 소리가 들리면 말씀야." 그가 코웃음치듯 말했다. "아직은 안 죽었다는 뜻이지."
어둠 속에서는, 그의 이빨과 두 눈 만이, 그리고 땀으로 얼룩진 전투복 위에 꼭 걸쳐야 되겠다고 그가 고집하던 번들거리는 만찬용 비단 저고리만이 시선을 끌었다.

"마틴 루터 킹을 어떻게 생각해?" 누군가 그를 떠보았다.

"누구?" 그가 느긋하게 되받았다.

"알면서 왜 이래."

"아, 우리 흑인들의 지도자 말씀이로구만. 나 그 사람한테 감정 없어."

"미군의 월남 참전에 반대했다는 소리가 들리던데."

"그렇다면야 내가 귀국할 땐 눈 앞에 나타나지 않는 편이 좋으시겠구만."

"그건 왜?"

"아무리 흑인이라고 하더라도 난 그런 사람은 베트콩 대접을 해 드릴 생각이니까 그렇지."

이 사람은 댄 레드몬드, 나이 서른 살에, 플로리다 주 포트 마이어스 출신이다. 할 말은 꼭 하고, 머리가 잘 돌아가고, 똑똑하고, 험악한 속에서도 웃음을 찾고. 전우들은 그를 전쟁터의 광대라고 부른다. 그는 그린 베레, 특전단 소속이다. 암호명은 해결사. 계급은 중사. 직업, 사람죽이기.

10

복잡한 장문의 번역

사람들은 긴 문장이 번역하기에 힘들다고 말한다. 문장이 길면 길수록 그만큼 더 어렵다고 믿는다. 더구나 필자가 주장하듯이 하나의 문장은 아무리 길더라도 번역문에서 역시 한 문장으로 옮겨야 하는 원칙을 꼭 지켜야 한다면, 이것은 보통 일이 아니라고 지레 겁을 먹기가 쉽다.

그러나 앞 과의 마지막 두 단어짜리 문장에서 확인했듯이, 길이와 난이도가 항상 정비례하지는 않는다. 50 단어로 이루어진 문장을 번역하다가 열 다섯 단어쯤이 틀린다면, 두 단어짜리 문장에서 두 단어 모두 틀리는 경우보다 훨씬 쉽다고 해야 옳겠다.

이제부터 우리는 일반적으로 가장 어렵다고 간주되는 장문의 번역에 도전한다.

제 10과에서는 수준 높은 논문들로부터 발췌한 문장들을 교재로 삼겠는데, 장문이라고 하면 뭐니뭐니해도 논문이기 때문이다. 그리고 지금까지는 번역을 위한 과제로 선택했던 발췌문이 미국 영어 일색이었던 반면에, 영국 영어를 접할 기회도 마련해야 되겠다는 계산도 염두에 두었다. 따라서 여기에서는 단순히 길다란 장문과 씨름을 해야 할 뿐 아니라, 고급 문장에 걸맞을 만큼 정확한 어휘의 구사도 필요하다.

기본적인 원칙은 가능한 한 반복 동원하지는 않겠다. 앞 과에서도 이미 충분한 복습을 했고, 마무리 부분에서 번역의 열 가지 원칙을 총정리 할 기회가 남았으니까, 초보적인 훈련은 되풀이하지 않으려는 생각에서이다.

제 10과에 나오는 모든 과제는 영화에 관한 내용이다. 하지만 "난 영화를 많이 봤으니까" 번역이 쉬우리라는 속단은 하지 말아야 한다. 아무리 영어를 잘 하고 영화에 관해서 아는 바가 많다고 하더라도,

번역은 역시 어렵다는 사실을 여러분은 곧 깨닫게 되리라고 생각한다.

　연습삼아서 다음에 내놓은 두 예문을 일단 번역해 보고, 난이도가 어떻겠는지 대충 짐작해 놓은 다음 계속 공부를 해나가기를 바란다.

〈과제 1〉

This is evident in the work of David Bordwell and Noel Carroll, whose edited volume *Post-Theory* (1996) sets out to challenge the dominance of 1970s theory and to provide alternative approaches to spectatorship based on the use of cognitive psychology.

〈과제 2〉

Drawing on these concepts, he presents a new interpretation of Orson Welles's A Touch of Evil(USA, 1958). In his writings on the nation, Bhabha draws on Freud's 1919 essay 'The Uncanny', in which Freud refers to the 'cultural' unconscious as a state in which archaic forms find expression in the margins of modernity.

복합적인 장문의 분해

　앞에서 내놓은 과제를 풀기 전에 우선 장문(長文)의 특성과 성격이 무엇인지를 잠시 생각해 보자.

　짧은 문장은 짧다는 자체가 특징이요 특성이다. 그러나 긴 문장은 저마다의 문장 안에서 흐름과 성격이 새로 만들어진다. 문장이란 길면 길수록 하나의 문장 안에 그만큼 많은 개념과 행위(movement)가 들어가고, 나열된 상황과 개념들은 서로 관계를 맺는 과정에서 특성을 갖춘다. 그리고 여러 다른 개념을 배열하는 방법에 따라 성격도 결정된다.

　예를 들면 거듭되는 'and'로 연결 지은 어니스트 헤밍웨이 소설의 장문은 한 문장 속에서 이루어지는 상황과 행위가 물이 흐르듯, 바람이 불어가듯, 일정한 방향으로 쏠리고, 그래서 대부분의 경우 'and'를 마침표로 바꿔놓더라도 잘라진 문장들의 순서를 재배치할 필요가 없어진다. 윌리엄 포크너의 소설에서처럼 의식의 흐름을 나타내는 장문 역시 뒤엉킨 순서를 뒤엉킨 그대로 차례차례 살리면 된다.

　그러나 복합적인 문장은 사정이 그렇게 간단하지를 않다. 단순한 연결이라고 해도 사실 다를 바가 없기는 하지만, 거슬러 올라가는 반복 또는 중복의 경우, 같은 문장에서 다른 위치에 배열된 낱 단어나 단어 뭉치는 배열되는 순서가 영어와 우리말에서 종종 달라지기 때문이다.

　보다 알아듣기 쉽게 짧은 문장을 가지고 다시 설명해 보겠다.

　모르는 사람이 없는 사실이지만, 영어는 우리말과 어순이 다르다. 주어 다음에 동사가 나오고 그 다음에 목적어나 보어가 나오는 순서가 영어 문장의 기본이다. "I go to school"에서처럼 말이다. 이것을 우리말에서는 "I school (to) go"의 순서로 번역해야 한다. 적어도 우리는 그렇게 학교에서 배웠고, 대부분의 경우에는 그렇게 해야 옳다.

그러나 문장이 길어지면 그런 번역이 어려워지기도 한다. 그런 예는 훨씬 앞에서도 이미 설명했었지만, 기억을 되살리고 이해를 돕기 위해 다시 설명하겠다.

I said, "Good"

위 예문은 일상적인 어순에 따라 다음과 같이 번역해도 무리가 없다.

나는 "좋아"라고 말했다.

그런데 만일 화자(話者)인 '나'가 무슨 얘기를 아주 장황하게 늘어놓아서, 책으로 두세 쪽이나 되는 기나긴 내용이 따옴표 속에 담겼다고 가정하자. 그런 경우에는 위에서처럼 이렇게 번역해 놓는 경우 주어와 동사가 너무 멀리 떨어져 문제가 생긴다.

<u>나는</u> "어쩌고 저쩌고어쩌고 저쩌고어쩌고 저쩌고 어쩌고 저쩌고 어쩌고 저쩌고 어쩌고 저쩌고 어쩌고 저쩌고 어쩌고 저쩌고 어쩌고 저쩌고 어쩌고 저쩌고"라고 <u>말했다</u>.

얘기의 내용이 이렇게 너무 길어지다 보면 독자가 글을 읽어 내려가는 중에 지금 이 얘기를 누가 하고 있는지 헷갈리기가 쉽고, 그래서 다음과 같은 식으로 주어와 동사를 함께 묶어놓는 번역이 바람직하다는 제안을 필자는 앞에서 했었다. 사이가 가까운 '이웃' 단어들은 가깝게 배치한다는 '나란히 세우기' 원칙에 따라서 말이다.

"어쩌고 저쩌고 어쩌고 저쩌고 어쩌고 저쩌고 어쩌고 저쩌고 어쩌고 저

쩌고 어쩌고 저쩌고 어쩌고 저쩌고 어쩌고 저쩌고 어쩌고 저쩌고 어쩌고 저쩌고"라고 <u>내가 말했다</u>

이것은 하나의 문장 안에서 여러 단어의 상호 관계를 보다 분명하게 보여주기 위한 한 가지 방법으로서 제시했던 내용이다. 그러나 부사절 따위가 여럿 함께 얽혀 들어간 복합적인 장문의 경우에는 문제의 해결이 훨씬 어려워진다.

헤밍웨이식 단순 장문에서는 "a는 b이고 c는 d이기 때문에 e가 f라는 결과를 가져온다"는 꼴의 구조가 특성이어서, 문장 속에 배열된 논리의 기승전결이 일목요연하여, 따옴표 안의 예문 그대로 순서를 지켜가며 번역을 하는데 별로 무리가 가지 않는다.

하지만 다음 예문처럼 복잡한 문장은 어떻게 번역하면 좋겠는지 한 번 생각해 보기 바란다. 과연 이런 과제가 얼마나 해결이 어려운지를 알아보기 위해서 직접 번역을 시도해 보기 바란다.

> Multi-volume treatises by Georges Sadout (1975) and Jean Mitry (1968~80) in French, Ulrich Gregor and Enno Patalas (1962) in German, and Jerzy Toeplitz (1979) in Polish and German have had single-volume counterparts in English (by Arthur Knight (1957), David Robinson (1973/1981), and many others) that trace what might be thought of as the biography of cinema, from its birth through a clumsy adolescence to an increasing maturity after the Second World War. Maturity is measured by(이하 생략)

너무나 복잡하고 긴 문장이다 보니 아마도 번역을 하겠다고 덤빌 엄두조차 안 나는 사람이 많겠지만, 그래도 용기를 내서 달라붙어 어느 학원의 영어 강사가 제시한 초벌 번역은 다음과 같다. 그동안의 오랜 과정에서 충실히 강의 내용을 익힌 흔적이 돋보이는 번역이다.

폴란드어와 독일어로는 제르지 토에플리쯔(1979), 독일어로는 울리히 그레고르와 엔노 파타라스(1962), 프랑스어로는 조르즈 사도울(1975)과 장 미트리(1968-80)가 여러 권으로 이루어진 논문집을 출판한 반면에 영어로는 아더 나이트(1957), 데이빗 로빈슨(1973.1981) 그리고 다른 여러 필자가 한 권짜리 비슷한 저서를 발표하여, 탄생에서부터 어리숙한 사춘기를 거쳐 제 2차 세계대전 이후의 성숙기에 이르기까지, 영화 예술의 일대라고 할만한 과정을 살펴보았다. 성숙함을 평가한 기준은(이하 생략)

우선 전체적인 의미가 무엇인지를 이해하는데 도움이 되라는 뜻으로 초벌 번역문을 제시했지만, 물론 여기까지만 오기에도 대단한 노력과 고통이 필요했으리라는 사실은 옮긴 글의 내용을 찬찬히 뜯어보면 쉽게 짐작이 간다. 그리고 이제 우리는 어떻게 여기까지 왔는지를 다시 되짚어 확인해 보기로 하자.

뒤엉킨 실타래처럼 복잡한 위 예문과 같은 경우, 정신 없이 쌓인 단어들을 차례대로 하나씩 하나씩 그리고 또 하나씩 사전과 참고 자료에서 찾아 확인해 가면서 아무런 대책도 없이 덤벼들어 원문의 순서 그대로 번역하려고 한다면 당연히 무리가 간다. 우선 원문의 내용이 무엇인지를 파악하는 과정에서부터 이미 확실한 전략이 필요하기 때문이다.

길고 복잡한 문장에서는 기본 개념부터 추려내야 하는데, 예문에서 군더더기나 장식품들을 모조리 제거하고 발라내어 척추만 추려 놓으면 "treatises have counterparts" 세 단어로 압축된다. 그렇다면 이것을 우리말 어순으로 먼저 번역하여 "treatises는 counterparts를 have한다"라는 뼈대를 만들어 놓는다. 그런 다음에는 이 세 단어의 앞뒤로 달라붙은 글 뭉치를 따로따로 가려내어 한 무더기씩 차례로 번역하면 된다.

우선 주어에 해당되는 'treatise'를 꾸미기 위해 앞뒤로 배치된 단어들을 옮겨보면 이렇게 된다.

> 프랑스어로는 (1975년에) 조르주 사둘과 (1968년 초판 1980년에 개정판을 펴낸) 장 미트리가, 독일어로는 (1962년에) 울리히 그레고르와 엔노 파탈라스가 함께, 그리고 폴란드어와 독일어로는 (1979년에) 제르지 퇴플리쯔가 펴낸 여러 권짜리 논문집

초벌 번역의 내용과 다시 번역한 글의 내용이 왜 다른지, 괄호 속의 연도수가 어떻게 그런 식으로 풀이가 가능한지, 그리고 표기법은 어디가 잘못이어서 왜 바로잡았는지 따위는 여기에서 따지지 말기로 하자. 그런 식으로 하나하나의 단어나 개별적인 표현을 검토하고 살피는 과정은 제 9과까지 거듭거듭 반복하며 계속 익혔으니 이제는 접어둬야 하기 때문이다.

어쨌든 이렇게 해서 '주어'가 걸린 부분은 해결이 났다.

그렇다면 "(주어)는 counterparts를 have한다"라는 기본 문장에서 나머지 두 단어와 거기에 달라붙은 글 뭉치를 번역해야 하는데, 두 번째로 해결해야 할 단어인 'counterparts'를 꾸며주는 글은 한 뭉치가 아니라 "single-volume [counterparts] in English (by Arthur Knight (1957), David Robinson (1973/1981), and many others)"와 관계대명사 'that'이 이끄는 "[that] trace what might be thought of as the biography of cinema, from its birth through a clumsy adolescence to an increasing maturity after the Second World War," 이렇게 두 개의 덩어리이다.

우선 첫 번째 뭉치를 옮긴 초벌 번역을 보면

> 영어로는 아더 나이트(1957), 데이빗 로빈슨(1973, 1981) 그리고 다른

여러 필자가 한 권짜리 (counterparts를)

이다. 원문에서는 괄호 속에 다시 똑같이 생긴 괄호를 집어넣어 어디에서 열리고 어디에서 어느 괄호가 닫히는지 무척 혼란스럽지만, 번역문에서는 그런 혼선을 피하기 위해 바깥 괄호가 없어졌음을 눈여겨보기 바란다.

그리고 'counterparts'를 꾸미는 'that' 이하의 설명에 대한 초벌 번역은 이런 식이다.

탄생에서부터 어리숙한 사춘기를 거쳐 제 2차 세계대전 이후의 빠른 성숙기에 이르기까지의 과정을 거치는 영화 예술의 일대기라고 간주할만 한 내용을 추적한 (counterparts를)

여기에서는 "탄생에서부터 어리숙한 사춘기를 거쳐 제 2차 세계대전 이후의 빠른 성숙기에 이르기까지의 과정을 거치는"이라는 설명이 '영화 예술의 일대기'를 꾸미기 때문에, 학교에서 배운 그대로, 수식하는 말을 서술하는 대상어 '일대기'의 앞에다 배치했다.

또한 내용상으로 두 번째 글 뭉치는 첫 뭉치를 꾸미기 때문에, 여기에서도 무더기 채로 순서를 바꿔, 번역문을 약간 다듬어가면서, 다음과 같이 하나로 엮게 되기가 보통이다.

탄생에서부터 어리숙한 사춘기를 거쳐 제 2차 세계대전 이후의 빠른 성숙기에 이르기까지의 과정을 거치는 영화 예술의 일대기라고 간주할만 한 내용을 추적한 영어로 된 한 권짜리 [counterparts를] (1957년에) 아더 나이트, (1973년, 그리고 1981년에 다시) 데이빗 로빈슨이, 그리고 다른 여러 필자가 (have had이다).

그런 다음에는 이렇게 토막내어 번역한 다음의 두 가지 내용을 하나의 문장으로 재조립을 해야 한다.

프랑스어로는 (1975년에) 조르주 사둘과 (1968년 초판 1980년에 개정판을 펴낸) 장 미트리가, 독일어로는 (1962년에) 울리히 그레고르와 엔노 파탈라스가 함께, 그리고 폴란드어와 독일어로는 (1979년에) 제르지 퇴플리쯔가 펴낸 여러 권짜리 논문집(이 counterparts를 have이다.)

탄생에서부터 어리숙한 사춘기를 거쳐 제 2차 세계대전 이후의 빠른 성숙기에 이르기까지의 과정을 거치는 영화 예술의 일대기라고 간주할만한 내용을 추적한 영어로 된 한 권짜리 (counterparts)는 (1957년에) 아더 나이트, (1973년, 그리고 1981년에 다시) 데이빗 로빈슨이, 그리고 다른 여러 필자가 (have had이다.)

그런데 두 번째 뭉치에 담긴 "탄생에서부터 어리숙한 사춘기를 거쳐 제 2차 세계대전 이후의 빠른 성숙기에 이르기까지의 과정을 거치는 영화 예술의 일대기라고 간주할만한 내용"은 따지고 보면 궁극적으로 주어인 'treatisess'를 설명하는 내용이고, 그래서 위 두 뭉치를 하나로 연결할 때는 맨 앞으로 올라가야 된다고 우리는 학교에서 배웠다.

이런 식으로 말이다.

탄생에서부터 어리숙한 사춘기를 거쳐 제 2차 세계대전 이후의 빠른 성숙기에 이르기까지의 과정을 거치는 영화 예술의 일대기라고 간주할만한 내용을 추적한 여러 권으로 이루어진 저서를 프랑스어로는 (1975년에) 조르주 사둘과 (1968년에 초판 1980년에 개정판을 펴낸) 장 미트리가, 독일어로는 (1962년에) 울리히 그레고르와 엔노 파탈라스가 함께, 그리고 폴란드어와 독일어로는 (1979년에) 제르지 퇴플리쯔가 펴낸 반면에, 영어로는 같은 내용을 한 권짜리로 (1957년에) 아더 나이트, (1973년, 그리고 1981년에 다시) 데이빗 로빈슨, 그리고 다른 여러 필자가 펴냈다.

그러면 드디어 길고도 복잡한 문장을 제대로 번역해 놓은 셈이다.

하지만 문제는 거기에서 끝나지를 않는다.

흐름이 막혀 역류하는 현상을 막아야 하기 때문이다.

문장과 단어의 역류 현상

하나의 문장을 번역하기 위해서는, 대상 문장을 구성하는 모든 단어를 따로따로 하나씩 파악하고 이해하는 단계만 가지고는 준비가 충분하지를 않다. 하나의 문장이 뜻하는 바가 무엇인지를 이해하려면 문장에 담긴 모든 단어가 저마다 무슨 뜻인지를 파악하는 데에서 그치지 않고, 각개 단어들이 서로 어떻게 수식하고 작용하며 연관을 맺는지도 알아야 한다. 그러니까 단어와 단어를 연결하는 '의미의 끈'을 파악해야 한다.

하나의 문단을 번역하기 위해서는, 낱 문장의 번역에서나 마찬가지로, 이어지는 여러 문장이 서로 어떤 유기적인 관계를 맺고 영향을 끼치는지를 역시 이해해야 한다. 대부분의 서술에서는 앞 문장과 뒷 문장이 관념적으로 연결되기 때문이다.

앞 문장은 뒤에서 무슨 얘기를 전개하려는지 암시를 주는 데서 그치지 않고 실제로 준비까지 하는 경우가 많다. 그래서 세 개의 문장이 이어지는 경우, 가운데 문장을 보면, 앞 문장에서 암시하거나 제시한 개념을 받아 발전시켜서, 부분적인 결론을 내리는 동시에, 아직 설명이 미진한 요소를 뒷 문장으로 전달하는 역할을 맡는 경우가 많다.

따라서, 원문의 단어에 담긴 의미의 파악에만 매달리고, 그래서 결과적으로 낱 개념의 울타리를 벗어나지 못하면, 전체 문장이 뜻하는 바가 무엇인지를 이해하기가 힘들어 번역을 못하거나, 자칫 오역을 해 놓기가 십상이듯이, 하나하나의 문장에 담긴 내용에만 매달리다가 문장과 문장을 연결하는 의미의 끈을 파악하지 못하면 여러 문장이 차례로 이어지며 어디로 흘러가는지, 어떤 전제에서 어떤 전개 과정을 거쳐 어떤 결론에 도달하는지, 그 맥을 따라가지 못하게 된다.

번역이란 뜻만 전해서는 모자라고, 흐름까지 이어 줘야 한다. 그렇기 때문에 흐름의 파악은 필수적이요, 파악이 불충분하면 때에 따라서는 치명적이기까지 하다.

앞에서 살펴보았듯이 영어와 우리말에서는 "I went home"처럼 단 세 단어로 된 문장이라고 해도 어순이 다르다. 그래서 "I went home"을 "I는 home으로 went했다"라고 어순을 바꿔서 번역한다. 그리고 이렇게 본디 어순을 우리말 식으로 바꿔놓고 나면, 비록 짧은 문장 하나에서는 별로 문제가 되지 않을지도 모르지만, 장문이 여럿 이어지는 문단에서 독자가 흐름을 따라가는 데 어려움을 느끼고는 한다.

왜 그런지를 잠시 생각해 보자.

꾸며주는 글 뭉치가 꾸며야 하는 대상어의 뒤에서 형용사구나 부사절 따위의 꼴을 갖추고 쫓아가는 경우가 영어나 프랑스어의 경우에는 아주 많다. 하지만 우리말에서는 그런 문장도 번역을 해놓을 때는 항상 수식하는 내용을 대상어의 앞으로 옮겨 놓아야 한다. 적어도 교실 영어의 해석 시간에는 분명히 그렇게 가르친다. 앞에서 우리가 번역했던 "treatises가 counterparts를 have한다" 역시 예외가 아니었다.

이렇게 뒤에 붙은 말을 자꾸만 앞으로 끌어올리다가 보면 "a 뭉치 다음에 b 뭉치 다음에 c 뭉치 다음에 d 뭉치가 온다"는 내용의 문장이 거꾸로 "d 뭉치 앞에 c 뭉치 앞에 b 뭉치 앞에 a 뭉치가 온다"로,

비록 의미는 같을지 모를지언정, 시각적으로 독자가 접하게 되는 어휘나 글뭉치들의 순서가 바뀌어 버린다.

그래서 문장이 역류하는 현상이 생겨난다.

'역류(逆流)'는 자연스럽지 못한 흐름이다.

그리고 역류하는 문장이 세 개가 이어진다면, "a-b-c-d e-f-g-h i-j-k-l"이라고 흘러야 할 문장의 흐름이 "d-c-b-a h-g-f-e l-k-j-i"로 역류한다.

그렇게 되면 이해의 흐름에서 경화증(硬化症)이 생겨난다. 우리글에서 "나는(a) 사람다운(b) 사람이(c) 되겠다(d)"라는 문장을 위에서처럼 역류를 시키면 "되겠다 사람이 사람다운 나는"이 된다. 말하자면 도취법을 과다 사용해서 의미가 무너지는 현상이다.

우리는 우리말에서 이렇게 어순이 달라지면 의미가 망가진다고 지적하면서도, 번역의 경우에는 의미를 고스란히 살리기 위해 의식의 흐름은 희생시켜도 된다는 식으로 그런 역류 현상을 별로 개의치 않는다.

앞에서 몇 단계를 거쳐서 다듬어 내놓은 문장에서의 흐름을 예로 들어 살펴보면, 지금까지 번역한 부분 다음에 "Maturity is measured by(이하 생략)"라고 뒷 문장의 첫 부분을 필자가 일부러 짧게 달아 놓았다. 다음 문장 역시 예문 못지않게 긴 문장이지만, 그렇게 긴 문장이라고 해도 앞 문장 어디엔가 뒷부분에 놓인 'maturity'라는 단어를 넘겨받아서 얘기를 발전시키고 계속한다는 사실을 보여주기 위해서였다.

그렇다면 앞 문장에서는 'maturity'라는 단어가 어디 쯤에서 나오는지, 앞으로 돌아가 예문에서 직접 한 번 찾아보기 바란다. 그러는 동안 필자는 잠시 기다려 주겠다.

문제의 단어를 찾아 놓았으면, 다시 앞으로 돌아가서, 예문 전체를 처음부터 끝까지 찬찬히 읽어보고, 앞 문장의 'maturity'와 뒷 문장 첫머리에 나오는 'maturity'가 과연 어떻게 이어지는지를 생각해 보기 바란다.

*

예문을 보면 두 개의 'maturity'라는 단어 사이에 "after the Second World War"라는 다섯 단어의 짧은 설명만 중간에 끼었고, 그래서 첫 'maturity'라는 단어의 잔상이 아직 독자의 기억에 생생하게 남은 상태여서, "아하, 두 문장은 이 단어로 이어지는구나"라고 쉽게 이해가 간다.

그러나, 지금까지 우리가 다듬어온 방법에 따라, 다음과 같이 역류를 시키면서 번역을 해 놓은 경우, 찾아내기도 힘들기 때문에 일부러 필자가 밑줄까지 쳐 놓은 '성숙'이라는 두 단어가 얼마나 서로 멀어졌는지를 깨닫게 된다.

> 탄생에서부터 어리숙한 사춘기를 거쳐 제 2차 세계대전 이후의 빠른 <u>성숙(maturity)</u>기에 이르기까지의 과정을 거치는 영화 예술의 일대기라고 간주할만한 내용을 추적한 여러 권으로 이루어진 저서를 프랑스어로는 (1975년에) 조르주 사둘과 (1968년에 초판 1980년에 개정판을 펴낸) 장 미트리가, 독일어로는 (1962년에) 울리히 그레고르와 엔노 파탈라스가 함께, 그리고 폴란드어와 독일어로는 (1979년에) 제르지 퇴플리쯔가 펴낸 반면에, 영어로는 같은 내용을 한 권짜리로 (1957년에) 아더 나이트, (1973년, 그리고 1981년에 다시) 데이빗 로빈슨, 그리고 다른 여러 필자가 펴냈다. <u>성숙(maturity)</u>을 측정하는 기준은(이하 생략)

과연 독자가 이토록 복잡하고도 어려운 문장을 무심코 읽어내려 가는 경우에, 위에서 밑줄을 쳐놓은 두 단어의 연관성을 조금이라도 의식하기나 할까?

두 개의 '성숙'이 이렇게 거리가 멀어져 전혀 상관성이 없어 보이는 까닭은 역류 현상에 의해서 abcd efgh로 이어지던 흐름이 dcba hgfe로 순서가 바뀌었고, 그래서 나란히 이어져야 하는 d와 e가 양쪽 끝으로 밀려났기 때문이다.

보다 이해하기 쉬운 예문을 하나 만들어서 살펴보자.

> I prefer people to pet animals; I love people, all sorts of people, white people and black, even yellow, red and blue people, people of various nationalities all over the world, people of all color and culture, people of all walks of life, of all professions, including farmers. I love farmers because they are real people.

이것을 고지식하고 도식적인 방법으로, 일부러 흐름을 극단적으로 역류시켜서, 대충 번역한다면 이런 식이 되겠다.

> 나는 애완동물보다 사람들을 더 좋아하는데, 나는 농부를 포함하여 온갖 직업의 사람들, 온갖 사회 계층의 사람들, 피부 빛깔과 문화가 다른 모든 사람들, 국적이 저마다 다른 전세계 사람들, 백인과 흑인, 심지어는 겁쟁이에다, 빨갱이에서부터 우울한 사람에 이르기까지, 온갖 종류의 사람들을 사랑한다. 나는 그들이 진짜 사람들이기 때문에 농부들을 사랑한다.

그리고는 영어 원문의 'farmer(s)'가 본디 위치했던 자리를 확인해 보고, 우리말에서는 그 위치가 과연 어떻게 달라지고 멀어졌는지를 비교해 보기 바란다.

다음에는 가능한 한 원문의 어순과 비슷하게 대충 번역해 놓고는 두 문장에서 까마득히 멀어졌던 '농부(들)'의 위치가 어떻게 가까워 졌는지를 보라.

나는 애완동물보다 사람들을 더 좋아하는데, 온갖 종류의 사람들, 백인과 흑인, 심지어는 겁쟁이에다, 빨갱이에서부터 우울한 사람에 이르기까지, 국적이 저마다 다른 전세계 사람들, 피부 빛깔과 문화가 다른 모든 사람들, 온갖 사회 계층의 사람들, 농부를 포함하여 온갖 직업의 사람들을 나는 좋아한다. 내가 농부들을 좋아하는 까닭은 그들이 진실하기 때문이다.

그렇다면 앞 문장에서 보았던 어떤 단어의 잔상이 아직 고스란히 머리 속에 살아 남은 상태에서 다음 문장의 반복된 단어를 쉽게 인지하고, 두 단어의 중복되는 영상을 하나로 연결하고 이어주기 위해서, 역류에 휩쓸리지 않고 흐름을 타게끔 독자를 인도하는 요령은 무엇일까?

가장 바람직하고 좋은 방법은 한 문장에 다수의 개념이나 상황이 담겼을 때, 영어로 된 글을 읽으면서 머리에 차례로 맺어지는 영상(image)들을 본디 순서대로 그냥 두는 요령이다.

예를 들어 "I walk home"이라고 하면 "내가 집으로 걸어가는" 하나의 독립된 영상으로 끝난다. 물론 짓궂게 '나'라는 인물과 '걸어가기'라는 동작과 '집'이라는 세 가지 영상이 위 문장에 담겼다고 누가 우기더라도 할 말이 없기는 하지만, 앞이나 뒤에 나오는 문장에 담긴 다른 상황과는 연결되지 않기 때문에 그냥 하나의 상황이라고 치자.

그러나 "I walked home and had lunch with mom"이라고 하면 두 개의 상황이 하나의 문장으로 이어진 구조이다. 하지만 여기에서는 집으로 가는 한 가지 상황과 집에 도착한 다음 엄마와 밥을 먹었다는 두 번째 상황의 흐름에서 별로 문제가 생겨나지 않는다. "나는 집으로 걸어가서 엄마와 함께 점심을 먹었다"라고 하면 거슬러 올라가야 하는 역류의 흐름이 별로 힘겹게 나타나지 않으니까 말이다.

하지만 "I walked home, thinking about the woman"이라는 구조의 문장을 보면, 내가 집으로 가는 한 가지 상황과 내가 어떤 여자를 생각한다는 두 번째 상황이 동시에 일어난다. 그래서 우리는 이 문장을 아무 거리낌없이 "그 여자를 생각하면서 나는 집으로 갔다"고, 학교에서 늘 배웠던 원칙에 따라, 습관적으로 역류를 시킨다. 두 번째 상황(여자 생각)은 그래서 첫 번째 상황(걸어가기) 보다 앞으로 나오고 만다.

하지만 위 문장을 처음 읽어내려 갈 때 우리의 머리 속에 먼저 맺히는 영상은 집으로 걸어가는 나의 모습이고, 여자 생각은 나중에 독자의 눈이 'woman'이라는 단어에 다다른 다음에야 연결된다. 그래서 필자는 언젠가 이런 경우, 먼저 떠오르는 영상부터 먼저 옮겨놓아서, "나는 집으로 걸어가면서 그 여자를 생각했다"라고 바꿔도 되지 않겠느냐는 제안을 했었다.

물론 여기에 내놓은 간단한 예문의 경우에는, 본디 문장의 구조를 망가뜨리지 않기 위해서 원칙대로 "나는 그 여자를 생각하면서 집으로 갔다" 정도로 역류시켜도 전혀 문제가 되지 않고, 오히려 바람직한 일이겠다. "나는 그 여자를 생각하며 집으로 갔다"나 "나는 집으로 가면서 그 여자를 생각했다"나 겨우 몇 단어 차이이기 때문에 별로 시차(時差)도 생기지 않으니까 말이다.

그러나 abcd efgh라는 흐름에서, 거듭된 역류를 거친 나머지, 원문에서는 서로 나란히 이어지는 d와 e가, dcba hgfe로 뒤바뀌는 바람에 까마득히 서로 멀어지고, 그래서 독자가 연상 작용에서 어려움을 느끼거나 아예 연관성이 전혀 보이지 않게 될 때는, 모든 경우에 그렇게 해서는 무리가 올지 모르겠지만, 가끔은 본디 흐름을 그대로 살려 간직하는 방법을 시도할 필요가 생겨난다.

그래서 제 10과에서는 집중적으로, 본디 문장의 얼개를 공격적으로 무너뜨려 가면서까지라도 구조적인 재조립을 통해 전체적인 흐름을 살리기 위한 방법은 과연 없는지, 그리고 있다면 요령과 법칙은 무엇인지를 생각해 보기로 하겠다.

재조립이라는 모험의 당위성　문장의 재조립이 필요한 경우에는, 새로운 구성(건축)을 위해 동원해야 할 '원자재'를 마련하려는 방편으로서, 전체적인 골격의 해체는 물론이요, 여러 단어의 품사나 격 또는 형태를 바꿔야하는 모험까지도 때로는 벌여야 한다.

어쨌든 재조립과 재구성을 위한 모든 모험은 원칙을 이탈하고 기초를 무너뜨리는 공격적인 용기를 필요로 한다.

그리고 재조립을 위한 모험은 아주 간단한 행동으로부터 시작한다.

영어에서 지나치게 자주 나오는 소유격의 변칙 번역에 대한 설명을 하면서 필자는 "My arm is long"이라는 문장을 "나의 팔이 길다"라는 '번역체'가 아니라, 소유격을 주격으로 바꿔 "나는 팔이 길다"라고 해야 오히려 우리말 어법에 잘 맞는다는 설명을 했다. 원문의 'my'가 소유격이니까 우리말 번역에서도 충실히(=곧이곧대로) 소유격을 살려 '나의'로만 수비적인 번역을 해야 한다고 고집하면, 약간 과장해서 예를 드는 경우, "나는 나의 숟가락으로 나의 접시에 담긴 나의 밥을 먹었다"는 식의 '번역체' 문장이 나오기가 쉽다.

그러나 "내 딸의 머리가 좋다"보다는 "내 딸은 머리가 좋다"라는 말이 훨씬 자연스러운 표현이라는 사실을 염두에 두면, 원칙과 공식의 격을 깨트리는 공격 행위를 겁낼 필요가 없어진다.

우리말과는 달리 피동태가 많은 영어를 역시 곧이곧대로 수동형이 나타날 때마다 모조리 그대로 살려가면서, 아니, 살려가면서라기 보다는 눈에 보이는 수동형의 굴레에서 벗어나지를 못하고 그대로 수비만 하면서 옮긴다면, 이것 역시 "내 뺨이 그대의 손바닥에 의해서 맞아졌다"는 식의 어색한 번역을 낳는다. 그렇기 때문에 차라리 웬만한 수동형은 모두 능동태로 고쳐 "나는 너한테 뺨을 맞았다"거나, 거기에서도 더 나아가 "네가 내 뺨을 때렸다" 또는 "네가 날 때렸어"라고 번역해야 훨씬 우리말다운 번역이 나온다는 얘기이다.

이렇게 생각하면 위 예문에서 'my'를 '나의'라 하지 않고 '나는'이라고 한 번역이 훨씬 바람직하다는 결론에 이른다. 그렇기 때문에 보다 정확한 번역, 보다 우리말다운 우리말로 번역을 하기 위해서는 문법적 경직성을 때로는 과감히 버리는 공격적인 용기가 필요하다. 그리고 기본 골격을 무너뜨리는 재조립을 위해서는 더욱 많은 용기가 필요하다.

그렇다면 제 10과에서 첫 번째 교재로 내놓은 장문을 해체하고 재조립하는 과정은 어떤 방법으로 이루어져야 하는지, 지면을 낭비하는 감이 들기는 하지만 ① 원문, ② 역류를 시켜가며 지금까지 우리들이 해놓은 번역, ③ 필자가 재구성한 번역을 나란히 제시하겠으니, 지금까지 한 설명이 실제로는 어떻게 적용되는지를 꼼꼼히 살펴보기 바란다.

① Multi-volume treatises by Georges Sadout (1975) and Jean Mitry (1968-80) in French, Ulrich Gregor and Enno Patalas

(1962) in German, and Jerzy Toeplitz (1979) in Polish and German have had single-volume counterparts in English (by Arthur Knight (1957), David Robinson (1973/1981), and many others) that trace what might be thought of as the biography of cinema, from its birth through a clumsy adolescence to an increasing maturity after the Second World War. Maturity is measured by(이하 생략)

② 탄생에서부터 어리숙한 사춘기를 거쳐 제 2차 세계대전 이후의 빠른 성숙기에 이르기까지의 과정을 거치는 영화 예술의 일대기라고 간주할만한 내용을 추적한 여러 권으로 이루어진 저서를 프랑스어로는 (1975년에) 조르주 사둘과 (1968년에 초판 1980년에 개정판을 펴낸) 장 미트리가, 독일어로는 (1962년에) 울리히 그레고르와 엔노 파탈라스가 함께, 그리고 폴란드어와 독일어로는 (1979년에) 제르지 퇴플리쯔가 펴낸 반면에, 영어로는 같은 내용을 한 권짜리로 (1957년에) 아더 나이트, (1973년, 그리고 1981년에 다시) 데이빗 로빈슨, 그리고 다른 여러 필자가 펴냈다. 성숙을 측정하는 기준은(이하 생략)

③ 프랑스어로는 조르주 사둘(1975)과 장 미트리(1968-80)가, 독일어로는 울리히 그레고르와 엔노 파탈라스(1962)가, 폴란드어와 독일어로는 제르지 퇴플리쯔(1979)가 여러 권짜리 논문집으로 출판한 반면에 영어로는 아더 나이트(1957), 데이빗 로빈슨(1973, 1981) 그리고 다른 여러 필자가 한 권짜리 비슷한 내용을 담아 발표한 영화 예술의 일대기라고 할만한 저서들은 탄생에서부터 어리숙한 사춘기를 거쳐 제 2차 세계대전 이후의 빠른 성숙기에 이르기까지의 과정을 추적한다. 성숙함을 평가한 기준은(이하 생략)

*

이번에는 어느 한 문장의 부분적인 해체를 거쳐 재조립을 위한 손질을 하는 과정이 어떻게 이루어지는지를 다른 예문을 가지고 생각해 보자.

> This is clearest in Mitry's monumental project <u>which</u> traces only those cinematic rivulets and streams <u>that</u> feed into the current of the present. If a source dried out (이하 생략)

여기에서는 두 개의 관계 대명사 'which'와 'that'이 세 개의 문장을 하나로 연결해 놓았는데, 일반적인 거슬러 올라가기 식으로 번역을 하면 이렇게 된다.

> 현재라고 하는 흐름으로 이어지는 영화의 크고 작은 개울과 강만을 추적하는 미트리의 기념비적인 연구서를 보면 이런 경향이 가장 두드러지게 드러난다. 하나의 수원(水源)이 말라버리거나 (이하 생략)

그러면 뒷 문장에서 반복되는 '흐름(source)'과 앞 문장의 '흐름(rivulets, streams=current)'은 유유하게 이어지지를 않는다. 그리고 여기에 포함하여 싣지 않은 앞 부분에서 이어받았음이 분명한 '이런 경향' 또한 맨 뒤로 빠져서, 제대로 연결고리를 만들지 못한다.

그래서, 관계대명사가 이끄는 수식 부분을 앞으로 끌어올리지 않고, 다른 글 뭉치들도 본디 자리를 지키게 두면서, 이렇게 번역해 보자는 얘기이다.

> 이런 경향이 가장 두드러지게 드러나는 미트리의 기념비적인 연구서를 보면, 현재라고 하는 흐름으로 이어지는 영화의 크고 작은 개울과 강만을 추적한다. 하나의 수원(水源)이 말라버리거나 (이하 생략)

예문으로 사용하는 교재의 논문에서는 "수원이 말라버리거나" 이하를 생략해 버린 또 하나의 긴 문장을 뛰어넘고 나면, 다음과 같은 내용이 나온다.

> This was the case, for instance, with the Shanghai melodrama of the early 1930s and with Brazilian *cangaços* of the 1950s, neither of which show up in Mitry or in other aesthetic overviews. Mitry's volumes can be read as a Darwinian tale of survival, that is, as the tale of 'ourselves' and 'our' cinema, since 'we' are the ones who have survived and have commanded a history. This explains (이하 생략)

여기에서도 역시 첫 문장은 'This'로 시작하여 지나간 글에서 얘기한 내용을 이어받고, 다음 문장을 이끄는 'Mitry's volumes' 또한 첫 문장의 마지막에 나오는 'aesthetic overviews'와 중첩 연결된다. 그런가 하면 뒷부분이 생략된 세 번째 문장 또한 'This'로 시작하여 앞에 나온 내용의 꼬리를 문다.

그런데도 사람들은 문장과 문장을 이어주는 이러한 고리와 끈을 무시한 채로 여기저기 역류하면서 이런 식으로 번역하기가 보통이다.

> 두 가지 모두 미트리나 다른 사람들의 미학적 개론에서는 나타나지를 않는 1930년대 초기 샹하이 통속극과 1950년대의 브라질 cangaços가 바로 그런 경우였다. 살아남아서 역사를 구사하게 된 자들이 바로 '우리들'이기 때문에, 미트리의 저서들은 '우리 자신'과 '우리의' 영화 이야기로서, 그러니까 다윈(Darwin)적인 적자생존의 이야기로서 해석될 수가 있다. 이것이 설명하는 바는 (이하 생략)

특히 두 번째 문장의 'since'는 앞에 나온 결과가 어째서 이루어졌는지 이유를 설명하는 내용을 이끌기 때문에, 원인과 결과를 발생한 차례대로 엮으려는 인과적 구조로 만들기 위해서라며 역류를 쉽게 정당화한다. 하지만 다음에 소개할 번역문에서처럼, 여기에서도 역시 역류를 막아내는 길이 보인다.

초벌 번역에서는 cangaços라는 용어가 무엇을 뜻하는지 몰라서 그냥 외국어로 내버려두기도 했는데, 번역하는 사람이 어디에서도 그 말의 정확한 뜻을 알아내지 못할 정도라면 독자 역시 모를 터이고, 그런 경우에는 '풀이'를 통해서 설명을 넣어주는 배려가 번역자에게는 마땅한 의무가 되겠다.

우선 위 예문을 재구성한 번역문부터 보고 넘어가자.

> 1930년대 초기 샹하이 통속극과 1950년대의 브라질 '산적 영화(山賊映畵, cangaços, 풀이 · 우리나라에서는 〈야성의 순정〉이라는 제목으로 소개된 〈군도[群盜], O Cangaceiro, 1953〉를 필두로 해서 한때 전세계를 풍미했던 브라질 영화의 한 고유분야)'가 바로 그런 경우여서, 두 가지 모두 미트리나 다른 사람들의 미학적 개론에서는 눈에 띄지를 않는다. 미트리의 저서들은 다윈의 적자생존 이야기나 마찬가지여서 '우리 자신'과 '우리의' 영화 이야기로 해석해도 되는데, 그 까닭은 살아남아서 역사를 이끌어온 자들이 바로 '우리들'이기 때문이다. 이러한 이유로 해서 (이하 생략)

거꾸로 가도 서울만 가면 된다

많은 경우에, 여러 덩어리의 글을 순리대로 흘려 내려보내기 위해서는, 앞에서 살펴보았듯이 관계대명사를 접속사로 바꾸면 아주 효과적이다. 하지만 공식을 이탈하기 위해서는 한두 가지 고정된 요령만으로는 부족하다.

융통성을 보이지 않는 고지식하고 도식적인 수비형 번역이 본질적으로 지나치게 직설적이어서 뜻을 제대로 전하지 못하는 경우, 그러니까 정직한 표현만으로는 의도하던 뜻을 전달하는 효과가 여의치 않을 때는, 거꾸로 가는 공격적인 방법을 쓰면 주효할 때도 가끔 우리는 경험하게 된다. 모로 가도 서울만 가면 된다는 속담처럼, 거꾸로 가더라도 원하는 곳에 다다르면 되기 때문이다.

거꾸로 하는 번역 또한 한참 앞에서 이미 설명했었는데, 이것은 이중 부정이 긍정의 효과를 낸다는 공식을 이용한 방법이다. 그러니까 "Remember me"를 'remember'라는 단어의 일차적인 의미에 매달려 "나를 기억해 줘"라고 어색하게 번역하는 대신, '기억하다'의 반대말인 '잊다'를 가지고 부정형으로 써서 원하는 효과를 얻자는 제안이다. 사실상 우리는 "Remember me"를 우리말로 할 때, "나를 기억해 줘"라기 보다는 "나를 잊지 말아 줘"라는 식으로 표현하는 경우가 훨씬 많으니까 말이다. 김소월의 시 〈못잊어〉가 〈생각나〉보다 훨씬 감흥적인 이유도 그것 때문인지도 모른다.

영상 번역의 독보적인 존재였던 차미례가, 미켈란젤로 안토니오니의 영화 『확대(Blow-up, 1966, 비디오 제목 "욕망")』의 대사를 우리말로 옮기면서, 맥이 풀린 모델들에게 사진작가가 "Wake up"이라고 소리를 지르자 "깨어 있어"라기 보다 "졸지 마"라고 번역한 방법이 얼마나 훨씬 설득력이 강했던가 하는 설명도 다른 번역 지침서에서 이미 소개했었는데, 이것 역시 번역을 하려는 사람이라면 우리의 언어 습관에 늘 관심을 가지고 주변 사람들의 '말'에 귀를 기울여야 한다는 필요성을 증명한다.

바로 앞에서 제시했던 인용문에서 "This explains"로 시작하는 문장을 생략해 버렸지만, 앞 내용의 꼬리를 역시 "(The force of) these"로 물고늘어지는 다음과 같은 문장의 번역에서도 그런 거꾸로 번역이 크게 힘을 발휘한다.

The force of these less visible 'phenomena' surely carved out underground galleries and waterways, or seeped into swamps and bogs, but canonical historians abandon them there without much thought, until recently when one can note an effort to give them a place in textbooks.

이 내용에 대한 초벌 번역은 이러했다.

이렇게 덜 드러나는 여러 '현상'의 힘은 분명히 지하 갱도와 수로를 뚫어 놓거나, 늪과 습지로 스며들었지만, 정전(正典)을 중요시하는 역사가들은 교과서에 이들을 위한 자리를 마련해 주려는 노력이 눈에 띄게 된 최근에 이르기 전까지는 별 관심 없이 이들의 존재를 그대로 방치했다.

여기에서는 원문의 중간쯤에 나오는 'but'이 일단 역류를 막아주는 방파제 노릇을 한다. 'but'이 들어간 문장에서는 그 단어 다음에 앞에서 나온 내용을 부정하는 얘기로 이어지는 경우가 대부분이어서, "나는 이렇지만 (but) 너는 그렇다"라는 문장에서처럼 "너는 그렇다"라는 내용이 "나는 이렇다"라는 설명보다 먼저 나오지를 않기 때문이다.

하지만 나머지 내용에서는 'until'을 고비로 해서 역류가 이루어진다. "You did that until I told you not to(내가 그러지 말라고 꾸짖기 전까지는 넌 그런 짓을 계속했다)"에서처럼 'until' 다음에 나오는 내용이 흔히 그 앞에 나오는 내용에 영향을 주는 원인이 되는 까닭에서이다. 그래서 "눈에 띄게 된 최근에 이르기 전까지는 그대로 방치했다"고 역류하는 결과를 가져왔다.

하지만 'until'을 '~할 때까지는'이라면서 과거의 현상을 지시하는 방향으로 번역하지 않고, '~한 다음에는'이라고 거꾸로 번역하면, 원인과 결과를 나타내는 내용이 제 자리를 그대로 지키게 된다.

"He was a bad boy until 1998"이라는 내용을 "그는 1998년까지 나쁜 아이였다"라고 번역하는 대신 "그는 1998년 이후에는 좋은 아이가 되었다"라고 옮겨도 전혀 무리가 가지 않아서이다.

'최근'이 되기 이전의 기간을 뜻하는 '최근까지'라는 표현 대신에 '최근'과 그 이후를 뜻하는 '최근에 들어서'라고 고쳐놓으면, 마지막 부분의 흐름이 어떻게 달라지는지를 확인하기 바란다.

이렇게 덜 드러나는 여러 '현상'의 힘은 분명히 지하 통로와 수로를 뚫어 놓거나, 늪과 습지로 스며들었지만, 정전(正典)을 중요시하는 역사가들은 별 관심 없이 이들의 존재를 그대로 방치했으며, 최근에 들어서야 교과서에 이들을 위한 자리를 마련해 주려는 노력이 눈에 띌 따름이다.

물길 터주기

개울이나 수로의 바닥이 고르지 못하면 물이 막혀 역류하고, 수초 더미를 만나면 물길이 돌거나 멈추기도 한다. 문장 또한 흐르는 물과 같아서, 길면 길수록 그만큼 걸리는 곳도 많아지고, 여기저기 손질해가며 다듬고 막히는 부분을 제거하여 통로를 터주지 않으면 매끄럽게 흘러가지를 못한다.

긴 문장은 무엇이 어느 단어를 수식하고 어느 부분은 어떤 대목을 꾸미는지 뒤엉켜 갈피를 잡기 힘든 경우가 많다. 그래서 온갖 장애물을 제거하여 물길을 터주는 작업은 상황과 내용에 따라 그때그때 여러 가지 다른 기술을 필요로 한다. 그리고 다음 문장을 번역할 때도 그런 기술 한 가지가 필요해진다.

These attacks begin to appear in early 1970s, most notably in Jean-Louis Comolli's multi-part essay 'Technique et idéologie (1971-2).

이에 대한 초벌번역이다.

　이런 공격은 1970년대 초반에 나타나기 시작하는데, 특히 장-루이 꼬몰리의 여러 부분으로 이루어진 평론 "기술과 이념"(1971-2)에서 두드러진다.

이 문장에서는 "시작하는데, 특히"라고 해서 허리가 잘린 듯한 인상을 주는 표현을 '시작한' 이라는 단어로 보다 단단히 결속시켜 놓으면 문장의 흐름이 어떻게 달라지는지 각별히 관심을 갖고 살펴보기 바란다.

　1970년대 초반에 나타나기 시작한 이런 공격에서 가장 두드러진 본보기는 여러 회에 걸친 장-루이 꼬몰리의 평론 "기술과 이념"(1971-2)이다.

다음 문장에서는 'according to which'가 방파제 역할을 하는데, 초벌 번역은 어떻게 물막이를 만들어 놓았는지, 또는 물막이에 어째서 실패했는지를 살펴보기 바란다.

　A more recent, quite heterogeneous body of work favours a more pragmatic theory of meaning, according to which determinate meaning is not inherent in the filmic signs or texts themselves but is constructed by spectators in accordance with certain context-dependent conventions.
　더욱 최근 들어, 아주 이질적인 연구 집합체는 결정적인 의미는 영화 기호나 내용물 자체에 고유한 것이 아니라 특정한 문맥에 좌우되는 관습에 따라 관객에 의해 구성된다는, 더 실용적인 의미 이론을 지지한다.

'according to which'가 방파제 역할을 제대로 했다면, 초벌 번역에서 문장의 마지막 부분으로 밀려난 "더 실용적인 의미 이론을 지지"한다는 말은 역류를 당하지 않는다. 그러면 이제는 'according

복잡한 장문의 번역 | **449**

to which'를 그냥 'according to'만 살려 '따르면'이라고 번역해서 어떻게 역류를 막아내는지 보라.

보다 최근에 등장했으며 이질적인 일단의 연구 논문이 지지하는 보다 실용적인 의미 이론에 따르면, 확정 의미는 영화의 기호나 내용물 자체에서 연유하지를 않고 문맥에 의존하는 특정한 관습에 따라 관객에 의해서 구성된다.

다음 문장에서도 역시 관계대명사 'which'를 어떻게 번역하느냐에 따라서 역류를 막는 방파제 공사가 성공하느냐 아니냐를 결정한다.

All such measures were preceded by public debates which to a greater or lesser extent also involved forms of research on movie theatres and movie audiences.

이런 모든 방법들보다 앞서 어느 정도는 영화극장과 영화 관객들에 대한 연구 형태를 포함하는 대중적 논쟁이 먼저 일었다.(초벌 번역)

이런 모든 조처에 앞서서 일었던 공적인 논쟁들은 정도의 차이는 나지만 역시 영화관과 관객에 대한 여러 형태의 연구를 동원했다.(다듬은 번역)

그리고 지금까지 배운 내용에 대한 복습을 하는 셈으로, 초벌 번역에서 다음과 같은 수정이 왜 가해졌는지를 생각해 보기 바란다.

1. 모든 방법'들'   →   모든 조처
2. 대중적 논쟁   →   공적인 논쟁 '들'
3. 영화 관객   →   관객

가장 빈번하게 습관적으로 역류를 일으키는 단어를 찾아보면, 이유를 밝히는 'because', 그리고 같은 뜻으로 쓰이는 'for'나

'since'가 되겠다. 하지만 이것은 "I am A because of B"를 "나는 B 때문에 A이다"라고 B를 A 앞에 세우며 역류시키는 대신, "내가 A인 까닭은 B 때문이다"라고, "~인 까닭은 ~이기 때문이다"라고 만든 아주 간단한 공식에 의해서 해결이 가능하다. 다음의 경우처럼 말이다. 알아보기 쉽게 '까닭'과 '때문'에 밑줄을 표시해 두겠다.

>That the problem was in part conceived as *feminine* is highly significant: for the threat of the movies was, not least, about a loss of control and a tendency towards self-indulgence and weakness.

>영화의 위험은 특히 통제의 상실과 탐닉 및 나약함에 빠지는 경향에 대해서이기 때문에, 이 문제가 어느 정도는 "여성적"으로 이해된다는 점은 아주 의미심장하다.(초벌 번역)

>이 문제가 부분적으로는 "여성적"이라고 인식된다는 사실이 매우 중요한 <u>까닭</u>은 영화의 위험이 자만과 나약함에 빠지는 경향과 통제력의 상실에서 적지 않게 기인하기 <u>때문</u>이다.(다듬은 번역)

이번에는 밑줄을 쳐놓은 'in which'를 적절히 번역해서 어떻게 물막이를 하면 되는지를 보여주는 예이다.

>A 400-page report, based on numerous sources of information was published, <u>in which</u> the general conclusion was that "no social problem of the day demands more earnest attention," and that the cinema had "potentialities for evil" which were manifold (even though cinema could also become "a powerful influence for good").

>다량의 정보 근거에 바탕을 둔 400쪽에 달하는 보고서가 출판되었고, 그 결론은 "오늘날의 사회 문제 가운데서도 가장 진지한 관심을 요한다"였고, 영화는 (또한 "좋은 면에서 강력한 영향"이 되기도 하지만) 다방면에 걸쳐 "사악한 잠재성"을 지녔다고 했다.(초벌 번역)

다양한 정보 자료를 기초로 삼아 발표한 4백 쪽에 달하는 보고서에서 내린 전반적인 결론을 보면 "오늘날의 어떤 다른 사회 문제보다도 더 진지한 관심을 요구"할뿐 아니라, 영화는 (비록 "좋은 면에서 강력한 영향력"을 발휘하기도 하지만) 여러 면에서 '사악함의 잠재성'을 지녔다고 했다.(다듬은 번역)

탄력 만들기

다음 예문은 밑줄을 친 'which'를 무시함으로써 오히려 문장에 얼마나 탄력이 생기는지를 잘 보여주는 경우이다.

> Even less powerful were Monogram and Republic Pictures, the inhabitants of 'Poverty Row,' <u>which</u> created low-budget fare for marginal theatres.

이보다 더 약한 회사는 '최저선(Poverty Row)'을 형성하는 모노그램(Monogram)과 리퍼블릭 사(Republic Pictures)로, 변두리 극장용의 저예산 영화를 만들었다.(초벌 번역)

그들만도 못한 회사로서 '달동네(Poverty Row)' 주민에 해당되던 모노그램과 리퍼블릭 영화사는 변두리 극장용 저예산 영화를 만들었다.(다듬은 번역)

길고 복잡한 문장은 마무리 손질을 소홀히 하면 전체적인 인상이 매끄럽지를 못해서, 하나의 문장으로서 흐르지를 못하고, 억지로 여러 문장을 이어 붙인 듯 무거운 인상을 주기도 한다. 다음 문장의 초벌 번역에서 밑줄 친 부분들은 마치 딴지를 거는 듯한 인상을 주는데, 신경을 써서 다듬고 끝내기를 하면 어떻게 되는지를 보라.

> This provoked the neo-Aristotelian philosopher Mortimer Adler to formulate a fundamental critique of this whole approach

to what he considered an art form in his *Art and Prudence* (1937), subsequently popularized in Raymond Moley's *Are We Movie Made?* (1938).

<u>이는</u> 신아리스토텔레스파 철학자인 모티머 애들러(Mortimer Adler)를 자극<u>하여,</u> 그가 하나의 예술 형태로 간주한 바에 대한 이런 접근법 전체를 근본적으로 비평<u>하여</u>『예술과 신중함(1937)』에서 공식화하게 <u>했고, 이는</u> 후에 레이먼드 몰리의『영화가 우리를 만드나?』에서 유명해졌다(1938).(초벌 번역)

여기에서 자극을 받은 신아리스토텔레스파 철학자 모티머 애들러(Mortimer Adler)가 『예술과 분별력(Art and Prudence, 1937)』에서 하나의 예술 형태로 간주한 대상에 접근하는 이런 방법 전체를 근본적으로 비평한 기조(基調)는 나중에 레이먼드 몰리(Raymond Moley)의 『영화가 만드는 인간(Are We Movie Made?, 1938)』을 통해서 널리 알려졌다.(다듬은 번역)

위 번역에서 괄호 안에 인명과 책의 제목을 원문대로 넣어준 까닭은 관심 있는 독자가 좀 더 공부를 하고 싶어 자료에 접근하기를 원할 때 도움을 주기 위해서이다.

한편 다음 예문은 하나의 문장인데, 초벌 번역에서는 둘로 잘라 놓아 역시 딴지를 거는 듯 주춤한 느낌을 준다. 여기에서는 첫 문장의 주어인 '분야'의 주격을 무너뜨리고, 본디 주어를 되찾아 전체 내용을 재구성했다.

밑줄 친 'when'을 어떻게 처리했는지 참고하기 바란다.

A politically well-researched area in India is the 1970s, <u>when the earlier nationalist definition of the state underwent a series of crises: the emergence of the extreme left Naxalite movement, working-class agitations culminating in the Nav Nirman movements in Bihar and Gujarat and the declaration of an</u>

internal Emergency by Indira Gandhi in 1975.

인도에서 정치적으로 연구가 잘 이루어진 분야는 1970년대이다. 당시 국가에 대한 보다 이전의 민족주의적인 정의가 극좌 성향의 낙 살라이트(Naxalite) 운동의 등장, 비하르와 구자라트에서 일어났던 나브 니르만 운동에서 극에 달한 노동 계급의 운동, 그리고 1975년 인디라 간디의 긴급 조치 발동와 같은 일련의 위기를 겪었다.(초벌 번역)

인도에서 정치적으로 연구가 잘 이루어진 분야인 1970년대에는 극좌 성향의 낙살라이트(Naxalite) 운동의 등장, 비하르와 구자라트에서 발생한 나브 니르만 운동을 통해 절정에 이른 노동 계급의 소요 사태, 그리고 1975년 인디라 간디의 긴급 조치 발동과 같은 일련의 위기를 거치면서 국가에 대한 과거의 민족주의적인 정의가 변화를 겪었다.(다듬은 번역)

다음 예문에서도 역시 'when'의 번역을 '변칙'으로 처리함으로써 역류를 막아낸다.

This attitude paved the way for the auteurism of the 1960s and 1970s, when the critic Andrew Sarris (1969) could claim to be providing film history by delivering his notorious seven-tiered ranking of film directors.

비평가 앤드류 새리스(1969)가 7 단계로 영화 감독을 분류하는 악명높은 목록을 만들어내고는 그것이 영화 역사라고 주장하기도 했을 때, <u>이런 견해</u>는 1960년대와 1970년대의 작가주의가 등장하는 길을 닦아 놓았다. (초벌 번역)

이런 견해가 작가주의를 등장시키는 길을 닦아 놓았던 1960년대와 1970년대에는 비평가 앤드류 새리스(1969)가 7 등급으로 영화 감독을 분류하는 악명높은 목록을 만들어내고는 그것이 영화 역사라고 주장하고서도 당당했다.

위에 제시한 두 가지 번역문을 꼼꼼히 따져보면, 나중에 다듬은 내용이 본문의 뜻을 보다 정확하게 전달한다. 밑줄을 친 '이런 견해'가 앞 문장에서 얘기하는 내용을 가리킴에도 불구하고 초벌 번역에서는 비평가 새리스가 한 주장이라고 오해할 소지가 너무나 크기 때문이다.

다음에 소개하는 초벌 번역 역시 역류를 막아내는 한 가지 흔한 방법이기는 하지만, 밑줄을 친 부분에서 어딘가 딴지걸기를 하는 듯 문장이 멈칫거린다 그럴 때는 아예 문장을 앞 부분에서 전체적으로 재조립을 시도해도 되겠다.

'which'를 어떻게 처리했는지 참고하기 바란다.

> Equally rich in historical data is the consideration by David Bordwell and Janet Steiger of the role of technology within Hollywood cinema, which they regard as "a distinct mode of film practice with its own cinematic style and industrial conditions of existence."
>
> 헐리우드 영화 속 기술의 역할에 관한 데이빗 보드웰과 재닛 스타이거의 연구도 역사적 자료가 풍보한데, 이들은 헐리우드 영화를 "그 자체의 영화적 표현양식과 존재의 산업적 조건으로 볼 때 영화 행위의 독특한 양식"이라고 간주한다.
>
> 그에 못지 않게 역사적 자료가 풍부한 고찰을 통해 데이빗 보드웰과 재닛 스타이거는 헐리우드 영화예술에서 기술이 차지하는 역할이 "나름대로의 영화적 표현 형식과 존재의 산업적 조건을 갖춘 영화 작업의 뚜렷한 하나의 양식"이라고 간주한다.

***

그러면 이제는 앞머리에 내놓은 과제를 하나씩 풀어보기로 하자. 첫 과제에 대한 초벌 번역은 다음과 같다.

This is evident in the work of David Bordwell and Noel Carroll, whose edited volume *Post-Theory* (1996) sets out to challenge the dominance of 1970s theory and to provide alternative approaches to spectatorship based on the use of cognitive psychology.

이는 데이빗 보드웰과 노엘 캐롤의 글에서 분명히 <u>드러나는데</u>, 이들이 엮은 『후기 이론(1996)』은 1970년대 이론의 권세에 <u>도전하면서</u>, 인지 심리학을 활용하여 관객에 대한 대안이 되는 접근법을 제공한다. (초벌 번역)

실제로 위 문장을 우리말로 옮겨 본 학생이라면 이 정도의 번역도 상당한 수준임을 인식하리라고 생각된다. 물론 고유명사 'Noel'의 부정확한 '번역'은 큰 잘못이지만, 문장의 흐름에서 'whose' 이하의 내용을 역류시키지 않았다는 사실만 해도 상당히 세심한 솜씨가 돋보인다.

다만, 밑줄 친 두 곳에서 주춤거리는 딴지걸기가 좀 미흡하다는 느낌이다.

데이빗 보드웰과 노을 캐롤이 엮었으며 그런 경향이 두드러지게 드러나는 저서 『후기 이론(1996)』은 1970년대 이론의 지배에 도전할뿐 아니라 인지 심리학을 활용하여 관객의 개념에 대한 새로운 접근법을 내놓는다. (다듬은 번역)

동시성을 나타내는 '도전하면서'는 'chllenge'와 'provide'라는 등가(等價)의 두 가지 행위를 상하로 종속시키는 듯한 느낌을 주기도 한다. 그렇다고 해서 그냥 '도전하고'라 하면 개념의 교통정리가 미흡해서, 독자가 내용을 이해하는데 어려움을 느낀다. 그래서 '~뿐만 아니라'라는 말로 뒷부분을 강조해 보았다.

*

두 번째 과제와 초벌 번역은 이러하다.

> Drawing on these concepts, he presents a new interpretation of Orson Welles's *A Touch of Evil* (USA, 1958). In his writings on the nation, Bhabha draws on Freud's 1919 essay 'The Uncanny', in which Freud refers to the 'cultural' unconscious as a state in which archaic forms find expression in the margins of modernity.

> 이런 개념을 끌어들여, 그는 오슨 웰스의 『악의 손길(A Touch of Evil, 미국 1959)』에 대해 새로운 해석을 내놓았다. 그 국가에 대한 글에서, 바바는 프로이드가 '문화적' 무의식이 옛 형태가 근대성의 가장자리에서 표현되는 상태로 본 1919년 논문 "초자연"을 사용했다. (초벌 번역)

> 이런 개념에 의존하여, 그는 오슨 웰즈의 『검은 함정(A Touch of Evil, 미국, 1959, 국내 비디오 제목 "악의 손길")』에 대한 새로운 해석을 내놓았다. 국민에 대한 글에서 바바가 인용한 프로이트의 1919년 논문 "초자연"에서는 '문화적' 무의식이 근대성의 언저리에서 고루한 옛 형태가 표현되는 상태라고 언급한다. (다듬은 번역)

오슨 웰스가 만든 영화 『A Touch of Evil』은 우리나라에서 『검은 함정』이라는 제목으로 상영되었다. 영화 제목은, 특히 웬만큼 유명한 작품이라면, 본디 제목을 그대로 살려둬야 한다고 필자는 믿는다. 우리나라에서 나오는 영화 관계 서적들을 보면, 아마도 확인이 어려워서이겠지만, 같은 영화를 저마다 아무렇게나 제목을 번역해서 붙이고는 하는데, 이것은 독자들에게 혼란을 가져올뿐 아니라, 제목 또한 정확히 번역해야 할 고유명사라는 사실을 인식하지 못하는 처사라고 생각한다.

EBS-TV의 「일요 시네마」에서는 『정복의 길(Captain From

Castile)』을 『페드로 선장의 모험』이라고 하는가 하면, 같은 제목의 영화도 방영하는 방송국에 따라 간혹 제목이 달라지기도 한다. 『정복의 길』이 일본에서 붙인 제목이어서 문화적인 순수성을 도모하려는 목적으로 새로운 제목을 붙였노라고 주장한다면, 『정복의 길』을 방영했던 같은 프로그램에서 『애수(哀愁, Waterloo Bridge)』는 왜 『워털루 다리』라고 하지 않았는지, 설득력이 없어진다.

비디오를 출시할 때도 마찬가지이다. 예문에 등장했던 『검은 함정』 말고도, 웬만큼 영화를 아는 사람이라면 누구나 다 『인생의 낙원(It's a Wonderful Life)』이라고 기억하는 작품을 굳이 『인생은 즐거워』라고 했던 이유 또한 납득이 가지를 않는다. 원제목에 보다 가깝고 충실한 번역을 하겠다는 의도에서였는지도 모르겠지만, 예를 들어 『환상(幻想)』보다 『현기증』이 "Vertigo"라는 단어가 보다 충실히 옮긴 제목이라고는 믿어지지 않는다. 어차피 "현기증"도 미흡한 번역이기 때문이다.

그래서 위 초벌 번역을 손질하는 과정에서는 영화 제목을 바로잡았고, 독자를 위한 '풀이(註)'로서 국내 비디오의 제목은 따로 소개했으며, 괄호 속의 원제는 이탤릭체를 쓰지 않았다. 영어 원문에서는 본문과 차별화하기 위해서 제목을 이탤릭체로 썼지만, 이탤릭체가 따로 없는 우리글에서는 그런 번거로움은 쓸데없는 일이라고 생각해서였다.

인명 또한 제 국적을 찾아주자는 얘기도 이 강좌가 시작되던 무렵에 자세히 했었다. 그래서 위 초벌 번역에 나오는 '프로이드'는 '프로이트'로 바로잡았다. 아프가니스탄에서 전쟁이 터져 이슬람 문화에 대해 관심이 새로워진 요즈음에야 '꾸란(Quran)'을 비롯한 대부분의 이슬람 용어와 명칭이 사실은 기독교권 영어로만 우리들이 알고 살아왔다는 현실이 지적을 받는 현실에도 관심을 갖기 바란다.

모호함을 번역하는 모호함

어지러운 장문의 분해

사람이 많으면 시끄럽고 정신이 없어진다. 특히 선생님 말을 안 듣고 제멋대로 노는 아이들이 여럿 끼어들면 더욱 정신이 없어진다. 그래서 학교에서는, 서양 흉내를 내느라고 요즈음에는 자유롭게 자리를 앉히기도 하지만, 아이들더러 줄을 맞추라 한다. 역시 줄을 지어 앉거나 늘어서야 통제하기가 쉽기 때문이다. 군대에서 제식훈련을 하는 목적 또한 마찬가지이다. 그리고 통제가 되지 않는 아이들이나 군인들은 골치가 아프게 만든다.

문장도 그렇다. 마구 뒤엉킨 어휘들에게 제복을 입히고 줄서기를 시켜야 무엇이 어디에 걸리고 어떤 표현과 단어가 짝을 짓는지가 일목요연하게 보인다.

이렇듯 머리를 어지럽히는 장문의 번역에서 사람들을 괴롭히는 가장 까다로운 요소들 가운데 하나는 어떤 표현이 수식하는 대상이 하나인지 둘인지, 그리고 하나라면 어떤 한 단어를 꾸미는지 짐작할 길이 없을 때이다. 대부분의 경우 이것은 본디 글을 쓴 사람의 탓이기는 하지만, 글을 쓴 사람에게 하나하나의 단어를 직접 확인할 길이 없는 번역가의 입장은 참으로 난처하다.

그런 경우를 우리말에서 찾아보자면 "나는 누구보다도 아름다운 여자와 인형을 좋아한다" 따위의 표현이다. 찬찬히 뜯어보면 그 문장은 "누구보다도 아름다운 여자"가 "the woman more beautiful than anybody else in the world"인지, 또는 마지막 단어와 연결 지어 "누구보다도 아름다운 여자를 좋아한다([I] love a beautiful woman more than I do anything else)"인지, 그리고 "아름다운 여자와 인형"에서 아름다운 것이 여자뿐인지 아니면 여자와 인형 둘 다인지, 그러니까 '아름다운 여자 한 사람'과 '인형 한 개' 인지 아니면 '아름다운 여자와 아름다운 인형'인지, 그리고 또 전체 문장이 "(누구보다도 아름다운 여자와 인형을) 나는 좋아한다"는 말인지 아니면 "누구보다도 내가 (아름다운 여자와 인형을) 좋아한다"는 말인지, 정말로 갈피를 잡기가 어렵다.

영어에서는 다음과 같은 문장이 여기에 해당된다. 초벌 번역에서 정확한 의미가 간결하게 드러나는지 한 번 살펴보자.

> Making a 'trans-sex identification' with the agent of desire and narrative is habitual for women.
>
> 욕망과 서술체의 작용제와 '성을 초월하여 동일시'하는 것은 여성의 습관이다. (초벌 번역)

이 번역에서는 'agent'를 '작용제'라는 지극히 부자연스러운 우리말을 사용했기 때문에 도대체 무슨 말을 하는지 알아듣기가 더욱 어려워지기도 했지만, "the agent of desire and narrative"를 "욕망과 서술체의 작용제"라고 한 번역이 과연 정확한지, 얼른 판단이 서지를 않는다. '작용제'를 훨씬 알아듣기 쉽게 '근원' 또는 '원인'이라고 바꿔놓아도 마찬가지이다.

"욕망과 서술체의 원동력"이라고 하면, '욕망'과 '서술체' 두 단어가 모두 원동력에 걸리는 듯 보인다. 하지만 '욕망의 원동력과 서술체의 원동력'인지 아니면 '욕망'과 '서술체의 원동력'이 별개인지도 얼핏 알아내기가 힘들다. 'of'의 번역 방법을, 앞에서 제안했던 바와 같이 '~라는'으로 바꿔서, "욕망과 서술체라는 원동력"이라고 해도 결과는 마찬가지이다.

이것은 번역하는 사람이 "the agent of desire and narrative"에서 'agent'가 'desire'와 'narrative'에 모두 걸린다고 믿었기 때문

에 빚어진 결과이다. 하지만 전체 문장의 의미를 분석해 보면, 꼭 그렇지만은 않다는 사실을 알게 된다.

우선 'trans-sex identification'이라는 표현은, 흔히 생각하듯이 여성은 여성하고만 동일시(同一視)를 하지 않고, 여성이 남성인 대상하고도 동일시를 한다는 뜻이다. 그리고 그러한 양성적인 동일시의 대상이 "the agent of desire and narrative"이다. 그렇다면, "욕망을 자극하는 작용제(the agent of desire)"라는 대상은 쉽게 상상이 가지만, 영화의 줄거리 같은 '서술체(narrative)'와 동일시를 한다는 뜻인지, 아니면 "서술체에 담긴 작용제"와 그런다는 뜻인지, 모호해진다.

이러한 모호성을 해결하는 방법은 의외로 간단하다.

우리말로 번역한 표현도 어순을 바꿔 마찬가지로 모호하게 만들어 버리면 그만이다. 그러니까 "욕망(A)과 서술체(B)의 작용제(C)"라는 표현을 "서술체(B)와 욕망(A)의 작용제(C)"라고 의도적으로 역류시켜 바꿔 말하라는 뜻이다. 그러면 우리말에서도 역시 "서술체의 작용제(B+C)와 욕망의 작용제(A+C)"라는 말인지, 아니면 '서술체(B)'와 '욕망의 작용제(A+C)'가 별개의 단위인지가 분명하지 않게 모호해진다.

이렇게 모호함을 모호하게 번역하는 방법은, 앞에서도 이미 설명했던 바와 같이, 좀 비겁하기는 하지만 오역의 책임만큼은 면하게 도와준다.

그래서 다음과 같은 방법의 번역이 이루어진다.

> 서술체와 욕망의 근원에 대해서 '양성적(兩性的) 동일시'를 하는 현상이 여성에게는 흔한 일이다. (다음은 번역)

이와 비슷한 다른 문장을 하나 소개할 테니까, 'which' 이하의 설명이 어디에 걸리는지를 따져보기 바란다.

> As a result, an opposition-rhetorical in part-arose between 'American' sociological approaches and 'British' theory, of 'cinefeminism', which was based upon a critique of realism.

초벌 번역부터 살펴보면 이러하다.

> 그 결과, 사실주의 비평에 기반을 둔 '영화여성주의'의 '영국식' 이론과 '미국식' 사회학적 접근법 사이에서, 일부는 말장난에 지나지 않았을 뿐이지만, 반발이 생겨났다. (초벌 번역)

여기에서는 끝에 붙은 설명문이 'cinefeminism'에만 연결된다는 사실이 be 동사의 단수형(was)에서 분명해지기 때문에, 일반적인 역류 번역을 하는데는 별로 어려움이 없다. 이렇게 말이다.

> 그 결과, 사실주의 비평에 기반을 둔 '영화여성주의'의 '미국식' 사회학적 접근법과 '영국식' 이론 사이에 (일부는 수사학적인 차원에 지나지 않았을 따름이지만) 대립이 일어나게 되었다. (다듬은 번역)

이것을 연습삼아 흐름을 가다듬어 본다면, 여기에서는 별로 바람직한 경우는 아니지만, 이런 식의 번역도 가능하겠다.

> 그 결과, (일부는 비록 수사학적인 차원에 지나지 않았을 따름이지만) '영화여성주의'의 '미국식' 사회학적 접근법과 '영국식' 이론 사이에서 일어난 대립은 사실주의 비평에 기반을 두었다. (약간은 억지로 다시 다듬은 번역)

이번에는 수식 대상이 둘인 경우이지만, 그 두 가지 대상이 'and'가 아니라 'or'로 연결된 문장을 보자.

For Bordwell, Staiger, and Thompson (1985), classical Hollywood cinema constituted a 'group style' or norm of stylistic practices that had evolved by (roughly) 1917.

이에 대한 초벌 번역에서는 밑줄 친 부분을 어떻게 옮겼는지 살펴보기 바란다.

보드웰, 스타이거, 톰슨(1985)에게, 고전적 헐리우드 영화는 '집단 표현양식' 혹은 (대충 봐서) 1917년에서 진화한 표현양식적 행위의 규범을 구성했다.

위에서는 번역자가 "'집단 표현양식'(A) 혹은 ~ 진화한 표현양식적 행위의 규범(B)"이라고 했다. 그러니까 따옴표 속에 담긴 '집단 표현양식'과 '~행위의 규범'을 별개로 생각했음이 분명하다.

하지만 이런 경우에는, 역시 한참 앞에서 예문을 들어 설명했듯이, 따옴표 안에 담긴 표현(A)은 흔히 사람들이 쓰는 말이거나 어느 특정한 집단에서 쓰는 특수 용어이고, 그 말을 쉽게 풀이하면, 많은 경우 쉼표가 앞에서 이끌어주는 'or' 다음의 설명(B)과 같음을 나타낸다.

우리말을 모르는 외국인에게 관광 안내를 하는 사람이 "This is Piwon, or the Secret Garden"이라고 설명하는 경우도 마찬가지였다. 안내자의 말을 우리말로 번역할 때는 "이곳이 비원, 즉 '비밀스러운 정원'입니다"라고 번역할 필요가 없다는 설명도 이미 스티븐 크레인의 글을 번역하는 과정에서 했었다. '비원(秘苑)'이 무슨 뜻인지를 한국인 독자는 이미 알기 때문이다. 그리고 만일 꼭 해설적인 번역을 붙여야만 한다면, 위에서처럼 뒤에 따라오는 말을 따옴표 안에 넣어서, 그것이 설명을 위한 내용임을 밝혀두는 것이 좋다.

그러나 위에서 밑줄 친 부분처럼, 사실은 같은 내용이면서도 'or'의 양쪽에 배치된 두 가지 내용 A와 B를 모두 설명해야 하는 경우, 'that' 이하에서 설명하는 내용이 어디에 걸리는지가 모호해서 우리말도 역시 모호하게 해야 하는 그런 역류 번역을 할 필요는 없다. 어차피 A와 B는 동일한 개념이고, B는 A를 부연해서 설명하는 말이니까, 설명이 기본 개념보다 앞질러 나가면 어색해지기 때문이다.

제10과에서 필자는 "(A and B)+which(또는 that이나 when)+서술문"으로 구성된 복잡한 장문에서, 맨 뒤로 처진 서술문 C가 앞선 A와 중간의 B 모두 연결이 되는 경우, 가능한 한 A+B+C의 순서를 그대로 지킴이 바람직하다는 요구를 했었다.

그리고 제11과에 들어와서는 서술문 C가 불가피하게 역류해야 하는 경우, C가 A와 B 가운데 어디에 걸리는지, 또는 둘 다 걸리는지가 모호하면 C+B+A로 모두 역류시켜 오해의 소지를 없애야 한다고 설명했다. 하지만 'or'를 가운데 두고 등가(等價)의 A와 B가 병치된 예외적인 경우에는 C+A+B여야 한다고도 했다.

이렇게 복잡한 설명을 하고 났으니 아마도 상당히 혼란을 일으키는 학생도 없지 않으리라고 생각하지만, 등가의 'or'일 때는 A+B+C의 형태가 아니라 (A+A')B 또는 B(A+A')라고 이해하면 도움이 될지도 모르겠다. 그러니까 A(B)+A'B 또는 BA+(B)A'에서 A'에 B를, 그리고 B를 C로 치환하면, C(A+B) 즉 C+A+B라는 공식이 나온다. 이것 역시 문장의 흐름을 도모하는 응용 공식인 셈이다.

앞에 번역한 초벌 번역에서는 'or'를 '혹은'이라고 번역해 놓았기 때문에, 'or'의 한 쪽은 다른 쪽의 해설적 반복이라는 사실이 분명치 않아 혼란을 일으키기도 하는데, 이것도 역시 '즉(卽)'이라고 했더라면 독자들이 이해하는데 도움이 되었을 듯싶다.

따라서 앞에 소개한 초벌 번역을 손질해 보면 이렇게 된다.

보드웰, 스타이거, 톰슨(1985)의 관점에서는, 고전 헐리우드 영화라면 1917년(쯤)에서 발전이 이루어진 '집단 표현 양식,' 즉 표현 양식 기법상의 기준을 뜻했다. (다믐은 번역)

그리고 여기에서처럼 적절한 경우에는 C+B+A 형식도 성립된다. C+B+A처럼 역류가 계속되는 경우, 다른 문장과의 연관성을 고려하지 않아도 될 때는 그렇게 하더라도 나름대로 충분히 하나의 자연스러운 흐름을 구성한다. 이렇게 말이다.

보드웰, 스타이거, 톰슨(1985)의 관점에서는, 고전 헐리우드 영화라면 1917년(쯤)에서 발전이 이루어진 표현 양식 기법상의 기준, 즉 '집단 표현 양식'을 뜻했다. (달리 다믐은 번역)

연결되면서도 안 되는 연결

비교적 짧고 단순한 문장을 가지고 여러 부분이 연결되는 듯싶기도 하고 아닌 듯싶기도 한 경우를 다시 생각해 보자.

Yet if the image of woman is to be 'looked at', it also, according to the Freudian account, connotes sexual difference and a threat of castration that must be contained.

이에 대한 초벌 번역이다.

그러나 여성의 영상이 '바라보기' 위한 것이 된다면, 이는 또한 프로이트의 설명에 따르면 성적인 차이 및 반드시 포함되어야 하는 거세의 위협을 의미한다.

여기에서는 "sexual difference"를 'A', "a threat of castration"

을 'B', 그리고 "that must be contained"를 'C'라고 하자. 그리고 앞의 역자가 'contain'이라는 말이 '포함하다' 뿐이 아니라 '억제하다'라는 의미도 있음을 미처 고려하지 않았기 때문에 오역을 범했다는 사실도 감안하자.

어쨌든 위 초벌 번역은 A+B+C 형식을 A+C+B로 배열하여 "성적인 차이 및 반드시 포함되어야 하는 거세의 위협"이라고 했다. 이 초벌 번역문에서는 물론 "sexual difference"(A)의 번역문이 "that must be contained"(C)의 번역분 보다 앞에 나왔기 때문에, C가 A의 꾸며주기 대상이 아니라는 사실이 분명해진다. 하지만 영어 원문에서는 그 점이 명확하지가 않다. 따라서 역시 모호성의 공식에 맞춰 다음과 같이 옮기는 편이 바람직하다는 생각이다.

> 그러나 여성의 상이 '바라보기'를 위한 대상이라면, 프로이트의 이론에서는 이것 또한 반드시 억제해야 하는 거세의 위협과 성적인 차이를 의미한다. (다듬은 번역)

어느 형용사절이나 부사구가 두 가지 단어나 (두 가지) 상황 가운데 어느 쪽에 걸리는지 하나만 헷갈려도 어려운데, 다음 예문에서는 그런 어려움이 겹으로 나타난다.

> While the author openly distinguishes between <u>more and less 'primitive' movies and tastes</u> (the genre preference of many young male workers were expressed in answers that "smell of blood and dead bodies" ; Altenloh 1914 : 66), the tone is generally one of sympathy, not moralizing.

위에서 밑줄 친 부분은 'and'를 가운데 둔 두 쌍의 단어(more와 less, movies와 tastes)가 만들어내는 조합의 수와 비례하는 만큼의 혼란을 일으킬 가능성을 보인다.

다음 번역문을 검토해 보자.

> 저자는 공공연하게 얼마간의 "원시적"인 영화와 기호 사이를 구분하는 반면(다수의 젊은 남성 노동자들의 고유분야 선택은 "시체와 피의 냄새"라는 대답에서 표현된다, 알텐로흐, 1914, 66쪽), 논조는 일반적으로 도덕적이지 않고 호감을 나타낸다. (초벌 번역)

원문에서 이렇게까지 복잡한 형태의 문장을 구사했던 필자의 탓이었겠지만, 문장 전체가 혼란스럽다 보니 역자는 'more and less'를 'more or less'로 착각하는 부작용까지 낳았다. 아마도 직접 번역을 해본 사람들 대부분이 그런 착각을 일으켰으리라고 믿는다. 필자 역시 처음에는 그랬으니까 말이다.

그리고 'more'와 'less'가 뒤에서 따라 나오는 'movies'와 'tastes'에 앞 뒤로 하나씩 걸리는지, 앞 두 단어가 뒤 두 단어에 한꺼번에 걸리는지, 매우 정신이 없어진다. 더구나 역자가 'tastes'를 '기호(嗜好)'라고 번역하고는 한자 설명을 담지 않았기 때문에 독자는 '기호(記號)'가 아닌가 하는 착각까지도 일으킬지 모른다.

다음 번역에서 손질 과정을 거쳐 이런 혼란을 어떻게 최소화했는지 살펴보기 바란다.

> 알텐로는 그의 1914년 저서 66쪽에서 (다수의 젊은층 남성 노동자들이 선호도 조사에서 "시체와 피의 냄새가 나는" 분야라고 대답했다는 사실을 밝힘으로써) 보다 더 또는 덜 '원시적'인 영화와 취향을 노골적으로 차별하기는 하지만, 논조는 전반적으로 훈계가 아니라 공감을 나타낸다. (다듬은 번역)

초벌 번역에서 무엇이 어디 걸리는지를 파악하기 힘들어 착각을 일으킨 부분으로는 따옴표 속에 담은 "smell of blood and dead bodies"도 꼽아야 한다. 이것 역시 어디에 무엇이 걸리는지가 한눈에는 분명치가 않다.

일반적으로 사람들은 어느 문장을 처음 접할 때는, 균형을 잡고 싶어하는 잠재적인 감각 때문인지는 몰라도, 병치된 어휘를 동일하거나 비슷한 수의 단어 또는 절이나 구를 비슷한 길이로 잘라서 받아들이려는 경향을 보인다. 그래서인지 초벌 역자는 'smell of blood'와 'dead bodies'를 등가로 놓고 번역했으리라는 인상을 준다.

하지만 여기에서 'smell'은 '(피의) 냄새'라는 명사가 아니라, 따옴표 밖 바로 앞에 나오는 관계대명사 'that'을 따라가는 동사이다. 그리고 여기에서도 "smell of blood and dead bodies"는 "시체와 피의 냄새가 풍기는"이라고 모호하게 번역하는 공식을 따라야 무난하겠다.

물론 'smell'이 동사라는 사실을 일단 알고나면 뒤에서 쫓아오는 두 개의 목적어에 대해서는 아무 혼란이 없지 않겠느냐는 반론도 가능하지만, 우리말의 어법에서는 흔히 '냄새나다'라는 고지식한 동사보다 '냄새가 나다'라는 표현을 쓰기도 하고, 그럴 경우에는 '냄새'가 '나다'의 주어 노릇을 하면서 '(blood와 dead bodies의) 냄새'라는 꾸밈을 받기 때문에 역시 안전 장치가 필요하겠다.

그러면 이제는 마지막으로 몇 개의 장문을 발췌하여, 초벌 번역은 어떻게 나왔으며, 그것을 필자가 어떻게 다듬었는지를 보여주면서 전체적인 강좌의 마무리를 하겠다.

제 10~11과의 내용이, 비록 실질적인 면에서는 그렇지 않겠지만, 워낙 길고 복잡한 문장을 다루다 보니 이해에 어려움을 느낀 독자도 꽤 여럿일 듯싶어서, 더 이상 복잡한 '해설'은 붙이지 않겠다. 지금까지의 설명을 쉽게 이해한 사람은 더 이상의 설명을 필요로 하지 않고도 어떤 부분이 왜 그렇게 수정되었는지를 스스로 파악할 터이고, 어려워서 이해가 안 가는 학생에게는 세부적인 설명이 별 도움이 되지 않으리라는 생각에서이다.

다듬기 과정에서는 물론 오역을 바로잡기도 하지만, 문장의 흐름을 매끄럽게 흘려보내고, 역류를 되돌리고, 명확한 표현력의 구사를 위주로 했음을 밝힌다.

모름지기 모든 원칙은 스스로 깨우쳐야 한다. 지금까지 길게 계속해 온 필자의 강의는 따라서 보조 수단일 뿐, 여기에서도 학생 스스로 원칙과 공식을 깨우치기 바란다.

***

This abstraction was developed by James and John Whitney, who in the 1960s developed a high-technology computer aesthetic in the United States.

초벌 번역

이러한 추상화 작업을 발전시킨 제임스와 존 휘트니(James and John Whitney)가 발전시켰는데, 이들은 1960년대에 미국에서 첨단 컴퓨터 미학을 개발했다.

다듬은 번역

이러한 추상화 작업을 발전시킨 제임스 휘트니와 존 휘트니(James and John Whitney)는 1960년대에 미국에서 첨단 컴퓨터 미학을 개발했다.

3-D or object-animation has been largely identified with Easy European traditions, as manifested in the puppet and marionette tradition of Czechoslovakia and Poland, where it has had a strong cultural and historical significance as a part of popular culture and as a political allegorical system.

초벌 번역

3차원 또는 오브제 동영상은 체코슬로바키아와 폴란드의 인형과 꼭두각시 전통에서 분명히 나타나듯이 주로 동유럽의 전통과 동일시되어 왔으며, 이러한 전통은 대중 문화의 일부로서 그리고 정치적 풍자 체계로서 강력한 문화적, 역사적 중요성을 지닌다.

다듬은 번역

3차원 또는 물체 동영상과 주로 동일시되는 동유럽의 전통에서 분명히 나타나듯이, 체코슬로바키아와 폴란드의 인형과 꼭두각시 전통은 대중 문화의 일부로서 그리고 정치적 풍자 체계로서 강력한 문화적, 역사적 의미를 지닌다.

*

In the United Kingdom and the United States this is reflected institutionally in the fact that European cinemas — except the British cinema, which is always in an ambiguous position vis-á-vis continental cinema — are often studied within foreign-language departments, as opposed to film and media departments.

초벌 번역

영국과 미국에서 이는 때로 (대륙의 영화와 비교해서 항상 모호한 위치에 놓인 영국 영화를 제외한) 유럽의 영화는 영화 및 매체학과에 반하여 외국어학과 내에서 연구한다는 사실에서 제도적으로 드러난다.

다듬은 번역

이런 현상이 영국과 미국에서 체계적으로 반영된 예는 (대륙 영화와 대비시켰을 때 항상 모호한 위치에 처하는 영국 영화를 제외한) 유럽의 영화가 영화 및 매체 분야가 아니라 흔히 외국어 분야에서 다룬다는 사실에서 찾아보게 된다.

*

Over the decades, a canon of 'great European directors' has arisen, which has fluctuated (as exemplified by the *Sight and Sound* critics' polls made every ten years since 1952), but which was nevertheless established a pantheon.

초벌 번역

수십 년에 걸쳐 '위대한 유럽 감독'의 규범이 등장했는데, 이는 (《사이트 앤 사운드(Sight and Sound)》지가 1952년 이후 십 년마다 실시하는 조사가 예증하듯이) 변동이 있기는 했지만 어쨌든 모든 이들이 인정하는 표준이 되었다.

다듬은 번역

지난 몇 십 년 사이에 등장한 '위대한 유럽 감독'의 기준은, 1952년 이후 십 년마다 《사이트 앤 사운드(Sight and Sound)》지가 실시하는 조사가 예증하듯이, 변동이 있기는 했지만 그래도 하나의 만신전(萬神殿, pantheon)을 이루어 놓기는 했다.

Against this background, a new historiography began to emerge, articulated first in the United States by way of explaining the ancestry of new American cinema, then in a more balanced form in David Curtis' s *Experimental Cinema* (1971), subtitled "A Fifty Year Evolution" and in a number of works by UK-based filmmakers.

초벌 번역

이를 배경으로 하여 새로운 역사 기술이 등장하기 시작했는데, "신 미국 영화"의 선조에 대해 설명하기 위해 미국에서 처음 상세히 설명했고, 이후 "50년간의 발전"이라는 부제가 붙은 데이빗 커티스의 『실험 영화(1971)』에서 더욱 균형 잡힌 형식을 갖추어 설명했으며, 영국에 기반을 둔 영화작가들의 수많은 작품에서 설명했다.

다듬은 번역

이와 같은 배경을 안고 대두하기 시작한 새로운 역사의 기술(記述)은 '신 미국 영화'의 뿌리를 설명하는 과정을 통해 미국에서 처음, 그리고는 "50년 간의 발전"이라는 부제가 붙은 데이빗 커티스의 『실험 영화(1971)』와 영국에서 활동하던 영화작가들의 수많은 저술에서 보다 균형이 잡힌 형태로 분명하게 드러났다.

*

Thus, in 1917 the famous Universum-Film-Aktiengesellshaft (UFA) was founded in Berlin thanks to the conjunction of banking groups, the state, and the armed forces, who recognized the role that film could play as a propaganda weapon.

초벌 번역

따라서 영화가 선전용 무기의 역할을 담당할 수 있다는 점을 인식한 금융권, 국가, 무장세력이 힘을 모은 덕분에 유명한 우파(Universum-Film-Aktiengesellschaft, UFA)가 1917년 베를린에 설립되었다.

다듬은 번역

그래서 영화가 선전용 무기의 역할을 해낸다는 점을 인식한 군대, 국가, 금융권이 힘을 모은 덕분에 유명한 우파(Universum-Film-Aktiengesellschaft, UFA) 영화사가 1917년 베를린에 설립되었다.

*

This practice, constituting among other things India's first encounter with Western oil-painting and naturalism-exemplified by the painter Raja Ravi Varma, who started as a portraitist, went on to paint Indian mythological scenes in naturalist style, and finally became a mass producer of religious oleographs and lithographs, which then formed a key bridge into cinema itself.

초벌 번역

초상화가로 시작한 화가인 라자 라비 바르마가 대표적인 예이듯 이러한 작업으로 인해 인도는 서양의 유화와 자연주의를 최초로 접하게 되었고, 자연주의적인 표현 양식으로 인도 신화 속의 장면을 그렸으며 마침내 종교적인 유화식 석판화와 석판화를 대량 제작하게 되었고 이는 정사진으로 확대되어 이후 영화로 이어지는 주된 연결고리의 역할을 하게 되었다.

다듬은 번역

여러 가지 다른 의미를 지니기도 하지만 무엇보다도 서양 유화와 자연주의를 인도가 최초로 접하는 통로가 되었던 이런 작업에서 대표적인 인물로 꼽히는 라자 라비 바르마는 초상화가로 활동을 시작했으며, 자연주의적인 표현 양식으로 인도 신화를 소재로 한 작품들을 그렸고, 마지막에는 종교적인 석판화와 유화식 석판화를 대량 제작했고, 정사진으로도 활동 영역을 확대했는데, 이것이 나중에 본격적인 영화로 이어지는 연결고리의 역할을 했다.

*

Alongside this critical writing are two other influences: the film reviewers and journalists who took upon themselves the responsibility of 'educating' viewers into realism (e.g. Kalki, in Tamil, and the critic with the pseudonym Cynic in Malayalam), and the government reports addressing state intervention (the Film Enquiry Committee Report, 1951), censorship (the Khosla Report on Film Censorship, 1969), and the role of the FCC (Committee on Public Undertakings Report on the Film Finance Corporation, 1976).

초벌 번역

이러한 비판적인 저술과 더불어 다른 두 가지 영향력이 있다. 관객들에게 사실주의를 '가르치는' 일을 떠맡은 (타밀어를 사용하는 칼키, Kalki, 그리고 씨닉이라는 필명으로 활동하며 말라얄람어를 사용하는 평론가와 같은) 영화 평론가들과 언론인들, 그리고 국가의 간섭(영화 연구 위원회 보고서, 1951), 검열(영화 검열에 대한 코슬라 보고서, 1969), 영화 기금 조합의 역할(영화 기금 조합에 대한 공공 사업 보고서 위원회, 1976)에 대한 정부의 보고서가 그것이다.

다듬은 번역

이러한 비평의 글과 더불어 대두한 두 가지 다른 영향력을 살펴보면, 씨닉(Cynic, 풀이·비꼬기를 좋아하는 사람을 뜻함)이라는 필명으로 활동하며 말라얄람어를 사용하는 평론가와 타밀어를 사용하는 칼키(Kalki)처럼 관객들에게 사실주의를 가르치는 '교육'을 스스로 떠맡은 영화 평론가들과 언론인들의 영향력, 그리고 국가의 간섭(영화 연구 위원회 보고서, 1951)이나 검열(영화 검열에 대한 코슬라 보고서, 1969)이나 영화 기금 조합의 역할(영화 기금 조합에 대한 공공 사업 보고서 위원회, 1976)을 다루는 정부 보고서의 역할이다.

*

Nevertheless, it is the sustained attempt to find worth in popular but discredited genre filmmaking, and especially horror, comedy, and the woman's film, which has been one of the defining characteristics of academic writing of the last two decades.

초벌 번역

그럼에도 불구하고 이는 대중적이지만 가치를 인정받지 못했던 분야의 영화만들기, 특히 이십 년 간 학계의 저술을 특징짓는 요소였던 공포, 희극, 여성 영화에서 가치를 발견하려는 지속적인 노력이다.

다듬은 번역

그렇기는 하지만 인기를 누리면서도 가치를 인정받지 못했던 분야의 영화만들기, 특히 (허칭스, 1993, 머피, 1989, 1992, 조던, 1983, 메드허스트, 1986, 페틀리, 1986, 랜디, 1991, 킹, 1996의 경우처럼) 지난 20여 년 간 학문적 저술의 한 가지 특징적인 분류 기준이었던 여성 영화, 공포물, 희극영화에서 가치를 발견하려는 지속적인 노력이 이루어졌다.

***

　번역의 첫 걸음은 번역이라는 일이 흔히들 생각하는 것처럼 그렇게 쉽지 않다는 각성에서부터 시작해야 한다. 이미 어느 정도 영어 실력을 갖추었다고 해서, 언제라도 나는 번역을 시작할 준비가 되었다는 오만한 생각은 버려야 한다.

　그리고 번역은 단시간 내에 습득하는 기술도 아니다.

　정말로 오랫동안 공을 들여서, 차근차근 실력을 쌓아야 한다.

　필자는 대학원에서 문학 번역을 가르치는데, 매주일 과제를 내면서 직접 개개인의 글을 가지고 훈련을 쌓아나가더라도 웬만한 학생들에게는 기초만 제대로 쌓는 데에도 2년으로는 참으로 부족하다는 생각을 많이 한다.

　그래도 어쨌든 일단 강좌는 끝났고, 이제는 마지막으로 그동안 각 과에서 설명했던 열 가지 '원칙'을 하나씩 간단히 정리함으로써 마무리를 지으려고 한다.

마지막 총정리
번역의 열 가지 원칙

열. 번역도 살을 빼야 건강하다

흔히 사람들은 원문에 담긴 '의미'를 하나도 빼놓지 않고 어떻게 해서든지 모조리 '성실하게 설명'하기 위해서 쓸데없는 말까지 반복하고 첨가해가며 디룩디룩 살진 문장을 만들어 놓고는 한다.

우리말에서는 거의 사용하지 않는 소유대명사를 하나도 빼놓지 않고 그대로 옮기려는 수비적인 타성이 여기에 속한다.

사람도 너무 살지면 건강해 보이지 않듯이, 문장도 마찬가지이다.

예를 들어 'wide range of'라는 표현을 보면 사람들은 영어로 세 단어이니까 우리말로도 세 단어가 되어야 한다는 강박관념에 빠져서, '넓은 범주의'라고 두 단어로 번역해 놓으면 불안감을 느낀다. 하지만 이것은 '넓은 범주의'라는 두 단어 짜리 번역조차도 번거롭다. 우리말로는 '광범위한'이라는 한 단어로 충분하기 때문이다.

"I want to kill you!"라고 장난삼아 누가 욕을 했다고 상상하자. 이것도 흔히 "나는 너를 죽이고 싶어!"라고 길면서도 지나칠 정도로 솔직하며 어색한 표현으로 옮기고는 한다. 하지만 우리말로는 "너 죽어!"라거나, 또는, 혹시 영화에서 등장인물이 주먹을 불끈 쥐어 보이거나 하는 경우라면, "죽어!"라는 한 마디로도 충분하다. 그 한 마디 속에 본디 의미가 다 담겼다면 말이다.

특히 불끈 쥔 주먹이 눈에 보이는 영상 번역의 경우라면, 한 단어로 충분한 번역을 네 단어로 해야 할 필요가 없다.

몸매를 가꾸기 위해 살을 빼기는 힘들다.

번역에서도 살빼기는 쉽지 않다.

그러나 건성으로 하는 너덜너덜한 번역은 반드시 살을 빼는 과정을 거쳐야 한다.

아홉. 번역은 시각적인 음악이다

문장에서는 글자만 의미를 담지는 않는다.

공백 또한 의미이고, 그래서 빈 칸도 번역해야 한다.

음악은 소리만으로 이루어지지는 않았고, 휴지(休止)와 공백이 장단을 만든다.

소리가 없는 고요함 역시 그윽한 음악이기 때문이다.

그러니까 하얀 공간에서 활자 사이에 보이는 '침묵'은, 시각적인 음악이다.

장단 또한 음악이다.

길고 짧음은 문장에서도 음악이다.

짧은 문장과 긴 문장은 전하고자 하는 분위기가 다르다.

짧은 문장과 긴 문장은 작가가 쓸 때도 그 목적이 다르다.

절제하는 짧은 문장, 어휘를 압축시킨 문장은 폭발력이 그만큼 힘차다. 긴장감을 불러 일으킨다. 빠르고 숨차다.

반면에 긴 문장은 여유만만 하고 나른하며, 혼미하거나 나태한 상태를 나타내기 위해 자주 동원되고, 또한 장중하거나 권위주의적인 상황에 잘 어울리는가 하면, 무거운 분위기를 효과적으로 담는다.

이렇게 길고 짧은 문장의 목적이 다른데도 사람들은 모든 문장을 똑같은 길이로 만들기 위해 긴 문장은 여러 개의 짧은 문장으로 토막 내고, 너무 짧게 여겨질 때는 문장을 여럿 함께 엮어 놓기도 한다. 그리고는 참 잘 한 일이라고 착각한다.

열 번째 원칙을 설명할 때 예를 들었듯이, "난 정말 너를 죽이고 싶어"라는 말과, "너 죽고 싶으냐?"와 "죽어"라는 표현이 서로 다른 점은 단순히 문장의 길이에서 끝나지를 않는다. 이 세 가지 표현이 우리말에서 서로 다르다면, 영어에서도 길고 짧음에 따라 의미와 분위기가 달라진다는 사실을 잊지 말아야 한다.

문장의 길이는 분위기의 강도(强度)를 나타낸다.

이 강좌에서는 너무 기간이 오래 걸리는 바람에 처음 의도했던 영화나 시의 번역을 포함하지 못했지만, 사람들은 시와 수필의 번역도 소설적 산문이나, 심한 경우에는, 논문체로 하고는 한다.

시와 수필과 소설의 음악이 저마다 다른데도 말이다.

소설보다는 수필이, 수필보다는 시가 훨씬 음악적이다. 그런데 이 모두를 판소리로 엮어서는 안 될 일이다.

예를 들어

"인생이란
　나그네길"

이라는 짧은 시를 누가 두 줄로 써놓았는데도, 빈 칸은 무시해도 된다는 무책임한 생각으로 아예 '번역'을 하지 않고, 그냥

"인생은 나그네길"

이라고 해서는 안 될 일이다.

문장은 함부로 자르면 안 된다.

별개의 문장을 함부로 붙여도 안 된다.

빈 칸이나 마찬가지로, 반 박자의 쉼표와 한 박자의 마침표 또한 정확하게 번역해야 하고, 우리말 표기법에는 존재하지 않는 두 가지 콜론(: 과 ;)도 우리말답게 잘 다듬어야 한다.

의도적인 반복이라면 모든 반복을 반복해야 한다. 반복은 박자이기 때문이다.

음악에는 선율과 장단이 함께 작용한다.

문장을 시각적인 음악으로 옮기려는 노력은 번역의 필수조건이다.

음악을 무시하고 뜻만 전하려고 한다면, 그것은 고등학교 영어시간에 배우던 '해석'이다.

'해석'과 '번안'과 '번역'은 저마다 다르다.

여덟. 이해를 못하면 번역도 못한다

얼마 전에 우리나라에서는 대산문화재단 주최로 '국제 문학 포럼 (Seoul International Forum for Literature)' 행사가 열렸고, 거기에서 발제된 주제들 가운데 하나는 '작가와 글쓰기'였다. 그런데 어느 교수가 쓴 글을 보니까 영어 제목을 "The Writer and the Problem of Writing"이라고 했다. 얼핏 보면 전혀 이상하지 않은 듯싶지만, 과연 여기에서 'problem'이라는 말이 우리말의 '문제'라는 말과 잘 맞아떨어지는 표현인지 따져볼 만한 '문제'이다.

우리말로 '문제'라고 하면 영어로는 'problem' 말고도 'matter'나 'issue'를 뜻하는 경우가 많다. 꼭 골칫거리나 고민거리가 아닌 '문제'는 'problem'보다는 역시 나중 두 영어 단어가 본디 의미에 가깝겠다. 하지만 우리나라에서는 많은 사람들이 'problem'과 'matter'를 전혀 차별화해서 쓰지를 않는다.

우리말로 같다고 해서 영어로도 항상 같은 말이리라고 착각해서는 안 된다.

좀 더 이해하기 쉬운 예를 들어보자.

어느 학교의 미국인 교수가 학생들에게 글쓰기(作文)를 시켰더니,

과제물 중에서 어느 한 학생이 '옆 얼굴'을 'side face'라고 써서 제출했다. 이것 역시 '옆 얼굴'이 우리말로는 두 단어이니까 영어로도 두 단어로 번역해야 되지 않겠느냐는 반사적인 생각에서 쓴 표현이겠지만, '옆 얼굴'은 영어로 한 단어, 'profile'이다. 이쯤 되면 'wide range of'라는 세 단어 짜리 영어가 우리말로 왜 '광범위한'이라는 한 단어로 번역해야 하는지 이해가 가리라고 생각한다.

'side face'는 이른바 '직역'도 아니다. 그냥 완전히 '오역'일 따름이다. 그리고 필자가 무려 1천 쪽에 걸친 책에서 소개한 수많은 가짜 영어의 계열에 들어간다.

영어로 말하거나 글을 쓸 때는 아예 생각을 영어로 하라는 충고를 하는 사람이 많다. 'side face'는 영어로 글을 쓰면서도 영어가 아니라 우리말로만 생각을 했기 때문에 생겨난 표현이다.

영어로 된 원문의 내용을 완전히 파악하면 '적'을 알게 되고, 우리말을 정확하게 구사하는 경지에 이르면 '나'를 알게 된다.

그러면 'problem'이라는 '문제'가 없어진다.

번역을 하다가 전혀 이해가 안 가는 어휘나 표현이 나오면, 독자가 눈치채지 못하도록 주변의 내용을 얼버무려 가면서 아예 그 부분을 빼놓고 번역하는 사람들도 가끔 나타난다. 하지만 그렇게 건너뛰는 곳이라면 구멍이 생기게 마련이고, 그런 구멍은 당장 독자의 눈에 띈다. 다른 가짜 물건을 대신 채워넣기라도 한 곳보다는 그냥 내버려둔 텅 빈 구멍이 훨씬 더 잘 눈에 띈다.

내용을 이해조차 하지 못하면서 번역을 하겠다고 나서는 행위라면 그것은 전혀 용기가 아니다.

일곱. 원문을 덮어두고 우리말을 다듬는다

만일 사전에서 'soft'라는 단어를 찾아본다면, 영어로는 한 단어이지만 우리말로는 참으로 여러 가지 뜻으로 풀이된다는 사실을 알게 된다. 하지만 많은 사람들이 'soft'라는 글자를 보면 '부드러운'이라는 단어 하나만 생각하고, 실제로 번역 작업을 하다 'soft'가 눈에 띄기만 하면 전혀 주저하지 않고 기계적으로 모조리 냉큼 '부드러운'이라는 우리말로 바꿔 넣는다.

교육방송 텔레비전의 「EBS 자연 다큐멘터리」에서는 언젠가 악어와 파충류의 생태를 다루면서, "막 낳은 (악어의) 알은 껍질이 부드럽고"라는 설명을 했다. 아마도 악어의 알은 껍질이 'soft'했다는 영어 표현의 번역이 아니었나 싶다. 'soft'는 별수 없이 항상 '부드러운'이라는 생각에서 말이다.

그런데, 악어의 알에서 껍질이 '부드럽다'는 말은 과연 우리말로 무슨 뜻일까? 털이라도 났나?

혹시 '말랑말랑하다'는 뜻은 아니었을까?

그래도 여기에서의 '부드러운' 번역은 그런 대로 납득이 간다.

하지만 「EBS 자연 다큐멘터리」에서는 언젠가 다시 "거위는 변별력은 별로 좋지 않습니다. 부드러운 건 모두 알로 보니까요"라는 내용의 번역 해설을 내보냈다.

그런데 화면에 나온 새를 보니 집에서 기르는 '거위'가 아니라, 야생의 철새 '기러기'였다. 영어로는 거위건 기러기건 모두 'geese'이니까, 아무러면 어떠냐고 이런 식으로 '기러기'를 '거위'라고 번역하는 경우가 얼마나 많은지는 이미 앞에서 장황하게 지적했었다. 그러니까 여기에서는 '부드러운 건' 무엇인지, 그것이나 알아보자.

화면에 나온 '거위'는 무인도의 바위틈에 둥지를 틀고 앉아서, 사람들이 생태를 알아보기 위해 일부러 둥지 곁에 놓아둔 전구와 플라스틱 공 따위를 끌어다 깔고 앉아서 부화시키려고 한참 열심히 품는 중이었다.

플라스틱과 전구가 부드럽다니? 혹시 'smooth' 하다는 말이었을까?

그렇다면 '매끄러운'이라는 말인지도 모른다.

플라스틱이나 전구의 표면은 '부드러운'과는 정반대로 '딱딱한'이라는 말이 더 잘 어울리겠다.

사람들은 이렇게 자신이 잘 아는 한 가지 표현에 지나치게 집착해서, 영어 한 단어에는 우리말 한 단어만 연결된다는 착각에 빠진다. 'soft'도 그렇고, 'problem'도 그렇고, 'goose'도 그렇다.

영어 단어를 보면 우리말 단어가 하나밖에 생각이 나지 않는 까닭은 아무 생각도 안 하면서 번역을 하기 때문이다.

고민하지 않고, 고생하지 않고, 구태여 사전도 찾아보지 않고 쉽게 건성으로 수비적으로만 번역을 하고 싶어하기 때문에 말이다.

아니, 어쩌면 "아무 생각도 하지 않으면서 번역을 했다"는 표현은 조금 심했는지도 모른다. 텔레비전 영상물 번역이란 워낙 시간에 쫓기는 작업이고, 그래서 때로는 번역한 원고를 다시 읽어볼 여유조차 없기가 쉽기 때문이다.

하지만 훨씬 시간과 여유가 많은 활자 매체의 번역에서는 "뒤로 물러설 여유"를 가져야 한다.

자신이 번역한 문장은 바싹 붙어서 보면 어디가 잘못이고 어디가 부족한지 잘 보이지를 않는다. 그래서 악어의 알이나 플라스틱의 표면이 '부드러운'과 왜 어울리지 않고, 왜 조금이라도 이상한지, 눈에 띄지를 않는다. 늘 곁에서 지켜보는 아들이나 딸이 불량 청소년이 되고 범죄자가 되더라도 언제 그렇게 되었는지를 전혀 부모가 눈치채지 못하는 까닭 역시 늘 항상 너무 가까이서 함께 살기 때문이리라. 하지만 오랜만에 만나보면 동창생들은 왜 그리도 갑자기 한꺼번에 늙어 보이고는 할까?

방금 번역해 놓은 자신의 글을 보면, 원문과 아직 머릿속에 가득한 자신의 생각에 밀려, 머리 속의 개념과 적어놓은 글이 완벽하게 일치한다는 착각을 일으키기가 쉽다. 그래서 일단 번역한 글은 치워두고, 시간이 좀 지난 다음에, 원문을 보지 않고, 우리글로서 자연스럽고 무리가 없는지를 공격적으로 검토할 필요가 생긴다.

미술 전람회에서 사람들이 저만큼 뒤로 물러서서 그림을 감상하듯, 자신이 번역한 글을 그렇게 떼어놓고 봐야 어디가 부족한지 잘 보이게 마련이다.

여섯. 번역은 창작이 아니다

"번역은 제 2의 창작"이라면서 마음대로 문장을 절단 내고, 이어 붙이고, 어려운 단어를 빼먹고, 원문에는 나오지도 않는 '멋진' 표현을 보태는 행위를 삼가야 한다.

그것은 훼손이기 때문이다.

이미 누구의 손에 의해서 책으로 정식 출판된 작품이라면, 아직 단 한 권의 책도 출판해 보지 못한 번역가보다는 분명히 어딘가 작가로서의 뛰어난 면모를 지녔다고 공적으로 인정을 받은 사람의 글이다.

번역이란 작가가 한 언어로 쓴 작품을 고스란히 다른 언어로 옮겨야 하는 작업이다.

그렇기 때문에 눈에 보이지 않는 번역가가 가장 훌륭한 번역가이다.

소설을 쓰는 경우에도, 독자는 등장인물들이 무엇을 하고, 무슨 생각을 하고, 무슨 말을 하는지를 쉽게 그리고 분명하게 잘 이해하도록 작가는 충실하게 정보를 전해야 한다. 그러나 작가가 앞에 나서서 소설을 설명하고 안내하는 '모습'이 보이면 그것은 19세기식 글쓰기이다.

번역된 작품에서라면 등장인물의 목소리, 그리고 비소설인 경우라면 작가의 목소리를 독자들이 듣고 싶어하지, 중간에 나선 번역가의 목소리를 듣고 싶어하지는 않는다.

자신의 목소리를 내고 싶으면, 번역을 하지 말고 창작을 하도록 권하고 싶다. 남의 글을 가지고 창작을 연습하려는 행위란 해적질(piracy=표절)일 따름이다.

같은 이유에서이지만, 열 명의 작가를 한 번역가의 '글'로 통일시키면 안 된다.

"문체를 번역하라"는 항에서 다시 설명하겠지만, 작가가 다르고 내용도 다른 작품이라면, 번역된 작품에서도 그런 차이가 본디 모습 그대로 전해져야 한다.

"원작보다도 훌륭한 번역을 하겠다"는 지나치게 공격적인 욕심이 얼마나 못된 허영인지를 깨달아야 한다.

거듭 강조하거니와, 번역은 궁극적으로 남의 글을 전하는 행위이다.

절대로 내 글을 전하는 행위가 아니다.

다섯. 영어 문장은 한글로 써도 영어이다

"그의 뺨이 그의 아내의 손에 맞아졌다"

사람들은 이런 문장을 보면, 그것이 '번역체'라고 한눈에 쉽게 분류한다. 영어에는 흔해도 우리말에는 흔하지 않는 피동태 표현이어서, 번역할 때 외국어를 그대로 흉내낸 문체이기 때문이다.

그리고 사람들은 이런 식으로 번역한 글을 보고 '번역체'라 말하기를 서슴지 않는다. '번역체'란 물론 제대로 된 우리말이 아니라는 비하(卑下)의 뜻이 담긴 표현이다.

"그는 그의 손으로 숟가락을 들어 그의 밥을 먹었다"

이 문장 역시 소유격이 너무 많기 때문에 사람들은 '번역체'라고 생각한다.

하지만 "그 여자는 아름다운 마음을 가졌다"라는 말을 번역체라고 생각하는 사람은 많지 않다.

적어도 요즈음에는 말이다.

하지만 보다 우리말다운 우리말로 세 번째 번역체 표현을 바꿔보면, "그 여자는 마음씨가 곱다"라거나 "그 여자는 마음이 착하다"이다.

'가지다'라는 표현은 사물이나 인물의 어떤 속성을 나타내는 영어식 표현에서 온 오염된 '우리말'이다. 좀 엉성한 영어 표현이기는 하지만, "She has a kind heart"이나 "She is a woman with kind heart" 같은 영어 표현에서 속성을 나타내는 'have'나 'with'를 우리말 단어로 고지식하게 재배치한 '번역체'이다.

요즈음 방송에서 사용하는 '우리말' 표현이 얼마나 '가진'을 많이 가졌는지 보자.

"짧은 다리를 가진 돼지", "파란 눈을 가진 여인", "어두운 과거를 가진 여자", "환한 표정을 가진 연기자", "긴 목을 가진 아가씨", "많은 고민을 가진 40대", "밤하늘의 별 같은 광채를 가진 눈동자", "오토 장치를 가진 차량", "못된 성미를 가진 마녀", "아름다운 무늬를 가진 곤충", "좋은 향기를 가진 모과", "화려한 칼라를 가진 옷", "좋은 효과를 가진 신약(新藥)", "뒤틀린 마음씨를 가진 범인", "기막힌 성능을 가진 최신형"……

이런 갖은 '가진' 표현을 보다 우리말답게 고쳐보면 아마도 이렇게 되리라.

"다리가 짧은 돼지", "눈이 푸른 여인", "어두운 과거를 간직한 여자", "표정이 밝은 연기자", "목이 긴 아가씨", "고민이 많은 40대", "밤하늘의 별처럼 빛나는 눈동자", "자동 장치를 갖춘 차량", "성미가 못된 마녀", "무늬가 아름다운 곤충", "좋은 향기가 나는 모과", "빛깔이 화려한 옷", "효과가 뛰어난 신약", "마음씨가 고약한 범인", "기막힌 성능을 내는 최신형"……

이 두 무더기의 표현은, "있을 수 있는 것은 모조리 없애라"는 첫 번째 규칙에서 다시 설명하겠지만, 게으른 번역과 성실한 번역의 차이를 두드러지게 보여준다.

두 번째 무더기처럼 다양한 표현이 가능한데도, 만사가 귀찮다는 듯 방송 '스크립터'와 영상 번역가들은 '가지다' 한 단어로 모두 처리하려고 게으름을 피운다.

이런 게으름은 언어로 하여금 정체하고 썩게 만든다.

영어식으로 우리말을 하려는 멋부리기가 자칫 지나치면, 이렇게 우리말이 아예 생동감을 잃는다.

*

　'가진' 말고도 영어에서 유래하여 엉거주춤 우리말처럼 정착해버린 표현은 대단히 많다.

　'명랑한 아침'이나 '즐거운 아침'이라는 우리말은 20년 전까지만 해도 당당한 우리말이었지만, 이제는 'good morning'을 그대로 번역한 '좋은 아침'에 깔려 사라져 버렸다. 텔레비전의 방송 프로그램 제목을 보면 그래서 너도나도 '좋은 아침' 뿐이다.

　KBS2-TV의 「생방송 세계는 지금」에서 『아시아위크(Asiaweek)』라는 잡지의 내용을 번역 소개할 때, "접시를 씻고 돈도 벌고"라는 제목이 자막으로 나왔다. "접시를 씻고"는 "wash(ing) dishes"의 정확한 수비적 번역이다.

　너무나 정확해서 '직역(直譯)'이라고 한다.

　하지만 정확한 '우리말'은 아니겠다. 'dish-washing'을 보다 자연스러운 우리말로 번역하면 '설거지' 또는 '부엌일'이기 때문이다. 서양에서는 밥 그릇, 국 그릇, 반찬 그릇, 모든 식기로 접시만을 사용하니까 설거지에서 닦을 물건이 접시밖에 없다는 문화적인 차이를 고려한다면, '접시닦기'는 '그릇닦기'요, '부엌일'이 제대로 된 번역이다. '접시닦기'는 '좋은 아침' 식의 변종 우리말이다.

*

　학창시절에 나를 한참 괴롭혔던 이상한 단어는 '우리말'로 번역된 세계명작전집에서 자주 눈에 띄던 '로켓'이라는 말이었다. 기 드 모파쌍이나 제인 오스틴 같은 유럽 작가의 작품을 읽어보면 여자들이 목에 차고 다니는 '로켓'이 자주 등장했다. 하지만 'rocket'이 아직 발명도 되지 않았던 시절에, 사교계의 가냘픈 여인들이 목에다 로켓을 걸고 돌아다니다니, 정말로 이해가 가지 않았다.

　나중에 알고 보니 '로켓'은 내가 상상했던 'rocket'이 아니고 'locket'이었다.

　여기저기 영한사전을 찾아보면 'locket'을 "사진이나 머리카락 따위의 기념품을 담아서 목걸이에 달아매는 금합(金盒)"이라고 했다. 영화에서 가끔 보았으리라고 생각한다.

　아마도 '금합'이라고 하면 독자들이 쉽게 알아듣지 못하리라고 걱정이 되어서 '로켓'이라고 했을지도 모른다. 하지만 '로켓'이라고 해도 알아듣기가 힘들기는 마찬가지였다. 필자가 바로 그런 산 증인이다. 그렇다면 이왕 못 알아듣기가 마찬가지라면 왜 차라리 우리말로 적지 않고 '로켓'이라 했을까?

　정확한 우리말로 원문에 담긴 뜻을 독자에게 전하는 일은 번역가가 마땅히 해야 할 몫이다. 하지만 정확한 어휘를 찾아내려는 노력을 사람들은 하지 않으려고 한다. 귀찮고 힘들어서이다.

　그러나 '램프'니 'I.C'니 해가며 영어도 아니요 우리말도 아닌 용어를 우리 방송계에서 한참 쓰다가, 뒤늦게나마 '나들목'이라는 우리말을 만들어 놓으니 얼마나 편리하고, 또한 모두들 얼마나 빨리 잘 알아듣는가. 도로 표지판에 여기저기 적어놓은 'I.C'의 엉터리 표기법은 또 얼마나 오랫동안 한국인들의 낯을 뜨겁게 했던가. 낯이 뜨거운 줄 모르고 살아온 한국인이 대부분이기는 하지만 말이다.

　또 어떤 사람들은 세계화 시대에 만국어인 영어를 그냥 쓰면 되지, '포스트모더니즘' 같은 말을 구태여 우리말로 옮기려고 애 쓸 이유가 무엇이냐고 반문하기도 한다.

　그것은 번역을 하지 말자는 주장이다.

　영어만 알면 되지, 우리말은 알아서 무엇하겠느냐는 주장이다.

그래서 사람들은 영어를 배우려고 그토록 애를 쓰면서도 우리말은 알려고 하지도 않는다.

그러다 보니 우리 주변에는 우리말을 모르는 사람이 너무 많아졌다.

'명랑한 아침'과 '설거지'와 '금합'이라는 우리말을 자꾸만 거부했던 탓이다.

*

만일 어느 텔레비전 영화에서, 미국의 연방수사국(FBI)에서 배포한 현상 포스터에 나온 "The Most Wanted Person"을 '가장 바람직한 인물'이나 '가장 사귀고 싶은 사람'이라고 번역했다면, 엉터리라고 지적할 사람이 많을 터이다.

하지만 실제로 그런 일이 벌어진다.

그것도 아주 자주 말이다.

'sea cucumber'를 '바다오이'라 하고, '옆얼굴'을 'side face'라고 하는 일이, 그리고 'good morning'을 '좋은 아침'이라고 하는 사람들이, 정말 믿어지지 않을 정도로 많아졌다.

2001년 1학기에 필자는 윤미아(Mia Yun, 한국명 윤명숙)가 영어로 쓴 소설 〈바람의 집(House of the Winds)〉을 번역 공부를 위한 교재로 채택했었다. 대학시절 필자가 '고전'을 가름하는 기준의 대명사로 여겼던 펭귄사에서 한국 여성의 소설이 보급판까지 냈다는 사실도 자랑스러웠으려니와, 정작 소설에서 작가가 그려낸 한국의 모습이 참으로 싱싱하게 피부에 와서 닿았기 때문이었다.

어느 날 학생들은 전형적인 한국 가옥에 달린 텃밭과 마당을 묘사하는 부분을 숙제로 번역해 가지고 왔다. 그런데 상당히 여러 명이

'moss rose'를 '이끼장미'라고 옮겨 놓았다. 'moss rose'는 꽃밭을 만든 거의 모든 한국의 가정에서 흔히 발견되는 꽃이라고 소설에서 얘기했는데, 그렇다면 학생들더러 몇 명이나 '이끼장미'를 본 적이 있느냐고 물었다.

본 사람이 아무도 없었다. 책에서는 집집마다 심었다는 꽃인데, 아무도 본 적이 없다고 했다.

그래서 채송화를 본 학생도 없느냐고 물었다. 'moss rose'가 채송화이기 때문에 한 질문이었다. 그리고는 '바다오이'라는 식으로 번역해 온 '이끼장미'에 대해서 한참 꾸짖었더니, 억울하다고 느껴서였는지 참다못해 어느 학생이 손을 들고는 인터넷 사전에서 찾아보니 'moss rose'를 '이끼장미'라고 했다는 설명이었다.

놀라서 집으로 돌아와 민중서관에서 나온 〈엣센스 영한사전(1994년 판)〉을 찾아보니, 역시 '이끼장미'라고 했다.

다시 웹스터 사전(Webster's New World Dictionary of the American Language)를 찾아봤더니 'moss rose'를 이렇게 설명해 놓았다.

1. *same as* PORTULACA
2. a variety of the cabbage rose (Rosa centifolia) with a roughened, mossy flower stalk and calyx

그리고 동아출판사의 〈마스타 영한사전〉에서 '채송화'라고 밝혀 놓은 'rose moss'를 같은 웹스터 사전에서 찾아보면 이런 내용이다.

same as PORTULACA

'rose moss'와 'moss rose'가 한국의 사전에서처럼 다른 꽃으로 분류해야 하느냐 아니면 같은 꽃이냐를 따지기 전에, 한국인 작가 윤미아가 어린 시절 날마다 집에서 지천으로 보았던 꽃을 얘기한다면, 그것은 '이끼장미'가 아니라 '채송화'임이 분명하다.

이제 우리말 '채송화'는 사전에서조차 영어식 가짜 한국말 '이끼장미'에게 밀려나는 인터넷 시대가 왔다.

이런 식으로 나가면 우리나라 한영사전에는 '손가락'이 'finger'가 아니라 'hand melody(손+가락)'라는 설명 내용이 실릴 날도 머지 않았다는 느낌이다.

영어를 영어식 '우리말'로, 아니면 아예 한글로 표기한 영어로 번역하려는 이러한 태만의 습성 때문에 대부분의 한국인은 이제 '토네이도(tornado)'가 한자로는 선풍기에 담긴 '선풍(旋風)'이라는 사실을, 그리고 더욱 쉬운 우리말로는 '회오리'라는 사실을 아예 잊어버리고 살아가도 괜찮게 되었다.

넷. 일관된 원칙을 만든다

따지고 보면 세상에는 제멋대로 해서 잘 되는 일이 없는 법이고, 따라서 번역 또한 마음대로 해서는 안 된다. 그런데도 별다른 대책 없이 무턱대고 한 단어씩, 한 문장씩 번역해 나가면 되지 않느냐고 아무런 훈련이나 준비도 없이 마구 덤벼드는 사람이 적지 않다.

그러나 적어도 한 권의 책을 번역하려고 하면, 계획을 세우고 체계적인 원칙에 따라서 일을 시작하고, 추진하고, 진행하고, 마무리를 지어야 마땅하겠다.

요즈음에는 나 자신의 글을 쓰느라고 번역에는 거의 손을 대지 못하는 실정이지만, 필자는 한참 번역을 천직으로 삼아서 살던 20여 년 동안에는 나름대로 원칙을 몇 가지 세워놓고 그 원칙에 따라서 일을 했었다.

번역을 위해서는 지금 제 12과에서 마지막으로 정리하는 열 가지 원칙 말고도 크고 작은 여러 요령이 필요했었다.

영어와 우리말 두 언어권 사이에서 불거지는 문화적인 차이를 해소하는 여러 방법도 그런 요령에 포함되었다.

그런 갖가지 문화적인 차이에는 몸짓의 해석도 들어간다. 예를 들면 서양 사람들은 'shrug'을 많이 하지만, 우리나라에는 아예 그 동사를 적절히 묘사하는 단어조차 없다. 그래서 한국인에게는 'shrug'에 해당하는 동작 표현이 무엇인지를 생각해보고, 때에 따라서는 엉뚱하게도 '머리를 끄덕이다'나 '머리를 설레설레 흔들었다'라고 번역해도 되지 않겠느냐는 제안을 필자는 가끔 학생들에게 한다.

'swallow'라는 동사에 관해서도 언젠가 설명했었다. 우리말에서는 '침을 삼킨다'라고 하면 무엇인가 탐을 내고 욕심을 부린다는 뜻이다. 하지만 영어로는 'swallow'가 '겁을 잔뜩 먹었음'을 나타내는 행위이다. 'take' 또한 우리가 흔히 생각하듯 그냥 '가져가다'라는 뜻 말고도 '훔쳐가다' 또는 '빼앗다'라는 나쁜 뜻이 되기도 하기 때문에, 'swallow'와 더불어 용법을 주의해야 한다는 설명도 했었다.

이런 모두가 문화적인 차이에서 기인하는 번역의 어려움이다.

"wash behind your ears" 또한 영어에서는 대단히 흔한 표현이다. 그러나 우리나라에서는 아이들에게 귀 뒤쪽을 잘 씻으라고 야단치는 부모를 본 적이 없다. 그래서 이런 표현도 엉뚱하게 "손발을 깨끗하게 씻어라"와 같은 뜻으로 받아들여도 되지 않겠느냐는 생각도 든다.

아무리 그렇다고 'ears'를 '손발'이라고 번역할 수야 없는 노릇이라고 반론을 제기할 사람도 없지는 않겠지만, 그렇다면 이런 실제 상황은 어떠한가. KBS-TV에서 번역 방영한 현대판『로미오와 줄리엣(Romeo+Juliet)』에서는 남 주인공의 진심을 알아보기 위해 심부름을 다녀온 뚱뚱보 유모가 힘들다고 엄살을 부리며 줄리엣에게 안마를 해달라는 뜻으로 이런 말을 한다.

"아이고, 등이야"

필시 "My back hurts"를 번역한 대사이겠다. 하지만 서양 사람들은 잔등(back)이 아프다는 표현을 쓰는 반면에, 똑같은 곳이 아프더라도 한국인은 "아이고, 허리가 쑤시는구나"라고 한다. 허리가 아니라 등이 아프다고 말하는 한국인을 필자는 60 평생 한 명도 본 적이 없다.

그렇다면 'back'을 '허리(waist)'라고 하는 공격적인 번역은 오역일까, 아니면 문화의 차이를 해소한 정답일까?

번역문에서 동원하는 우리말 어휘들이 서로 잘 어울리는지 궁합도 살피라는 원칙도 필자는 중요하게 생각한다. 초식 동물에게 육식 사료를 먹여 보니 광우병이 생기더라는 뉴스처럼, 같은 문장에 들어가는 단어들은 서로 저마다 잘 어울려야 소화가 잘 되어 생기가 돈다는 믿음 때문이다.

이미 외래어로 굳어버린 단어라고 해도 가능하면 우리말을 다시 찾아 쓰거나, 필요할 때는 새로운 말을 만들기라도 해야 한다는 원칙 또한 필자는 번역가의 의무라고 생각한다.

제 10과에서 설명한 바와 같이, 장문을 번역할 때는 본디 흐름을 가능하면 그대로 살려야 한다는 원칙 또한 중요하다.

개인적으로 필자는 외래어 표기에서 '빠리'와 같은 강음도 서슴지 않고 사용해야 한다는 고집도 굽히지 않는다.

*

기본적인 원칙은 스스로 만들어 놓고, 스스로 지켜야 한다. 그러나 때에 따라서는 개인적인 원칙을 타인들이 받아주지 않기 때문에, 다수의 힘에 밀려나기도 한다.

무릇 원칙은 참으로 지키기가 어렵다.

교육 텔레비전 방송 "세계 명작 드라마"에서 얼마 전에 몽고메리(L[ucy] M[aud] Montgomery, 1874~1942) 여사의 고전 〈빨간머리 앤(Anne of Green Gables)〉을 연속물로 만든 1999년 영화를 14회에 걸쳐 방영했을 때의 일이다.

필자는 오래 전부터 서양 여자들의 머리 빛깔 'red head'를 '빨간머리'라고 하는 표현이 잘못된 번역이라고 주장해 왔었다. '빨간'과 '붉은'은 색감의 차이가 너무 크기 때문이다. 머리카락은 아무리 붉어도 '빨간'은 되지 않는다.

하지만 한 번 고정된 제목은 아무도 바꾸려고 하지 않고, 번역자가 혹시 바꾸려 해도 '기성세대'가 받아주지를 않는다. 그런 경우를 필자는 윌리엄 사로얀(William Saroyan)의 소설 제목 〈인간희극〉에 대해서도 피력했었다. 그러니까 제목은 그냥 덮어두기로 하자.

어쨌든 〈빨간머리 앤〉은 대단히 재미있었고, 그 중에서도 가장 흥미 있는 부분은 주인공 앤 셜리의 말투였다. 사내아이를 양자로 들이려던 집에 잘못 '배달'된 붉은 머리의 소녀는 첫 만남에서부터 대단히 화려한 어휘들을 어른들 앞에서 구사해가며 이른바 어려운 '문자' 쓰기를 대단히 좋아하고, 이것이 깊은 인상을 남겨 친근감을 주는가 하면 결국 이런 개성이 그녀를 나중에 작가로 성공하게 만든다.

따라서, 영어로 대사를 들어보면, 앤의 '말투'가 이 연속물에서 얻게 되는 가장 큰 즐거움에 속한다. 그러나 막상 자막은 전혀 그렇지를 못했고, 이 작품이 한참 방영되던 중에 번역자와 우연히 저녁식사를 같이 할 기회가 생겼을 때, 왜 앤의 대사 번역에서 그런 개성을 살리지 않았느냐고 물어보았다.

한국영상번역가 협회의 회장을 지냈고 대학원에서 영상 번역을 가르치던 번역자는 필자의 지적을 받자, 그렇지 않아도 처음에는 화려하고 어려운 말투로 앤의 대사를 열심히 번역했다고 한다. 하지만 "애들을 위한 영화인데 너무 어려운 말이 많다는 PD의 반대" 때문에 대본을 고쳐야 했다는 설명이었다. 그렇다면 그 연속물을 즐겨 본 필자는 환갑이 넘었는데도 '애'란 말인가?

지금으로부터 20년쯤 전, 어느 대형 출판사에서 세계 명작 전집을 펴낼 때 〈걸리버 여행기〉를 목록에 넣자고 편집부에서 제안했더니, "그거 애들이나 읽는 거 아냐?"라고 했다는 고위 간부의 지적이 불현듯 생각났다.

*

타의에 의해서 원칙을 바꿔야 했던 사람의 경험 얘기를 하나만 더 소개하겠다.

필자는 우리말의 특성상 "나는 자리에서 일어나고, 세수를 하고, 밥을 먹고, 짐을 챙겨 여행을 떠났다"는 식으로, 여러 동사가 줄지어 나오는 경우, 앞에서는 모두 현재형을 쓰다가 맨 뒤에서 하나만 과거형으로 바꿔 놓으면 앞에 열거한 모든 동사가 자동적으로 과거형이 된다고 믿는다. 그래서 우리말로 번역할 때는 보다 우리말답게 그런 식으로 옮기도록 권하고는 한다. '번역체'의 특징 가운데 하나가 나란히 열거한 복수형들이 줄지어 반복되는 영어 표현을 우리말에서도 그대로 거듭되는 복수형으로 번역할 때 나타난다고 믿기 때문이었다.

"사람들은 머리들이 좋다"에서 주어가 이미 복수이면 우리말에서는 거기에 연관된 다른 단어를 단수로 바꾸더라도 "사람들은 머리가 좋다"는 식으로 전혀 무리가 없고, 오히려 그러는 편이 훨씬 우리말답다는 것이 필자의 소신이다.

목록(目錄形)형 서술의 경우도 마찬가지이다. "과일가게에 갔더니 배, 사과, 감, 복숭아들을 잔뜩 늘어놓았다"에서처럼, 앞의 단어를 모두 단수로 하다가 마지막 단어만 복수로 해도 우리말에서는 나머지 품목이 저절로 복수가 된다. 그래서 오히려 "과일가게에 갔더니 배들, 사과들, 감들, 복숭아들을 잔뜩 늘어놨더라"라는 식의 과다한 복수형 사용을 삼가라고 필자는 학생들에게 가르친다.

필자가 가르친 어느 학생이 졸업 후 외국 통신사에서 일자리를 얻어 보도문 번역을 맡아 했는데, 반복되는 복수형 번역을 필자가 가르쳐 준대로 앞에서는 모두 단수로 했다고 한다. 그랬더니 책임자가 '들, 들, 들'을 붙여가며 다시 고쳐놓았단다.

원칙이란 만들어 놓더라도 이렇게 지키기가 어렵다. 대부분의 사람들은 자신만의 원칙을 만들어놓고 지키기 보다는 남들이 하는 대로 따라 해야만 마음이 편하다고 느끼기 때문이다.

그러나 남들이 하는 대로 따라만 해서는 영원히 2등밖에 못한다.

*

외국 통신사에서 벌어진 '들, 들, 들' 사건의 여주인공이었던 '학생'은 나중에 대구의 어느 대학에서 '선생'이 되어 지금은 자신의 학생들을 위해서 번역을 가르친다. 요즈음에는 만난 적이 없어서 '들, 들, 들' 원칙에 대해서는 학생들에게 어느 쪽으로 가르치는지 물어볼 기회가 없었지만, 학문으로서의 번역이라는 진로 선택은 퍽 현명했다고 생각한다.

번역 시장은 자꾸 팽창하고, 억지로 수요를 충당하기 위해서이겠지만 아직 준비가 덜 된 '초벌'용 번역자들이 위험한 작업을 함부로 하는 현실에서, 제대로 훈련을 받은 번역자가 많이 늘어나기는 해야 하는데, 그러려면 양성하는 체제의 규모와 효율성 또한 커지고 성숙해야 한다.

그러나 요즈음 여기저기 대학원이나 훈련 기관에서는 '실기'를 가르치는 차원이 대부분이고, 한국문학번역원과 대산문화재단 등에서 벌이는 활발한 번역 활동 또한 국가 홍보의 성격이 지나치게 강한 편이어서, 참된 학문으로서의 번역을 이제는 준비하고 추진해야 할 때가 되지 않았나 하는 생각이다.

필자는 이론과 실제라는 기준을 놓고 보면 역시 실전에 관심이 치우쳤다는 소리를 들어 마땅하지만, 학문적인 측면을 정리하고 도모할 사람들도 활발하게 배출이 되었으면 한다. 오락거리로만 생각했던 영화가 이제는 어엿한 학문으로 발전했듯이, 학부에서도 외국어 분야에서는 번역을 필수 과목으로 설정하는 등, 우리말 번역의 원칙과 이론을 정립하여 기본이 떳떳한 번역가를 키워내야 지금처럼 방송국 연출자나 초벌 번역 수주자의 기준을 따라 다니는 번역의 행태가 개선되지 않을까 생각한다.

번역 시장의 규모나 실태에 대한 연구나 조사조차도 제대로 이루어지지 않은 현실에서, 번역쯤은 아무렇게나 해도 된다는 착각은 번역 행위와 번역자 자신을 깔보는 짓이다. 문학 차원의 번역을 할만한 사람도 많지 않고, 번역을 가르칠 사람도 부족한 지금은 분명히 무엇인가 원칙이 필요한 시대이다.

셋. 번역은 귀로 수비한다

학교에서 어느 학생이 졸업 과제로 번역하기 위해 선택한 어니스트 헤밍웨이의 단편소설 〈기차(The Train)〉에서는 정처 없이 방랑 생활을 하는 아버지와 어딘가 정착해서 살고 싶어하는 어린 아들이 주인공으로 등장한다. 그들이 또다시 길을 떠나 기차 여행을 하다가, 어느 소도시에 가까워지자 아들은 "우리 이곳에서 두세 달 동안이라도 stay하면 안 되겠느냐"고 아버지에게 묻는다.

학생은 이 대목을 "두세 달 머물렀다 가자"고 번역했다. 그러나 한국인의 언어적 정서로는 '묵어가다' 또는 '머물다'라고 하면 잠시 스쳐 지나간다는 뜻이고, 여기에서는 아들이 두세 달이나마 어딘가 뿌리를 내리고 '살아 봤으면' 하는 소망이 엿보이기 때문에 'stay'를 '살다'로 번역해서 "우리 두세 달이라도 거기서 살아보면 안 될까요?"라고 옮겨 보면 훨씬 좋으리라는 제안을 했다.

그랬더니 학생은 'stay'가 어째서 '살다'인가, '산다'는 말은 영어로 'live'라는 단어가 따로 있지 않느냐고 반론을 제기했다.

"stay=머물다, live=살다"라는 고정관념을 벗어나지 못하는 수비적이고 제한된 시야에 얽매인 이러한 타성이나 고집은 자칫하면 사전(辭典)적인 의미를 전달하느라고 너무 열중하는 바람에 현실적인 의미를 능동적으로 전달하기에서는 실패하게 된다.

사전을 맹신하고, 우리나라에 많은 '이끼장미'라는 꽃이 어떻게 생겼으며 그것이 우리 주변에 얼마나 자주 눈에 띄는지 따위는 따지거나 의심해 보지도 않으면서, 어떤 어휘나 표현의 당위성은 확인조차 하지 않는다면, 그것은 지나치게 수비적인 '무작정 번역'에 해당된다.

번역에서는 물론 정밀함이 기초이지만, 그것은 기계적인 정확성에서 그치지를 않고, 참된 공격적 번역은 창조적인 정밀함에까지 이르러야 한다. 어떤 자리에는 어떤 표현이 정확하게 들어맞는지를 알아내고 그런 어휘를 구사하는 능력 말이다.

거의 모든 단어는 우리말에서 여러 다른 어휘로 번역이 되고는 한다.

어떤 영어 단어를 보면 가장 먼저 머리에 떠오르는 우리말 단어 하나만을 거듭 사용해서, 열 가지 다른 상황과 분위기를 접해도 "stay는 머물고 live는 산다"라고 수비만 생각했다가는 창조적인 번역이 나오지를 않는다.

번역이나 작문을 할 때는 어느 단어의 뜻 한 가지만 암기해서 열 군데 다른 문맥에서 똑같이 되풀이만 하지를 말고, 한 단어의 뜻 열 가지를 터득한 다음 가장 정확하게 어울리는 우리말 단어 하나를 골라서 쓰는 습관을 키워야 한다.

어느 단어가 지닌 뜻을 무려 다섯 가지나 아는데, 그래도 막상 번역을 하려니까 어느 문맥에서는 앞 뒤로 이어지는 상황의 흐름 속에서 어쩐지 의미가 하나도 제대로 맞아들어가지를 않는다면, 그때는 여섯 번째 다른 뜻이 필시 숨어 있기 때문이며, 번역자는 그 숨은 뜻을 공격적으로 꼭 찾아내야 한다.

자신이 아는 범위 내에서 억지로 내용을 꿰어맞추려고 했다가는 발이 걸려 넘어지고 만다.

비밀의 열쇠는 틀림없이 아직 모르는 뜻 속으로 숨어 버렸기 때문이다.

확인을 하지 않고 이미 알고 있는 의미만 가지고 수비적인 번역을 계속하려고 한다면, 그것은 느낌이 마음에까지 파고 들어가 현(弦)에 닿고, 정확한 의미가 머리까지 닿는 깊고도 공격적인 번역이 아니라, 활자가 줄지어 선 지면(紙面)과 눈의 망막 사이만 왕복하는 그런 표피적인 번역이 된다.

그것은 무감각하고 감동이 결핍된 번역이다.

*

전쟁에 임하는 병사라면, 총의 무게가 얼마이고 사정거리는 또 얼마이며 연속 발사 속도가 얼마인가 하는 따위의, 그가 사용하는 무기에 관한 제원(諸元, specifications)도 물론 잘 알아야 되겠다. 자동차를 끌고 다니려면 기본적인 기계의 성능과 수리 방법도 어느 정도는 알아야 하기 때문이다. 하지만 기계에 관한 정보를 암기식으로 습득하여 아무리 많이 알더라도, 좌회전을 할 때는 혹시 뒤에서 차가 사각지대에 들어와 쫓아오는 중인지도 모르니까 꼭 깜박이를 켜야 한다는 실전 지식이 운전에서는 훨씬 중요하다.

그래서 필자는 실전 경험이 가장 필요하다고 믿는다. 실제로 많은 번역을 해 본 사람, 예를 들어 이 강좌에서 그냥 눈으로 읽기만 하고 넘어가는 대신 일일이 과제를 직접 번역해 본 다음에야 뒤따라 나오는 설명을 읽어 본 사람이라면, 필자가 얘기하고 가르치려는 내용이 무엇인지를 그만큼 쉽게 실감한다.

그리고 연습과 훈련 과정에서 광범위한 경험을 거친 사람은 다양한 표현력을 구사하는 힘을 얻고, 차츰차츰 기초를 굳혀 나가게 된다.

번역을 위한 경험에서는 듣기 또한 필수적인 과정이다.

문장은 관념이 아니라 언어이다. 언어는 의사소통을 위한 도구이고, 생활필수품이다. 그래서 아무리 글로 써놓은 문장이라고 해도 '소리'가 나야 한다.

특히 영상 매체와 희곡의 번역, 그리고 소설 문학의 대화체에서는 사람들이 얘기를 주고받는 목소리가 나야 한다. 그들의 목소리를 생생하게 들린다고 독자가 착각할 정도로 말이다.

소설이나 영화에 등장하는 주인공은 '말'을 해야지, 관념을 기호(記號)로 나열하기만 해서는 안 된다.

주인공들은 서류를 읽는 식으로 말하거나 대화하지를 않는다.

모든 말은 말다워야 한다.

영화와 소설에서는 주인공들이 말을 하는데, 번역에서는 난삽하고 무감각한 서류만 낭독하게 해서는 안 된다.

어떤 사람이 어떤 수준의 어휘를 구사하는지, "빨간머리 앤"은 어떤 종류의 언어를 즐겨 사용하는지, 어떤 성격의 사람은 어떤 상황에서 어떤 식으로 감정을 표현하는지, 주변 사람들이 하는 얘기에 항상 귀를 기울이기 바란다. 그래야 생생한 대화의 본질과 성격을 터득하고, 그렇게 터득한 원칙은 실전에서 아낌없이 공격적으로 활용해야 한다.

번역된 작품은 우리말이다. 많은 사람들이 이런 기본적인 사실을 의식하지 못하지만, 번역의 결과물은 누가 뭐라고 해도 우리말로 되어 있다.

그렇기 때문에 '영어 실력'은 기본일 따름이고, 아무리 영어를 이해하는 능력이 대학원생 수준이라고 하더라도 그것을 우리말로 옮기는 능력이 초등학생 수준을 벗어나지 못한다면, 그런 사람의 번역은 초등학생 수준이다.

둘. 문체를 번역한다

지금까지 번역의 여러 측면을 다루는 원칙을 재정리 하면서 하나씩 얘기했는데, 이런 요소를 모두 결합하면 문체(文體)라는 기둥이 나타난다.

대화체, 서술체, 논문체 따위의 모든 문체는 저마다 다르다. 그래서 거기에 알맞은 격(格)과 어조를 설정하고, 일관성을 유지하며 그런 기본들을 끝까지 지켜야 한다.

예를 들면, 빈 칸을 번역하는 방법도 문체를 설정하는 한 가지 필수적인 요소이다.

길고 짧은 문장의 장단(長短)도 최대한으로 살려야 한다. 장단은 음악이요, 번역은 시각적인 음악의 연주이기 때문이다.

쉼표의 사용 빈도수와 용법 또한 여기에 해당된다.

그리고 열 사람의 작가가 쓴 글을 번역가 한 사람의 문체로 통일시켜서는 안 된다는 기본 원칙도 결코 무시해서는 안 된다.

출판된 모든 작품과 서적은 수많은 사람이 존재할 가치를 지녔다고 판단했기 때문에 세상에 태어났으며, 이렇게 다수에 의해서 가치를 인정받은 글이라면 번역가도 마땅히 그것을 인정하고 존중해야 한다. 문체의 존중은 필수적인 수비이다.

하나. 있을 수 있는 것은 모조리 없앤다

KBS-TV의 「여섯시 내고향」에서는 진행자가 어느날 이런 제안을 했다.

"요즈음 마늘 값이 폭락해서 마늘을 재

배하는 농가가 무척 어렵다고 합니다. 방법은 한 가지밖에 없죠. 우리 모두 마늘을 많이 사서 먹어야 합니다"

방송에서는 양파 파동 때도 똑같은 얘기를 했었다. 전 국민이 양파를 사서 먹어야 된다고 그랬다.

배추 파동 때도 어김없이 똑같은 얘기였다. 시청자들이 모두 배추를 많이 사서 먹어야 한다는 주장이었다.

마치 시청자는 남아 돌아가는 쓰레기가 생길 때마다 찾아다니며 먹어 치워 처리하는 무슨 편리한 기계 장치라고 생각하는 듯한 발상이다. 참으로 창의력도 모자라고, 그런 데다가 노력조차도 안 하면서 무성의하게 구성한 대본의 탓이리라.

고민을 안 하는 방송 번역에서도 비슷한 현상을 지적했었다. 갖은 '가진'을 '너무' 많이 가진 말투를 가진 동물 생태계 영화의 해설이 바로 그런 경우였다.

〈빨간머리 앤〉의 아쉬움도 비슷한 경우이겠다. 청소년층이 대상인데 무슨 소리를 하는지를 알아듣지 못할까봐 교육방송국에서는 걱정을 했다지만, 한국의 시청자가 그렇게까지 무식하다고는 생각되지 않는다. 더구나 영어 원작도 같은 대상층을 겨냥했을 텐데, 영어권 사람들은 고상하고도 우아하며 현학적인 앤 셜리의 대사를 즐겁게 감상하는 한편, 왜 우리나라 시청자만 알아듣기 쉬운 말로 밋밋하게 풀어서 들어야 하는가?

*

번역에서는 처음이자 마지막 승부를 결국 어휘가 결정한다. 그래서 필자는 "있을 수 있는 것"처럼 지나치게 빈번한 단어의 반복을 절제하는 과정이 번역에서 가장 먼저 지켜야 하는 원칙이라고 믿는다.

물론 이것은 '것'과 '수'와 '있다'라는 세 단어만이 대상은 아니다. '가진'이나 '너무' 역시 1급 정비 대상이다.

그리고 또 다른 수많은 어휘들을 점검하고, 무의식적으로라도 지나치게 자주 사용하는 단어가 없는지 자신이 번역해 놓은 글을 살피면서 항상 경계와 감시를 게을리 하지 말아야 한다. 그렇기 때문에 일단 번역을 끝내고 나면, 의미나 분위기 따위의 기본 요소를 젖혀두고, 기계적으로 단어의 신선도만 점검하는 독립된 과정을 꼭 거치는 성의가 바람직하다.

대부분의 학생들은 1학기 초에 "있을 수 있는 것은 모조리 없애라"고 요구하면 무척 곤혹스러워한다. 문장 다루기와 가꾸기가 생각처럼 그렇게 쉽지가 않기 때문이다. 그리고 극소수이기는 하지만, 1년이 넘도록 이 첫 원칙조차도 숙달하지 못하는 경우가 나온다.

"있을 수 있는 것"을 없앨 능력이 없는 까닭은 어휘력이 부족해서이다.

어휘력이 부족한 사람은 글쓰기가 서툰 사람이다.

그리고 기초 연습이 부족하면 아무리 애를 써도 요령이 몸에 익지 않아서 좋은 결과를 내지 못한다.

차차 배워가면서 좋은 번역을 하도록 노력하겠다는 헛된 약속이라면 남들에게는 물론이요, 자신에게도 해서는 안 된다. 정작 시합이 시작된 다음 실전에서 훈련을 쌓겠다고 하는 운동선수를 본 적이 없는 이유는, 연습을 충분히 해서 몸에 익히지 않은 동작은 실제 경기에서 저절로 튀어나오지를 않기 때문이다.

번역에서 빛나는 재능으로 꼽히는 순발력이란, 운동경기에서처럼, 순간적으로 나오는 반사작용이 아니라, 오랜 훈련을 거쳐 익힌 자연스러운 능력이다.

인간의 본능도 오랜 세월에 거쳐 진화하며 유전인자 속에 축적되어온 정보에 의해서 작동하고, 수정되고, 발전한다.

만일 이 강좌를 공부하면서, 문제로 제출된 예문을 하나도 직접 번역해 보지 않은 사람이라면, 앞으로 돌아가서 처음부터 다시 공부를 하도록 권하고 싶다. 그러지 않는다면 별로 배운 바가 없겠기 때문이다.

그리고 만일 착실하게 직접 번역해가면서 나중에 설명을 듣고 깨우치는 훈련 과정을 거친 사람이라면, 아마도 이제는 어느 정도의 준비는 갖추게 되었으리라고 생각한다.

자, 그렇다면, 이제부터 번역을 하자.

〈끝〉